JN433613

핀테크 혁명과 금융의 미래

핀테크 4.0

김종현 지음

FIN TECH 4.0

핀테크(FINTECH)는 금융(FINANCIAL)과 기술(TECHNOLOGY)의 결합어로 기존에 없었던
새로운 금융서비스와 비즈니스 모델을 구현하기 위한 금융기술을 말한다.
핀테크 4.0 시대에서는 핀테크 기업들이 클라우드, SNS, 모바일, 빅데이터 등 첨단 정보기술을 활용하여
기존 금융회사의 거래방식과 경쟁의 룰을 바꾸면서 금융업의 근본적인 혁신을 촉발하고 있다.

한국금융연수원
KOREA BANKING INSTITUTE

머리말

필자는 2015년이 우리나라의 금융업 발전사에 길이 남을 한 해가 될 것이라 생각한다. 선진국에서는 이미 2000년대 초반부터 눈부신 발전을 거듭하고 있는 핀테크 산업에 대해 우리나라의 수많은 금융인들과 정책당국은 이제서야 핀테크의 중요성을 인식하기 시작했기 때문이다.

지난 100여 년 동안 우리나라의 금융 산업은 국가 경제발전을 위한 젖줄로서 그 역할을 다했지만, 오늘날 급변하는 기술발전에 발맞춰 과감하게 변신하는 데는 실패했다. 해외의 수많은 연구기관들이 조사한 결과는 우리나라 금융업의 현 수준을 여실히 증명하고 있다.

이제 우리나라의 금융 산업은 바뀌어야 한다. 기존처럼 단순히 고객의 돈을 받아 대출해주고 이자를 받거나, 여전히 고객들에게는 불편한 방식으로 금융거래를 한 대가로 수수료를 받아 수익을 창출하는 비즈니스 모델만으로는 더 이상 금융회사가 생존하기 어려운 시대가 왔다.

그동안 전 세계적으로 여러 번의 금융위기를 겪으면서 고객이 기존 금융회사에 대해 갖는 신뢰도는 과거에 비해 크게 하락했다. 오늘날 인터넷의 발달로 고객은 그 어느 때보다도 풍부한 금융지식을 갖게 됐을 뿐만 아니라 실시간으로 금융정보도 조회할 수 있다. 또한 손 안의 모바일 기술이 급격하게 발전하면서 공간과 시간의 제약을 뛰어넘은 혁신적인 금융상품과 서비스들이 등장하고 있다.

그 변화의 중심에 바로 핀테크가 있다. 핀테크는 단 한 번의 터치로 그 복잡했던 결제를 단숨에 처리하고, 고객이 많은 비용을 지불해야 했던 해외송금을 거의 무료로 제공하는 것을 가능케 했다. 또한 금융회사로부터 대출을 받을 때 반드시 거쳐야만 했던 복잡하고 어려운 대출 신청서류와 절차로부터 고객을 과감히 해방시켰고, 금융회사 직원의 도움 없이도 스마트폰으로 나의 자산을 척척 알아서 관리해 주는 로봇 알고리즘이 어느 새 우리의 일상생활에 자리 잡게 됐다.

해외 핀테크 기업들은 이러한 진보를 통해 금융업의 혁신을 촉발하고 핀테크 산업의 성장을 주도하고 있다. 핀테크를 단순히 하나의 유행으로만 간주했던 해외 거대 금융회사들도 이제 그들을 경쟁상대로 인식하고 견제와 협력의 자세를 취하고 있다. 이러한 과정 속에서 글로벌 금융시장에서 비즈니스 모델의 성장성과 수익성을 인정받아 성공적으로 선진국 증시에 입성한 핀테크 기업들도 등장하기 시작했다.

이처럼 선진국에서는 핀테크를 금융업을 변화시키는 핵심 동인(動因)으로 인식하고 적극 육성하고 있는데 반해 안타깝게도 우리나라는 이제 걸음마를 떼기 시작했다. 필자는 금융 산업을 연구하는 한 사람으로서 이러한 현실을 좀 더 많은 사람들에게 알리고 국내 핀테크 산업을 하루라도 더 빨리 발전시키는 데 조금이라도 기여해야겠다는 일념 하에 이 책을 집필하게 됐다.

주변에서 많은 분들이 핀테크 산업에 대해 좀 더 자세히 알고 싶거나 깊이 있게 공부하고 싶은데 참고할 만한 마땅한 핀테크 전문서적이 없다고 얘기하는 것을 듣고 필자는 본서를 다음과 같은 방향으로 집필했다.

첫째, 최근 핀테크에 대한 광범위한 논의가 이루어지고 있음에도 불구하고 핀테크 비즈니스 모델에 대한 명확한 개념 정립이 미진한 현 실정을 감안하여 핀테크 비즈니스 모델의 개념과 유형, 그리고 주요 특징들을 알기 쉽게 설명하는 데 중점을 두었다.

둘째, 핀테크 기업을 창업할 예정이거나 운영하고 계신 분들에게 실제적인 도움을 드릴 수 있도록 해외 실증자료를 토대로 핀테크 비즈니스 모델별 핵심 성공요인을 일목요연하게 정리하였다.

셋째, 핀테크 비즈니스 모델의 작동원리에 대한 독자의 이해를 돕기 위해 본문 안에 수많은 핀테크 기업 사례를 설명했을 뿐만 아니라, 주요 핀테크 기업들의 실제 운영방식과 노하우에 관한 생생한 정보를 제공하기 위해 국내외 핀테크 기업을 필자가 직접 선정하여 벤치마킹할 수 있도록 하였다.

마지막으로 우리나라와 해외 각국의 핀테크 산업 육성 및 규제정책의 내용을 감안하여 핀테크 산업의 미래 진화 방향을 예견하고, 장차 국내외 금융업에 미칠 영향을 체계적으로 분석함으로써 금융회사뿐만 아니라 핀테크 기업이 미래 전략을 수립하는 데 도움을 줄 수 있는 시사점을 도출하는 데 혼신을 다하였다.

필자가 일종의 사명감을 가지고 오랜 기간 최선을 다해 집필에 매진했으나, 이 역시 사람이 하는 일이다 보니 작은 실수와 미진함이 있을 것이라 생각한다. 독자 여러분께서는 본서에 다소 부족한 점이 있더라도 너그럽게 이해해 주시길 바라고, 앞으로 보다 나은 개정판을 위해 부디 건설적인 충고와 의견을 주시길 진심으로 부탁드린다.

2015년 본 저서의 초판이 나온 이후 우리나라 정부는 금융산업의 환경 변화에 대응하고 국내 금융산업의 경쟁력을 높이기 위해 금융규제를 큰 폭으로 완화했다. 또한, 수많은 국내외 IT기업과 핀테크 기업이 혁신적인 금융기술과 서비스를 선보임으로써 본서도 최신 핀테크 산업 동향을 독자 여러분들에게 소개하기 위해 기존 도서인 핀테크3.0의 내용을 대폭 수정한 핀테크4.0을 이번에 새롭게 출간했다.

이 책이 세상에 나오기까지 정말 많은 분들이 고생하셨다. 그동안 전폭적인 지원을 아끼지 않으신 한국금융연수원 원장님, 실무 작업을 맡아주신 출판미디어사업부의 직원분들에게 감사드린다. 그리고 나를 낳아주신 부모님과 세상에서 가장 소중한 나의 가족에게 이 책을 바친다.

2022년 5월

저자 김 종 현

Contents

www
PayPal
Square

Contents

제1장

핀테크란 무엇인가?

1절
핀테크의 정의와 부상배경

2절
핀테크 4.0 시대의 도래

3절
전 세계 핀테크 산업 동향

4절
주요 핀테크 비즈니스 모델

5절
인터넷 전문은행의 개념과 사례

6절
핀테크 비즈니스의 핵심 성공조건

1절

핀테크의 정의와 부상배경

1. 핀테크 정의에 대한 다양한 논의

핀테크(Fintech)는 금융(Financial)과 기술(Technology)의 결합어로 사전적인 의미로는 금융서비스 제공과 관련된 기술이라 할 수 있다. 2014년 글로벌 컨설팅업체인 액센츄어(Accenture)가 발간한 보고서(The boom in global fintech investment)에서도 핀테크 기업을 예금, 대출, 금융투자, 금융데이터 분석, 지급결제서비스 등 모든 금융서비스 전반에 걸쳐 기술을 제공하는 회사로 정의하고 있다. 이러한 의미로만 보면 기존 금융회사들이 이미 도입해 사용하고 있는 다양한 기술들 예를 들면 인터넷뱅킹, 모바일뱅킹, 신용카드 지급결제 등과 관련된 기술들도 핀테크에 모두 포함된다고 보는 것이 타당할 것이다. 하지만 최근 광범위하게 논의되고 있는 핀테크 관련 이슈들을 감안할 때, 이러한 정의보다는 기존에 없었던 새로운 금융서비스 또는 비즈니스 모델을 구현하기 위한 새로운 기술을 핀테크로 정의하는 것이 오늘날의 핀테크 산업을 이해하는 데 좀 더 도움이 될 것이다.

핀테크에 대한 정의는 기관 또는 연구자의 관점에 따라 조금씩 다르다. 『Fintech : Building a 21st Century Regulator's Toolkit』를 저술한 크리스와 다니엘에 따르면 핀테크는 금융과 ICT(Information and Communication Technology)의 결합을 통해 새롭게 등장한 산업 및 서비스 분야를 통칭하는 용어이다. 2008년 글로벌 경제위기 상황에서 발 빠른 대응을 하지 못했던 기존 금융권에 대한 소비자의 불신이 급증하고 기존 금융이 담당하던 서비스를 정보통신기술 기반의 새로운 플랫폼이 대체하면서 핀테크가 발달했다는 것이다. 그들은 이 저서에서 핀테크 산업을 다음과 같이 분류했다.

핀테크 산업 분류

구분	대표 서비스	특징
송금 분야 – 전자화폐(Digital and Electric Currencies)	비트코인 M-Pesa 트랜스퍼와이즈	• 온라인으로 거래 가능한 가상화폐, 비트코인 등 신규로 등장한 화폐와 M-Pesa 등 기존 화폐의 결제수단을 보조하는 화폐를 통칭 • 전자화폐 외 개인, 기업 간 송금서비스 등도 포함 가능 • 전세계에서 비트코인(BTC), 이더리움(ETH) 등 가상자산을 이용하는 인구가 2억 명을 넘어섬 ('21.5.31 기준), M-Pesa의 거래량이 케냐 GDP의 48%('22.3.8 기준)에 이를 만큼 전자화폐의 실물 경제 영향력이 점차 증가하는 추세
결제 분야 – 전자결제시스템(Digital Payment System)	페이팔 알리페이 스퀘어	• 제품 및 서비스 구매 시 사용자가 미리 등록한 카드나 계좌정보를 활용하여 간편하게 결제가 가능하도록 한 전자결제시스템 • 핀테크 사업자와 은행, 카드사 등 기존 금융업체가 제휴한 서비스 형태가 많으며, NFC, 전자지갑 등 사용자에게 친숙한 서비스가 지속적으로 출시 중 • 세계 전자결제 거래금액은 약 6.6조 달러('21.2.2 기준)에 달함
투자 분야 – 금융투자 플랫폼(Online Finance and Investement Platforms)	엔젤리스트 렌딩클럽 쿠오보	• 대출, 창업자금 지원 등 투자 관련 금융서비스를 제공하는 온라인 플랫폼 • 금융투자 플랫폼은 기존 금융회사 대비 낮은 수수료, 신속한 이체, 사용자 친화적 인터페이스로 시장 점유율을 높이는 중, 특히 빅데이터를 기반으로 사용자 신용도를 분석하여, 기존 금융회사 대비 높은 변제율과 낮은 사고율이 특징 • 온라인 플랫폼은 스타트업, 중소상공인 등 기존 금융회사의 투자를 받지 못한 기업의 자금처로 인식되며 중소기업 및 스타트업 활성화의 원동력으로 자리매김

자료: Chris Brummer and Daniel Gorfine, "Fintech : Building a 21st Century Regulator's Toolkit", Milken Institute, October 2014, pp 2.에서 최근 통계자료를 반영하여 수정함

이와 달리 미국의 벤처 전문조사기관인 벤처스캐너(Venture Scanner)는 핀테크를 모바일, SNS, 빅데이터 등의 첨단기술을 활용하여 기존 금융기법과 차별화한 새로운 형태의 금융기술로 정의했다. 핀테크 산업은 크게 송금 · 결제(전자적 방식을 이용한 재화(카드, 현금, 전자화폐)의 거래), 대출(온라인을 통해 자금 대부(貸付)자와 대출(貸出)자를 연결), 자산관리(개인자산 통합관리와 자산관리 자문서비스를 제공), 투자(온라인을 통해 기업과 투자자를 연결)로 구분된다. 핀테크 기업들은 이러한 다양한 금융 분야에서 새로운 서비스를 제공하고 있다.

핀테크의 개념

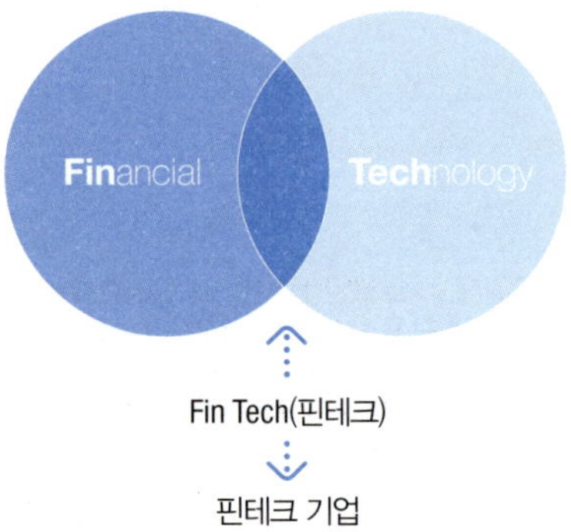

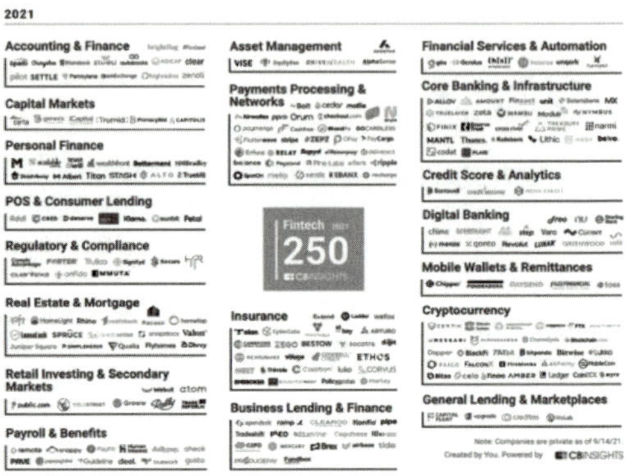

자료: CB Insights, 2021

최근 전 세계 핀테크 산업의 허브로 떠오르고 있는 영국의 금융당국은 핀테크 기업을 일반적으로 혁신적인 아이디어와 첨단기술을 결합하여 기존의 금융거래 방식과는 차별화된 원터치 결제, 크라우드펀딩, P2P 대출 등 새로운 형태의 금융 비즈니스 모델을 제공하는 기업으로 정의했다. 이러한 핀테크 기업들의 주요 사업영역은 송금 · 결제, 금융데이터 분석, 금융소프트웨어, 플랫폼 등 네 가지로 구분된다. 본서에서는 여러 가지 분류기준 중 영국 정부의 핀테크 산업 분류기준을 따르고자 한다.

핀테크 산업 분류

구분	내용	세부 영역
송금 · 결제	이용이 간편하면서도 수수료가 저렴한 송금 및 지급결제서비스를 제공	Infrastructure / Online Payment / Foreign Exchange
금융데이터 분석	개인 · 기업 고객과 관련된 다양한 데이터를 수집하여 분석함으로써 새로운 부가가치를 창출	Credit Reference / Capital Markets / Insurance
금융 소프트웨어	진화된 스마트 기술을 활용하여 기존 방식보다 효율적이고 혁신적인 금융업무 · 서비스 관련 소프트웨어(SW) 제공	Risk Management / ALM Management / Accounting
플랫폼	개인 · 기업 고객들이 금융기관의 개입 없이 자유롭게 금융거래를 할 수 있는 다양한 거래기반 제공	P2P Lending / Trading Platforms / Personal Finance

자료: UK Trade & Investment, 2014

2. 핀테크 산업 투자 현황

2023년 글로벌 핀테크 시장은 고금리, 러시아 우크라이나 전쟁, 중동 정세 악화에 따른 금융시장 변동성 심화 등의 영향으로 투자규모와 투자 건수가 모두 감소했다. 핀테크 투자규모는 1,137억 달러, 투자 건수는 4,547건으로 감소하여 핀테크 기업들이 자금조달에 많은 어려움을 겪고 있다.

글로벌 핀테크 투자 현황

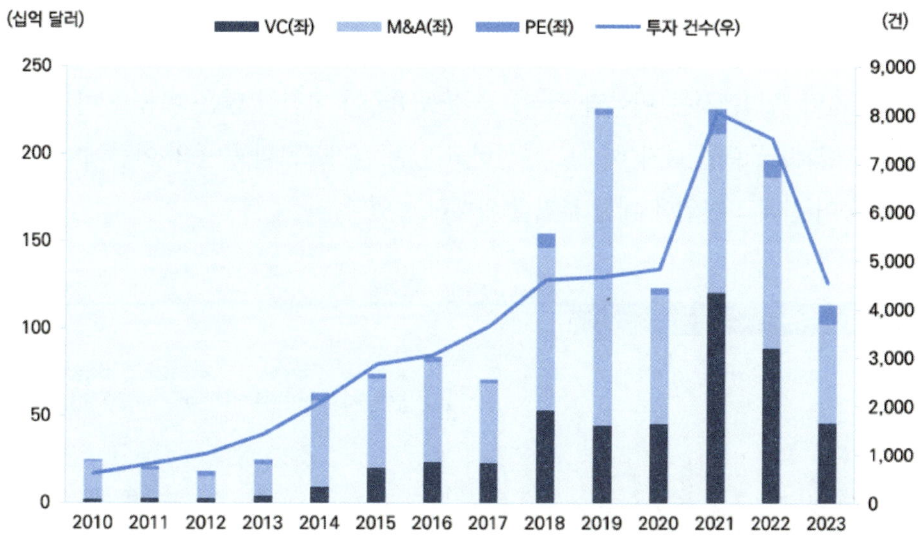

자료: Pulse of Fintech H2 2023, 삼정KPMG 2023 발표자료 재인용

투자 섹터 측면에서는 그동안 지급결제 부문에 투자가 집중되는 추세였으나, 최근 핀테크와 이종 산업 간 융복합이 확대되면서 인슈어테크, 프롭테크, 사이버보안, 인공지능 등 분야에서 기반 기술을 제공하는 핀테크 기업을 비롯하여, 부동산 · 물류 등 이종 산업과 결합된 금융솔루션을 제공하는 핀테크 기업에 대한 투자가 증가하고 있다.

글로벌 핀테크 투자 섹터 변화 추이

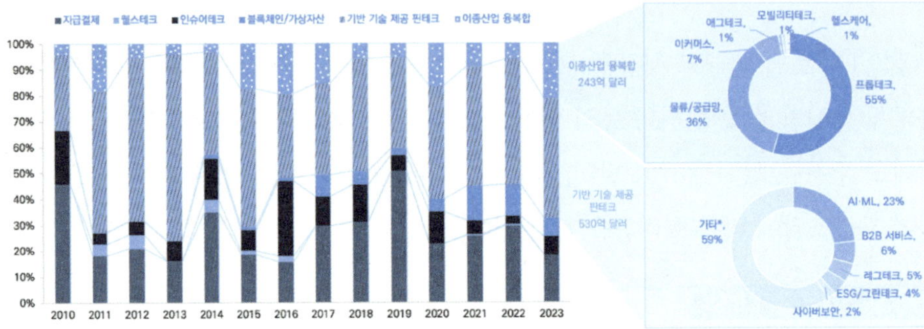

자료: Pulse of Fintech H2 2023, 삼정KPMG 2023 발표자료 재인용

투자 지역 측면에서는 미국과 영국, 중국 등 3국이 여전히 많은 비중을 차지하고 있는 가운데, 글로벌 투자 허브로 부상하고 있는 싱가포르와 중동의 아랍에미리트, 인도 등이 핀테크 산업에 대한 투자를 확대하고 있다

국가별 지역별 핀테크 투자 비중 추이

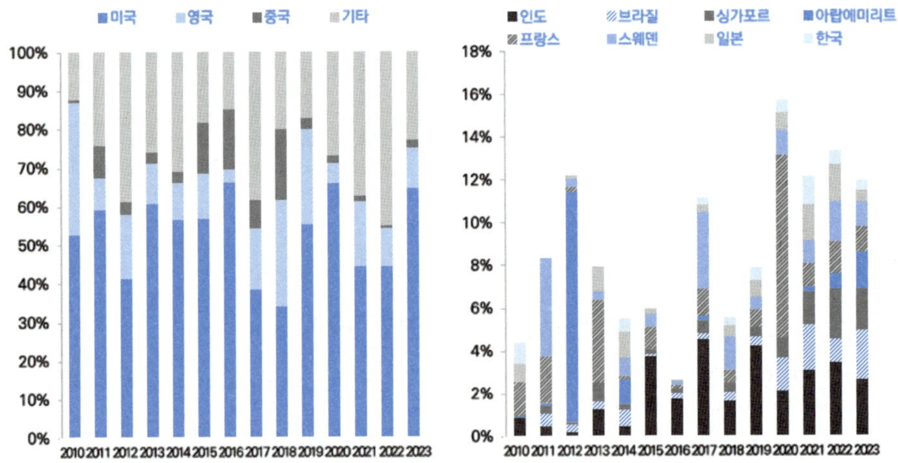

자료: Pulse of Fintech H2 2023, 삼정KPMG 2023 발표자료 재인용

해외 핀테크 산업은 영국과 미국이 투자를 주도하고 있는 가운데 최근 중국이 핀테

크에 투자를 확대하면서 경쟁이 심화하고 있다. 미국은 실리콘밸리의 정보기술과 뉴욕의 앞선 금융인프라를 융합해 핀테크 산업이 빠른 속도로 성장했다. 영국은 '금융규제 샌드박스'를 도입하는 등 정부의 적극적 지원으로 Tech City, Canary Wharf 등 신흥 금융클러스터 중심으로 핀테크 산업이 성장했다. 중국은 금융산업 규제완화 등 지원정책을 계속 추진하고, 열악한 기존 금융기반을 핀테크로 대체하면서 금융서비스 혁신을 주도하고 있다. 특히 미국과 유럽에서는 지급결제 분야를 중심으로 거래금액 1조 원 이상의 빅딜이 다수 성사되면서 투자가 활성화되고 있다.

글로벌 핀테크 주요 M&A 사례

인수업체명	ZIP	호주	B2C 결제서비스 (BNPL)
피인수업체명	QuadPay	미국	B2C 결제서비스 (BNPL)
인수금액	A$200m		
인수일	2020년 8월 31일		
인수목적	호주와 뉴질랜드에 사업기반을 둔 ZIP사가 미국 B2C 결제시장에 직접 진출하기 위해 미국의 동종업체인 QuadPay를 인수함		
인수업체명	Intuit	미국	세무회계 SaaS 플랫폼
피인수업체명	Credit Karma	미국	마이데이터 서비스
인수금액	US$7.1b		
인수일	2020년 12월 3일		
인수목적	미국 B2B 세무회계 SaaS 시장의 선두업체인 Intuit가 약 1억 1천만 명의 회원을 보유하고 있는 Credit Karma를 인수하여 B2C 기반의 자산관리서비스 사업을 확대하고자 함		
인수업체명	SoFi	미국	P2P 대출 플랫폼/자산관리
피인수업체명	Galileo Financial Technology	미국	API 기반 결제 플랫폼
인수금액	US$1.2b		
인수일	2020년 4월 7일		
인수목적	미국 P2P 대출 플랫폼 및 자산관리서비스 회사인 SoFi가 개인 고객의 뱅킹계좌 개설과 지급결제 서비스 강화를 위해 API 기반의 결제 인프라를 보유하고 있는 Galileo를 인수함		
인수업체명	Santander	스페인	스페인 상업은행
피인수업체명	Ebury	영국	중소기업 대상 FX 트레이딩 서비스
인수금액	£350m		

인수일	2019년 11월 4일		
인수목적	스페인 1위의 상업은행인 산탄데르가 유럽 19개국에서 중소기업 대상으로 FX 트레이딩 서비스를 제공하고 있는 Ebury를 인수하여 글로벌 B2B 사업을 강화하고자 함		

인수업체명	**Mastercard**	미국	온오프라인 신용/직불카드 프로세서
피인수업체명	**Finicity**	미국	오픈뱅킹 플랫폼
인수금액	US$1b		
인수일	2020년 6월 23일		
인수목적	Mastercard는 전 세계 신용/직불카드 결제 및 정산업무를 지원하는 업체로 북미 지역에서 오픈뱅킹 플랫폼을 구축한 Finicity를 인수하여 향후 북미 지역에서 Mastercard의 신규 오픈뱅킹 서비스를 확대하는 데 Finicity의 인프라를 활용하고자 함		

인수업체명	**Worldline**	프랑스	온오프라인 신용/직불카드 프로세서
피인수업체명	**Ingenico**	프랑스	신용카드 결제 터미널 제조
인수금액	US$8.6b		
인수일	2020년 3월 2일		
인수목적	Worldline은 유럽의 온오프라인 신용/직불카드 프로세서로 글로벌신용카드 결제 터미널 제조사인 Ingenico를 인수하여 동 시장에서 수익 계열화를 구축하여 사업비용 절감 및 해외시장 매출 증대를 목적으로 Ingenico를 인수함		

이처럼 최근 핀테크 산업이 부상하게 된 배경은 크게 세 가지로 구분할 수 있다. 첫 번째는 2008년 금융위기를 계기로 기존 금융업에 대한 신뢰도가 크게 하락하면서 새로운 대안금융에 대한 수요가 증가했다. 두 번째는 인터넷이 고도로 발달하면서 금융소비자들이 과거보다 훨씬 많은 금융정보를 가지고 스마트 소비를 함에 따라 금융수요가 다변화하고 있다. 세 번째로 최근 Deep Tech의 비약적인 발전으로 다양한 온·오프라인 채널을 활용한 금융거래가 가능해지면서 새로운 핀테크가 발원할 수 있는 무대(Playground)가 확대되고 있다.

1) 기존 금융업에 대한 신뢰 저하

많은 경제 전문가들이 2008년 전 세계 경제를 강타한 글로벌 금융위기는 기존 금융권의 탐욕에서 비롯됐다고 주장한다. 2000년대 이후 미국을 필두로 세계 각국 정부는 경기를 부양한다는 명분으로 저금리정책을 펼쳤고 여기에 한 술 더 떠 서민들

'월가를 점령하라' 시위 장면

자료: occupywallst.org

이 집을 쉽게 살 수 있도록 부동산 담보부 대출회사를 설립해 대출원금의 상환을 일정기간 유예해 주는 조건으로 주택구입자금을 지원했다. 대출 초기에 원금을 상환할 필요가 없었던 탓에 경제력이 낮은 사람들도 너도 나도 집을 샀고, 급기야 원금을 상환해야 할 시점이 되자 이를 감당하기 어려운 사람들은 한꺼번에 집을 팔기 시작했다. 결과적으로 집값은 일시에 폭락했고 주택저당채권을 담보로 엄청난 물량의 파생상품을 발행한 대형 금융회사들은 바로 지급불능 상태에 빠지게 됐다. 2008년 9월 갑자기 파산한 리먼 브라더스(Lehman Brothers)가 대표적인 사례이다. 리먼 브라더스의 파산으로 인하여 서로 맞물려 있던 글로벌 금융회사들은 연쇄적으로 부실화돼 도산의 위기에 직면하게 되었다.

미국과 EU 각국은 벼랑 끝에 서 있던 금융회사들을 살리기 위해 2008년 금융위기 이후 천문학적 규모의 양적완화(QE : Quantitative Easing)[1]를 하게 된다. 글로벌 금융위기 이후 6년 동안 미국 중앙은행이 찍어낸 화폐량은 무려 4조 달러에 달한다.

1) 중앙은행이 경기부양을 위해 국채나 다른 다양한 금융자산을 사들이는 방식으로 시중의 통화량을 늘려 신용경색을 완화하는 통화정책을 말한다. 반대로 양적완화를 점진적으로 축소하는 정책을 테이퍼링(Tapering)이라고 한다.

사실상 미 달러화를 비롯한 주요국 통화는 한낱 종이쪽지의 가치로 전락했지만, 중앙정부가 지급보증을 해준다는 이유 하나만으로 기존 화폐시스템은 붕괴되지 않았다. 양적완화를 통해 부실 금융회사를 지원해서 도산을 막고 생명을 연장해주는 방법 외에 금융위기를 타개할 마땅한 대안이 없었던 세계 각국은 양적완화의 문제점을 인식하면서도 결국 암묵적으로 서로의 양적완화정책을 묵인하게 된다.

이러한 상황에서 국가의 구제금융을 받은 문제의 금융회사들이 금융위기를 초래한 주범으로서 책임의식을 느끼기는커녕 금융위기 다음 해인 2009년 임직원들끼리 보너스 잔치를 벌이는 사건이 발생했다. 이윽고 미국 금융소비자들은 2011년 금융위기의 주범이면서도 천문학적인 보수를 챙긴 월가 최고경영자(CEO)에 분노하여 '월가를 점령하라(Occupy Wall Street)' 운동을 미국의 금융 중심지 한복판에서 펼치기 시작했다.

이는 기존 금융회사에 대한 신뢰가 역사상 최저로 하락한 것을 방증하는 대표적인 사건이다. 글로벌 금융위기를 전후하여 발생한 일련의 사건들을 접하면서 금융소비자들은 더 이상 기존 금융회사를 믿지 않기 시작했다. 기존 금융회사의 문제점을 극복할 수 있는 새로운 대안금융에 대한 금융소비자들의 열망이 커지면서 새로운 아이디어와 서비스로 무장한 핀테크 기업에 대한 관심이 커지기 시작한 것이다.

2) 고객의 금융수요 다변화

글로벌 금융위기 이후 대형 금융회사들이 망하지 않을 것이라는 대마불사(大馬不死)라는 공식이 더 이상 유효하지 않다는 것을 확인한 금융소비자들은 수익성과 안정성의 상반된 가치를 동시에 추구하는 방향으로 투자패턴을 바꾸고 있다. 고성장 시대에 자산부채 레버리징(Leveraging)[2]과 고위험 상품에 대한 투자로 고수익을 추구하던 경향에서 안전자산의 비중을 늘리는 방향으로 투자선호가 바뀐 것이다. 그러면서도 한편으로는 고객들이 여전히 적정 수준의 수익률을 포기하지 않으려 함에 따라 금융회사들은 기존 금융상품과 서비스만으로 금융소비자들의 니즈(Needs)를

2) 타인의 자본을 빌려 지렛대처럼 이용하여 자기자본의 수익률을 높이는 것을 말한다.

충족시키기가 어려워졌다.

또한 과거에는 동일한 소비계층으로 간주됐던 고객을 좀 더 자세히 들여다보면 매우 다양한 성향과 니즈를 지닌 극 세분집단(Micro Segment)으로 나눠지는 마이크로 트렌드 현상도 나타나고 있다. 정보수집기술이 비약적으로 발전하면서 금융소비자들이 자신이 수집한 정보를 가장 신뢰하며 독자적 소비성향을 형성하게 된 것이다. 실제로 소비자가 기업의 해당 전문가 수준 이상의 지식을 갖고 있는 경우도 적지 않다. 사회문화적 변화도 금융 니즈의 다변화를 촉진한다. 고령화로 인해 사람들이 은퇴 후의 생활에 대해 많은 관심을 갖게 됨에 따라 국민연금, 퇴직연금 등 공적 투자수단뿐만 아니라 개인연금저축이나 개인연금보험 등 자발적 금융수단에 대한 투자를 늘리는 현상도 발생하고 있다. 따라서 금융회사들은 기존 방식보다 더욱 정교화된 고객세분화(Segmentation) 과정을 통해 다양한 금융상품과 서비스를 제공해야만 금융소비자의 니즈를 충족시킬 수 있다.

이른바 엄지족[3]으로 불리는 모바일 세대가 등장하면서 트위터, 페이스북 등 소셜미디어가 정보 유통의 주요 매체로 자리 잡고 있다. 이제 금융소비자들은 새로운 금융상품과 서비스에 대한 정보를 새로운 미디어 채널을 통해 공유하고 평가하기 때문에 과거 전통적인 미디어 매체를 통한 금융회사들의 홍보와 마케팅 활동의 효과성이 현저히 떨어지게 되었다. 따라서 금융회사가 고객과 금융거래를 하고 소통하는 접점이 점차 바뀌고 있다. 특히 이러한 현상은 스마트폰의 대량 보급으로 국적, 성별, 나이와 관계없이 전 방위적으로 확산되고 있어 앞으로 금융업에서는 고객 니즈에 대한 세밀한 모니터링과 신속한 대응을 할 수 있는 역량을 갖춘 기업에 대한 수요가 늘어날 것으로 예상된다.

3) Deep Tech의 발전

모바일 기술의 등장과 빅데이터, 인공지능, 사물인터넷 등 Deep Tech가 최근 주목을

3) 요금 부담이 큰 음성통화보다 주로 문자메시지로 상대방과 소통하는 신세대를 말한다.

받고 있다. 이러한 기저 기술들은 본연의 기능에서 더 나아가 금융업무에 접목되기 시작했는데 그 결과 비대면 금융거래 확대, 지급결제수단의 간편화, 신용평가시스템의 고도화, 맞춤형 금융서비스의 확산 등 금융업계에 상당한 변화를 일으키고 있다.

빅데이터 기술은 기존 컴퓨터의 연산능력으로는 도저히 처리할 수 없었던 대용량의 데이터와 비정형의 문자, 멀티미디어 등 다양한 형태의 데이터를 고속으로 처리하여 분석함으로써 의사결정과 업무자동화를 가능케 하는 기술로 비정형 SNS 데이터 분석을 통한 기존 신용평가모형의 혁신, 이상거래패턴 분석을 통한 부정사용 방지 등 새로운 금융서비스를 만드는 기저 기술로 활용되고 있다.

인공지능 기술은 앞서 설명한 빅데이터를 활용하여 컴퓨터가 기계학습을 통해 자율적인 판단능력을 갖추게 하고 인간보다 더 뛰어난 의사결정을 할 수 있게 하는 기술로서 온라인 뉴스, 시장데이터 분석 등을 통해 투자자문 서비스를 제공하는 로보어드바이저, 알고리즘을 활용한 트레이딩, 사람을 대신하여 상담해주는 챗봇 등에 활용되고 있다.

사물인터넷 기술은 각종 정보기기를 인터넷과 기기 간에 접속하여 기기로부터 발생하는 데이터를 상호 활용하는 기술로 자동차에 블랙박스를 장착하여 실시간으로 주행 기록을 수집하고 이를 분석하여 최적의 보험료를 산정하거나, 정보기기의 위치정보를 활용하여 부정결제를 탐지하는 등의 방법으로 기존 금융서비스를 획기적으로 개선하고 있다.

이러한 기술발전의 결과로 우리나라의 모바일 기기를 활용한 간편지급서비스 이용금액은 큰 폭으로 증가하고 있다. 한국은행이 발표한 '2024년 상반기 중 전자지급서비스 이용현황'에 따르면 2024년 상반기 중 간편지급 서비스 이용규모(일평균)는 2,971만건, 9,392억 원으로 전년동기 대비 각각 13.0%, 11.0% 증가했다. 그리고 간편지급 서비스 제공업자 중 전자금융업자가 가장 높은 비중(49.6%)을 차지했다.

간편지급 서비스 이용 현황[1) 2)]

(일평균 기준) (만건, 억원)

구분	2022		2023		2024	증감(B–A)[4)]	
	상반기	하반기	상반기(A)	하반기	상반기(B)		
이용건수	2,316.8	2,506.7	2,629.1	2,843.2	2,971.3	342.2	(13.0)
전자금융업자	1,329.8	1,392.4	1,463.5	1,571.3	1,716.3	252.9	(17.3)
(신용카드[3)])	654.7	689.8	712.6	757.8	805.1	92.5	(13.0)
(선 불)	600.8	624.8	667.1	720.8	809.5	142.4	(21.3)
(계 좌)	74.3	77.8	83.8	92.7	101.8	18.0	(21.5)
휴대폰제조사	660.7	773.0	812.6	906.2	896.8	84.2	(10.4)
금융회사	326.4	341.2	353.1	365.6	358.2	5.1	(1.4)
이용금액	7,231.7	7,990.9	8,460.5	9,065.2	9,392.3	931.8	(11.0)
전자금융업자	3,641.6	3,954.6	4,166.4	4,407.1	4,661.2	494.7	(11.9)
(신용카드[3)])	2,282.5	2,484.8	2,556.1	2,688.3	2,787.2	231.0	(9.0)
(선 불)	1,136.9	1,233.4	1,360.1	1,441.0	1,570.6	210.5	(15.5)
(계 좌)	222.2	236.4	250.2	277.8	303.4	53.1	(21.2)
휴대폰제조사	1,703.2	2,000.7	2,117.9	2,356.2	2,373.5	255.6	(12.1)
금융회사	1,886.8	2,035.6	2,176.1	2,301.8	2,357.6	181.5	(8.3)

주 : 1) 자료제출기관의 수정사항 등을 반영하여 일부 수치가 수정될 수 있음
2) ㈜위메프는 2024년 4월분부터 조사대상에서 제외(7.29일 기업회생신청)
3) 체크카드 포함
4) ( )내는 전년동기 대비 증감률(%)
자료: 한국은행 '2024년 상반기 중 전자지급서비스 이용현황', 2024년 9월

2절

핀테크 4.0 시대의 도래[4)]

오늘날 '모바일 4.0'이라 불리는 포스트 모바일 시대가 다가오고 있다. '모바일 1.0' 시대는 휴대폰의 음성통화 품질과 휴대성을 가장 중시했다. 목소리가 끊어짐 없이 잘 들리고 휴대하기 편한 작고 가벼운 휴대폰이 가장 주목을 받았다. 2007년 스티브 잡스가 이 세상에 아이폰을 선보이면서 모바일 2.0 시대가 도래했다. '모바일 1.0' 시대에는 하드웨어의 성능 개선에 초점을 맞추었지만, '모바일 2.0' 시대에는 하드웨어에 어떤 콘텐츠를 담을 것인가가 중요한 화두였다. 애플은 아이튠즈라는 프로그램을 통해 음악, 동영상, 사진 파일을 공유할 수 있는 콘텐츠 생태계를 창조했다. 이제는 스마트폰을 활용한 콘텐츠의 유통 및 소비뿐만 아니라 스마트폰을 활용해 공공업무, 전자상거래, 금융거래, 콘텐츠 소비 활동을 모두 가능하게 하는 '모바일 3.0' 시대가 시작됐다. '모바일 4.0' 시대에는 빅데이터를 기반으로 한 인공지능(AI) 기술이 발전하여 새로운 모바일 플랫폼 위에서 사용자들이 각종 애플리케이션을 통합하여 사용할 수 있는 시대가 열리고 있다. 바로 이 '모바일 4.0'이 '핀테크 4.0'의 모태라 할 수 있다.

핀테크는 모바일 시대와 유사하게 네 단계의 발전과정을 거쳤다. '핀테크 1.0'은 무인자동화기기(ATM)의 등장과 함께 개막됐다. ATM(Automated Teller Machine)은 현

4) 전 세계 최초로 필자가 '핀테크 3.0'과 '핀테크 4.0'이라는 용어와 개념을 제안하였다.

금 자동 입출금 기능을 가진 기기로 고객이 은행 직원을 통하지 않고 직접 금융거래를 할 수 있도록 고안된 기기이다. 무인자동화기기는 마그네틱 띠가 있는 현금카드 · 직불카드 · 신용카드나 통장, 또는 IC칩을 탑재한 스마트카드 등의 거래수단을 가지고 계좌에 돈을 입금하거나 계좌에서 돈을 인출할 수 있고, 은행 내 · 은행 간 계좌이체를 할 수 있으며, 대출금을 상환하거나 보험금을 납부할 수도 있다. 1939년 뉴욕 시의 시티뱅크 오브 뉴욕(City Bank of New York)의 한 지점에 루터 조지 심지안(Luther George Simjian)이 만든 기계식 ATM이 세계 최초로 설치됐으나, 이용률이 저조하여 바로 철거됐다. 전자식 ATM은 1967년 영국 바클레이즈은행의 한 지점에 설치됐다. 우리나라에서는 1979년 11월, 조흥은행 명동지점에 ATM이 처음으로 설치되었다. ATM의 등장은 기술을 금융업에 접목하여 사람의 손을 거치지 않고 기본적인 금융업무를 수행할 수 있게 해준 최초의 사례라 할 수 있다. 당시 언론에서는 ATM의 등장으로 인해 많은 은행원들이 실직할 수도 있다는 전망을 내 놓기도 했으나, 그러한 우려는 다행히 현실화되지는 않았다. 2013년 말 기준 전 세계적으로 약 280만대의 ATM이 운영되고 있어 ATM 1대당 약 2,500명의 고객이 이용 중인 것으로 추정된다. 전자식 ATM이 등장한 지 거의 반세기가 흘렀지만 ATM은 여전히 중요한 금융거래수단으로서 제 역할을 다하고 있다.

'핀테크 2.0'은 인터넷뱅킹(Internet Banking)의 출현과 더불어 시작됐다. 인터넷뱅킹은 1980년대 초반 개발된 온라인뱅킹(Online Banking)으로부터 유래됐다. 온라인뱅킹은 당시 직접 은행 지점을 방문하지 않고 고객이 원거리에서 자금이체를 할 수 있는 새로운 금융서비스의 형태로 나타나게 되었는데 인터넷이 보급되면서 오늘날 인터넷뱅킹으로 통용되고 있다. 세계 최초의 인터넷뱅킹은 미국의 최초 인터넷 전문은행인 SFNB(Security First Network Bank)가 재무부 저축감독국(OTS : Office of Thrift Supervision)으로부터 인가를 받아 1995년 10월 18일 적십자사의 기부 거래를 함으로써 시작됐다. 인터넷뱅킹의 도입으로 고객은 PC를 사용해 입금, 송금, 거래조회, 예금가입 등 다양한 업무를 원격지에서 처리할 수 있게 됐다. 우리나라도 1995년 최초로 인터넷뱅킹을 도입했고, 이후 비약적으로 발전해서 지금은 금융거래 채널 중 가장 높은 비중을 차지하는 비대면 거래채널로 성장했다. 인터넷뱅킹은 은행의 다양한 업무를 온라인으로 처리할 수 있게 해줌으로써 뱅킹 방식의 변화를 초래했다. 바야흐로 '핀테크 2.0' 시대에서는 핀테크가 금융산업의 혁신을 촉진하는 동인으로 부상한 것이다.

'핀테크 3.0'은 휴대폰 기반의 모바일뱅킹이 실현되면서 시간과 공간의 제약을 받지 않는 금융거래가 가능한 세상을 만들었다. 모바일뱅킹은 휴대폰을 이용해 은행의 예금조회, 계좌이체, 현금서비스 등 다양한 서비스를 받을 수 있는 금융거래 서비스를 의미한다. 1992년 스웨덴 · 핀란드의 메리타노르드방켄이 전 세계 최초로 휴대폰으로 명세서와 잔고조회를 할 수 있는 모바일뱅킹 서비스를 출시했다. 하지만 이 서비스는 인터넷 접속방식이 아니었기 때문에 오늘날 우리가 이용하는 모바일뱅킹과는 상당한 차이가 있다. 우리나라에서는 1999년 농협이 WAP(Wireless Application Protocol) 방식의 모바일뱅킹 서비스를, 2003년 국민은행이 IC칩 방식의 뱅크온(Bank On) 서비스를 처음 시작하였으며, 2007년에는 우리은행이 VM(Virtual Machine) 방식을 이용한 모바일뱅킹[5]을 처음으로 도입하였다. 우리나라의 금융회사들이 선도적으로 모바일뱅킹을 시작했으나, 그 기능은 ATM이나 인터넷뱅킹의 업무를 대체하는 정도의 수준에 머물렀다. 반면 미국, 영국 등 금융 선진국에서는 핀테크 기업들이 모바일뱅킹의 영역을 확장해 기존 금융회사가 제공하지 않는 새로운 방식의 금융상품과 서비스를 제공함으로써 '핀테크 3.0' 시대를 주도했다. 예를 들면 핀테크 기업들이 SNS(Social Network Services)를 활용하여 소셜예금 또는 소셜보험상품을 출시하거나, 사이버 공간상의 빅데이터를 분석하여 과거 금융거래기록이 전혀 없어 신용도 평가가 불가능했던 고객을 대상으로 새롭게 신용도를 평가하는

5) 모바일 디바이스(휴대폰, 태블릿PC 등)로 접근 가능한 무선인터넷을 통해 은행이 제공하는 다양한 서비스를 이용할 수 있는 거래방식을 말하는데, WAP, IC칩, VM 방식 등이 있다. WAP 방식은 고객이 무선인터넷에 접속하여 인증절차를 거친 후, 문자 기반으로 모바일뱅킹 서비스를 이용하는 방식이다. IC칩 방식은 고객이 은행에서 거래정보가 저장된 금융 IC칩이나 USIM을 발급받아 휴대폰에 탑재하여 모바일뱅킹 서비스를 이용하는 방식이다. VM 방식은 고객이 휴대폰에 모바일뱅킹 전용 프로그램을 다운로드하여 설치하고 거래할 때마다 프로그램을 실행하여 모바일뱅킹 서비스를 이용하는 방식이다.

기법을 개발하고 있다.

기존에는 고객이 이용하고자 하는 금융서비스 별로 휴대폰 또는 컴퓨터의 개별적인 애플리케이션을 구분해서 사용해야 했다. 그러나 '핀테크 4.0' 시대에서는 빅데이터, 인공지능, 사물인터넷 등 Deep Tech가 발전하면서 컴퓨터가 인간의 커뮤니케이션 방식을 이해하고 스스로 의사결정을 할 수 있게 됨으로써 고객 요구사항의 파악에서부터 적절한 애플리케이션의 선택과 이에 대응하는 금융거래까지 하나의 플랫폼에서 자동화하여 처리할 수 있게 됐다.

'핀테크 4.0'의 시대가 도래하면서 앞으로 금융소비자들은 각 금융거래 애플리케이션의 서비스 특징과 기능을 일일이 파악하지 않고도 원하는 서비스를 편리하게 이용할 수 있을 뿐만 아니라 보다 발달한 금융정보 분석기술의 덕분으로 예전과 비교해 훨씬 적절하고 효과적인 서비스를 이용할 수 있다. 핀테크 사업자들도 차세대 핀테크를 활용하여 하나의 통합된 플랫폼에서 금융데이터를 교차해서 활용할 수 있고 다양한 금융거래 업무를 처리할 수 있으므로 많은 인프라 비용을 투자하지 않고도 핀테크 서비스를 구현할 수 있는 이점을 얻게 된다. 이처럼 '핀테크 4.0' 시대에서는 핀테크 기업들이 플랫폼 기술을 활용하여 기존 금융거래 방식과 경쟁의 룰을 바꾸면서 금융업을 혁신하고 있다.

글로벌 핀테크 기업의 종합 플랫폼 사업 확대 사례

최근 글로벌 핀테크 기업은 온라인 대출, 자산관리, 보험판매 등 종합 플랫폼 사업을 확대하기 위해 수신기능 등을 강화하는 추세

- Revolut 2015년 7월에 설립된 송금 · 결제전문 핀테크 기업으로 2018년 사용자 수 300만 명을 확보했으며, 2018년 12월 EU 은행인가를 취득하여 은행업, 보험 · 펀드 판매 등 종합 금융플랫폼으로 사업 확장
- Wealthfront 미국의 대표적인 로보어드바이저 서비스 업체로 2008년 설립 이후 대학 학자금을 위한 저축프로그램(College–Savings)과 온라인 대출 서비스로 영역 확장
- Acorns 상품 구매 후 거스름돈을 주식 · 펀드에 투자할 수 있도록 도와주는 마이크로 투자 플랫폼으로, Lincoln Savings Bank와 제휴하여 보통예금 계좌를 이용자에게 발급하고, 체크카드 서비스를 제공하며, 로보어드바이저를 활용하여 자산관리서비스도 제공
- Robinhood 2013년에 설립된 모바일 증권거래 플랫폼 기업으로, 2018년 가상통화 거래 서비스를 지원하였으며, 최근 연 3%의 이자를 지급하는 'Robinhood Checking and Savings' 계좌 서비스를 오픈

자료: CB Insights, 2019

우리나라가 이미 도입한 인터넷 전문은행도 크게 네 번의 변환기를 거쳐 발전하고 있다.[6] 첫 번째 단계에서는 2000년대 초반 인터넷 버블이 붕괴되는 과정에서 기존 은행업을 혁신하려는 목적으로 미국의 윙스팬뱅크(Wingspan Bank), 영국의 에그뱅크(Egg Bank) 등 인터넷 전문은행이 등장했다. 하지만 당시 열악한 통신 인프라 환경과 온라인으로만 거래하는 뱅킹 방식에 대한 고객의 인식 부족으로 대부분의 인터넷 전문은행이 실패했다. 두 번째 단계에서는 2000년대 중반 전 세계적으로 광대역 인터넷망이 확대되면서 네덜란드의 ING다이렉트뱅크(ING Direct Bank), 아이슬란드의 아이스세이브뱅크(Icesave Bank) 등과 같은 인터넷 전문은행이 설립됐다. 이들 은행들은 기존 은행보다 금리가 훨씬 높은 예금상품을 출시하여 예금기반을 확대하는 데는 성공했으나, 고금리를 유지하기 위해 고위험 자산에 대한 투자를 확대하는 전략을 추구하다 2008년 글로벌 금융위기를 맞으면서 사실상 실패했다. 세 번째 단계에서는 미국의 심플(Simple), 핀란드의 홀비(Holvi) 등의 인터넷 전문은행이 출범했다. 이들 은행들은 모바일 기술과 SNS를 접목하여 앞서 출현했던 인터넷 전문은행들과 다른 새로운 뱅킹 비즈니스 모델로 차별화를 시도하고 있다. 예를 들어 심플은행의 고객이 "내가 지난 한 달간 뉴욕에서 택시요금을 얼마나 지불했나요?(How much did I spend on taxis in New York last month?)", "내가 이번 주에 커피값을 얼마나 지불했나요?(How much have I spent on coffee this week?)"와 같은 질문을 스마트폰으로 질의하면 심플은 실시간으로 고객이 궁금해 하는 소비내역을 알려준다. 기존 은행은 생각지도 못한 서비스를 제공하고 있는 것이다.

네 번째 단계에서는 지금까지 인터넷 전문은행은 개별 주체로서 기존 오프라인 은행이 제공하는 뱅킹업무를 자사의 IT 인프라를 활용하여 온라인으로 제공하는 것이 핵심 사업이었다. 이에 반해, 4세대 인터넷 전문은행은 각 금융 분야의 전문 핀테크 기업들이 연합하여 별도의 인터넷 전문은행을 설립하지 않고 API 통합기술을 활용하여 가상의 플랫폼 상에서 실질적인 뱅킹업무를 제공하는 것을 추구한다. 이를

6) 'Digital banking, Third time lucky', Economist, 2013.11.9.

BaaS(Banking as a Service) 플랫폼이라 하며 BaaS 플랫폼이 완성되면 핀테크 기업들은 대규모 초기 자본을 투자하지 않고도 기존 인터넷 전문은행과 동일한 뱅킹 서비스를 제공할 수 있다. 예를 들면 송금과 결제가 가능한 송금결제사업자, 고객에게 대출상품을 제공하는 온라인투자연계금융업자, 고객의 자산을 관리해주는 로보어드바이저 등이 BaaS 플랫폼에 개별적으로 API를 연결하여 서비스를 제공하면 고객은 여러 핀테크 기업과 거래하지 않고서도 하나의 접점에서 원하는 금융서비스를 편리하게 이용할 수가 있다.

앞에서 살펴본 바와 같이 모바일, 핀테크, 인터넷 전문은행은 각각 그 도래 시기는 조금씩 다르지만 네 번의 변환기를 겪었다는 점에서 유사한 발전과정을 거쳤다고 할 수 있다. 그리고 그 변환기에 결정적인 영향을 미친 요인이 바로 정보통신기술(ICT)이었다. 인터넷, 모바일, SNS, 빅데이터 등 정보기술이 빠른 속도로 발전하면서 ICT가 금융회사와 비즈니스 모델에 혁신을 불어 넣은 것이다. 핀테크 4.0은 단순히 금융업무에 기술을 접목시킨 것에서 진일보하여 이제는 기존 금융업의 한계를 뛰어넘어 새로운 비즈니스 방식을 창조한다는 점에서 새로운 패러다임으로 인식되고 있다.

핀테크의 발전 단계

구분	핀테크 1.0	핀테크 2.0	핀테크 3.0	핀테크 4.0
도래 시기	1960년대 후반	1990년대 중반	2000년대 초반	2010년대 중반
주요 기술	전자식 ATM	인터넷뱅킹	SNS(Social Network Service), 모바일뱅킹	Deep Tech (빅데이터, 인공지능, 사물인터넷)
주요 특징	기존 일부 뱅킹업무를 무인화	기존 일부 뱅킹 업무를 온라인 방식으로 처리	모바일뱅킹 방식으로 새로운 금융상품과 서비스 제공	인공지능 기반의 금융서비스와 서비스/플랫폼 통합
적용 영역	일부 뱅킹업무 (현금 입출금, 송금, 결제)	일부 뱅킹업무 (송금, 환전, 결제, 예금)	대부분의 뱅킹업무 (송금, 환전, 결제, 예금, 대출, 투자)	대부분의 뱅킹업무 (송금, 환전, 결제, 예금, 대출, 투자) 완전 무인화 뱅킹

자료: 저자 정리

3절

전 세계 핀테크 산업 동향

1. 전 세계 주요 핀테크 허브(Hub)[7] 현황

전 세계 핀테크 산업은 창업 인프라가 발달된 미국과 영국을 중심으로 발전하고 있으며, 최근 들어 이스라엘, 호주, 홍콩, 싱가포르 등도 글로벌 핀테크 허브로 발돋움하기 위해 많은 투자를 하고 있다. 미국은 핀테크 기업과 금융회사, 벤처캐피털이 연합하여 실리콘밸리와 뉴욕을 중심으로 핀테크 생태계를 구축하고 있으며, 영국은 런던 금융당국의 지원과 기술 클러스터인 테크시티(Tech City)를 중심으로 핀테크 기업의 창업이 활성화되고 있다. 싱가포르, 시드니, 베를린 등 주요 도시들도 비록 시작은 뉴욕, 런던 등에 뒤졌으나, 정부의 전폭적인 지원을 통해 핀테크 기업을 적극 육성하고 있다.

스위스의 글로벌 금융산업 연구기관인 IFZ는 정치/법률, 경제, 사회 및 기술("PEST") 차원에서 공공 출처의 74개 지표(도시 수준에서 11개, 국가 수준에서 63개)를 활용하여 전 세계 핀테크 생태계의 경쟁력을 나타내는 IFZ 순위를 발표했다. 2024년 순위에서 싱가포르는 취리히와 스톡홀름을 제치고 1위를 차지했다. 지역적 관점에서 볼 때 상위 10개 핀테크 허브 중 6개는 유럽에, 3개는 북미, 아시아에서는 유일하게 싱가포르가 포함되었다.

7) 핀테크 산업이 발전하기 위한 생태계가 잘 구축된 핀테크 산업의 중심지를 말한다.

IFZ Ranking

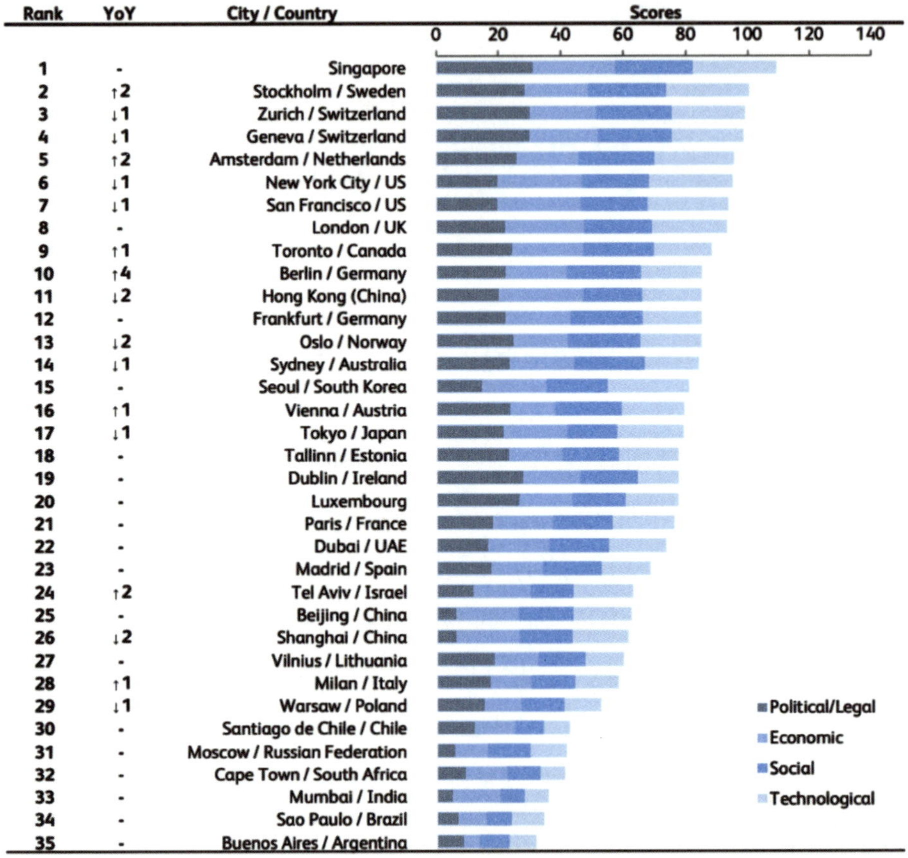

자료: Institute of Financial Services Zug(IFZ), 2024.

2. 국가별 핀테크 산업 동향

1) 영국

영국은 2008년 글로벌 금융위기 이후 정부의 규제정책 완화와 금융계와 IT업계의 연합을 통해 세계 최고의 글로벌 허브로 자리매김했다. 현재 런던 시내에만 1,800여 개의 핀테크 기업이 설립됐고, 2013년부터 2018년까지 핀테크 기업에 대한 투자 금액은 무려 428억 달러에 달한다. 다수의 글로벌 금융회사가 본사를 런던에 두고 있고, 전통적으로 금융 네트워크가 발달해 있어 런던은 핀테크 기업들이 성장할 수 있는 양호한 인프라를 갖고 있다.

또한 영국은 런던 중심지에 위치한 기술 창업기업 클러스터(Cluster)[8)]인 '테크시티(Tech City)'가 성공을 거둠으로써 현재 5,000개 이상의 핀테크 기업들이 이 지역에서 운영되고 있다. 영국 정부는 테크시티를 미국의 실리콘밸리에 버금가는 핀테크 클러스터로 육성하기 위해 전 세계 유수의 IT기업과 금융회사, 대학연구소를 테크시티에 유치하고 있다. 테크시티가 운영하고 있는 창업기업 지원 프로그램 중 '퓨처피프티(Future Fifty)' 프로그램은 정부가 미래성장 가능성이 높은 50개의 핵심 창업기업을 매년 선정하여 공공과 민간부문이 공동으로 투자유치, 사업확장, 인수합병, 상장 등의 업무를 지원하고 있다.

테크시티와 더불어 영국 정부가 공들여 만든 또 다른 클러스터가 바로 '레벨39(Level 39)'이다. 레벨39는 영국 정부가 2013년 테크시티의 일환으로 카나리워프(Carnary Wharf) 지역에 핀테크 기업, 금융회사, IT기업이 동시에 입주할 수 있는 '스마트시티' 건설 프로젝트를 엔틱(Entiq)이라는 회사에 위임하면서 탄생했다. 엔틱은 핀테크 기업을 육성할 공간을 카나리워프 내 건물 39층에 마련하고 레벨39라 명명했다. 레벨39는 영국 내 핀테크 창업기업에 자금을 지원하고 경영 컨설팅 서비스를 제공해 기업을 육성하는 창업기업 인큐베이터 역할을 담당하고 있는데, 현재 약 100여 개

8) 클러스터는 동종 업종의 기업과 관련 기관들이 시너지를 창출하기 위해 한 곳에 모여 있는 것을 말한다.

영국 테크시티 전경

의 핀테크 관련 기업이 입주해 있다. 특히 레벨39에서는 바클레이즈, HSBC, 씨티그룹 등 영국에 본사를 둔 글로벌 금융회사들이 핀테크 기업들과 제휴하여 새로운 금융상품과 서비스를 테스트하면서 상용화 가능성을 검증하고 있다.

2) 미국

미국의 핀테크 산업은 금융 중심지인 뉴욕의 막강한 자본력을 바탕으로 빠르게 성장하고 있다. 미국은 전 세계 투자를 주도하며 2010년부터 2018년까지 전 세계 주요 국가 중 가장 많은 자금을 핀테크산업에 투자했다. 미국은 이미 세계 최대 지급결제회사인 페이팔(PayPal)을 보유하고 있고, 앞선 SNS 인프라를 바탕으로 벤모(Venmo), 브레인트리(Braintree), 렌딩클럽(LendingClub), 온덱(OnDeck) 등 세계적인 핀테크 기업들이 성장하고 있다. 2014년 말에는 애플이 애플페이(Apple Pay) 서비스를 출시하면서 근거리 무선통신 방식인 NFC(Near Field Communication)[9] 지급결제

9) 13.56MHz의 주파수 대역을 사용하여 10cm 이내의 가까운 거리에서 무선 데이터를 주고받는 비접촉식 통신기술을 말한다. 버스 · 지하철 교통카드가 NFC 방식을 이용한 대표적인 서비스이다.

분야에서 전 세계 시장에 출사표를 던진 상태이다. 애플페이는 터치ID[10]와 토큰기술[11] 등을 적용하여 편의성과 보안성을 두루 갖춘 것으로 평가받고 있다.

3) 중국

중국은 금융산업 규제완화 등 지원정책을 계속 추진하고, 열악한 기존 금융기반을 핀테크로 대체하면서 금융서비스 혁신을 주도하고 있다. 중국의 핀테크 산업은 최근 몇 년간 급속히 성장하고 있으며, 투자 규모도 상당히 커졌다. 중국의 여러 기관이나 보고서에서 다르게 발표되고 있어 정확한 투자규모를 제시하기는 어려우나, 2021년에 중국 핀테크 산업에 대한 투자규모는 약 400억 달러에 달했다.

중국 정부는 ICT 기업들에 P2P 대출 중개업, 수익형 금융상품 판매, 인터넷 전문은행 설립 등을 허용하는 등 적극적인 핀테크 육성정책을 펼치고 있다. 이에 따라 알리바바, 텐센트와 같은 중국의 ICT 기업들이 금융업에 활발하게 진출하고 있으며, 그 중 알리바바는 '위어바오(餘額寶)'라는 수시입출식 예금상품을 출시하여 1년 반 만에 약 100조 원의 시중자금을 수신하는 대성공을 거두었다. 그 결과 알리바바는 2014년 9월 19일 미국 뉴욕증권거래소에 상장해 시가총액이 242조 원에 달하는 대기록을 달성하기도 했다. 알리바바의 전자지갑형 온라인 결제서비스인 알리페이(Alipay)는 연간 거래액이 5조 4,000억 위안으로 중국 온라인 결제시장의 50%를 점유하고 있다. 알리바바는 지급결제사업을 통해 축적된 빅데이터를 기반으로 알리파이낸스라는 대출회사를 설립했고, 민영은행의 설립 허가를 받아 인터넷 전문은행인 마이뱅크(MyBank)를 출범하는 등 활발하게 금융사업을 전개하고 있다.

10) 스마트폰의 지문인식 센서를 통해 본인 여부를 확인해주는 애플의 본인인증 방식이다.

11) '토큰(Token)'은 온라인상에서 신용카드를 결제할 때 결제정보의 위·변조를 막기 위한 일종의 가상 카드번호로 독자적인 암호화기술을 이용하기 때문에 가맹점이 결제정보를 공유할 수 없고, 외부로 토큰이 유출된다 하더라도 해커가 결제정보를 도용하기 어려운 장점을 가진다.

4절

주요 핀테크 비즈니스 모델

1. 가상화폐

1) 암호화폐(Cryptocurrency)

암호화폐는 네트워크 참여자가 암호를 해독하여 화폐를 발행하고 개인정보의 저장 없이 고유계정만으로 안전하게 거래를 수행할 수 있는 가상화폐를 말한다. 2009년 세계 최초의 암호화폐인 비트코인이 출현했고, 이후 유사한 암호화폐가 등장하기 시작했다. 비트코인은 나가모토 사토시(Nakamoto Satoshi)라는 익명의 엔지니어가 창안한 총 발행량이 정해져 있는 암호화된 디지털 화폐이며, 기본 통화 단위는 BTC이다.

비트코인은 중앙은행의 역할을 하는 별도의 화폐발행 기관 및 서버가 존재하지 않기 때문에 사용자들의 합의를 통해 통화의 발행, 거래, 검증이 이루어진다. 또한 비트코인의 총 발행량은 2,100만 BTC로 정해져 있어 기존 통화의 인플레이션 · 디플레이션 문제를 자동화된 시스템에 의한 화폐발행 방식으로 해결한다. 비트코인 계정 생성에는 이름, 연락처, 주소 등의 개인정보가 필요 없어 계정에 기입한 정보로 인한 제3자의 개인정보 유출 문제가 발생하지 않는다. 하지만 비트코인을 사용해 거래를 할 경우 모든 사용자는 이 거래내역을 자신의 장부인 비트코인 지갑에 자동으로 저장하게 되어 있고, 실제 거래자의 신상정보와 장부에 기록된 거래와의 매칭을 지원하지는 않으나 언제 어떤 거래가 이루어졌는지는 모두 공개되기 때문에 완전한 익명성이 보장되지는 않는다.

2010년 5월, 비트코인의 첫 번째 실제 거래로 10,000 BTC로 피자 두 판이 거래되었고, 당시 비트코인의 가치는 약 0.003 달러였다. 이후 비트코인의 가격은 서서히 상승하기 시작해서 2013년에는 처음으로 1,000달러를 넘어섰다.

비트코인의 가격이 처음으로 1,000달러를 넘었던 이유 중 하나는 사람들이 비트코인에 대한 인식이 바뀌면서 투자수단으로서 수요가 급증했기 때문이다. 특히, 유럽 재정위기와 같은 사건은 사람들이 비트코인을 대안 자산으로 인식하게 만든 계기가 됐다. 하지만 2014년에는 일본 마운트 곡스 거래소의 해킹 사건으로 85만 비트코인이 일시에 사라지면서 시장의 신뢰가 크게 흔들렸고, 이로 인해 비트코인 가격은 급락했다.

2017년에는 다시 한 번 비트코인 가격이 급등해 20,000달러를 넘어섰다. 이때는 많은 투자자들이 비트코인에 몰려들며 시장이 과열되었으나, 2018년에는 중국을 비롯한 여러 나라에서 암호화폐에 대한 규제를 강화하면서 가격이 급락하여 3,000달러대까지 떨어졌다. 2020년부터 2021년까지 비트코인은 또 한 번의 상승세를 보이며 60,000달러를 넘기도 했다. 이 과정에서 기관 투자자들의 참여가 증가하고, 비트코인이 디지털 금으로 여겨지면서 그 가치가 높아졌다. 특히 테슬라가 비트코인에 15억

비트코인 가격 추이 (단위: 천 달러)

달러를 투자하고 이를 결제 수단으로 인정하겠다고 발표하면서 큰 영향을 미쳤다.

2022년에는 미국의 금리 인상과 세계 경제의 불확실성 증가로 인해 위험 자산의 매력이 줄어들면서 비트코인 가격이 하락했다. 비트코인의 미래는 여전히 불확실하지만, 여전히 많은 투자자와 기관들에게 주목받고 있다. 그리고 가격의 높은 변동성에도 불구하고 아직까지 비트코인은 암호화폐 시장에서 중요한 위치를 차지하고 있다.

2013년부터 승인 신청과 거부가 반복된 끝에 美 증권거래위원회는 2024년 1월 10일 비트코인 현물 ETF를 최종 승인했다. 비트코인 현물 ETF는 비트코인을 기초자산으로 하는 상장지수펀드로, 기관투자자들이 제도권 금융규제 하에서 가상자산에 안전하고 자유롭게 투자할 수 있는 수단으로 자리매김했다.

그리고 관련 상품을 출시한 자산운용사는 실제 현물을 보관해야 하기 때문에, ETF에 자금이 유입되는 만큼 기관의 비트코인 현물매수가 늘어나게 된다. 따라서 비트코인 ETF 승인을 계기로 앞으로 다양한 가상자산 관련 상품이 등장하고, 전 세계 ETF 자산운용 시장에 큰 변화가 생길 것으로 예상된다. 또한 해킹으로부터 가상자산을 안전하게 보관하는 가상자산 수탁서비스 등 기존 금융업에서 확장된 신사업이 출현하고 가상화폐와 관련된 스타트업의 증가 및 기술혁신이 촉진될 것으로 예상된다.

이처럼 전 세계적으로 가상화폐 가격의 변동성이 커지고 있음에도 불구하고 비트코인의 핵심기술인 블록체인(Blockchain)은 저렴한 시스템 유지비용과 뛰어난 보안성을 보유하고 있어 글로벌 금융회사들의 주목을 받고 있다. 미국의 컨설팅회사인 매지스터어드바이저에 따르면 세계 100대 금융회사가 2020년대 말까지 비트코인과 비트코인의 원천기술인 블록체인 기술에 10조 달러를 투입할 것으로 전망된다.

미국의 IT 조사업체인 IDC는 글로벌 금융회사의 전산비용이 연 평균 4% 이상 증가할 것으로 전망하고 있다. 따라서 금융회사 입장에서는 앞으로 증가하는 전산시스템의 관리 및 유지비용을 어떻게 줄여 나갈 것인가가 중요한 당면과제라 할 수 있

블록체인의구성도

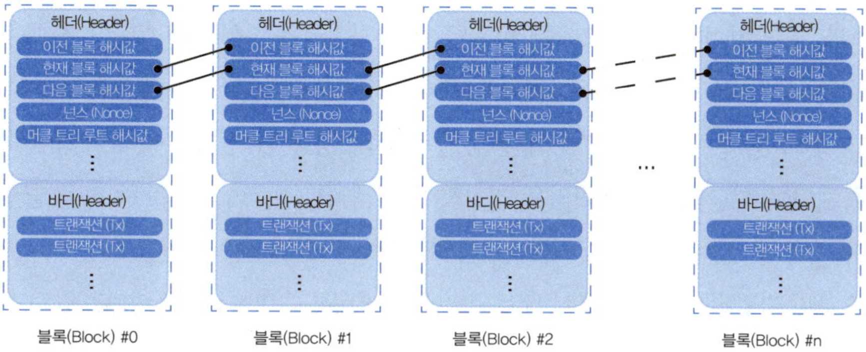

다. 이러한 측면에서 최근 블록체인은 이른바 분산원장 기술을 기초로 전산비용은 획기적으로 낮추면서도 보안을 강화한다는 점에서 글로벌 금융회사들의 주목을 받고 있다.

블록체인은 원래 암호화폐인 비트코인을 작동시키는 핵심기술로 개발됐다. 비트코인 시스템이 별도의 화폐 관리기관이 없음에도 유지될 수 있는 것은 분산화된 합의 방식에 의해 시스템이 작동되기 때문이다. 비트코인의 거래는 화폐 채굴작업에 참여하는 컴퓨터들이 개별적으로 거래의 타당성을 검증하고, 이 과정에서 전체 네트워크의 과반수 컴퓨터가 거래를 검증해야만 비로소 합법적인 거래로 인정받게 된다. 따라서 비트코인의 사용자가 많아질수록 거래 검증을 수행하는 컴퓨터가 늘어나기 때문에 해킹에 의한 거래 내역의 조작은 더욱 어려워진다. 블록체인은 비트코인의 거래과정에서 생성된 거래내역이 저장되는 블록들이 시계열 순으로 마치 체인처럼 연결되어 있다고 해서 붙여진 이름이다. 블록체인을 좀 더 자세히 살펴보면 새로 형성된 블록 내 거래정보는 직전 블록의 해시(hash)값[12]을 포함하고 있으며 직전 블록은 다시 그 이전 블록의 해시값을 포함하고 있어 결국 해시값이 체인구조로 연결된 모습을 갖게 된다.

12) 해시값은 해시함수를 이용해 임의의 데이터로부터 고정된 길이의 난수를 만들어 내는 방법을 의미한다.

블록체인은 분산 합의 시스템, 채굴 시스템, 거래장부 동기화 시스템 등 세 가지 시스템으로 구성된다. 분산 합의 시스템은 비트코인 거래에 대한 검증 권한을 갖고 있는 네트워크 참여자들의 51% 이상이 검증한 거래내역을 종합하여 정당한 거래로 인정해 주는 거래인증 시스템을 말한다. 여기서 51%의 의미는 전체 네트워크 참여 컴퓨터 수의 51% 이상이 아니라 채굴 중인 컴퓨터 성능 합의 51% 이상을 의미한다. 블록체인이 형성되어 거래내역을 저장하기 위해서는 비트코인 네트워크를 끊임없이 유지할 수 있는 컴퓨팅 파워가 필요한데, 암호를 풀면 비트코인을 보상으로 지급함으로써 자발적으로 비트코인 네트워크에 거래블록을 만들고 검증할 수 있는 컴퓨터들을 유인하는 시스템을 채굴 시스템이라 한다. 채굴에 참여한 컴퓨터가 거래내역을 한 번 검증하는 데 평균 10분 정도 소요되며, 이러한 과정을 6번 검증했을 때 최종적으로 거래 검증이 완료된다. 거래장부 동기화 시스템은 분산 합의 시스템에 의해 검증이 완료된 블록체인을 네트워크 참여자들의 컴퓨터에 자동으로 동기화시켜 주는 시스템을 말한다. 따라서 네트워크 참여자들은 거래장부 동기화 시스템에 의해 2009년부터 축적된 전 세계 모든 비트코인의 거래내역을 채굴컴퓨터에 저장하게 된다.

또한 블록체인은 네트워크 참여자의 범위에 따라 퍼블릭 블록체인(Public Blockchain), 컨소시엄 블록체인(Consortium Blockchain), 프라이빗 블록체인(Private Blockchain) 등 크게 세 가지 형태로 구분된다. 퍼블릭 블록체인은 네트워크 참여자가 누구나 거래기록을 열람할 수 있고, 컴퓨팅파워를 이용한 작업증명(Proof of Work)[13]으로 거래의 정당성을 인정하는 완전히 분권화된 블록체인을 말한다. 컨소시엄 블록체인은 미리 선정된 노드들이 컴퓨팅파워를 이용해 작업증명을 하고 컨소시엄 참가자들만 거래기록을 열람할 수 있는 반 분권화된 블록체인을 말한다. 프라이빗 블록체인은 단 하나의 기관만이 작업증명을 하고 거래기록을 열람할 수 있는 완전히 개인화된 블록체인을 말한다.

13) 1990년대 DDoS 및 스팸 공격을 저지하기 위해 고안된 방안으로 답을 찾기는 어렵지만 확인하기는 쉬운 비대칭적인 작업을 수행하도록 요구하는 메커니즘을 말한다.

만약 블록체인이 금융회사의 전산시스템에 적용된다면 몇 가지 측면에서 장점을 갖게 된다. 첫째, 블록체인은 P2P(Peer to Peer) 방식으로 작동되기 때문에 기존 금융회사와 같이 중앙전산망을 갖추지 않고도 낮은 비용으로 안전한 금융거래시스템을 갖출 수 있다. 블록체인을 이용해 개별 컴퓨터들이 거래내역을 저장하는 분산원장을 사용하면 P2P 네트워크만으로 거래원장을 손쉽게 관리할 수 있다. 블록체인의 이러한 특성 때문에 금융회사는 시스템 구축 및 유지보수 비용을 대폭 줄일 수 있다.

둘째, 비트코인은 사용자가 송금거래 요청을 하면 거래 정보가 기록된 하나의 블록을 생성하여 네트워크상의 모든 참여자에게 블록을 전송하는데, 이때 각 참여자가 전송된 블록을 승인하면 기존 블록체인에 거래 기록이 추가되면서 거래가 완료된다. 이러한 거래과정에서 기존 블록체인에 담겨 있는 거래정보를 수정하기 위해서는 전체 비트코인 네트워크 참여자의 과반수가 동일한 정보임을 확인해 줘야 한다. 해커가 전 세계 네트워크 참여자 과반수의 블록체인을 동시에 해킹하는 것은 사실상 물리적으로 불가능하다. 현재 많은 금융회사들이 보안부문에 대해 막대한 투자를 하고 있음에도 불구하고 금융보안 사고를 예방하지 못하는 데 반해, 블록체인은 저렴한 시스템 유지비용만으로도 해킹을 원천적으로 막을 수 있게 해 준다.

셋째, 블록체인은 거래원장의 관리뿐만 아니라 다양한 금융영역에서 사용할 수 있다. 만약 블록체인에 사용자가 임의로 설정한 거래규칙을 설정하면 네트워크에 접속된 컴퓨터들이 자동으로 금융상품 거래를 해 주는 자산관리시스템을 구축할 수도 있다. 기존 지급결제서비스에 블록체인이 접목되면 이용자가 비트코인 직불카드를 사용해 지급결제 대행업체의 도움을 받지 않고 전 세계 어디에서든지 송금 및 결제 서비스를 이용할 수 있게 된다.

가상화폐 관련 스타트업은 비트코인과 같은 시기에 등장했으며, 초기에 암호화폐 프로젝트 개발에 집중했으나 2010년대에 접어들면서 암호화폐 이외 분야로 사업 영역을 확장했다. 2010년대 초반 스타트업은 주로 금융 분야에 집중하면서, 블록체인 기술을 기반으로 기존의 은행 및 결제 시스템의 대안적 서비스를 제공하는 데에 집중했다.

2010년대 초반에는 이더리움과 스마트 컨트랙트의 등장으로 탈중앙화 애플리케이션(dApp)과 토큰 이코노미를 사업 영역으로 삼는 새로운 스타트업이 등장했고, 2010년대 후반에는 공급망 관리, 의료, 부동산, 엔터테인먼트와 같은 다양한 산업에서 투명성과 보안을 강화할 수 있는 블록체인 기술의 잠재력에 주목하는 스타트업이 등장했다. 또한 탈중앙 금융(DeFi)에서 대체불가토큰(NFT)에 이르는 다양한 분야를 대상으로 블록체인의 스마트 컨트랙트 기능을 활용하는 기술이 등장하면서 2010년대 후반과 2020년대 초반에는 공급망 관리, 의료, 부동산, 디지털 신원 확인 등 다양한 산업에서 투명성, 보안, 효율성을 높일 수 있는 분산형 앱(dApp) 개발이

가상화폐 관련 스타트업 사례

업체명	업체 및 주요 서비스 소개
RECLR	• 블록체인 기반의 디지털 예술품 및 귀중품 레지스트리를 제공하는 NFT 업체로서, 디지털 예술품 및 귀중품 거래를 간소화할 수 있도록 지원
Chainalysis	• Chainalysis의 조사 및 규정 준수(investigation and compliance) 소프트웨어는 해킹 또는 도난당한 자금을 식별하여 다수의 사이버 범죄 사건 해결에 중요한 역할을 했고, 블록체인 네트워크 접속 보안 강화에 기여
Coinbase	• 암호화폐를 사고 파는 글로벌 디지털 지갑 및 포트폴리오 관리 업체로서, 암호화폐를 구매하고 관리할 수 있도록 다양한 기능을 제공하며, 이중에는 반복 구매와 또한 볼트 보호(vault protection) 기능 포함 • 2012년 이후 2,000만 명 이상의 고객 대상으로 1,500억 달러 규모의 거래 기록
Coinme	• 비트코인 거래 지원 서비스 업체로서, 이용자들이 코인미 앱을 통해 비트코인을 사고 팔고, 보내고, 받을 수 있도록 해 줌 – 미국 동전 머신 업체인 코인스타(Coinstar)와 협력하여 미국 전역의 ATM을 통해 현금으로 비트코인을 구매하거나, 비트코인을 판매하고 현금으로 받을 수 있는 서비스를 제공
Paxful	• 비트코인을 포함해 다양한 암호화폐를 P2P 방식으로 거래할 수 있도록 해주는 암호화폐 마켓플레이스로서, 디지털 화폐를 구매하고, 보관하고, 투자할 수 있는 다양한 방법을 제공
Republic	• 스타트업, 부동산, 암호화폐, 비디오 게임 등에 쉽고 안전하게 투자할 수 있는 블록체인 기반 투자 프랫폼 • 초기에는 엔젤 투자자들만 이용했지만, 지금은 일반 이용자들도 투자를 위해 이용 가능
Spring Labs	• 블록체인의 투명성과 실시간 데이터 원장 기술을 활용하여 기업 간에 빠르고 안전한 정보를 전송할 수 있도록 해주는 서비스를 제공 – 모든 데이터가 공개 원장에서 추적되기 때문에 안전하며, 데이터 보안 비용 절감 가능. 또한 개인 데이터 안전이 보장되는 개인 신원 서비스 제공
Gemini	• 암호화폐를 구매, 판매 및 거래할 수 있는 플랫폼을 제공하는 디지털 자산 거래소
circle	• 환전 수수료 없이 전 세계 모든 통화로 해외에 송금할 수 있도록 해주는 앱이자, 암호화폐 투자 플랫폼
Netki	• 블록체인의 스마트 컨트랙트 기능을 활용하여 기업이 암호화폐를 안전하게 사용하는 데 필요한 인프라를 제공

출처 : Blockchain Magazine, 'Top 10 Amazing Blockchain Startups That Are Riding The Wave Of Future Of Blockchain', 2024

본격화되기 시작했다.

최근 글로벌 가상화폐 관련 스타트업들은 탈중앙 금융, 탈중앙 인터넷, 엔터프라이즈 블록체인 솔루션, 친환경 블록체인, 실물 자산 토큰화, 규제 준수 등과 서비스 영역을 적극적으로 개척하고 있다. 탈중앙 금융은 특정한 토큰을 디파이 프로토콜의 스마트 컨트랙트에 락인하고 그에 대한 보상으로 이자 수익을 주는 이자 농사(Yield Farming) 서비스를 제공한다. 탈중앙 인터넷은 분산형 스토리지 솔루션, 신원 관리 시스템, 통신 프로토콜 등 웹3.0 인프라를 구축하는 분야이다. 공급망 투명성, 사기 방지, 안전한 데이터 공유를 위해 블록체인 기술을 도입하는 대기업들이 늘어나면서, 엔터프라이즈 블록체인 솔루션 분야도 각광받고 있다.

이종 네트워크간 호환성 부족이 블록체인 확산의 장애요인이 되고 있어, 이종 블록체인 간 호환성을 제공하는 솔루션을 개발하는 스타트업들도 등장하고 있다. 기후변화 대응과 블록체인의 지속가능성의 필요성이 높아지면서, 탄소 발자국을 최소화하는 효율적 에너지 합의 메커니즘과 블록체인 네트워크가 개발되고 있고, 부동산, 예술품 등 실물 자산을 블록체인 기반으로 토큰화하여 자산의 일부를 소유케 하는 플랫폼을 개발하는 스타트업들도 등장하고 있다. 그리고 각국 정부가 가상화폐 관련 규제를 강화하면서 보다 많은 블록체인 스타트업들이 규제 준수를 중시하고 있으며, 규제 기관과 긴밀히 협력하여 자신들이 개발한 솔루션이 법적 기준을 충족하는지 여부를 검증하고 있다.

전 세계 시장조사기관들은 2020년대부터 블록체인과 암호화폐에 대한 지나친 기대가 줄어들면서 실생활에서 활용 가능한 상품과 서비스가 증가할 것으로 예측했다. Forrester는 2020년 이후 블록체인에서 분산원장기술(DLT: Distributed Ledger Technology)로 관련 기술의 중심이 이동할 것이며, 블록체인 플랫폼 확산과 함께 자산의 토큰화[14]가 큰 변화와 혁신을 이룰 것으로 예상했다. IDC는 2020년 이후 블록체인을 통해 구현된 산업의 가치 사슬이 옴니 체험(Omin-experience)으

14) 디지털 또는 현물 자산과 법정 화폐를 네트워크상에서 거래가 가능한 토큰으로 치환하는 것을 말함

로 확장되어 디지털 플랫폼을 통해 기존 산업의 거래비용을 35% 정도 절감할 것으로 예상했다. Gartner는 아직 블록체인 기술 수준은 낮으나, 점진적으로 사업 확장성을 확보하여 2030년까지 3.1조 달러의 비즈니스 가치를 창출할 것으로 예상했다.

우리나라도 블록체인 서비스 개발을 위해 정부 · 민간 협업 프로젝트를 시작하여 탈중앙화 기부 플랫폼, 블록체인 기반 중고차 서비스 플랫폼, 블록체인 ID · 인증 플랫폼 등을 개발하고 확산할 계획이다. 국내 주요 통신사들은 블록체인 기반 모바일 신분증 사업 추진, 누구나 쉽게 블록체인 기술을 적용할 수 있는 블록체인 서비스 플랫폼(BaaS) 출시, 지역 화폐 서비스 등을 추진하고 있다. 삼성전자, 네이버, 카카오와 같은 주요 IT 기업들은 휴대폰에 암호화폐 지갑을 탑재하거나, 자사의 애플리케이션을 서비스를 블록체인 기반으로 제공하는 플랫폼 사업을 진행하고 있다.

블록체인은 오픈소스 프로그램으로 높은 확장성을 갖고 있어 데이터나 조건부 지급명령 등을 추가할 수 있는 장점이 있다. 이처럼 블록체인이 보유하고 있는 특수한 기능은 자산거래, 소유권 확인 등 다양한 영역에 적용할 수 있다. 채권, 주식 등 자산의 소유권 정보를 소액의 비트코인 블록체인에 저장하여 비트코인과 자산을 함께 거래할 수 있고, 토지 소유권, 고가 사치품의 특성 등을 블록체인에 추가하여 기록함으로써 소유권자를 확인하는 것이 가능하다.

그리고 조건부 지급명령을 블록체인에 추가하여 목표금액이 모금되는 경우에만 자금이 공급되는 크라우드펀딩 등 스마트계약에도 블록체인 기술을 활용할 수 있다. 최근에는 스마트계약 등을 실행하는 분산원장 기술 플랫폼이자 프로그래밍 언어로서 이를 기반으로 다양한 응용프로그램을 개발할 수 있는 이더리움(Ethereum)이라는 새로운 플랫폼이 등장하면서 블록체인의 적용 가능영역이 대폭 확대되고 있다. 예를 들어 전자제품을 인터넷에 연결하는 사물인터넷(IOT; Internet of Things)에 블록체인 기술을 적용하여 해킹 및 도감청을 막을 수 있다. 블록체인을 렌터카 또는 카셰어링 등에 적용하면 사전에 프로그램된 규칙에 따라 대금, 연료비, 수리비 등을 자동으로 정산하는 시스템을 구축할 수도 있다.

2) 선불충전형 전자화폐

은행계좌가 아닌 휴대폰번호에 연결된 가상계좌에 미리 현금을 충전시켜 전자화폐로 사용하는 서비스로 가장 성공적인 사례는 케냐의 엠페사(M-Pesa)이다. 엠페사는 은행계좌를 보유하지 않은 사람들이 휴대폰만으로 간단하게 송금할 수 있도록 하는 금융서비스를 제공한다. 케냐의 최대 이동통신업체인 사파리콤(Safaricom)이 2007년 출시한 엠페사는 휴대폰번호를 통한 거래만으로 금융거래 수요를 충족시킨다는 점에서 은행 인프라가 상대적으로 취약한 국가에서 인기를 끌고 있다. 엠페사 서비스를 이용하기 위해서는 고객이 사파리콤 대리점에서 엠페사 기능이 탑재된 휴대폰을 구입하고 유심(USIM) 카드를 발급받아야 한다.

엠페사의 송금과정은 먼저 서비스에 접속하여 수취인의 휴대폰번호나 계좌번호를 입력하고 전송버튼을 누르기만 하면 송금이 끝난다. 본인의 휴대폰번호에 현금을 입금하거나 인출하기 위해서는 통신사의 대리점이나 제휴 은행의 ATM 기기를 이용하면 되기 때문에 은행 지점이 부족한 지역에서 서비스 이용이 매우 편리하다. 소득수준이 낮은 저개발국가에서도 사람들은 휴대폰을 필수품으로 사용하고 있기 때문에 부족한 지급결제시스템을 휴대폰을 활용하여 대체할 수 있다. 따라서 전 국민 중 은행계좌를 보유한 인구 비중이 50% 미만인 아프리카, 남태평양, 동남아시아 등 지에서 엠페사 방식의 선불충전형 전자화폐가 주로 사용되고 있다.

엠페사 송금과정

① 대리점에 현금 지불하고, 휴대폰에 전자화폐 충전

② 현금 송금 메뉴 선택

③ 수취인 휴대폰 번호 및 금액 입력 후 전송

④ 수취인 대리점 지급요청 또는 ATM에서 인출

자료: 금융결제원, 2013

서비스 출시 초기에는 은행계좌가 없는 개인 간의 송금에 엠페사가 주로 사용됐으나, 지금은 송금뿐만 아니라 상거래 및 공과금의 지급결제, 모바일 거래를 통한 예금 · 대출 등으로 서비스가 확대되고 있다. 최근 들어 남아프리카 지역에서는 씨티(Citi), 스탠다드 차터드(Standard Chartered), 바클레이즈(Barclays) 등 외국계 은행과 퍼스트내셔널뱅크(First National Bank), 에퀴티뱅크(Equity Bank) 등 현지 은행들이 독자적으로 선불충전형 전자화폐 서비스를 출시하거나, 기존 이동통신업자들과 활발하게 제휴하고 있다.

최근 파키스탄에서는 이동통신회사인 텔레노어(Telenor)가 서민금융회사인 타미르(Tameer)은행과 합작하여 은행계좌가 없는 고객들을 대상으로 휴대폰을 통한 국내외 송금과 일부 지급결제 기능을 제공하는 이지페이사(EasyPaisa) 서비스를 출시했다. 콜롬비아에서는 이동통신회사인 콤셀(Comcel)과 에이브이밸라스(Banco AV Vallas)은행이 합작법인을 설립하여 휴대폰을 통한 송금, 결제와 더불어 대출, 예금 상품도 판매하는 트랜스퍼(Transfer) 서비스를 출시했다. 이러한 추세를 감안할 때 향후 엠페사 모델은 금융 인프라는 낙후됐지만 이동통신서비스가 활성화된 지역 또는 저개발국가에서 새로운 금융 비즈니스 모델로 더욱 확산될 가능성이 크다.

2. 송금 · 결제

핀테크 기업은 기존 은행보다 빠르고 저렴하게 해외로 송금하는 송금서비스를 제공한다. 대표적인 업체로는 트랜스퍼와이즈(TransferWise), 줌(Xoom), 월드리밋(WorldRemit), 커런시페어(CurrencyFair) 등이 있다. 주로 유로존, 미국과 멕시코 등 지리적으로 가까운 동일 문화권에서 이 서비스가 활발하게 이용되고 있다. 통상 은행을 통해서 해외로 송금할 때 총 송금액의 5% 정도의 수수료가 발생하고, 최소 2~3영업일이 소요되는 데 반해 트랜스퍼와이즈는 총 송금액의 0.5%만을 수수료로 수취해 은행에 비해 수수료가 최대 10분의 1 정도 저렴하고 거래 소요시간도 즉시 ~2일 정도로 짧아 고객 입장에서 매우 편리하고 저렴한 서비스를 제공하고 있다.

지급결제서비스는 전 세계 핀테크 산업에서 가장 큰 시장규모를 차지할 뿐만 아니라 수많은 핀테크 기업들이 혁신적인 서비스를 출시하고 있어 경쟁이 가장 치열한 영역이다. 특히 간편결제를 포함한 온 · 오프라인 모바일 결제, 모바일 POS(Point of Sales), 생체인증을 통한 결제 등 다양한 방식의 지급결제 기술들이 등장하고 있다. 대표적인 지급결제서비스 업체로는 페이팔(PayPal), 알리바바(Alibaba), 스퀘어(Square), 벤모(Venmo) 등이 있다.

지급결제 분야의 핀테크 기업은 기존의 간편결제서비스를 보완하거나 새로운 형태의 지급결제서비스를 제공하는 방식으로 시장에 진입하는 전략을 구사한다. 기존의 서비스를 보완하는 방법은 신용카드 및 직불카드의 결제시스템과 연계하여 결제 편의성을 높이는 것이다. 후불 대금결제 플랫폼을 제공하는 클라르나(Klarna), 가맹점의 서비스 편의성 향상에 중점을 두고 간편결제서비스를 제공하는 스트라이프(Stripe)가 대표적인 사례이다. 새로운 형태의 지급결제 방식은 신용카드 또는 은행계좌 없이 신용거래와 지불결제가 가능한 서비스를 제공하는 것이다. 편의점의 POS를 이용해서 현금결제서비스를 제공하는 페이니어미(PayNearMe), 자동이체를 이용한 지불결제서비스를 제공하는 고카드리스(GoCardless)가 대표적인 사례이다. 이들 업체들은 국가별 지불결제시장의 특성에 맞춰 판매자 및 소비자의 편의성을 증진시킬 수 있는 틈새시장을 공략하는 전략을 펼치고 있다.

모바일 결제서비스의 유형은 모바일뱅킹, 모바일 신용카드, 휴대폰 소액결제, 전자

모바일 결제서비스 유형 및 단점

구분	모바일뱅킹	모바일 신용카드	휴대폰 소액결제	전자지갑
내용	• 이용자의 만족도와 이용 증대 의사가 강함 • 아직 충분한 대기 수요가 있어 시장 성장속도가 빠를 것으로 전망	• 인지도는 높은 편이나 이용률은 낮음 • 사용상 제약요인 존재 • 비이용자 수요가 크지 않아 점진적인 시장 성장 전망	• 모바일뱅킹과 더불어 가장 대중화된 서비스로 점진적인 시장 성장 전망	• 간편한 카드 관리와 편리한 부가서비스 제공 • 향후 결제 및 부가 서비스를 제공하는 주요 수단으로 자리잡을 것으로 예상
단점	• 보안·해킹 우려 • 프로그램·앱 설치 • 휴대폰 분실 우려 • 공인인증서 이용	• 보안·해킹 우려 • 발급·설치 번거로움 • 휴대폰 분실 우려 • 카드 발급의 불편함	• 보안·해킹 우려 • 휴대폰 요금 부담 • 기존 결제수단과 대체재 관계	• 보안·해킹 우려 • 프로그램·앱 설치 • 휴대폰 분실 우려

자료: KT경영경제연구소 DMC리포트, 2013

지갑으로 구분되는데, 이 중 송금 · 지급결제를 포괄하는 모바일뱅킹 서비스의 성장 속도가 가장 빠를 것으로 예상된다. 이러한 모바일 결제서비스의 공통된 단점은 소프트웨어를 기반으로 작동되기 때문에 해킹의 우려가 크고 공인인증서나 휴대폰을 분실하면 제3자가 도용할 수가 있다는 것이다. 또한 별도의 앱을 설치해야 하기 때문에 휴대폰 사용에 익숙하지 않은 사용자들이 이용하기가 불편하다.

모바일 결제방식 중 NFC(Near Field Communication)는 스마트폰의 SE(Secure Element)[15]에 결제정보를 안전하게 저장하여 근거리 결제가 가능하도록 한 무선 통신기술로서 저장하는 방식에 따라 유심(USIM), 임베디드(Embedded), 마이크로 SD(MicroSD), 하이브리드(Hybrid) 방식으로 구분한다. 유심 방식은 휴대폰의 가입자 식별 및 인증역할을 수행하는 USIM칩에 결제정보를 저장하는 방식으로 주로 통신회사가 주도하고, 임베디드 방식은 휴대폰 제조업체가 결제정보를 저장할 수 있는 보안칩을 휴대폰에 탑재하여 결제정보를 저장하는 방식이다. 마이크로SD 방식은 소형 이동식 플래시 메모리를 휴대폰의 메모리 슬롯에 꽂아 결제정보를 저장하는 방식으로 주로 금융회사가 주도하고, 하이브리드 방식은 휴대폰의 앱을 작동하여 클라우드 서버에 결제정보를 저장하는 방식으로 정보통신기업들이 주로 사용한다.

NFC 지급결제서비스 유형

방식	내용	기업 사례
USIM	스마트폰의 가입자 식별 및 인증역할을 수행하는 USIM칩에 결제정보를 저장하는 방식	美 ISIS (現 Softcard)
Embedded	스마트폰 제조사가 스마트폰 자체에 칩을 탑재하여 결제정보를 저장하는 방식	美 ApplePay, SamsungPay
MicroSD	소형 이동식 플래시 메모리카드에 결제정보를 저장하는 방식	中 UnionPay, 국내 은행
Hybrid	스마트폰의 앱을 구동하여 결제하되, SE를 우회하여 클라우드 서버에 결제정보를 저장하는 방식	美 Google, 비자, 마스터

자료: 저자 정리

15) SE는 결제 애플리케이션과 신용카드에 관한 정보를 저장하는 하드웨어로 스마트폰의 USIM이나 Micro SD카드, 별도의 칩을 장착한 임베디드(Embedded) 방식이 있다.

이밖에 모바일 결제방식으로 앱 방식과 엠포스(mPOS) 방식이 있다. 앱 방식은 고객이 결제정보를 사전에 서버에 등록한 후 스마트폰에서 앱을 실행하여 간편결제하는 방식이며, 엠포스 방식은 스마트폰의 오디오 단자에 카드리더기를 장착한 후, 앱을 통하여 결제하는 방식이다. 엠포스(mPOS)는 스마트폰과 태블릿 PC 등 모바일 기기를 카드 결제단말기로 사용하는 방식의 서비스로 사업자가 신용카드 결제단말기(Checkout Register)나 POS(Point of Sale) 단말기 없이도 고객과의 상품 및 서비스 거래가 가능하도록 해주는 지급결제서비스를 말한다. 엠포스를 이용하여 카드 지불거래를 하고 싶은 가맹점은 엠포스 사업자의 카드리더기(Card Reader)를 구매한 후 해당 앱(App)을 다운받아서 고객에게 결제서비스를 제공할 수 있다.

기타 모바일 근거리 지급결제서비스는 NFC, App, 모바일 POS 외에도 카메라, 오디오, 광신호, 블루투스 기술을 이용하는 방식 등이 있다. 플린트모바일(Flint Mobile)은 휴대폰 카메라로 신용카드번호를 촬영한 후 서버에 정보를 보내 결제하는 서비스를 제공한다. 바이트라이트(Bytelight)는 LED를 탑재한 가맹점의 신용카드 단말기가 전송한 근거리 광신호를 휴대폰의 카메라 센서로 감지하여 결제하는 근거리 광통신(Light Field Communication) 결제서비스를 제공한다. 페이팔은 저전력 블루투스(BLE: Bluetooth Low Energy)[16] 방식을 이용하여 고객이 가맹점의 계산대로 물건을 가져가면 비컨(Beacon)[17]과 스마트폰에 설치된 앱이 통신하여 스마트폰을 꺼내지 않고서도 결제가 가능한 비컨 결제서비스를 출시했다.

기타 개인 간 지급결제서비스는 페이팔과 같이 이메일 주소나 휴대폰 번호를 기반으로 개인 간 송금하는 서비스에서 발전하여 서비스 형태나 이용범위가 다양화되고 있는 추세이다. 파이서브(Fiserv)는 고객이 자신의 은행계좌에서 수취인의 은행계좌나 이메일 주소, 휴대폰 번호로 송금할 수 있는 팝머니(Pop Money) 결제서비스를 제

16) 블루투스(Bluetooth)는 가까운 거리에서 PC, 노트북, 스마트폰, 이어폰 등의 장치 간에 데이터, 오디오, 비디오 정보를 전송하는 데 사용되는 무선 기술 표준을 말하는데, 기존의 블루투스 기술은 많은 전력을 소모하는 단점을 갖고 있다. 반면 저전력 블루투스는 주파수 호핑(Frequency Hopping) 기법을 이용해 극히 낮은 수준의 전력 소모만으로 장치 간 통신이 가능하다.

17) 비컨은 근거리 내에서 감지되는 스마트 기기의 위치를 인식하여 각종 정보와 서비스를 제공할 수 있는 무선 센서를 말한다.

공하고, 범프테크놀로지(Bump Technology)는 송금인이 휴대폰에 송금액을 입력한 후 수취인의 휴대폰에 부딪치면 페이팔 계정과 연결된 이메일 주소를 통해 송금이 완료되는 범핑(Bumping) 서비스를 제공하고 있다. 페이드파이퍼(Paidpiper)는 고객이 물건 사진과 가격을 결제 요청 메시지에 첨부하여 제3자에게 전송하면 제3자가 입력한 결제정보가 바코드 또는 1회용 카드번호로 전환되고, 가맹점은 고객의 바코드를 스캔하거나 카드번호를 입력하여 결제할 수 있는 서비스를 제공한다.

마켓스앤마켓스(MnM)에 따르면, 글로벌 생체인식 시장은 2020년 366억 달러(41조 원)에서 연평균 13.4% 성장하여 2025년 686억 달러(76조 9천억 원)에 달할 전망이다. IoT 기술의 발달, 테러 위협으로 인한 감시 및 보안 기술 수요 증대, 각 정부의 투자 확대, 지능형 자동차 기술개발 등으로 인해 글로벌 생체인식 솔루션 시장은 더욱 커질 것으로 예상된다. 특히, 스마트 디바이스와 연동되어 관련 생체인식 모듈 제조산업 및 의료 빅데이터 시장이 동반 성장할 것으로 예상된다.

글로벌 생체인식 시장 전망

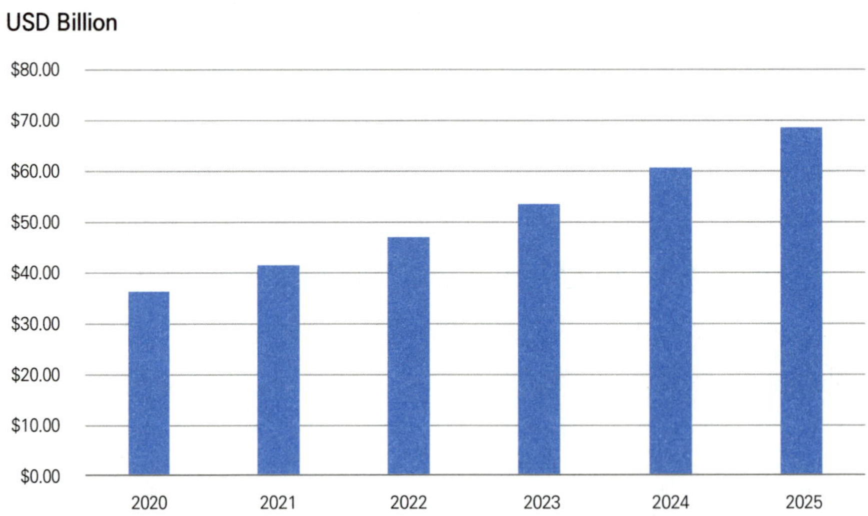

자료: 정보통신기획평가원, 2021

생체인식에 주로 사용되는 것은 지문, 홍채, 그리고 얼굴이다. 최근 출시된 애플페이에 사람들이 관심을 갖게 된 이유는 지문을 홈버튼에 대기만 하면 알아서 사용자 인증을 해주는 간편함 때문이다. 지문의 경우 다른 사람의 지문과 같을 확률은 10억분의 1 정도이기 때문에 지문이 같을 가능성은 거의 없다. 카메라로 눈동자의 홍채 패턴을 인식하는 방식도 홍채가 지문보다 식별성이 더 우수한 것으로 알려져 있어 주요 생체인식수단으로 자리 잡고 있다. 얼굴인식방식은 얼굴 전면뿐만 아니라 두상까지도 인식 범위에 두고 있기 때문에 정확도가 높고 홍채보다 인증절차가 간편하다는 이점 때문에 차세대 생체인식방식으로 부상하고 있다. 2015년 3월 중국의 알리바바는 얼굴인식기술을 활용한 '스마일 투 페이(Smile to Pay)' 지급결제서비스를 소개했는데, 최소 30만 화소 이상의 카메라로 얼굴인식이 가능하기 때문에 기존 스마트폰이나 노트북에 장착되어 있는 카메라로 충분히 서비스를 구현할 수 있다.

3. 크라우드펀딩

1) 크라우드펀딩의 정의

크라우드펀딩(Crowd Funding)은 말 그대로 대중(Crowd)으로부터 자금을 조달하는 것을 말한다. 특정 프로젝트나 창업을 위해 자금이 필요한 개인, 단체, 기업 등이 인터넷이나 모바일 채널의 소셜 네트워크 서비스(SNS)를 통해 자금을 조달하는 경우가 많아 소셜 펀딩이라고도 한다. 크라우드펀딩 방식은 기부후원형, 대출 중개형, 지분투자형으로 구분하는데 일반대중에게 가장 많이 알려져 있는 방식은 기부후원형이다. 기부후원형 크라우드펀딩의 대표적인 성공사례인 '킥스타터(Kickstarter)'에서는 '페블워치' 등 혁신적인 제품들이 대규모 창업자금을 조달하는 데 성공했다. 전세계 크라우드펀딩의 70% 가량은 P2P 대출 중개형으로 이루어지고 있고, 지분투자형 크라우드펀딩은 기업이 발행하는 주식이나 채권에 소액투자를 하는 방식으로 스타트업 기업 등 소규모 기업이 초기 투자자금을 확보하는 데 적합한 방식이다.

크라우드펀딩 유형

구 분	자금모집 방식	보상 형태	투자처	비고
증권형	주식 · 채권	투자수익 배분(배당금 등)	창업 · 벤처기업	수익형
대출형	대부	원리금 상환	개인 · 법인	
후원형	제품구매 등	비금전적 보상(리워드)	문화, 복지, 아이디어상품 등	비수익형
기부형	기부	무상		

자료: 금융위원회, 2020

2023년 전 세계 크라우드 펀딩 시장 규모는 133억 4천만 달러였으며, 2024년 148억 9천만 달러, 2032년 358억 7천만 달러로 성장하여 2024~2032년 예측 기간 동안 연평균 성장률(CAGR) 11.6%를 나타낼 것으로 예상된다.

세계 크라우드펀딩 시장규모

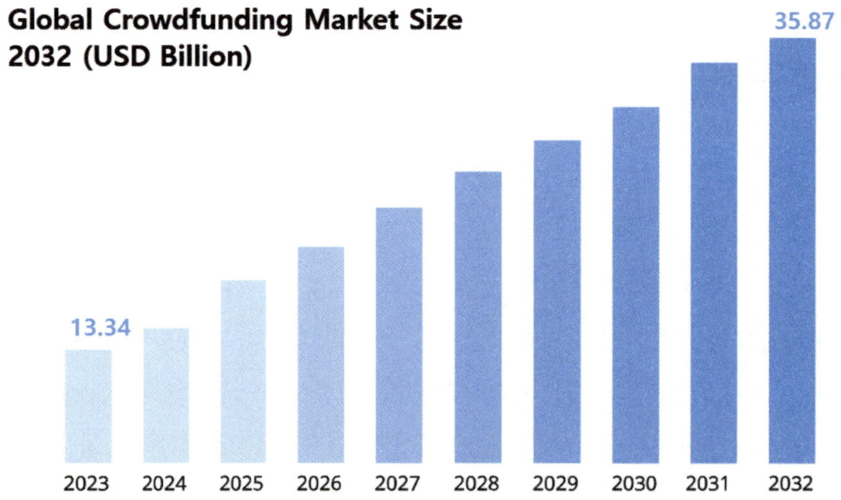

자료: Business Research Insights, 2024

해외에서는 크라우드펀딩이 '0차 유통 시장'으로 자리매김하고 있다. 크라우드펀딩이 새로운 상품의 테스트 판매나 소비자 반응을 확인하기 위한 창구이자 제품의 충성도 높은 팬들을 확보하는 수단이 될 수 있고, 제작 단계부터 제품의 우수성을 알아본 후원자는 제품을 다른 사람들에게 알리는 홍보도우미 역할도 할 수 있다. 특히 소셜미디어가 크라우드펀딩 활동을 홍보하고, 크라우드펀딩 캠페인에 자금을 모으는 도구로 사용되면서 소셜 미디어의 사용이 증가하면 할수록 크라우드펀딩에 대한 수요가 증가할 수밖에 없을 것으로 예상된다.

우리나라 크라우드펀딩 시장규모

(단위: 억 원)

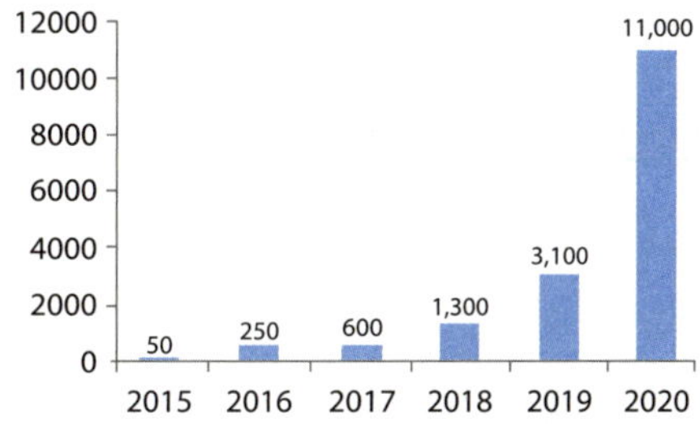

자료: 업계 추산

2024년 전 세계 크라우드펀딩 시장은 약 160억 달러로 추정되는데, 지역별로는 북미, 아시아태평양, 유럽 순으로 시장규모를 이루고 있다.

지역별 크라우드펀딩 시장점유율 및 특징

지역	시장점유율	특징
북미(미국/캐나다)	40%	킥스타터 누적펀딩액 87억달러
아시아/태평양	30%	CAGR 30.0%
유럽	25%	CAGR 17.4%
기타 지역	5%	중동/아프리카/라틴아메리카

자료: 저자 정리

보상 기반 크라우드 펀딩은 2024년 글로벌 전체 프로젝트의 약 50%를 차지하며, 가장 인기 있는 사업으로 자리 잡았고, 주식 크라우드 펀딩은 약 30%, 기부 및 기타 크라우드 펀딩은 전체 프로젝트의 약 20%를 차지하고 있다.

우리나라는 2015년 7월 지분투자형 크라우드펀딩 관련 법안이 국회 본회의에서 통과되어 2016년 1월부터 온라인소액투자중개업법이 본격적으로 시행됐다. 국내 크라우드펀딩 시장규모는 2019년 2,103억 원에서 2025년에는 2조 원으로 약 10배 성장할 것으로 예상된다.

2) 크라우드펀딩의 역사

크라우드펀딩은 1700년대 아일랜드의 작가 조나단 스위프트가 'Irish Loan Fund'라는 농촌 저소득계층을 대상으로 한 소액자금 대출 프로그램에서부터 시작됐다. 1983년 방글라데시에서 설립된 그라민은행은 'Irish Loan Fund'의 소액자금 모금방식을 보다 체계화하여 금융업의 새로운 비즈니스 모델로 발전시켰다. 2000년대 들어 인터넷이 본격적으로 보급되고 데이터 분석기술이 발전하면서 핀테크 기업들이

크라우드펀딩의 역사

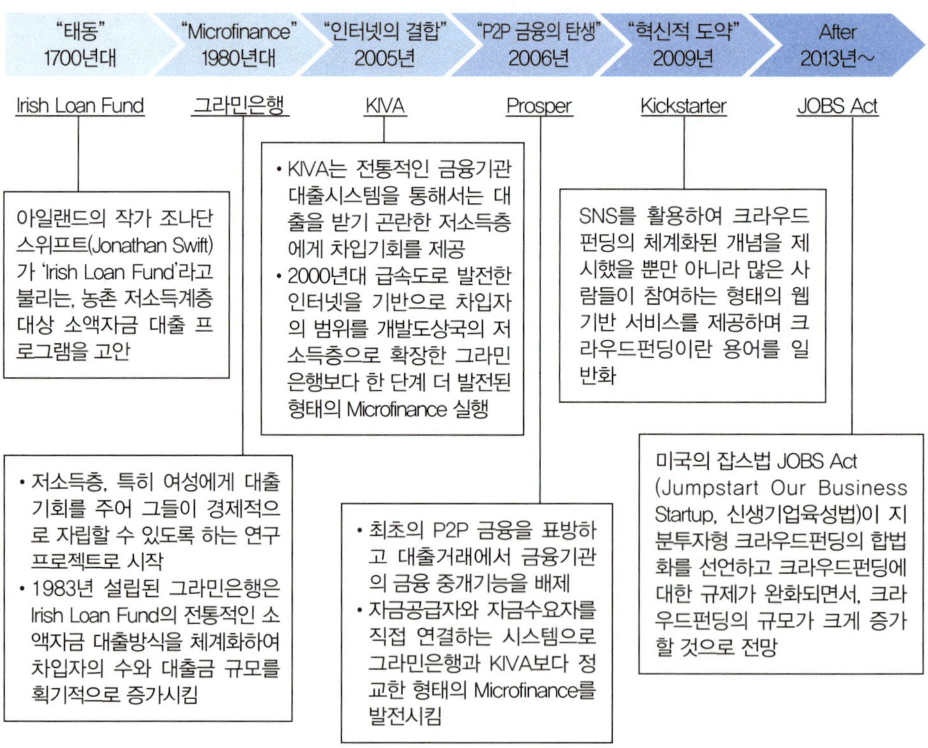

자료: 와디즈 크라우드펀딩 소개자료, 2015

자체적으로 고객 신용평가를 하여 대출 중개를 해 주는 오늘날의 크라우드펀딩이 빠른 속도로 성장하고 있다.

3) 각국의 크라우드펀딩 육성정책

전 세계 크라우드펀딩 시장은 높은 수요와 정부의 지원에 힘입어 빠르게 성장하고 있다. 미국, 일본, 영국 등 주요국들은 크라우드펀딩 산업을 육성하기 위해 2012년부터 크라우드펀딩 관련법을 제정하여 시행했고, 관련 서비스 확대를 위한 다양한 지원정책을 실시하고 있다. 또한 전 세계 주요국의 증권형 크라우드펀딩의 발행한도를 최소 10억 원 이상으로 규정하고 있다.

주요국 크라우드펀딩 제도 현황

구분	근거법	발행기업	발행한도	투자한도(일반투자자 기준)	
				연간 총투자	동일기업
미국	JOBS 법	제한없음	연 100만 $	연소득 · 순자산 중 적은 금액의 5% (2천$~5천$)	–
영국	금융서비스 시장법(FSMA)		연 500만 £	순투자 가능 재산의 10%	–
한국	자본시장법	창업 · 벤처	연 15억 원	1천만 원	5백만 원

자료: 금융위원회, 2020

특히 미국은 2020년 3월 크라우드펀딩을 통한 자금 조달을 활성화하기 위해 발행한도는 기존 100만 달러에서 500만 달러로, 투자한도는 연소득 · 순자산 중 적은 금액의 5%에서 큰 금액의 5%로 확대하기로 했다.

주요국 증권형 크라우드펀딩 발행한도

구분	미국	영국	일본	이탈리아
투자한도	연간 1백만 달러	연간 5백만 유로	연간 1억 엔	연간 5백만 유로

P2P 대출(Peer to Peer Lending)이란 기존 금융회사의 개입 없이 온라인 플랫폼으로 개인 간 대출 및 차입이 이루어지는 거래로서 대출형 크라우드펀딩이라고도 한다. 크라우드펀딩 시장은 2005년 영국의 조파(Zopa)가 설립된 이후 미국을 중심으로 2006년 프로스퍼(Prosper), 2007년 렌딩클럽(Lending Club) 등이 설립되면서 확산되기 시작했으며 금융위기 이후 기존 은행권의 대출영업이 위축되는 환경에서 급속히 성장했다. 초기에는 별도의 감독규정이 없는 환경에서 대출중개업자들이 투자자와 차입자 사이에서 대출증권을 발행하여 간접대출해 주는 방식으로 시작했다.

P2P 대출 중개회사는 자금의 차입자와 투자자를 온라인 플랫폼상에서 연결해 주는 중개자 역할을 담당하고 차입자의 채무불이행에 따른 책임은 지지 않는다. 차입자는 본인의 신용도 대비 저렴한 금리로 신속하게 대출을 받을 수 있으며, 투자자는 리스크를 수용하는 대가로 기존 투자 대비 높은 수익을 얻을 수 있다. P2P 대출 중개회사는 투자자가 자금지원 의사를 결정하는데 필요한 기본 자료인 차입자가 등록한 정보의 신뢰성과 왜곡의 문제를 완화하고자 자체 신용평가시스템이나 외부 신용평가기관의 자료를 활용한다.

은행이 자금 중개에 따른 위험을 부담하는 대가로 이자수익을 수취하는 반면 P2P 대출 중개회사는 차입자 및 투자자 일방 혹은 양측으로부터 중개수수료를 수취한

P2P 대출중개 프로세스

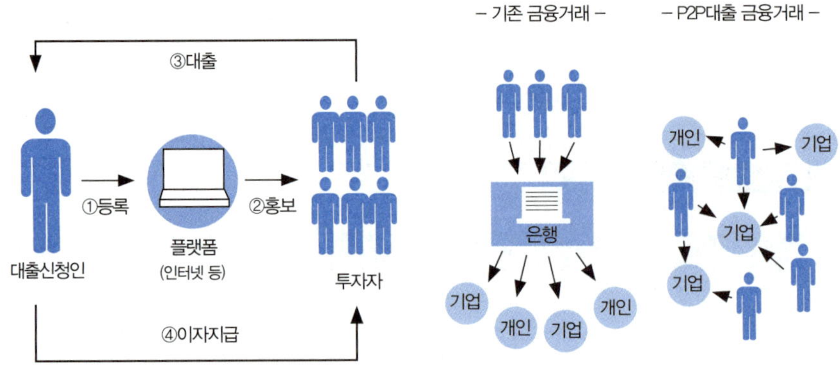

다. 한 명의 차입자와 다수의 투자자가 연결되는 역경매 방식의 경우 투자자가 많아질수록 차입자의 대출금리가 낮아지는 장점이 있는 반면, 차입자의 채무불이행이 발생할 경우 투자자의 손실규모가 커지는 단점이 있다. 또 다른 방식으로 차입자의 채무불이행에 따른 투자자 위험을 분산하기 위하여 P2P 대출 중개회사가 차입자의 정보 및 신용평가 자료에 근거하여 차입자의 대출 등급을 결정하고, 투자자가 투자할 조건을 설정하면 이를 충족하는 다수의 차입자에게 분산 대출하는 방식도 있다.

우리나라에서는 2015년 7월 자본시장법 개정으로 지분투자형 크라우드펀딩은 도입되었으나, 대출형 크라우드펀딩인 P2P대출과 관련하여 명확한 근거법이 없었다. 그래서 정부는 '온라인투자연계금융업 및 이용자 보호에 관한 법률'(P2P금융법)과 시행령을 제정했다. 2020년 8월 27일부터 적용되는 시행령은 온라인투자연계금융업체의 등록기준, 영업행위 규제, 투자자보호, 투자 · 대출한도 등 법이 위임하고 있는 사항들을 규정하고 있다. 이에 따라 온라인투자연계금융업을 하려는 자는 자기자본 규모 등 등록요건을 갖춰 금융위에 등록해야 한다.

2025년 6월말 기준 온투업 등록을 마친 회원사는 45개사이며, 주요 취급 상품별 비중은 다음과 같다.

국내 온투업체 현황

주요 취급 상품	회원수	임직원수
신용대출	9	300
부동산 담보대출	23	377
부동산PF	1	14
기타 담보(어음, 매출채권 제외)	4	55
어음, 매출채권 담보	8	158
합계	45	904

출처: 온라인 투자연계금융협회 홈페이지

온투업 규제개선 방안

온투업 활성화 과제 (2022)

온투업권 애로사항	추진 과제	추진 상황
낮은 투자한도로 개인 수익 규모가 낮음	개인투자자 연계투자 규모 확대	개인 연계투자 한도 확대 3 → 4천만원 부동산 담보 대출한도 확대 1 → 2천만원
순수익률 대비 수수료 부담 과도	금결원 수수료 절감	이용수수료율 인하 0.24 → 0.164% 수수료 공제 신설 연 50만원
외부플랫폼을 통한 광조 시 온투법 저촉 우려	외부 플랫폼을 통한 광고 허용	광고 허용
차입자의 개인식별정보 제공 필요	개인식별정보 제공 허용 (기관투자 애로 해소)	일부 추진: 금융회사는 건정성 관리를 위해 개인식별정보가 필요함으로 유권해석 완료

출처: 금융위원회 (2024)

온투업권 규제개선 방안 (2024)

추진과제	상세 내용
연계투자상품 비교·추천 서비스 허용	• 금융상품 비교·추천 플랫폼에서 연계투자상품의 비교·추천이 가능하도록 허용할 계획임 • 투자자: 여러 상품을 쉽게 비교 → 효율적인 투자 • 차입자: 신속한 대출 가능
연계투자상품 예약거래 허용	• 투자자가 미리 설정한 세부 조건에 따라 상품이 분산투자되는 '예약거래' 가능하도록 가이드라인 제시할 계획임 • 투자자: 리스크 감소 및 투자 편의 개선
저축은행 등 기관투자 허용	• 금융기관은 해당 업권법을 준수하여 **연계투자 실행이 사실상 어려운 상황이 지속되고 있음** • 혁신금융서비스 지정을 통해 저축은행 등 금융기관 연계투자에 대한 규제부담 해소 → 온투업권의 투자 저변 확대
개인투자자의 투자한도 확대	• 민간투자법상 사회기반시설사업에 투자 시 투자 한도 증액: 5백만원 → 최대 3천만원
공시기간 합리화	• 자산담보대출의 경우 긴 공사기간으로 대출집행이 지연되고 이용자 이탈 발생하고 있음 • 자산담보대출 상품의 공시기간을 축소할 예정임 (현 24시간) → 신속한 대출집행
주선업무 수수료 수취 제도 개선	• 온투업자가 주선업무를 겸영하여도 차입자로부터 주선 수수료를 받을 수 있도록 허용할 예정임

출처: 금융위원회 (2024)

2024년 6월 말 기준 국내 온투업체들의 대출잔액은 1조 612억 원으로, 2023년말 1조 1,013억원 대비 401억원 감소했고, 연체율은 2023년말 기준 8.4%를 기록했다. 우리나라 금융위원회는 온투업계의 건전한 성장지원을 위한 규제개선을 추진하고 있으며, 2022년 12월 '온투업활성화' 과제 이후 2024년 1월 추가 규제개선방안을 발표했다.

4. 온라인 전문 자산관리

1) 개인자산관리서비스(PFM: Personal Finance Management)

핀테크 부문에서 자산관리는 소프트웨어를 사용하여 자산관리서비스를 제공하는 개인자산관리서비스(PFM: Personal Finance Management)와 ICT 기업과 같은 비금융회사가 직접 금융상품을 판매하는 두 가지 경우가 있다. 개인자산관리서비스는 일반적으로 기존 은행에 거액의 자산을 맡겨야만 받을 수 있었던 PB(Private Banker: 전담금융자산운용가) 서비스를 의미한다. 대출관리, 자산포트폴리오 제공, 금융상품 비교, 신용카드 오 · 남용관리 등이 이에 해당한다. 최근 미국을 중심으로 PFM(Personal Finance Management) 업체가 주목 받고 있는데, PFM은 고객이 직접 입력한 정보를 바탕으로 자동화된 포트폴리오 관리업무를 수행한다. 개인의 위험 감수 성향을 고려하여 자산 포트폴리오를 구성하고, 수익 극대화 및 위험 축소를 위해 주기적으로 리밸런싱(Rebalancing)을 실시한다.

PFM은 기존 자문사들의 자산관리서비스와 비교하여 저렴한 수수료, 낮은 최소투자금액, 모바일 앱을 활용한 시각화 자료 제공 등을 통해 서비스 경쟁력을 향상시켜 관리자산 규모가 50만 달러 이하이고 25~35세의 IT 선호도가 높은 고객을 주로 타깃팅하고 있다. 2020년 글로벌 PFM 시장의 운용자산 규모는 1.4조 달러, 사용자 수는 약 7,051만명, 향후 3년간 연평균 21% 성장을 지속하여 2023년 2.6조 달러까지 확대될 전망이다. 찰스슈왑(Charles Schwab)은 2025년까지 미국인의 60%가 PFM서비스를 통해 자산관리를 받을 것으로 전망했다. 글로벌 PFM 시장점유율은 미국이 77%로 압도적인 1위를 유지하고, 그 뒤를 중국, 유럽, 기타 국가 등이 점유하고 있다.

글로벌 PFM 시장규모

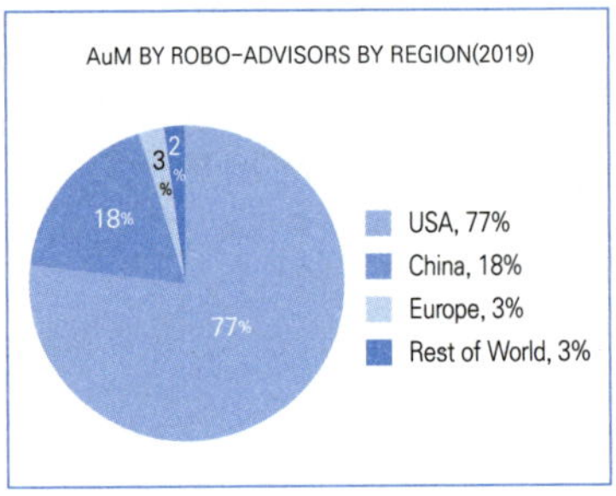

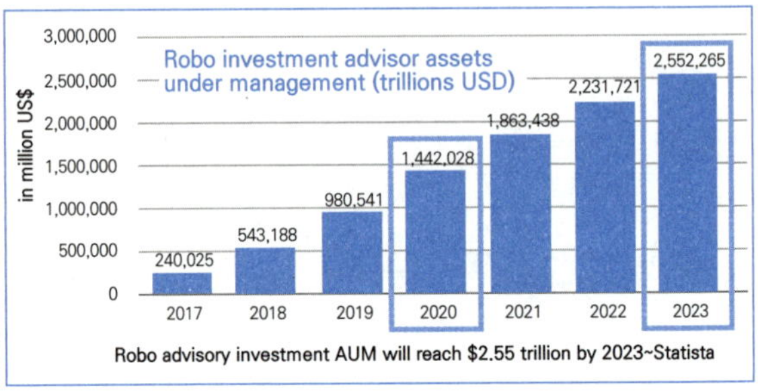

자료: Statista, 2019

국내 PFM 시장규모는 2024년말 기준 9,200억원으로 2025년 1조원을 넘어설 것으로 예상된다. 코스콤 테스트베드센터의 집계에 따르면 PFM 운용금액은 2,686억원, 계약자수는 약 30만명을 기록했다. 국내 PFM 시장은 2020년 대비 3배 이상 성장했으며, 글로벌 PFM 시장은 2021년 약 1조 4,000억 달러에서 2026년 약 3조 1,000억 달러로 성장할 것으로 전망된다.

PFM은 거래의 자동화 정도와 전문가의 개입 여부에 따라 완전 거래 자동화 플랫폼(Fully Automated Platform), 고객 실행형 거래(Self Executed Trade), 전문가 실행형 거래(Advisor Executed Trade) 등 세 유형으로 구분된다. 완전 거래 자동화 플랫폼은 자산관리 프로그램이 사람의 개입 없이 거래를 자동으로 수행하는 방식을 말한다. 고객 실행형 거래는 자산관리 프로그램이 제안한 거래내용을 고객이 직접 결정하여 수행하는 방식을 말한다. 전문가 실행형 거래는 자산관리 프로그램이 제안한 거래내용을 전문가가 검증한 후에 수행하는 방식을 말한다. PFM 기업은 보유하고 있는 고객 기반이나 알고리즘 기술에 따라 서비스의 제공 유형은 다르나, 일반적으로 자산 포트폴리오 조정, 세제 관련 서비스(Tax Loss Harvesting)[18], 비영리단체 투자일임서비스, 은퇴설계 등과 관련된 서비스를 제공하고 있다.

미국의 주요 PFM 업체로는 뱅가드, 찰스슈왑, 베터먼트 등이 있다. 2011년 미국 노동부 퇴직연금 수탁자 범위에 컴퓨터 모형을 이용한 투자자문을 포함시키면서 PFM

18) 소득이 발생한 자산에 부과될 세금을 절감하기 위해서 다른 자산에서 발생한 미실현 손실을 절세목적으로 실현하여 전체적인 자본소득세를 절감하는 방식이다.

이 퇴직연금 시장으로 확대됐고, 고객층도 개인에서 법인으로 확대됐다. 2015년부터 뱅가드와 찰스슈왑, 블랙록 등 자산운용사가 이 분야에 진출했고, 2017년부터는 골드만 삭스, 모건 스탠리, JP 모건 등 글로벌 대형 은행들도 PFM 시장에 뛰어 들었다.

미국 주요 PFM 기업

구분	뱅가드 Vanguard Personal Advisor	찰스슈왑 Intelligent Portfolio	베터먼트 Betterment
누적회원수	not disclosed	360,000명	500,000명
운용자산	171조 원(20년 8월)	44조 원(20년 8월)	23조 원(20년 8월)
수수료	0.15% / year (digital advisor) 0.30% / year (personal advisor)	0.0% / year, $300(set-up fee) + 월 $30(이용료)	0.25% / year(digital plan) 0.40% / year(premium plan)
최소금액	$3,000(신규모델) $50,000(기존모델)	$5,000(기존모델) $25,000(신규모델)	$0(digital plan) $100,000(premium plan)

자료: 각사 발표자료

중국은 2010년 정보통신기술(ICT) 기업의 금융업 진출이 허용되면서 2015년부터 핀테크 기업 중심으로 PFM 시장이 형성되기 시작했고, 2017년 화웨이, 알리바바 등 중국의 대표적인 IT기업들이 PFM 시장에 본격적으로 진출했다. 2020년 조사결과, 중국 성인 인터넷 사용자의 약 38%가 PFM 서비스를 이용하고 있는 것으로 나타났다. 유럽에서 PFM 시장이 가장 빠르게 성장한 국가는 영국이고, 독일은 유럽에서 영국 다음으로 규모가 큰 시장을 형성하고 있다.

기타 국가의 주요 PFM 기업

구분	Nutmeg(영국)	Scalable Captial (독일)	초상은행 (중국)
누적회원수	100,000명	80,000명	not disclosed
운용자산	6억 파운드(9,000억 원)	20억 유로 (2조 6,000억 원)	5조 4천억 위안 (921조 원)
수수료	0.25~0.75%+기본 펀드비용 평균 0.19%	1%(ETF 0.25%+ 자산관리 0.75%)	1%
최소금액	100파운드(Lifetime ISA)~ 500파운드(GIA/PP ISA)	1만 유로(1,300만 원)	2만 위안(340만 원)

자료: 각사 발표자료

PFM 업체들은 효과적인 자산관리 서비스를 제공하기 위해 머신러닝(Machine Learning) 기술을 활용한다. 머신러닝이란 알고리즘을 기반으로 컴퓨터를 학습시켜 방대한 데이터를 분석해 그 결과를 예측할 수 있게 해 주는 기술을 말한다. 직역하면 기계학습이라고 부르는 이 기술은 인공지능(Artificial Intelligence)의 한 분야로 빅데이터 분석의 핵심 기술로 부상하고 있다.

머신러닝 기술이 출현한 것은 지금으로부터 약 50년 전이지만 최근 들어 이 기술이 다시금 각광받게 된 것은 크게 세 가지 이유로 요약된다. 첫째 머신러닝이 효과적으로 작동하기 위해서는 고성능의 컴퓨팅파워가 필요한데 IT의 비약적인 발전에 힘입어 지금은 저렴한 비용으로 머신러닝 인프라를 구축할 수 있게 됐다. 둘째 전 세계적으로 빅데이터가 축적되면서 전통적인 통계 기법으로 해결이 불가능한 분석 문제들이 발생하기 시작했는데 이러한 문제들을 해결하는 데 머신러닝이 효과적인 분석 도구를 제공하고 있다. 셋째 머신러닝은 미래 신성장동력으로 주목받고 있는 로봇, 자율주행 자동차, 사물인터넷(IoT) 등의 인공두뇌에 필수적으로 활용되는 요소기술로 그 중요성이 증대되고 있다.

머신러닝은 데이터를 수집하고 분석하여 미래를 예측한다는 점에서 기존의 빅데이터 분석기술과 유사하지만 컴퓨터가 스스로 방대한 데이터를 수집하여 학습하면서 분석모델을 수정할 수 있다는 점에서 차이가 있다. 앞으로 머신러닝 기술이 고도화되면 자율제어 로봇, 디지털 비서, 뉴로 컴퓨터, 임베디드 시스템 등 관련 시장이 폭발적으로 성장할 것으로 예상된다.

미국 'AI Index 2019 보고서'에 따르면 2018년 전 세계 머신러닝 분야에 대한 민간 투자 규모가 700억 달러가 넘었으며, 자율주행, 의약품 연구, 금융, 안면인식 등의 분야에 대한 투자가 가장 많이 이뤄진 것으로 나타났다. 특히 애플, 페이스북, 구글, MS 등 글로벌 IT기업들은 머신러닝 엔진 또는 플랫폼을 자체 개발하거나, 유망 스타트업 기업을 인수하는 등 머신러닝에 대한 투자를 대폭 확대하고 있다. 또한 이들 기업들은 인공지능 소프트웨어를 오픈소스로 공개하면서 시장 지배력 확대와 더불어 자사 기술을 머신러닝의 표준 규격으로 만들려는 전략을 펼치고 있다.

글로벌 IT기업의 머신러닝 투자 현황

회사명	내 용
애플	- 딥러닝 기반의 이미지 인식, 판독 기술을 보유한 퍼셉티오(Perceptio) 인수 - 음성학습 머신러닝 업체인 보컬IQ(VocalIQ)를 인수해 시리 기능 개선 - 인공지능업체 이모션트(Emotient) 인수
페이스북	- 머신러닝 개발 환경인 토치(Torch) 오픈소스 공개 - 머신러닝 학습분석 하드웨어 빅서(Big Sur) 설계도 오픈
구글	- 인공지능 프로그램 알파고(AlphaGo)를 개발한 딥마인드(DeepMind) 인수 - 얼굴인식 머신러닝 엔진인 텐소플로(TensorFlow) 오픈소스 공개
MS	- 인공지능 개인비서 코타나(Cortana) 개발 - 스마트폰 입력어 예측 프로그램 개발업체인 스위프트키(SwiftKey) 인수

자료: 언론 보도자료 종합

기존 IT 영역뿐만 아니라 핀테크 부문에서도 머신러닝 기술은 폭넓게 활용되고 있다. 해외 금융회사들은 인공지능을 적용한 트레이딩 알고리즘을 개발하고 있다. 특히 로봇(Robot)과 어드바이저(Adviser)의 합성어인 '로보 어드바이저'를 기반으로 핀테크 기업들이 기존 온라인 증권사를 위협하는 수준으로 성장하고 있다. 투자자문 분야는 트레이더와 분석가의 경험과 직관에 전적으로 의존하는 분야였던 만큼 앞으로 머신러닝이 전문가의 역할을 대체한다면 투자금융 업계에 상당한 변화가 발생할 것으로 예상된다.

더불어 머신러닝은 과거 시장 데이터들을 학습하여 그 변화패턴을 분석함으로써 미래 주식 시장을 예측할 수 있다. 세계 최대 규모의 헤지펀드인 브릿지워터 어소시에이츠도 IBM의 인공지능 로봇인 왓슨(Watson) 개발인력을 대거 영입하여 주요 금융지표들을 예측할 수 있는 트레이딩 알고리즘을 개발하고 있다.

머신러닝은 금융회사가 인구통계학적 데이터를 분석해 고객의 신용평가를 하는 데에도 유용하게 활용된다. 예를 들어 기존 은행들은 금융거래실적, 연체기록, 소득, 직장 등 일반적인 변수에 기초한 신용평가 모델을 이용하고 있지만 머신러닝을 활용해서 블로그 정보, 커뮤니티 활동 정보, 범죄 기록, 휴대폰 보유 정보, 소득 대비 지출 비율, SNS 친구 수, SNS 포스팅 주제, 대출신청서 작성에 걸린 시간, 기타 비금융정보 등 수천 가지 변수를 고려할 수 있기 때문에 고도화된 신용평가 시스템 구축이 가능하다.

실제 미국의 핀테크 기업인 제스트 파이낸스는 7만 개의 변수에 대한 데이터를 수집하고 10개의 머신러닝 알고리즘을 이용해 개인의 신용도를 분석할 수 있는 기술을 개발했다. 이는 기존 은행들이 활용하는 통계학적 회귀분석에 의한 신용점수 계산이 아니라 머신러닝 알고리즘을 이용해 매우 복잡한 변수들 간의 관계를 구체적으로 표현할 수 있고, 새로운 데이터가 추가됨에 따라 컴퓨터가 자동적으로 학습하여 모델을 수정하는 것이 가능하다.

또한 이상거래 탐지시스템(FDS)에서 머신러닝은 현재 진행 중인 거래의 위험도와 특정 거래의 발생 가능성을 예측하는 데에도 유용하게 쓰인다. 페이팔은 머신러닝을 활용한 예측 알고리즘을 통해 고객의 신용카드 사용 내역과 은행계좌 이체 내용을 감시하고, 의심스러운 청구나 거래 징후를 포착하면 즉시 고객에게 경보를 울려 알려주는 서비스를 제공한다.

미국의 빌가드는 머신러닝을 기술을 활용해 고객의 신용카드 사용 내역과 은행계좌 이체 내용을 감시하고 의심스러운 청구나 거래 징후를 포착하면 이를 즉시 고객에게 알려주는 앱을 개발했다. 고객은 빌가드 앱을 통해 신용카드 · 은행계좌 도용 사기나 개인정보 유출 사기에 대한 보호 외에도 명의도용 확인 서비스나 사용자의 신용에 나쁜 영향을 미칠 문제 상황 등을 안내받게 된다.

머신러닝은 서비스 만족도 향상, 금융 상품 추천 등 금융 마케팅 부문에서도 활용되고 있다. 미국 '퍼스트 테니시(First Tennessee) 은행'의 경우 과거 금융거래 데이터를 분석하여 마케팅에 활용한 결과 DM 발송비용을 20% 감소시키고 고객 대응률은 3.1% 증가시켜 투자 비용 대비 600%의 수익을 창출했다.

한편 이렇게 다양한 영역에서 활용되고 있는 머신러닝 기술에 대하여 우려의 목소리도 높아지고 있다. 사람들이 머신러닝의 효과성에 지나친 기대감을 가진 결과 자칫 머신러닝 업체들의 시장가치에 상당한 거품이 발생할 수도 있다는 것이다. 실제로 가트너는 2024년 발표한 신기술 하이프 사이클에서 머신러닝을 사람들의 허황

된 기대가 가장 높은 기술 중 하나로 지목했다.

Hype Cycle for Artificial Intelligence, 2024

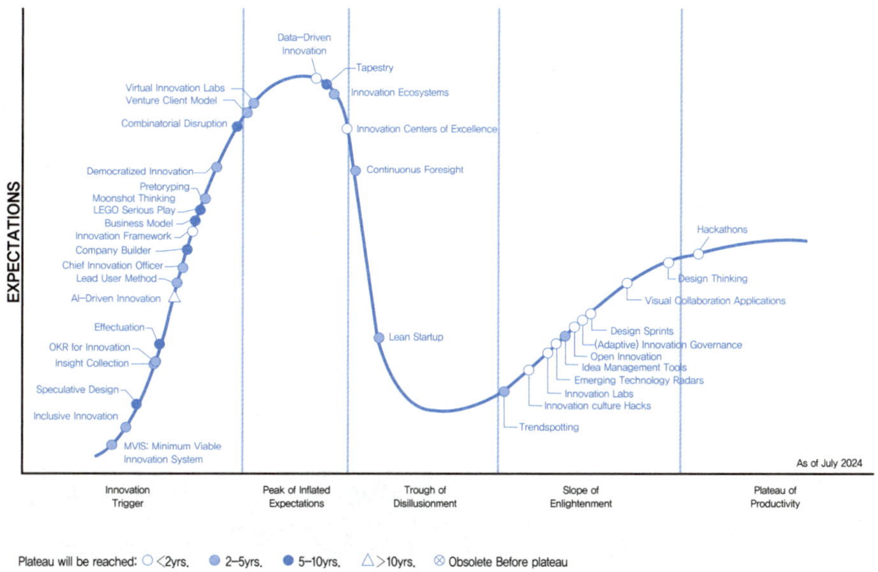

사실 머신러닝은 모든 문제를 완전히 해결할 수 있는 만능기술은 아니다. 하지만 머신러닝은 인간이 미처 인지하지 못한 빅데이터 안에 깊숙이 숨어 있는 규칙을 발견할 수 있기 때문에 빅데이터의 활용성을 대폭 향상시키고, 고객의 니즈를 보다 정밀하게 충족시킬 수 있는 충분한 잠재력을 지니고 있다. 따라서 머신러닝은 최근 대두되고 있는 기술의 효과성에 대한 다양한 반론에도 불구하고 수많은 시행착오를 거치면서 인간의 사고와 분석적 한계를 뛰어넘는 새로운 가치를 창출하는 기반기술로 계속해서 진화할 것으로 예상된다.

2) ICT 기업의 금융상품 판매

전 세계적으로 ICT 기업들이 직접 금융상품을 설계하여 판매에 성공한 사례는 중국에 집중되어 있다. 중국의 ICT 기업들은 최근 금융의 본업이라 할 수 있는 자산관리 부문에 활발하게 진출하고 있다. 중국에서 인터넷 금융 돌풍이 시작한 것은 2013년 6월 세계 최대 전자상거래업체인 알리바바가 MMF 상품인 '위어바오(餘額寶)'를 출시하면서부터다. 위어바오는 알리바바가 2013년 6월 12일 출시한 투자 상품의 일종이며, '남은 돈 주머니'라는 단어 뜻 그대로 알리페이에 충전하고 남은 돈을 활용하는 구조를 갖고 있다. 알리바바는 자사가 운영하는 인터넷 쇼핑몰인 타오바오(淘寶)나 T몰 등에서 결제 수단으로 사용하는 알리페이의 고객 거래 계정에 남아 있는 여유 자금을 투자하도록 했다. 고객의 여유 자금을 톈훙(天弘) 자산운용사가 운영하는 통화펀드[19]에 위탁 · 운용해 수익을 창출한다.

위어바오의 거래 프로세스

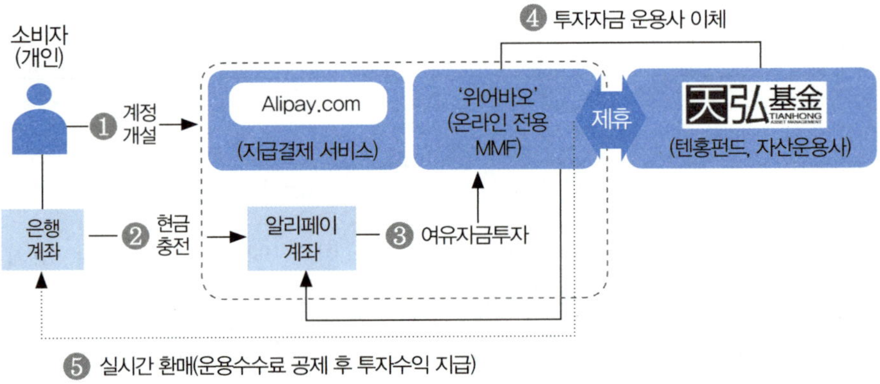

자료: 한국산업은행 경제연구소

2013년 6월 말 현재 위어바오의 가입자 수는 4,300만 명, 예치금 66억 위안에서 2015년 12월 말 가입자 수가 2억 2천만 명을 돌파했고, 예치금은 6,170억 위안(약 110조 원)으로 증가했다. 출시 2년 반 만에 위어바오의 가입자 수는 약 5배, 운용자금은 93배나 증가했다. 위어바오는 그동안 상업은행에 의존해 판매해 오던 펀드 판

19) 통화펀드는 주로 국채, 중앙은행어음, 정부단기채권, 기업채권, 은행예금 등에 투자하는 펀드를 말한다.

로를 온라인으로 확대함으로써 상업은행들이 독점해 왔던 펀드 대행 서비스를 세분화했다. 위어바오의 성공에 힘입어 중국 최대 검색 사이트 바이두, 약 8억 명의 메신저 고객을 보유한 텐센트 등도 잇따라 온라인 금융상품을 내놨다. 중국에서 선풍적인 인기를 끌고 있는 이른바 '바오형 금융상품'으로 인해 2015년 말 기준으로 약 200조 원에 달하는 시중의 유동자금이 중국 ICT 기업의 온라인 금융상품에 유입된 것으로 추정된다.

위어바오의 성공은 중국 전자상거래시장의 독특한 특징 중 하나인 제3자 보증결제시장에서 알리바바가 주도권을 잡고 있었기 때문에 가능했다. 신용카드 결제 인프라 구축이 미진하여 신용카드 사용이 보편화되지 않은 중국에서는 고객이 전자상거래 시 현금을 인터넷 쇼핑몰 내 자신의 거래계좌에 넣어두고 상품 배송이 정상적으로 완료된 것을 확인한 후에, 결제대금이 판매자에게 지급되도록 하는 현금예치식 제3자 보증결제방식이 주로 사용된다. 알리바바는 2003년 자사의 인터넷 쇼핑몰에서 사용할 수 있는 즈푸바오라는 제3자 보증결제시스템을 개발하여 시장을 주도하고 있다. 2024년 1분기 통계에 따르면 알리바바의 알리페이와 텐센트의 위챗페이가 중국 내 모바일결제 시장점유율에서 각각 54.5%와 38.8%로 1, 2위를 차지했으며, 두 업체의 합계 시장점유율은 93.3%에 달한다.

또한 위어바오는 고금리, 저렴한 수수료, 편리한 서비스 등의 경쟁력으로 기존 국영은행들이 과점하고 있었던 개인자산관리시장에 성공적으로 진출할 수 있었다. 2014년 2월 말 중국 시중은행의 수시입출식 예금금리는 연 0.35%에 불과했으나, 위어바오는 이보다 높은 연 5~6%의 고금리를 지급했다. 이는 위어바오가 텐홍이라는 통화펀드를 통해 개인이 투자할 수 없는 은행 간 시장에 간접 투자함으로써 실제 시장금리 수준의 수익 획득이 가능했던 데 기인한다.

일반적으로 중국 시중은행의 계좌개설 비용은 10~50위안에 달하나, 위어바오는 계좌개설수수료와 중도해지수수료가 없고, 최소 3일만 맡기면 별도의 수수료 없이 연 5~6%의 이자를 지급한다. 그리고 인터넷 쇼핑몰 고객은 자신의 즈푸바오계정에서 위어바오계좌를 개설하여 바로 현금을 예치할 수 있고, 자신의 은행계좌로 자금

인출도 가능하다. 최소 1위안만 있으면 고객이 은행을 방문하지 않고도, 인터넷상에서 계좌개설 및 수시입출금이 가능하고, 모바일 앱으로도 실시간 이자확인이 가능하기 때문에 고객의 금융서비스 이용 편의성이 대폭 향상됐다.

중국의 핀테크 시장은 소수의 대형 인터넷 기업이 과점하는 구조로 되어 있으며, 《2020 후룬 글로벌 유니콘 랭킹》에 따르면 중국 18개 핀테크 업계의 유니콘 기업은 관련 시장내 총 16,340억 위안 규모의 자금을 공급하는 것으로 추정된다.

2020년 중국 핀테크 유니콘 기업

회사명	경영범위	시장가치 (억 위안)	설립연도	빅테크 기업 (주주)
앤트그룹 (蚂蚁集团)	플랫폼	10,000	2014	알리바바
뤄진소 (陆金所)	플랫폼	2,700	2011	텐센트
마이크로뱅크 (微众银行)	대차 업무	1,500	2014	텐센트
징동수커 (京东数科)	플랫폼	1,300	2013	징동
쑤닝금융 (苏宁金服)	플랫폼	500	2006	쑤닝, 알리바바
완더 (万得)	소프트웨어	300	2005	
인롄 (银联商务)	지불	200	2002	
두소만금융 (度小满金融)	플랫폼	200	2018	바이두
롄롄수즈 (连连数字)	지불, 청산	140	2009	
PingPong	경내, 국경간지불 시스템	140	2015	
Welab	소비자신용	100	2013	알리바바
에어클라우드 (空中云汇)	국경간지불시스템	70	2016	텐센트, 알리바바
옌신과기 (岩心科技)	소비자신용	70	2015	알리바바
이셩진푸 (易生金服)	지불	70	2011	
롄이롱 (联易融)	공급사슬 금융	70	2016	텐센트
쉐이띠 (水滴)	크라우드펀딩	70	2016	텐센트
와차이 (挖财)	펀드판매	70	2009	
중관춘과진 (中关村科金)	소비자금융, sw	70	2007	

자료: 코트라 상하이, 2020

중국의 초기 핀테크 산업은 알리바바, 텐센트 등 민영기업의 제3자 결제시스템을 기반으로 발전하기 시작했다. 중국의 취약한 금융인프라와 서비스를 보완해 현금 사회에서 바로 모바일 결제 시대로 전환됐으며, 이러한 대형 플랫폼은 수집된 다량의 사용자 데이터, 인터넷 정보기술(IT)을 활용해 온라인 지급결제 외에도 온라인 대출, 온라인 재테크, 보험 등 각종 금융 서비스에 확장해 핀테크 플랫폼을 형성하게 됐다.

그 중 앤트그룹(蚂蚁, 알리바바 그룹), 텐센트(腾讯), 징동(京东), 바이두(百度), 시나그룹(新浪), 수닝(苏宁), 메이퇀(美团), 넷이즈(网易), 바이트댄스(字节跳动, TIKTOK), 루진소(陆金所) 등 대형 빅테크 대기업이 현재 지불, 재테크, 보험 등 금융 서비스를 제공하고 있다.

주요 플랫폼(BATJ) 금융 관련 사업 경영 현황

플랫폼	특징	사용자 규모 (만 명) 2020.11월 기준	결재 시장 점유	자산 관리 규모	신용 대차 잔액 (억위안)	보험료 수익	영업 수익	부문별 수입 비중	순이익
알리페이 (알리바바)	알리바바 그룹의 티몰, 타오바오와 같은 B2B, B2C 전자상거래를 기반으로 출시한 지급결제 플랫폼	83,863 (알리페이 기준)	55.0%	40,986	21,356	518	725	결제: 36% 신용대출: 39% 재테크: 16% 보험: 8%	219.2
텐센트 핀테크	SNS 메신저 기반으로 출시한 지급 결제 플랫폼. 2005년 중국의 대표 메신저인 QQ 기반 제3자 지급결제 서비스 출범 후, 2014년 위챗페이 출범	99,635 (위챗페이 기준)	38.9%	8,010	2,912	비교적 적음	563	결제: 96% 대출: 3% 재테크: 1%	-
징동 JD.com	징동 그룹 산하 2013년 징동금융 설립 후, 거래 데이터, 신용시스템을 기반으로 소비자 금융, 결제 등 인터넷 금융 제공 *2018년 징동수과로 사명변경	5,545 (징동금융 기준)	0.7%	-	2,612 (징동신용기준)	4.8	103	징동금융: 42.9% 자산관리: 11.5% 보험: 3.2% 신용카드: 1.2%	- 6.8
바이두 두샤오만 (度小满)	구 바이두 파이낸셜, 2015년 바이두 금융사업그룹 독립, 두샤오만금융 출시	-	-	-	3,000	-	-	중소기업, P2P 대출 70%	-

자료: 코트라 상하이, 2020

5. 마이데이터

마이데이터 서비스의 기본적인 기능은 여러 금융회사에 흩어져있는 본인 데이터의 통합조회다. 고객은 서로 다른 금융회사의 전산망에 일일이 접속하지 않고도 마이데이터 서비스를 통해 본인의 금융자산 현황을 한 곳에서 쉽게 파악할 수 있다. 마이데이터 서비스는 API를 통해 기존 가계부 서비스와는 다르게 모든 계좌의 입출금과 결제내역을 기록할 수 있다. 예를 들면 카드 결제는 구체적인 장소와 시간, 결제 상점의 이름과 위치뿐만 아니라 지난달 외식에 지출한 금액이 얼마인지, 교통비는 얼마나 썼는지 등 소비패턴이나 재무현황, 위험성향 등을 파악할 수 있다. 이처럼 마이데이터 서비스는 고객의 수입과 지출 금액을 실시간으로 파악하고 투자내용을 분석하여 맞춤형 재무 컨설팅을 제공할 수도 있다.

소비행태와 재무현황, 위험성향 등의 분석 결과를 토대로 고객에게 적합한 금융상품 정보를 제공하는 서비스도 나타날 것이다. 전체 금융상품의 가격과 혜택을 조건별로 비교하여 정리하고 여기에 고객 데이터를 대입하여 고객 관점에서 최적의 상품을 찾아내는 것이다. 예를 들면, 지난 1년 동안 고객의 소비내역을 분석하고 전체 카드사를 통틀어 어떠한 신용카드를 사용했을 때 연회비 대비 혜택이 가장 높았는지 추출할 수 있다.

보다 구체적으로 현재의 대출금액만큼 빌릴 수 있으면서 더욱 낮은 금리를 제공하는 대출상품을 찾을 수 있으며, 현재의 보장 내역과 같지만, 보험료가 더욱 저렴한 보험상품을 찾을 수도 있다. 같은 연령대이면서 비슷한 수입 규모를 가지고 있는 다른 소비자들이 어떠한 금융상품을 많이 선택하고 있는지도 파악할 수 있다. 향후 고객의 의료정보에 기반하여 가능성 큰 질병을 중점 보장하는 보험상품에 대한 추천도 가능해진다.

앞으로 마이데이터 서비스는 고객 동의하에 세금납부 또는 부동산 거래내용 등 공공기관이 보유한 행정 데이터를 결합하여 분석할 수 있고, 건강보험공단의 의료정보, 모바일 기기에서 수집한 위치정보 등도 분석에 활용할 수 있다. 데이터의 특성상 가용 범위가 넓어질수록 그 활용도는 기하급수적으로 늘어날 것이다. 궁극적으로 마이데이터는 개인의 데이터 활용도를 높여 소비자가 겪는 정보 부족 문제를 상당 부분 해소하고 더 나아가 금융상품 이용에 따른 효용이 극대화될 것이다.

마이데이터로 인한 데이터 활용방식의 변화

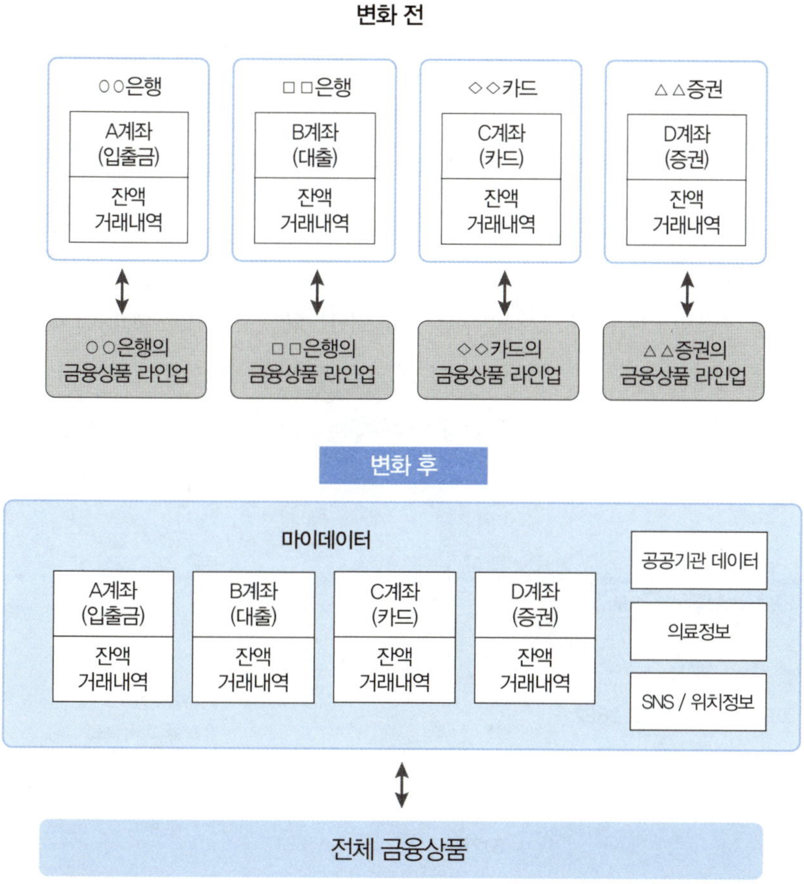

출처: 금융위원회, 2018

6. 인슈어테크

인슈어테크(InsurTech)는 보험(Insurance)과 기술(Technology)의 합성어로, 상품개발, 계약체결, 고객관리 등 보험업무에 사물인터넷, 빅데이터, 인공지능 등 기술을 결합하여 더 효율적이고 혁신적인 서비스를 제공하는 것을 말한다. 2019년 글로벌 핀테크 투자의 주요 분야는 인슈어테크, 자본시장, 자산관리, 디지털뱅킹 등인데, 인슈어테크가 전체 투자의 25%로 가장 큰 비중을 차지하고 있다.

글로벌 인슈어테크 투자 규모는 2014년 10억 달러에서 2021년 174억 달러, 2022년 88억 달러를 기록했다. 글로벌 시장조사업체 그랜드뷰리서치는 2020년 25억 3,000만 달러인 인슈어테크 시장은 2028년 609억 8,000만 달러까지 성장할 것으로 전망했다.

유럽에서 설립된 인슈어테크 기업수는 2011년 11개를 시작으로 2016년 63개, 2017년 64개로 정점을 찍은 후, 2019년부터 2021년까지 매년 20개 이상을 유지하고 있다. 최근 글로벌 인슈어테크 시장에 대한 투자는 가계보험 부문을 중심으로 증가하고 있는 추세다.

글로벌 인슈어테크 투자 규모

(단위: 백만달러)

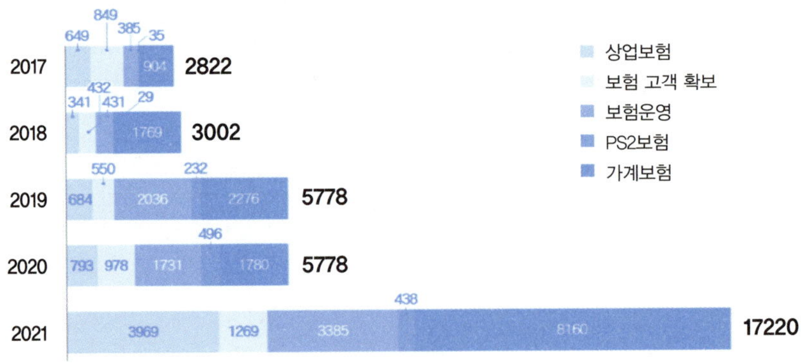

출처: CB Insights, 2022

미국은 의료데이터를 전송 · 저장 · 변환 · 표시하는 하드웨어와 소프트웨어 등 의료기기자료시스템(Medical Device Data System)의 위험등급을 고위험 클래스Ⅲ에서 저위험 클래스Ⅰ로 낮춰 규제를 완화한 결과 다양한 디지털 의료기기가 제품화되어 건강보험 관련 인슈어테크가 크게 성장하고 있다.

일본은 병원이나 지자체에 저장된 치료 이력 및 건강검진 정보를 통합하여 연구기관, 기업 등이 활용할 수 있도록 하는 개인 건강정보 활용 활성화를 추진하고 있다. 중국은 정부에서 의료인력 부족에 대한 대안으로 헬스케어서비스의 활용을 적극적으로 장려해왔으며, 이 분야에서 새로운 헬스케어 비즈니스모델이 등장하면서 인슈어테크 시장이 활성화되고 있다.

해외 인슈어테크 사례

구분	회사명	상품 내용
미국	Oscar Health	• 운동량을 측정할 수 있는 웨어러블 기기를 제공하여 수집된 정보를 기반으로 금전적 인센티브 제공 • 전용 앱을 통해 의사와 원격 진료
	Clover Health	• 분산된 환자의 의료데이터를 통합 • 개인 가정 방문을 통한 진찰 및 방사선 검사
일본	Dai-ichi Life	• 스마트폰 앱, 웨어러블 기기를 활용한 당뇨병 관련 데이터 축적
	NeoFirst Life	• 건강검진 데이터 분석을 통해 산출한 건강연령에 의해 보험료 결정
	MetLife	• 생활습관, 치매 등 개인별 맞춤화된 질병예방 서비스
중국	Allianz	• 임산부, 태아 발달상태 등 모니터링, 수집된 건강정보 기반 건강발달 정보 분석, 실시간 의료상담 서비스
	ZhongAn Insurance	• 혈당측정 단말기를 제공하여 이를 통해 전송되는 혈당 데이터를 분석, 호전 여부에 따라 갱신 보험료 책정

출처: 자본시장연구원, 2019

7. 레그테크 (RegTech)

레그테크는 규제(Regulation)와 기술(Technology)의 합성어로, 금융규제 사항에 대해 더 효율적으로 대응하게 해주는 준법 감시 또는 내부통제로 회사가 자발적으로 관련된 법규를 준수하기 위해 만든 제반 조치와 법령 준수 시스템을 의미한다. 레그테크는 적용 대상에 따라 컴프테크(CompTech)와 서프테크(SupTech)로 분류한다. 컴프테크는 준법감시(Compliance)와 기술(Technology)의 합성어로 금융회사의 프로세스에 솔루션을 더해 업무효율을 높이는 규제대응시스템을 말하고, 서프테크는 금융감독(Supervision)과 기술(Technology)의 합성어로 최신 기술을 활용한 효율적이면서 효과적인 금융감독 업무 시스템을 말한다.

레그테크는 빅데이터, AI, 블록체인 등의 신기술에 대한 금융당국의 규제 준수가 무엇보다 중요하기 때문에 핀테크의 발전 과정에서 필수적으로 파생된 전문영역이다. 핀테크가 주로 개인 고객을 대상으로 기존에 없던 혁신적인 서비스를 제공하고 있다면, 레그테크는 금융회사를 대상으로 규제를 금융회사 프로세스에 내재화한다는 점에서 차이가 있다.

핀테크와 레그테크 비교

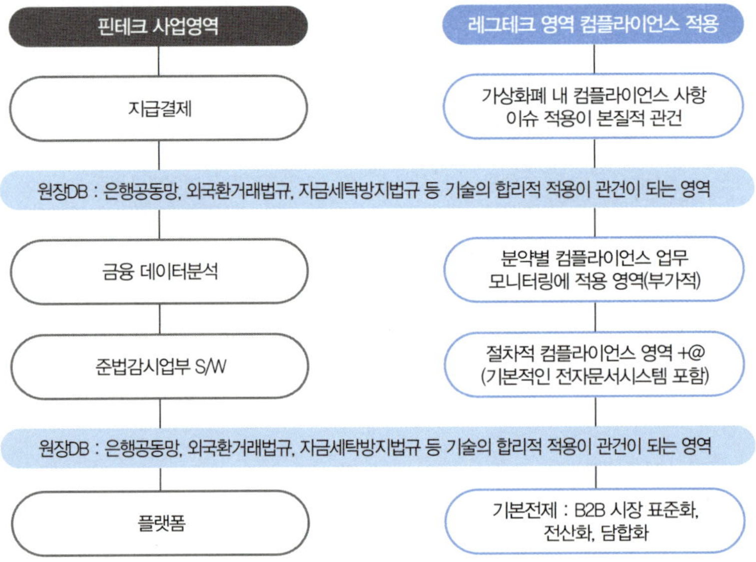

출처: 금융보안원, 2019

국제 금융위기 이후 금융당국의 규제와 감독이 강화되고 규제가 복잡해짐에 따라 기업과 금융당국의 규제 준수에 대한 부담이 지속 증가하고 있다. 따라서 새로운 금융규제의 지속적인 도입, 정보보안 위협의 증가로 인해 높아진 컴플라이언스 비용의 절감을 위해 새로운 레그테크 시스템의 필요성이 커지고 있다.

5절

인터넷 전문은행의 개념과 사례

1. 인터넷 전문은행의 개념

인터넷 전문은행은 영업점을 소수로 운영하거나 영업점 없이 ATM, 인터넷 등 전자매체를 통해 업무 대부분을 영위하는 은행을 말한다. 설립 초기에는 완전 무점포 형태의 온라인 위주로 이루어져 Direct Bank, Pure-play Internet Bank, Internet-only Bank, Online-only Bank, Virtual Bank 등의 명칭을 사용했는데 이후 오프라인 시설을 보완적으로 이용하는 경우가 증가하면서 Internet Primary Bank라는 명칭으로도 불린다. 최근에는 모바일 채널의 등장과 함께 Digital Bank로 불리기도 한다. 인터넷 전문은행은 은행서비스를 인터넷으로 제공하는 영업방식을 지칭하는 인터넷 뱅킹(Internet Banking)과는 법적 실체가 다르다.

일반은행과 인터넷 전문은행 비교

구 분	일반 은행	인터넷 전문은행
핵심채널	오프라인 지점	온라인 (인터넷, 모바일)
영업시간	평일 업무시간	24시간 365일
업무범위	Full Banking Service	Full Banking Service (중소기업을 제외한 법인에 대한 신용공여 제외)
신용평가	신용평가회사(CB)의 신용평가 점수	신용평가회사(CB)의 신용평가 점수 빅데이터를 활용한 신용평가 정보
비금융주력자의 은행 보유지분한도	최대 4%	최대 34%
최소자기자본	시중은행 1,000억 원 지방은행 250억 원	250억 원

자료: 저자 정리

점포 없이 운영되는 인터넷 전문은행은 영업점 운영에 필요한 고정비용이 발생하지 않기 때문에 운영경비 절감을 통해 고객에게 시중은행보다 높은 수신금리를 제공하고 금융거래 수수료를 인하할 수 있다. 또한 인터넷 전문은행은 다양한 거래채널을 사용해 금융상품을 고객이 직접 선택할 수 있게 함으로써 보다 빠르고 편리한 서비스를 제공하고, 오프라인 영업망이 취약한 해외시장 진출 시 IT를 기반으로 한 비즈니스 플랫폼을 사용할 수 있는 이점이 있다. 반면 인터넷 전문은행이 본격적으로 도입되면 은행업의 경쟁이 심화돼 수익성 및 건전성이 하락할 가능성이 있다.

인터넷 전문은행 도입 시 효과

긍정적 효과	부정적 효과
– 금리, 수수료, 접근성, 서비스 등 소비자 효용 증대 – 실명확인 합리화에 따른 기존 채널점포 전략 변화 – 은행 간 경쟁촉진 및 IT 활용도 증가 – 기존 은행은 해외 진출과 채널망 재편 등에 활용	– 진입 확대에 따른 과잉공급 가능성 – 설립 초기 수익모델 취약 시 부실화 우려 – 은행권 수익성 및 건전성 저하 소지 – 부실은행 증가 시 은행의 신뢰도 저하

인터넷 전문은행은 고객이 은행 직원으로부터 각종 금융상품에 관한 상담이나 서

비스를 받기보다는 스스로 은행 홈페이지를 통하여 직접 금융상품을 검색하고 은행 업무를 처리하는 대신 저렴한 수수료나 금리를 제공하는 일종의 셀프서비스 시스템이다. 또한 인터넷 전문은행은 가격경쟁력을 기반으로 일정규모의 이용고객을 확보하는 한편, 점포를 갖지 않음으로써 절감된 비용을 전략적인 경쟁요소로 활용할 수가 있어 점포 위주의 수익모델을 가진 기존 은행과의 경쟁에서 우위를 점할 수 있다.

해외 주요 인터넷 전문은행 현황

국가	회사명	설립일	자산규모	순이익	주요 대주주	주요 수익원 내용
일본	Japan Net Bank (백만엔)	2000	880,428	1,124	Sumitomo Mitsui Banking Corporation	온라인 연계 쇼핑몰 소액결제 및 판매사 대출 서비스
	SBI Sumishin NET Bank (백만엔)	2007	5,559,695	11,975	SBI홀딩스 미쓰이스미토모 신탁	예대마진, 계열 증권사 연계 자산관리 서비스
	Sony Bank (백만엔)	2001	2,878,879	6,608	소니파이낸셜 홀딩스	예대마진, 계열 보험사 및 증권사 연계 자산관리 서비스
	Seven Bank (백만엔)	2001	1,141,926	13,230	세븐일레븐재팬 SMBC 5	ATM대여
미국	American Express National Bank (백만달러)	1989	116,653	9,930	American Express Company	지급결제 및 신용카드 연계 여신
	Ally Bank (백만달러)	2004	159,291	1,986	Ally Financial	자동차 판매 시 연계 대출에 따른 이자 및 수수료 수취
	BMW Bank (백만달러)	1999	10,166	189	BMW	자동차 판매 시 연계 대출에 따른 이자 및 수수료 수취
중국	WeBank (백만위안)	2014	220,037	2,474	Tencent	여신 업무의 플랫폼 역할 및 빅데이터 제공 등으로 인한 수수료 수취
	MyBank (백만위안)	2015	95,864	671	Ant financial	여신 업무의 플랫폼 역할 및 빅데이터 제공 등으로 인한 수수료 수취
영국	Monzo Bank (백만파운드)	2015	614	–47	Passion Capital	ATM 및 POS 운영수익, 해외지급결제
	AtomBank (백만파운드)	2016	2,800	–80	BBVA, Woodford Investment Management	예대마진

자료: 자본시장연구원, 2019

국가별로 인터넷 전문은행의 비즈니스 모델을 살펴보자. 미국에서는 비은행금융사와 비금융기업이 주도하여 인터넷 전문은행을 설립함으로써 주택담보대출 상품을 중심으로 전문직 종사자나 VIP고객을 주로 공략했다. 일본에서는 비금융기업과 은행이 공동으로 출자하여 이업종 간 교차상품을 판매해 시너지를 창출하고, 자산관리나 온라인지급결제 등에 사업부문을 특화하여 중산층 고객을 주로 공략했다. 유로존에서는 대형 보험그룹이 인터넷 전문은행을 설립해 만기 보험금을 그룹 내 유보시키는 등 금융회사의 자회사 형태로 인터넷 전문은행을 설립하여 모바일 사용에 익숙한 계층을 주로 공략하고 있다. 중국에서는 비금융기업이 주도적으로 인터넷 전문은행을 설립하여 소액 대출상품으로 중소기업이나 영세상인을 주 고객층으로 확보하고 있다. 이들의 공통점은 모두 초기 투자비용을 최소화하고 예대 마진 이외 수익모델을 발굴했고, 소매금융 중심의 특화된 서비스로부터 범위를 점차 확대하여 고객 기반을 확보했다는 것이다.

국가별 인터넷 전문은행 비교

	설립 주체	비즈니스 모델	타깃 고객	공 통
	• 비은행금융사(보험/카드)와 비금융기업(GM, BMW) 주도	• 주택담보대출 중심 • 저금리대출, 고수익 예금, 각종 수수료 면제	• 주택 소유한 전문직 종사자 • 일정자산 보유자	• 초기 투자비용, 자산 규모 최소화 • 브랜드 인지도↑ 신뢰도↑ • 예대마진 이외 수익 모델이 있는 경우 비즈니스가 지속됨 • 소매금융 중심 특화 서비스에서 시작하여 서비스 범위 확대 • 투자상담 서비스 채널 다양화 • 최근 모바일 중심의 성장 가능성 부각
	• 비금융기업(Softbank, Sony)과 은행 공동 출자 형태	• 타금융사와 제휴 통한 교차상품 판매 • 자산관리, 온라인 지급 결제 특화 • 유가증권투자에 주력	• 안정적, 고수익률 추구하는 중산층	
	• 금융회사의 자회사 형태(Prudential, BNP Paribas)	• 금융상품 교차판매 • EU경제통합에 따른 지역적 한계 극복	• 인터넷 활용도가 높은 젊은 층	
	• 비금융기업 중심(텐센트, 알리바바)	• 소액 대출 서비스 지향	• 중소기업, 영세상인	

자료: 투이컨설팅, 2015

2. 국내외 정책 현황

미국 · 영국 · 일본 등 선진국에서는 인터넷 전문은행의 지분 취득과 관련하여 금산분리 규정이 없거나 있더라도 규제 강도가 약하며, 금융전업주의 조항은 별도로 두고 있지 않다. 인터넷 전문은행의 업무범위 또한 시중은행이 하고 있는 모든 업무를 기본적으로 동일한 기준하에 수행할 수 있도록 허용하고 있다. 우리나라는 2019년 1월 17일 인터넷전문은행 설립 및 운영에 관한 특례법(인터넷전문은행법)을 시행하여 인터넷전문은행의 최소 설립 자본금을 250억 원으로 낮췄다. 또한, 비금융주력자가 은행 전체 지분의 34%까지 보유할 수 있도록 허용함으로써 ICT 기업이 인터넷전문은행의 대주주로 참여할 수 있는 길을 열어 주었다.

최근 영국, 스위스 등 유럽 주요국에서 핀테크 기업의 은행업 진입을 위해 기존 은행인가와 다른 'Small Banking Licence'를 적극적으로 도입하는 추세이다. 영국은 오프라인 채널을 보유하지 않은 온라인 전용 은행인 Challenger Bank 또는 Neo Bank를 통해 새로운 은행업 인가단위를 부여하기 시작했다. 이들은 은행업 인가를 받지 않은 기업과 은행업 인가를 받아 풀뱅킹 서비스가 가능한 은행 등 2가지 형태로 구분된다. 새로운 형태의 시장참가자를 대상으로 제한된 업무범위 내에서 최소 자본금 규제 등 진입장벽을 낮추고 금융소비자의 편의성 및 혜택을 확대하도록 유도한다. 이러한 스몰 뱅킹 라이선스 기업들은 대형은행이 안정적인 수익성을 추구하다 보니 취약계층이나 중소기업에 대한 자금중개 기능을 상실하게 되었는데, 새로운 참가자가 역할을 대체할 것으로 기대된다.

국가별 스몰 라이선스 내용 비교

구분	영국	EU	스위스	호주	미국
인가 명칭	Small Specialized Bank	Fin-tech Credit Institution	Light Banking Licence	Restricted ADI Licence	Fin-tech Bank National Charter
최소자본금	100만 유로 (파운드) (500만 유로)	100만 유로 (500만 유로)	유치예금의 3% 최소 30만 CHE (1천만 CHF)	300만 AUD + (5천만 AUD)	업무규모, Biz모델에 따라 차등화
적용기간	12개월	–	–	24개월	–
업무범위	예금, SMEs대출, 모기지 중 최소 1개 포함	기존은행과 동일	기존은행과 동일	복잡하거나 시장 위험이 높은 상품, 투기적 업무 제외	수표 지급, 대출 (예금 제외)
예금한도	5만 파운드	–	1억 CHF	200만 AUD (1인당 25만 AUD)	–
기타 규제	· 기존은행과 유사	· 기존은행과 유사 · SSM 적용 · 출구전략 강화	· 자본적정성/유동성 규제 제외 · 은행명칭 사용불가 · 결제시스템 허용	· 건전성 규제 완화 · 은행명칭 사용불가 · 출구전략 강화	· 기존은행과 유사 · 금융포용/지역재투자법(CRA) 적용 · 출구전략 강화

자료: 하나금융경영연구소, 2019
주 : ( )는 기존은행 기준의 최소자본금을 의미함.

6절

핀테크 비즈니스의 핵심 성공조건

1. 핀테크 비즈니스의 성공조건

1) 가상화폐

비트코인과 같은 가상화폐는 중앙은행과 같은 통화조절기구가 없이 네트워크 참여자들로만 구성된 완전히 분권화된 화폐시스템이기 때문에 공신력 있는 기관의 지급보증 자체가 존재하지 않는다. 다시 말해 가상화폐는 개발자가 설계한 화폐 발행 알고리즘과 각 P2P 노드에 저장된 거래장부에 기반을 두고 작동되기 때문에 가상화폐가 지속적으로 작동되기 위해서는 프로그램의 무결성[20]과 이에 대한 참여자들의 자발적인 믿음이 반드시 필요하다. 따라서 가상화폐 비즈니스가 성공하기 위해서는 네트워크 참여자들의 신뢰를 지속적으로 얻기 위한 투명한 거래와 안정적인 서비스 제공이 무엇보다 중요하다.

이와 관련하여 2014년 2월 세계 최대의 비트코인 거래소인 일본의 마운틴곡스가 파산선고를 하는 사건이 발생했다. 마운틴곡스는 해커의 공격으로 보유하고 있던 약 85만 비트코인을 모두 탈취당해 더 이상의 영업이 불가능해졌다고 발표했으나, 사용자들은 마운틴곡스 운영자가 비트코인을 의도적으로 빼돌리고 파산신청을 한 것으로 주장하고 있다. 결국 양측은 현재 소송을 벌이고 있고, 사건의 실체가 명확

20) 프로그램이나 데이터가 손상되거나 변조되지 않고 원래 기록한 그대로 완전한 상태를 유지하는 것을 말한다.

하게 밝혀지지 않는 한 사용자들이 탈취당한 비트코인을 보상받기는 쉽지 않을 것으로 예상된다. 마운틴곡스의 파산사건은 가상화폐시스템의 문제점을 단적으로 드러낸 좋은 사례이다. 비록 가상화폐가 개념적으로 또는 기술적으로 완성도가 높은 화폐시스템이긴 하나, 실제 정식화폐로는 인정되지 않기 때문에 네트워크 사용자가 피해를 입을 경우에는 보상받기가 쉽지 않다.

안정적인 서비스 제공을 위해서는 가상화폐회사들의 보안성 확보도 반드시 필요하다. 지금까지 발생한 가상화폐와 관련된 보안사고는 코인시스템 자체에 결함이 있기보다는 가상화폐 거래소와 사용자를 위한 보안 솔루션의 결함으로 인해 발생한 것들이 대부분이다. 중국, 호주, 체코 등 여러 국가의 비트코인 거래소에서 해킹이 발생해 보관 중인 비트코인이 탈취당했다. 사용자의 비트코인 지갑의 키값이 암호화되지 않아 계정이 해킹당하는 사고도 다수 발생하고 있다. 가상화폐는 사용자 지갑의 비밀번호가 유실되는 경우 다른 온라인 거래와 마찬가지로 부정사용이 발생할 가능성이 매우 높다. 따라서 가상화폐의 탈취와 부정사용을 막을 수 있는 보안기술이야말로 가상화폐 산업을 발전시키는 가장 중요한 성공조건이라 할 수 있다.

또한 가상화폐를 아직까지 정식화폐로 인정하고 있는 나라는 없다. 이는 가상화폐가 기존 경제시스템에 미치는 영향에 대해 아직까지 검증이 이루어지지 않았기 때문이다. 오히려 가상화폐 거래자의 신분이 노출되지 않으므로 그에 따른 부작용의 우려가 점증하고 있기 때문에 국가 차원에서 가상화폐를 정식 통용화폐로 인정하기까지는 상당한 시간이 소요될 것으로 예상된다. 실제로 2014년 12월 중국 인민은행이 은행 등 금융기관에 비트코인 관련 거래를 금지하는 조치를 취하면서 1비트코인당 1,200달러에 달했던 가격이 일순간에 20% 이상 급락하는 현상이 발생했다. 이는 각국 정부의 규제 리스크가 가상화폐의 발전을 위협하는 요인이 될 수 있음을 보여주는 사례이다.

2) 송금 · 결제

전 세계적으로 가장 많은 핀테크 기업들이 시장에 참여하고 있고 시장규모 또한 가장 큰 업종이 바로 송금 · 결제 부문이다. 그만큼 경쟁이 치열하다는 얘기이다. 우리가 익히 알고 있는 글로벌 ICT 기업들이 송금 · 결제사업에 뛰어 들었지만 사실상 대부분 실패했다. 예를 들면 미국 통신시장의 70%를 점유하고 있는 버라이존, AT&T, T모바일 등의 통신사들이 2012년 전략적으로 제휴하여 출시한 전자지갑인 '아이시스(ISIS)'와 2011년 구글이 야심차게 출시했던 '구글월렛'의 보급이 지지부진한 상태이다. 2014년 말 애플페이를 출시한 애플도 2011년에 '패스북(Passbook)'이라는 전자지갑을 출시했으나, 이 역시 사용자 확보에 실패한 경험이 있다. 이는 많은 기업들이 송금 · 결제사업 성공에 있어 가장 중요한 요소가 대규모 고객기반이라 생각하고 시장에 뛰어든 결과이다.

물론 송금 · 결제사업을 추진함에 있어서 대규모 고객기반을 갖고 있으면 유리한 것은 사실이지만, 더욱 중요한 조건은 바로 결제수요기반이다. 대규모 고객기반을 보유하고 있더라도 그 고객기반이 결제수요로 이어지지 못하면 아무 의미가 없다. 미국 최대 통신사와 IT기업이 전자지갑을 출시했지만 주요 결제수단으로 자리매김하는 데 실패한 것은 기본적인 결제방식인 NFC 단말 인프라의 부족과 보안성 문제 등 여러 가지 요인이 복합적으로 작용한 결과이긴 하나, 충분한 지급결제수요만 있었다면 이는 충분히 극복 가능한 문제였을 것으로 생각된다. 반면 세계 최대 지급결제회사로 성장한 페이팔은 처음에 1998년 컨피니티(Confinity)라는 작은 벤처회사로 시작했지만 2002년 이베이가 인수하여 자사 전자상거래 사이트의 결제수단으로 사용하면서 사용자 수가 기하급수적으로 증가하기 시작했다. 중국 최대 지급결제회사인 알리페이 역시 자사 전자상거래 사이트의 결제수단으로 사용하면서 결제수요가 급증하기 시작했다. 결론적으로 송금 · 결제 부문의 핀테크 기업은 대규모 결제수요기반을 갖고 있거나 그러한 자원을 가진 기업을 파트너로 확보해야만 사업에 성공할 가능성이 크다.

3) 크라우드펀딩

크라우드펀딩은 인터넷을 통해 대중으로부터 자금을 공모하는 방식이기 때문에 투자자와 자금을 지원 또는 대출받는 사람이 처음으로 만나 공감대를 형성하는 매개체는 프로젝트이다. 이때 투자자가 프로젝트 신청자에 대한 기부후원 의사를 결정하는 기준은 바로 스토리이다. 신청자가 얼마나 돈이 절실하며 왜 필요한지를 꾸밈없이 진솔하게 설명하면 투자자의 마음을 움직일 수 있다. 특히 공공성이 강한 프로젝트의 경우에는 무작정 후원해 달라는 메시지보다는 프로젝트의 정당성과 명분을 잘 드러내는 것이 중요하다. 미국의 크라우드펀딩 사이트인 킥스타터(Kickstarter)에 들어가 보면 투자자가 쉽게 공감할 수 있도록 프로젝트의 필요성이 신청자 자신의 이야기와 함께 일목요연하게 잘 정리되어 있다.

스토리와 더불어 기부후원형 크라우드펀딩에 있어서는 보상설계와 온 · 오프라인 구전이 프로젝트 성공에 지대한 영향을 미친다. 기부후원형 방식이라 하더라도 아무 보상이 없는 경우 투자자들의 관심도는 떨어질 수밖에 없고, 도움을 받은 사람이 작은 감사의 표시를 하는 것은 동서양을 불문하고 사람의 선의를 표현하는 가장 효과적인 방법이다. 예를 들어 프로젝트 신청자가 출시한 신제품을 파격적으로 할인해 준다든지, 아니면 프로젝트가 성공할 경우 샘플을 무료로 제공한다든지 하는 형태의 섬세한 보상설계가 필요하다. 그리고 참여활동이 가능한 프로젝트의 경우 투자자뿐만 아니라 지인들이 동반 참여할 수 있는 기회를 제공하면 온 · 오프라인을 통해서 구전효과를 창출할 수 있기 때문에 프로젝트의 연속성 확보에 매우 유리한 방법이라 할 수 있다.

지분투자형이나 대출 중개형 크라우드펀딩의 경우에는 초기 수익률 관리가 무엇보다 중요하다. 창업 초기 단계의 핀테크 기업들은 좋은 평판이나 브랜드 인지도가 없을 수밖에 없다. 그렇기 때문에 신뢰도가 없는 크라우드펀딩 기업이 투자자들을 끌어 모으기 위해서는 사업 초기 성사된 펀딩 프로젝트의 수익률이 높아야 한다. 핀테크 기업들이 대출신청자들 또는 피투자기업의 신용도를 정확히 평가할 수 있는 훌륭한 빅데이터 분석기술을 가졌다 하더라도 일반 투자자들이 그 기술의 특성과 내용을 제대로 이해하기는 매우 어렵다. 그렇기 때문에 기부후원형이 아닌 이상 투자자들에게 보여주고 그들의 마음을 이끌 수 있는 것은 결국 수익률밖에 없다. 사업 초기 지분투자형이나 대출 중개형 크라우드펀딩이 성공하기 위해서는 고수익을 달성해야 하고, 그렇게 하기 위해서는 기술력뿐만 아니라 양질의 프로젝트를 발굴할 수 있는 역량이 반드시 필요하다.

4) 온라인 전문 자산관리

온라인 전문 자산관리는 컴퓨터 프로그램에 의한 자동화된 거래 실행으로 전문가의 개입을 최소화하여 자산관리 수수료를 획기적으로 절감할 수 있는 역량이 바로 핵심 성공조건이다. 기존 금융회사의 자산관리 자문수수료가 비쌀 수밖에 없는 이유는 모든 거래가 바로 전문가의 손에 의해 이루어지기 때문이다. 온라인 전문 자산관리는 그러한 기능을 바로 인건비가 전혀 소요되지 않는 '로보 어드바이저(Robo Advisor)'[21]로 대체하고 있다. 따라서 온라인 전문 자산관리는 로보 어드바이저가 전문가 수준의 금융지식과 정보를 보유할 수 있도록 최적의 알고리즘을 개발해야 하고 시시각각 변화하는 금융상품과 시장정보를 실시간으로 업데이트할 수 있는 역량을 확보해야 한다.

그리고 개인의 자산관리업무를 영어로 프라이빗뱅킹(Private Banking)이라 할 정도로 개인의 정보관리는 높은 기밀성을 요구한다. 온라인 전문 자산관리는 모든 업무가 100% 온라인상에서 이루어지기 때문에 개인정보가 유출될 경우 적시 대응이 어렵고 사용자가 입는 피해는 매우 클 수밖에 없기 때문에 온라인 전문 자산관리업체는 개인정보를 효과적으로 관리할 수 있는 정보보안 관리역량을 확보하는 것이 서비스의 신뢰도를 확보하는 데 매우 중요하다. 다시 말해 기술적인 측면에서 보안도 중요하지만 개인자산정보를 저장하는 로보 어드바이저를 운영하는 임직원의 인적 관리도 중요하다.

21) 전문가가 직접 자문해주지 않고 자동화된 프로그램으로 고객의 자산 포트폴리오를 관리해 주는 온라인 전문 자산관리회사를 말한다.

2. 인터넷 전문은행의 성공조건

인터넷 전문은행이 출현하게 된 배경은 IT가 고도로 발달하면서 상당한 운영비용이 소요되는 오프라인 지점망 없이도 비대면 채널을 활용해 금융서비스를 제공하는 것이 가능하게 되었다는 점이다. 이러한 관점에서 볼 때 인터넷 전문은행의 장점은 비용 경쟁력을 기반으로 예대마진을 축소하여 여수신기반을 확대하는 것과 온라인 채널의 태생적 장점인 시간과 공간을 초월한 서비스 접근성과 편의성에 있다고 볼 수 있다. 하지만 세계 최초의 인터넷 전문은행은 1995년 미국에서 설립된 SFNB(Security First Network Bank)로 이미 그 유래가 20년 정도 됐기 때문에 인터넷 전문은행을 금융업에서 새로운 비즈니스 모델로 보기에는 다소 무리가 있다. 그리고 비즈니스 모델 관점에서 현재 세계 각국에서 운영되고 있는 인터넷 전문은행들은 인터넷과 모바일이라는 비대면 채널을 주로 사용한다는 점에서는 차이가 있지만, 금융상품의 판매와 서비스의 특성은 기존 은행과 크게 다르지 않다.

기존 은행과 인터넷 전문은행의 기본적인 업무 특성이 유사하다는 전제 하에 인터넷 전문은행이 성공하기 위한 몇 가지 성공조건을 살펴보자.

1) 정밀한 고객 타깃팅

해외 인터넷 전문은행은 주요 주주사가 보유하고 있는 고객을 기반으로 인터넷 전문은행의 상품군에 적합한 고객군을 설정한 후 최적의 상품을 설계하여 이들을 집중 공략하는 전략을 취했다. 예를 들어 일본의 소니뱅크는 기존 소니 제품의 주요 구매 고객인 대도시 사업가 또는 중산층 이상의 자사 고객들을 대상으로 선호도가 높은 온라인 자산관리 서비스를 개발하여 시장점유율을 확보해 나갔다. 지분뱅크는 대주주인 KDDI가 보유한 통신고객 중 모바일에 대한 친숙도가 높으면서도 구매력이 있는 20, 30대 직장인을 타깃팅하여 이들의 취향에 맞는 편리하고 세련된 모바일 UI(User Interface)를 제공함으로써 고객을 확보하는 데 성공했다.

2) 운영 전략의 선택과 집중

해외 인터넷 전문은행은 고객 기반과 서비스 역량이 기존 은행에 비해 열위에 있음을 인지하고 사업 초기 자사가 최고로 잘 할 수 있는 부문에 집중하여 사업을 전개했다. 다시 말해 경쟁력 높은 상품과 서비스에 전사 역량을 집중하여 시장에 침투한 후 안정적인 사업 기반을 확보하는 형태로 전략을 취한 것이다. 예를 들어 ING Direct는 처음부터 상품군을 대폭 늘리기보다는 온라인에 특화된 예금과 대출상품 판매에 집중하여 비용 지출을 최대한 줄이면서 효율적으로 시장점유율을 늘리는 마케팅 활동에 집중한 결과, 단기간에 안정적인 수익 기반을 확보하는 데 성공했다. 영국의 에그뱅크는 사업 초기 예금과 대출 시장에 바로 뛰어들기보다 경쟁강도가 상대적으로 낮은 체크카드, 신용카드 사업에 집중하여 고정 고객을 확보한 후, 모회사인 푸르덴셜이 갖고 있던 보험상품을 교차판매하는 전략을 취해 단기간에 대규모 고객을 확보하는 데 성공했다.

3) 차별화된 상품 · 서비스

해외 인터넷 전문은행은 일반은행이 만들 수 없는 그들만의 차별화된 상품을 판매해 신규 고객을 끌어들이는 전략을 취했다. 스칸디아뱅크는 한 계좌로 주식 · 보험 · 은행업무를 동시에 처리할 수 있는 상품을 출시했고, 체뱅크는 온라인으로만 판매하는 전용상품 판매전략을 통해 경쟁 은행과 차별화했다. 특히 시너지 창출에 성공한 인터넷 전문은행들은 이업종 간 결합상품으로 경쟁력을 제고하는 데 성공했다.

[해외 인터넷 전문은행의 차별화 사례 ① 라쿠텐뱅크 머니브리지]

라쿠텐뱅크는 2011년 4월 라쿠텐증권의 계좌와 연계된 머니브리지(Money Bridge) 서비스를 출시하여 양사 계좌를 보유한 고객에게 연 0.02%인 보통예금 금리에 대해 연 0.1%의 우대금리를 제공하고, 증권거래 실적에 따라 수퍼포인트를 부여하여 은행 업무 이용 시 거래수수료나 그룹 내 다양한 서비스(쇼핑, 여행)를 이용할 때 결제대금으로 사용할 수 있도록 했다. 서비스 출시 이후 라쿠텐뱅크 서비스 이용자수와 라쿠텐증권의 서비스 이용잔고가 전년 동기 대비 각각 31.6%, 24.5% 증가했다.

[해외 인터넷 전문은행의 차별화 사례 ② 다이와넥스트뱅크 다이와 트윈계좌]

다이와 트윈계좌는 다이와넥스트뱅크의 예금계좌와 다이와증권의 종합거래계좌를 연계하여 효율적인 자산관리를 지원하는 서비스로, 별도의 계좌유지수수료가 없다. 계좌 개설고객이 엔화 정기예금 가입 시 예치자산 규모에 따라 0.05%에서 최대 0.15%까지 추가 우대금리를 제공하고, 선진국에서 신흥국까지 10개국 통화로 된 외화예금상품 가입이 가능하며, 예치자산이 1,000만 엔 이상인 프리미엄 고객에게는 다이와증권 담보대출 시 최초 3개월간 1.2%의 우대금리를 적용한다. 서비스 출시 이후 은행-증권의 교차판매비율이 전년 동기 대비 43.6% 증가했다.

4) 모기업 역량 활용

해외 인터넷 전문은행들은 태생적으로 가질 수밖에 없는 한계를 극복하기 위해 모기업의 자원을 십분 활용했다. 세븐뱅크는 인터넷 전문은행의 가장 큰 어려움 중 하나인 제한적인 영업채널 문제를 해결하기 위해 세븐일레븐 편의점에 설치된 ATM을 적극 활용했다. 인터넷만으로는 고객의 니즈를 모두 수용하기 어렵기 때문에 오프라인상의 무인자동화기기를 이용해 인터넷과 모바일이 가진 한계를 극복한 것이다. 오늘날의 기술 수준으로 고객은 ATM을 이용하면 사실상 웬만한 은행 지점이 제공하는 서비스를 대부분 이용할 수 있다. 헬로뱅크는 BNP Paribas가 EU 내 타국 시장을 공략하기 위해 도입한 모바일 전용은행으로 부족한 IT 역량을 극복하기 위해 모회사가 갖고 있는 IT 시스템과 인프라를 활용하여 비용을 대폭 절감하는 데 성공했다.

해외 인터넷 전문은행의 성공 요인

인터넷 전문은행 성공 사례			성공 요인
정밀한 고객 타깃팅	소니뱅크 (Sony Bank)	대도시 사업가를 주요 타깃으로 선정, 타깃 고객 선호도가 높은 상품 중심 판매	고객 분석 기반으로 인터넷 전문은행에 적합한 타깃 고객군 선정 · 고객군에 최적화된 사업 모델 수립
	지분뱅크 (Jibun Bank)	타깃 고객군을 2030 직장인으로 선정, 젊은 직장인 취향의 세련된 UI · UX 구현	
운영 전략의 선택과 집중	아이엔지다이렉트뱅크 (ING Direct Bank)	소수의 주력 상품만 취급, 전사 내 역량 집중시키고 비용 효율성을 극대화	사업 초기, 경쟁력 높은 상품 · 서비스에 전사 역량 집중시켜 안정적 기반 확보
	에그뱅크 (Egg Bank)	설립 초기 경쟁 강도 낮은 카드 판매에 집중, 확보한 고객 바탕으로 교차 판매 시도	
차별화된 상품 · 서비스	스칸디아뱅크 (Skandia Bank)	동일 계좌에서 주식 · 보험 등 은행 외 금융 서비스 처리가 동시에 가능한 상품 출시	일반 은행과 차별화된 인터넷 전문은행만의 상품 · 서비스 제공을 통해 고객 유인
	체뱅크 (Che Bank)	온라인에 특화된 전용 상품과 채널 서비스 통해 경쟁 은행과 차별화	
모기업 역량 적극 활용	세븐뱅크 (Seven Bank)	모회사의 편의점에 배치된 ATM을 적극 활용, 서비스 편의성 강화	모기업 역량을 적극 활용해 인터넷 전문은행의 비용 효율성 극대화, 시너지 강화
	헬로뱅크 (Hello Bank)	모회사인 BNP파리바의 IT시스템 · 콜센터 공유해 비용 효율성 확보	

자료: IBK 기업은행

해외 인터넷 전문은행의 사례를 살펴볼 때, 보유자원이 충분치 않은 인터넷 전문은행들은 기존 은행들과 경쟁하기 위해 비용을 최소화하면서 시너지를 극대화할 수 있는 방안을 찾는 데 주력하고 있음을 알 수 있다. 성공적인 인터넷 전문은행을 위해서는 고객, 운영전략, 차별화, 자원활용 측면에서 자사에 최적화된 대안을 찾아야 할 것이다.

5) 보안성 확보

마지막으로 인터넷 전문은행은 태생적으로 보안사고 리스크에 노출될 가능성이 크다. 실제 핀테크의 선진국이라 할 수 있는 미국의 경우 전자금융 사고로 인한 피해 규모가 지금까지 약 3조 원에 달하고, 금융회사들도 전자금융 보안에 상당한 투자를 하고 있는 것으로 나타났다. 일례로 JP모건체이스는 매년 약 2억 달러의 예산을 전자금융 보안에 투입하고 있다. 글로벌 핀테크 기업인 페이팔 역시 자사의 금융보안 사고로 인한 피해를 줄이기 위해 이스라엘의 프로드사이언스(Fraud Sciences)라는 사기거래탐지시스템(FDS)[22] 전문 보안회사를 1억 6,700만 달러에 인수하는 대규모 투자를 단행하기도 했다. 또한 인터넷 전문은행은 기존 은행과 달리 오프라인 지점망이 없기 때문에 극단적으로 해킹에 의해 업무시스템이 다운될 경우 마땅한 대안이 없다. 유럽과 미국의 대형 인터넷 전문은행들은 이러한 사고에 대비하기 위해 3중으로 데이터백업센터를 구축했으며, 기본적으로 외부침입차단시스템과 사기거래탐지시스템 등과 같은 고도의 보안시스템을 운영하고 있다.

22) 거래유형을 분석해서 정상적인 거래가 아닌 건으로 추정되는 경우 거래를 즉시 중지시키고 해당 사실을 금융회사의 보안 담당자에게 통보해주는 금융거래 모니터링 시스템을 말한다.

제2장

핀테크의 태동과 성장사

1절
핀테크의 바이블 美 페이팔

2절
신의 한 수를 놓은 中 알리페이

3절
인터넷 전문은행의 흥망성쇠

1절

핀테크의 바이블 美 페이팔

페이팔은 1998년 컨피니티(Confinity)라는 인터넷 지급결제업체로 설립되었으며, 2002년 이베이(eBay)에 인수됐다. 지금은 미국 전자상거래업체인 이베이의 결제 전문 자회사로서 현재 세계 최대의 온라인 지급결제사업자로 성장했다. 2013년 페이팔의 연간 거래규모는 1,800억 달러로 전 세계 온라인 결제시장의 18%를 차지하고 있다. 2013년 기준 가입고객 수는 1억 4천만 명, 매출액은 66억 달러로 2008년 이후 각각 연평균 20%, 29% 성장했다. 페이팔은 이베이의 방대한 고객기반을 활용하여 결제의 편리성, 낮은 수수료 정책으로 단기간에 가입고객과 매출액을 급증시켰다.

선불충전형 전자지갑 서비스인 페이팔이 성공할 수 있었던 것은 1990년대 말 당시 미국 금융시장의 상황을 잘 간파하여 혁신적인 서비스 모델을 만들었기 때문이다. 미국은 각 주별로 금융기관의 설립 및 감독체계가 구성되어 있어서 금융회사의 관할권역이 주별로 분할되어 있다. 따라서 같은 나라 안인데도 불구하고 금융소비자들이 원거리 금융거래 시 오랜 시간이 소요되고 높은 수수료를 부담해야만 했다. 페이팔은 중앙집금은행을 두고 가상계좌를 만들어 페이팔에 가입한 전 세계 회원 누구에게나 손쉽게 송금할 수 있고, 온 · 오프라인에서도 간편하게 결제할 수 있는 서비스 모델을 개발했다. 지금은 이러한 서비스가 보편화됐지만 당시로서는 매우 혁신적인 서비스였고, 결과적으로 페이팔이 송금과 지급결제 영역에서 미국의 금융시장을 통합했다고 평가할 수 있다. 최근 핀테크 기업들이 개발한 송금 · 지급결제서비스들은 페이팔의 모델을 근간으로 만들어졌다 해도 결코 과언이 아니다. 페이팔은 전 세계 핀테크 역사에 있어 하나의 바이블이라 할 수 있다.

페이팔 성장기

태동기 (1998년~)		성장기 (2000~2002년)	이베이에 속한 페이팔 (2002~2015년)			새로운 시대 (2015년~)	
1998년	2000년	2002년	2005년	2007년	2013년	2015년	2017년
무료 가상 계좌와 e 메일 자금 이체 서비스 시작	이베이 연동, 사용자 100만명에서 500만명으로 증가	이베이 페이팔 인수, 나스닥 주식 상장 (55% 주가 상승)	베리사인 PG 사업부 인수, 모바일 서비스 시작	부정거래 탐지 시스템(FDS) 구축	페이팔 브레인트리 인수	페이팔 이베이로부터 분사	20% 이상 고성장

페이팔은 대표적인 서버형 결제서비스[23]로 페이팔 가입 시 서버에 저장된 정보를 활용하여 결제가 진행된다. 고객이 서비스 가입 시 자동으로 가상계좌가 부여되며, 가입과정에서 등록된 은행계좌, 신용카드번호, 그리고 이메일 등이 연계되어 결제가 진행된다. 페이팔의 결제 및 송금서비스를 이용하기 위해서는 가상계좌에 잔고가 있어야 하며, 잔고가 부족할 경우 은행계좌 이체나 신용카드 결제를 통해 충전하면 된다. 구매자가 페이팔을 통해 송금 요청을 하면 구매자의 가상계좌에서 판매자의 가상계좌로 자금이 이체되며, 송금내역과 수신인계좌로의 입금 여부가 암호화된 이메일을 통해 수신인에게 전달된다. 송금된 금액은 수신인의 페이팔 가상계좌로 입금되며, 수신인은 이를 가상계좌에 보관하거나 은행계좌로 이체하여 현금으로 인출하거나 송금 · 결제에 활용할 수 있다.

23) 이용자가 신용카드번호 등 자신의 결제정보와 결제용 비밀번호를 특정 서버에 미리 등록해 두었다가 결제 시 복잡한 결제정보를 입력할 필요 없이 비밀번호만 입력하여 간단하게 결제가 진행되는 서비스를 말한다.

페이팔의 결제 프로세스

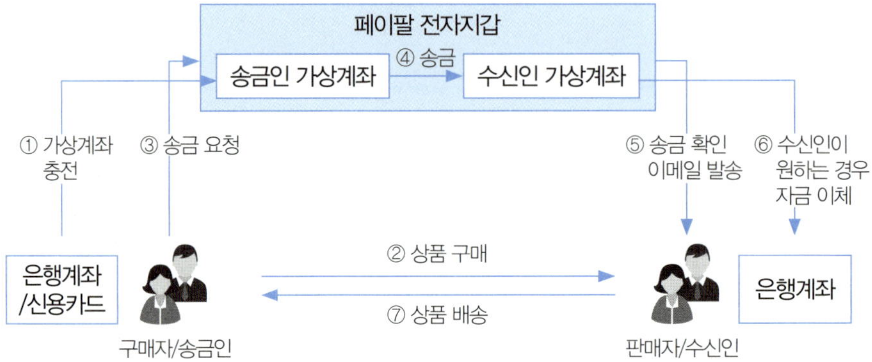

자료: 페이팔

결제과정에서 구매자에 해당하는 개인에게는 서비스를 대부분 무료로 제공하고 있으며, 사업자에 해당하는 판매자에게 결제수수료를 부과한다. 다만 해외송금의 경우 2.5%의 수수료가 반영된 환율이 적용되고 가상계좌에서 자금을 인출할 경우 해외이용객에 한해서 수수료가 부과된다. 자금 수신의 경우 사업자에 한해 2.2%+0.30달러~2.9%+0.30달러의 수수료를 부과한다.

페이팔의 판매자 수수료 체계

구분			수수료
송금/구매			없음
판매	기본		2.9% + $0.3
	모바일	Swipe & Check-in	2.7%
		Keyed & Scanned	3.5% + $0.15
	일반 가맹점 (매출액)	$0.01 ~ $3,000.00	2.9% + $0.3
		$3,000.01 ~ $10,000.00	2.5% + $0.3
		$10,000.01 ~ $100,000.00	2.2% + $0.3
		$100,000.00 이상	1.9% + $0.3
	비영리 기관	$0.01 ~ $100,000.00	2.2% + $0.3
		$100,000.00 이상	1.9% + $0.3

자료: 페이팔

페이팔은 2011년 이후 기존의 사업영역인 온라인 결제부문에서 더 나아가 오프라인 결제부문으로 사업영역을 확대하는 등 결제서비스의 온·오프라인 통합 전략을 추진하고 있다. NFC(Near Field Communication), 비컨(Beacon), mPOS 등의 기술을 기존 페이팔 서비스에 적용하여 고객들이 오프라인 매장에서도 페이팔 결제서비스를 쉽게 이용할 수 있도록 하고 있다. 페이팔은 자사가 제공하는 결제 플랫폼의 오프라인 시장 침투가 극대화될 수 있도록 한 가지 결제방식을 고집하기보다는 코드스캔, NFC, mPOS 등 다양한 근거리 결제기술을 시장 여건에 맞게 적용하고 있다.

페이팔은 단순 간편 결제를 넘어 결제 공급망 확장에도 적극적으로 나서고 있다. 2013년 온라인 PG인 Braintree를 8억 달러에 인수하였고, 2018년에는 22억 달러를 들여 모바일 POS인 iZettle까지 인수하였다. 이를 통해 페이팔은 온라인은 물론, POS사 인수를 통해 오프라인으로 진출하며 결제 솔루션 경쟁력을 강화할 수 있었다. 현재 페이팔은 전자지갑부터 매입처리사, POS, PG 등 결제산업에서 수직 계열화 체계를 구축했다.

페이팔 M&A 사례

기업명	인수시기	규모(백만달러)	참고
Bill Me Later	08년 10월	945	현재의 PayPal Credit
Braintree/Venmo	13년 9월	800	PG사
Xoom	15년 7월	890	국제 송금 서비스 제공
iZettle	18년 5월	2,200	모바일 POS사
Hyperwallet	18년 6월	400	전자지갑업체
Gopay	19년 9월	미공개 (70% 지분)	중국 모바일 결제업체
Honey	19년 11월	4,000	온라인 쇼핑 플랫폼

자료: 삼성증권, 2020

2절

신의 한 수를 놓은 中 알리페이

알리페이(Alipay)는 2003년 10월 알리바바 그룹의 C2C 전자상거래업체인 타오바오(Taobao)의 사이트 내 지급결제서비스로 출발하여 성장하다가, 2004년 타오바오에서 분리하여 독립법인으로 설립됐다. 지금은 중국의 최대 전자상거래기업인 알리바바 그룹의 지급결제 자회사로 '제3자 보증결제(Third Party Payment)서비스'[24]를 활용하여 중국 지급결제시장의 최강자로 자리매김했다. 2019년 1분기 말 기준 알리페이가 중국 온라인 결제시장에서 차지하는 비중은 53.21%에 달했다.

24) 구매자와 판매자의 중간에서 결제대금을 임시로 보관했다가, 거래완료와 함께 판매자에게 자금을 지급하는 결제방식으로 에스크로(Escrow) 서비스라고도 한다.

알리바바 연혁

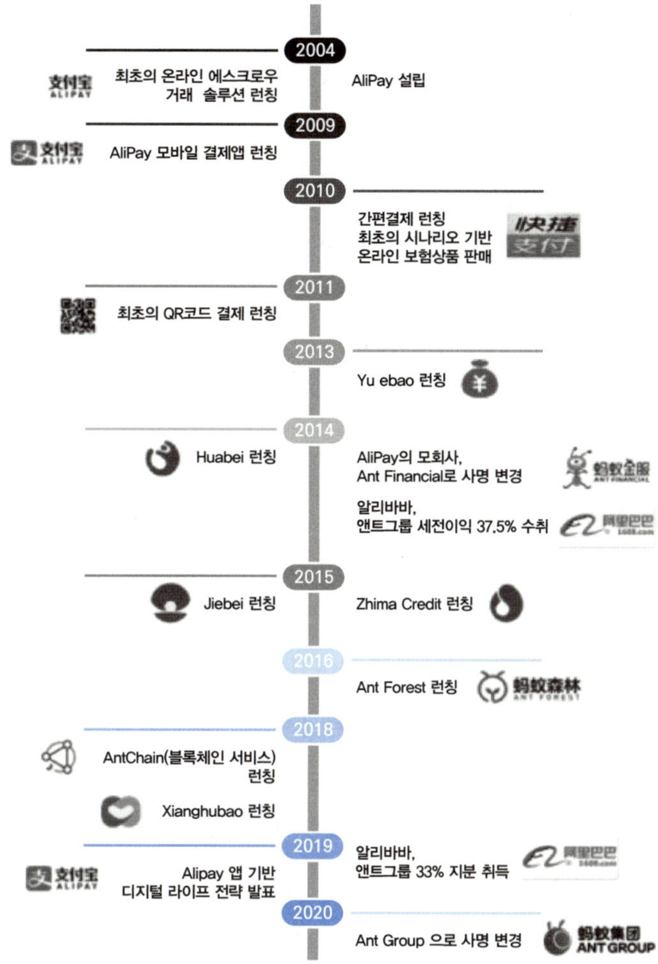

자료: 삼성증권, 2020

알리페이가 중국 최대의 지급결제회사로 성장할 수 있었던 것은 신용거래기반이 거의 없었던 중국 전자상거래시장에서 신의 한 수를 두었기 때문이다. 2000년대 초반까지만 해도 중국의 소비자들은 이른바 짝퉁이라는 복제품과 사기거래의 범람으로 신용거래를 거의 하지 않았다. 은행 지점망과 신용카드 거래 인프라도 발달하지 않아 신용카드를 소지한 사람들이 그리 많지 않았고, 설령 있다 하더라도 신용카드로 결제할 수 있는 가맹점을 찾기가 사실상 어려웠다. 이러한 상황에서 전자상거래가 활성화되기는 만무했다. 실제로 물건을 받지 않은 상태에서 판매자를 믿고 미리 결제하는 일은 중국 소비자들에게는 있을 수 없는 일이었기 때문이다. 알리바바는 중국의 이러한 전자상거래 결제시장의 상황을 간파하고 구매자가 미리 결제대금을 지불하더라도 실제 물건을 제대로 수령했다고 확인하지 않는 한 판매자에게 대금을 지급하지 않는 제3자 보증결제방식을 알리페이라는 선불충전형 전자지갑으로 구현했다. 지금까지 신용거래를 하지 않던 중국 소비자들이 하나둘씩 알리페이를 사용하기 시작했고 거래의 편의성과 안전성이 확인되자 그 수요는 폭발적으로 증가했다.

알리페이는 그 여세를 몰아 타오바오와 분리된 이후, 중국의 주요 전자상거래업체, 은행 등 금융회사와 전략적 제휴를 적극적으로 추진하고 있다. 공상은행, 농업은행 등 주요 대형은행 뿐만 아니라 소규모 지역은행을 포함하여 약 50개의 중국 은행과 협력관계를 구축했다. 2012년에는 스퀘어와 유사한 방식의 모바일 POS 상품을 출시했고, 휴대폰 번호와 QR코드를 이용한 결제시스템을 시범적으로 도입하여 오프라인 결제시스템 구축을 강화하고 있다. 2014년에는 야후(Yahoo), 라쿠텐(Rakuten) 등을 비롯하여 약 200개의 해외 전자상거래 및 결제대행업체와 제휴관계를 구축하여 해외 지급결제시장으로 사업을 적극적으로 확대하고 있다. 페이팔과 같이 모바일 POS, 코드스캐닝 등 근거리 결제방식을 도입하여 오프라인 결제시스템 구축을 강화하는 한편, SNS 업체와 연계 서비스를 출시하면서 온 · 오프라인 통합 결제플랫폼도 구축하고 있다. 일례로 중국 최대 SNS(Social Network Services) 업체인 웨이보(Weibo)와 계정을 연결하여 SNS를 통한 상품결제 및 송금서비스를 제공하고 있다.

알리페이의 결제 프로세스를 살펴보면 '제3자 보증결제서비스'를 활용하여 제휴은행의 계좌를 소유한 고객을 대상으로 입 · 출금, 송금, 지불 등의 서비스를 제공한다. 고객이 알리페이의 지급결제서비스를 이용하기 위해서는 알리페이와 제휴관계에 있는 은행의 계좌를 먼저 개설해야 한다. 그리고 은행계좌 이체방식으로 전자지갑에 현금을 충전하면 전자상거래 사이트에서 상품대금을 결제할 수도 있고 송금을 할 수도 있다.

알리페이의 결제 프로세스

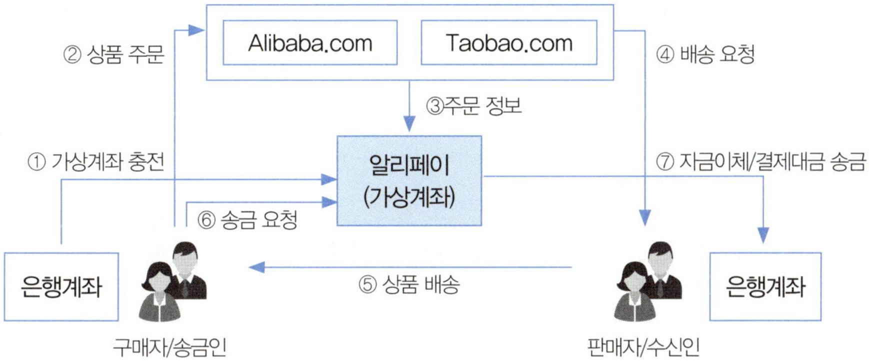

자료: 알리페이

알리페이는 개인 이용자들에게는 외환거래와 현금인출 등을 제외한 거래에 수수료를 부과하지 않으며, 제휴관계에 있는 사업자들을 대상으로 연간 매출규모에 따라 연회비와 결제수수료를 부과하고 있다. 매출규모가 상대적으로 큰 대형 사업자들에게는 높은 연회비와 1~3% 수준의 수수료를 부과한다. 또한 온라인 게임업체 등 상대적으로 수익성이 높고 금융사기에 대한 노출도가 높은 사업자에게 높은 수수료를 부과하고 있다.

알리페이의 가맹점 수수료

결제 방식	수수료
오프라인 QR 코드 (가맹점 제시 QR, 고객 스캔)	0.55%
오프라인 QR 코드 (고객 제시 QR, 가맹점 스캔)	0.6%
온라인 결제 (특정 PG)	2.9%+고정수수료
온라인 결제 (일반 PG)	약 2%

출처: www.alipay.com

알리페이의 가맹점 수수료는 독자적으로 알리페이와 직접 계약한 경우, PG를 통해 계약하는 경우 그 구조가 크게 다르고, 고정 수수료도 연계 PG, 그리고 결제 통화에 따라 다르게 책정된다.

알리페이의 e-Wallet 투자 현황

연도	투자/합작	국가	투자유형	투자금액	전자지갑	사업영역
2014	Paybang	호주	합작회사 설립	–	–	해외결제
2015	Paytm-One97 Communicatios	인도	A 라운드 B 라운드 전략투자	1.35억 달러 6.8억 달러 비공개	Paytm	결제
2015	K-Bank	한국	공동 발기설립	기술주주(투자 협력)		인터넷은행
2016	Ascend Money	태국	A 라운드 전략투자	수천만 달러 비공개	Ascend Money	결제 및 온라인 대출
201	M-Daq	싱가폴	전략투자	비공개	–	해외 증권거래 서비스
2017	Kakao Pay	한국	전략투자	2억 달러(39.1%)→2020년 43.9%	Kakao Pay	결제
2017	Mynt	필리핀	A 라운드	비공개	Gcash	결제
2017	Emtek	인도네시아	합자자회사 설립	–	DANA	결제
2017	HelloPay	싱가폴	인수	Lazada 투자에 포함	Alipay로 합병	결제
2017	홍콩 쯔푸바오	홍콩	설립	–	쯔푸바오 HK	결제
2017	Touch'n Go(TNG)	말레이시아	합자회사 설립	–	TNG	결제
2018	TMB	파키스탄	45% 지분 매입	1.85억 달러	Easypaisa	중소기업은행
2018	bKash	방글라데시	전략적 협력	미공개	bKash	결제
2018	StoneCo	브라질	지분 투자	1억 달러	StoneCo	결제
2018	Worldfirst	영국	인수	7억 달러	–	외화환전

자료: 삼성증권, 2020

3절

인터넷 전문은행의 흥망성쇠

1. 인터넷 전문은행의 등장

세계 최초 인터넷 전문은행은 1995년 미국에서 설립된 시큐리티퍼스트네트워크은행(SFNB: Security First Network Bank)으로 인터넷으로만 서비스를 제공했고, 미국 연방예금보험공사(FDIC)가 지급보증을 해주었기 때문에 제도권 금융회사로 인정받았다. 이후 2000년대 초반 인터넷이 빠른 속도로 보급되고 스마트폰, 태블릿PC 등과 같은 스마트 기기가 대량으로 보급되면서 영국, 유럽, 일본 등 해외 주요국에서도 인터넷 전문은행들이 속속 등장하기 시작했다.

전 세계 인터넷 전문은행의 역사

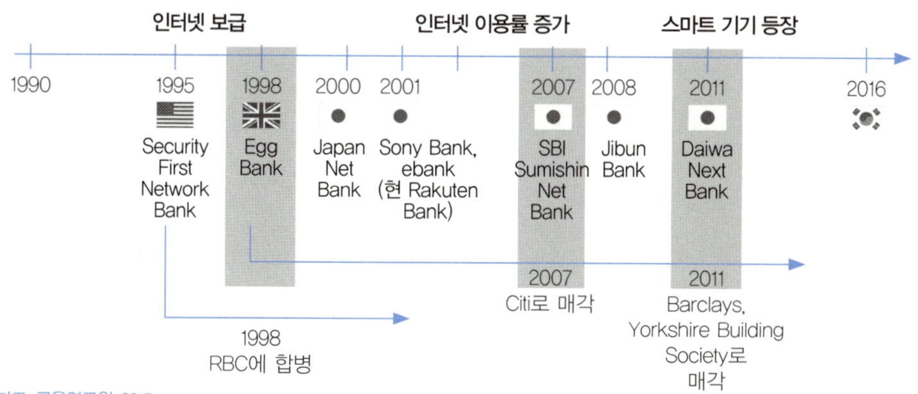

자료: 금융연구원, 2015

금융권 대주주의 자회사로는 일본의 주요 금융지주사인 SBI홀딩스와 소니파이낸셜홀딩스가 각각 출자한 SBI NET Bank와 Sony Bank, 미국의 신용카드사인 American Express가 출자한 American Express National Bank가 대표적으로, 계열 증권사 및 카드사와의 제휴 상품 판매로 수익을 창출한다. 제조와 유통 부문의 경우 미국의 GM과 BMW가 출자한 Ally Bank와 BMW Bank, 일본의 세븐일레븐재팬이 출자한 Seven Bank가 있으며, 이들은 주로 모회사의 상품 판매와 연계된 여신과 오프라인 지급결제 서비스를 제공하고 있다.

중국의 대표적 IT 기업인 Tencent와 Alibaba의 자회사인 Ant financial이 출자한 Webank와 MyBank는 여신업무와 플랫폼 사업을 영위하고 있다. 벤처캐피탈이 투자자로 참여하여 설립된 영국의 대표적인 인터넷 전문은행인 Monzo Bank와 Atom Bank는 각각 지급결제와 대출 등의 영업활동으로 수익을 창출하고 있다. Monzo Bank는 크라우드펀딩인 Passion Capital에서 자금 출자 및 설립, 기존에는 선불카드 중심의 영업방식을 영위하였으며, 최근에는 ATM과 POS 운영수익, 해외지급결제 부문에 진출하여 수익을 창출하고 있다.

해외 주요 인터넷 전문은행 현황

국가	회사명	설립일	자산규모	순이익	주요 대주주	주요 수익원 내용
일본	Japan Net Bank (백만엔)	2000	880,428	1,124	Sumitomo Mitsui Banking Corporation	온라인 연계 쇼핑몰 소액결제 및 판매사 대출 서비스
	SBI Sumishin NET Bank (백만엔)	2007	5,559,695	11,975	SBI홀딩스 미쓰이스 미토모신탁	예대마진, 계열 증권사 연계 자산관리 서비스
	Sony Bank (백만엔)	2001	2,878,879	6,608	소니파이낸셜 홀딩스	예대마진, 계열 보험사 및 증권사 연계 자산관리 서비스
	Seven Bank (백만엔)	2001	1,141,926	13,230	세븐일레븐재팬 SMBC 등	ATM대여
미국	American Express National Bank (백만달러)	1989	116,653	9,930	American Express Company	지급결제 및 신용카드 연계 여신
	Ally Bank (백만달러)	2004	159,291	1,986	Ally Financial	자동차 판매시 연계 대출에 따른 이자 및 수수료 수취
	BMW Bank (백만달러)	1999	10,166	189	BMW	자동차 판매시 연계 대출에 따른 이자 및 수수료 수취
중국	WeBank (백만위안)	2014	220,037	2,474	Tencent	여신 업무의 플랫폼 역할 및 빅데이터 제공 등으로 인한 수수료 수취
	MyBank (백만위안)	2015	95,864	671	Ant financial	여신 업무의 플랫폼 역할 및 빅데이터 제공 등으로 인한 수수료 수취
영국	Monzo Bank (백만파운드)	2015	614	−47	Passion Capital	ATM 및 POS 운영수익, 해외지급결제
	Atom Bank (백만파운드)	2016	2,800	−80	BBVA, Woodford Investment Management	예대마진

자료: 자본시장연구원, 2019
주: 2019년 회계연도 기준, Ally Bank, American Express National Bank, BMW Bank, MyBank, Webank는 2018년 말 기준

2. 미국 인터넷 전문은행의 역사

미국에서는 1995년 10월 세계 최초의 인터넷 전문은행인 SFNB(Security First Network Bank)가 설립된 이후 2000년 초반까지 30개 내외의 인터넷 전문은행이 설립되었다. 인터넷 전문은행의 도입 초기에는 IT 붐에 힘입어 인터넷 전문은행이 새로운 금융시장을 창출할 것처럼 보였다. 하지만 낮은 브랜드 인지도 및 기술력 탓에 고객 확보에 실패하여 많은 인터넷 전문은행이 사업을 중단하거나 타 금융회사에 인수 · 합병되어 2000년대 중반 이후 12개 인터넷 전문은행이 운영되고 있다. 이들 은행은 초기 시스템 구축을 위한 고정비용과 손익분기점을 넘길 수 있는 임계수준의 고객을 확보하기 위한 마케팅 비용 투입으로 영업 초기에 재무상태가 좋지 못하여 2년을 채 넘기지 못하고 영업을 중단하는 사례가 빈번하게 발생했다.

미국 인터넷 전문은행의 역사

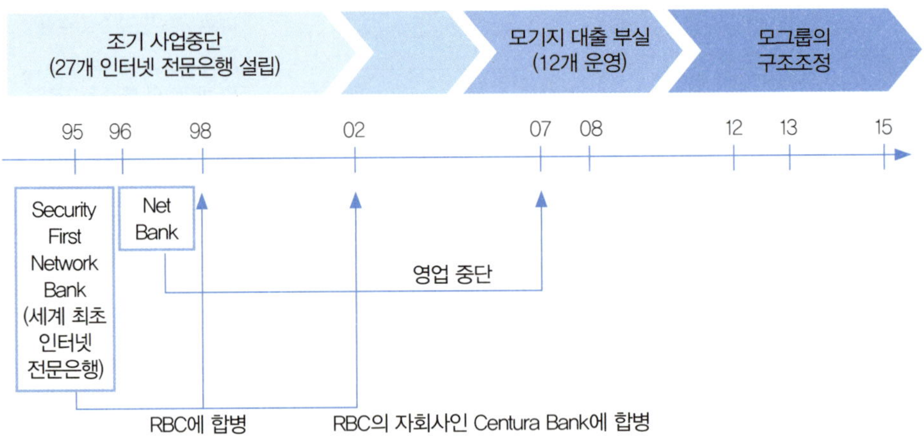

자료: 금융연구원, 2015

주로 비은행 금융회사와 비금융기업(산업자본)이 인터넷 전문은행의 설립을 주도했다. 미국 최대 인터넷 전문은행인 찰스슈왑뱅크(Charles Schwab Bank)와 이트레이드(E*Trade)는 온라인 증권사가, 아이엔지다이렉트(ING Direct)는 보험회사가 설립했으며, 얼라이뱅크(Ally Bank)와 비엠더블유뱅크(BMW Bank)는 자동차 제조업체인 GM과 BMW가 설립했다. 2000년대 중반 이후에는 인터넷뱅킹 이용률 증가와 비즈니스모델 차별화 전략으로 영업실적이 향상되고 재무구조가 개선되면서 일부 선도 인터넷 전문은행을 중심으로 기존 은행들을 위협하기 시작했다.

현재 미국 인터넷 전문은행 중에는 찰스슈왑뱅크와 얼라이뱅크가 자산규모가 가장 크고, 아멕스(Amex Bank), 디스커버뱅크(Discover Bank), 보피페더럴뱅크(Bofi Federal Bank) 등이 가장 높은 수익성을 나타내고 있다. 찰스슈왑뱅크는 2014년 3월 말 총자산 기준 미국 1위 인터넷 전문은행이다. 1971년 설립된 찰스슈왑증권의 자회사로 2003년에 설립되어 예금 · 대출 · 금융상품 판매 등 다양한 온라인 뱅킹 서비스를 제공하고 있다. 얼라이뱅크는 얼라이파이낸셜(Ally Financial)의 자회사로 2004년 GMAC(General Motors, 어음인수회사) 오토모티브뱅크(Automotive Bank)라는 사명으로 설립되었고, 2008년에는 얼라이뱅크로 사명을 변경했다.

미국 최대 카드사인 아메리칸익스프레스(American Express)는 2000년 12월 아메리칸익스프레스뱅크(American Express Bank)를 설립했다. 2004년 4월부터 영업을 개시했고, 현재 American Express Travel Related Service Company의 자회사로 있다. 신용카드 고객 대상 직불예금(Direct Deposit), 개인 대상 저축상품(High Yield Savings, CD) 등의 예금상품과 주로 카드 고객을 대상으로 대출을 해주는데, 신용카드 대출을 통한 이자수입 및 신용카드 발행수수료 등 각종 비이자수입을 통해 이익을 창출한다.

미국의 10대 인터넷 전문은행은 주로 증권 · 카드 · 보험 등 비은행 금융그룹의 자회사 형태로 운영되고 있고, 은행업과 비은행 금융업 간 연계를 통해 시너지를 창출하고 있다. 한때 미국 내 최대 인터넷 전문은행이었던 ING Direct USA는 2011년 6월 Capital One(2012년 총자산 기준 미국 8위 금융지주회사)이 인수하여 'Capital One 360'이라는 브랜드로 내부 온라인뱅킹 사업부를 운영하고 있다. 미국 인터넷 전문은행은 2000년 이후 꾸준한 성장세를 나타내고 있다.

3. 유럽 인터넷 전문은행의 역사

유럽의 인터넷 전문은행은 1998년 영국 푸르덴셜 금융그룹이 에그뱅크(Egg Bank)를 설립한 것을 시작으로 주로 대형은행이나 비은행 금융그룹들이 EU 내 타국 시장 진출이나 젊은 고객층을 확보하기 위한 목적으로 인터넷 전문은행을 설립했다. 따라서 유럽의 인터넷 전문은행들은 대형 금융그룹의 계열사나 내부 사업부문으로서 독자적인 브랜드를 가지고 운영하는 경우가 대부분을 차지하고 있다.

유럽 주요 인터넷 전문은행 현황

설립주체		인터넷 전문은행	주요 특징
은행계	사업부	• First Direct Bank, 영국, 1989, HSBC • Hello Bank, 프랑스, 2013, BNP Paribas • Cahoot, 영국, 2000, Abbey National Plc • Smile Bank, 영국, 1999, Co-operative Bank	모회사의 브랜드를 기반으로 유럽 전역에서 대출, 예금, 자산운용, 보험 등 다양한 금융 서비스 제공
은행계	자회사	• Activo Bank, 포르투갈, 1994, BCP Group • Zuno Bank, 오스트리아, 2010, Raiffeisen Bank Intl • Bfor Bank, 프랑스, 2009, Credit Agricole • Comdirect Bank, 독일, 1994, Commerzbank • Fineco Bank, 이탈리아, 1999, Capitalia • Openbank, 스페인, 1995, Santander • Uno e-bank, 스페인, 2000, BBVA • Mbank, 폴란드, 2000, BRE Bank[독일 Commerzbank 소유]	
보험계		• Egg Bank, 영국, 1998, Prudential • Skandia Banken, 스웨덴, 2000, Skandia • ING Direct, 네덜란드, 1997, ING	
비금융회사		• Volkswagen Bank, 독일, 1979, [Direct opened in 1990] • BMW Bank, 독일, 1971, [Direct opened in 1997]	모회사 브랜드기반, 자동차 할부 등 특정 분야에 집중
독립계		• Fidor Bank, 독일, 2009 • Aldermore, 영국, 2009 • Holvi, 핀란드, 2011 • Cambridge & Counties Bank, 영국, 2012 • Atom Bank, 영국, 2015	클라우드컴퓨팅, SNS를 결합한 비즈니스 모델 도입

자료: 금융연구원, 2015

에그뱅크는 생명보험회사인 푸르덴셜이 1998년에 설립한 영국 최초의 인터넷 전문은행이다. 에그뱅크는 인터넷과 콜센터를 통해서 계좌를 개설하고 금융거래를 할 수 있는 편리함과 저렴한 수수료, 높은 이자율을 제공함으로써 설립 2년 만에 2백만 명의 고객을 유치하는 데 성공했다. 사업 초기에는 저축예금과 보험상품 판매에 주력했으나, 이후 신용대출, 신용카드, 모기지 대출 등으로 상품군을 확대했다. 에그뱅크는 영국에서의 성공경험을 바탕으로 2002년 프랑스에 자회사를 설립했으나, 고객 유치에 실패하면서 2004년 보유지분을 프랑스 어코드뱅크(Banque Accord)와 네덜란드 ING그룹에 각각 매각하고 프랑스 시장에서 철수했다. 에그뱅크는 사업 초기에는 성공적인 비즈니스 모델로 평가됐으나, 지속적으로 고금리를 창출할 수 있는 자산운용에 어려움을 겪으면서 수익성이 호전되지 않았다. 푸르덴셜은 2007년 5월 실적 부진에 시달리던 에그뱅크를 시티그룹에 매각했다. 하지만 시티그룹 역시 2011년 5월 에그뱅크의 카드사업 부문을 바클레이즈은행에 매각한 데 이어, 2011년 7월 예금과 대출사업 부문을 영국 요크셔빌딩소사이어티(Yorkshire Building Society)에 매각했다. 현재 에그뱅크는 요크셔빌딩소사이어티의 인터넷 전문은행으로 저축예금과 보험상품만 판매하고 있다.

2016년에 영업을 시작한 아톰뱅크는 영국 최초의 모바일 전문은행으로 고객은 스마트폰의 앱만으로 계좌개설에서부터 예금, 대출, 신용카드 등 다양한 금융서비스를 이용할 수 있다. 인터넷 전문은행의 약점 중 하나인 보안성을 강화하기 위해 생체인식 기술을 활용하고 이메일, 모바일메신저, 소셜네트워크 등 다양한 비대면채널을 통해 고객지원 서비스를 제공하고 있다. 또한 아톰뱅크는 운영비용을 획기적으로 절감하기 위해 자사가 IT 인프라를 직접 구축하지 않고 미국 파이서브(Fiserv)사가 개발한 클라우드 컴퓨팅 방식의 모바일뱅킹 시스템을 아웃소싱하기로 했다. 아톰뱅크가 필요한 소프트웨어는 파이서브사로부터 구매하고 모바일뱅킹 시스템 사용량에 비례해 비용을 지불하는 방식으로 IT비용을 절감하는 것이다.

헬로뱅크(Hello Bank)는 BNP파리바가 자국 내 모바일 채널 강화 및 유럽 내 해외 진출 목적으로 2013년 5월에 설립한 유럽 최초의 모바일 전문은행이다. 모바일을 통해 신규계좌 개설부터 예금 · 대출 · 보험 · 카드 등 주요 금융서비스를 제공함으로써 편의성 및 금리 · 수수료 측면에서 기존 은행과 차별화하고 있다. 채팅, SNS를 통한 실시간 상담 등 비대면 채널기반의 고객서비스를 강화하고, 기존 대면 채널인 지점과의 충돌을 최소화하기 위해서 차별화된 마케팅을 실시하고 있다.

2015년부터 영업을 시작한 Monzo Bank는 크라우드펀딩업체인 Passion Capital에서 자금을 출자하여 설립했고, 사업 초기에는 선불카드 중심의 사업을 영위하였으며, 최근에는 ATM과 POS 운영수익, 해외지급결제 부문으로 사업을 확장하여 수익을 창출하고 있다.

4. 일본 인터넷 전문은행의 역사

일본은 2000년대 초반 일본 경제가 장기침체에 진입한 시기에 은행 경쟁력을 높이기 위한 방안으로 인터넷 전문은행을 포함한 새로운 형태의 은행 설립을 허용했다. 이후 기존 대형은행과 인터넷 · 통신사 등 IT 관련 기업 등이 전략적으로 제휴하여 인터넷 전문은행을 잇달아 설립했다.

일본 인터넷 전문은행의 역사

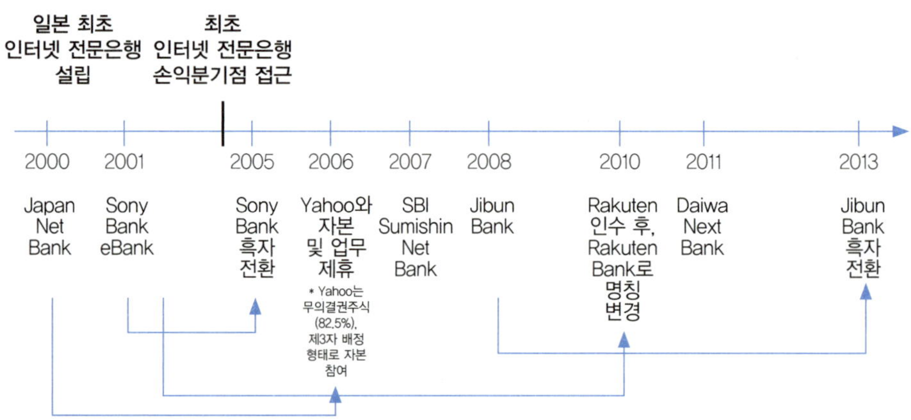

자료: 금융연구원, 2015

2000년에 설립된 재팬넷뱅크(Japan Net Bank)는 온라인 금융업 진출을 목적으로 일본 대형은행인 미쓰이스미토모은행(Sumitomo Mitsui Banking Corporation), 일본생명보험 등이 합자를 통해 설립한 일본 최초의 인터넷 전문은행이다. 2006년에는 인터넷포털 업체인 야후(Yahoo)가 주주로 참여했다. 현재 다양한 투자상품 계좌개설 및 판매(FX · 투자신탁), 보험판매(자동차보험 · 여행보험) 등의 영업을 하고 있다.

소니뱅크(Sony Bank)는 2001년 4월 소니파이낸셜홀딩스, 사쿠라은행, JP Morgan이 공동으로 출자하여 설립했다. 소니뱅크는 보통예금, 정기예금, 모기지, 카드대출 및 외화예금 등 다양한 금융상품과 서비스를 제공하고 있으며 특히 증권사와의 제휴를 통해 투자상품 판매에 집중하고 있다. 소니뱅크는 비금융기업이 설립한 대표적인 인터넷 전문은행으로서 현재 계열사인 소니화재보험의 다양한 상품을 교차판매하는 데 주력하고 있다.

라쿠텐뱅크(Rakuten Bank)는 개인투자자와 일본텔레콤 등이 'eBank'라는 상호로 2001년에 설립한 인터넷 전문은행으로 2010년 전자상거래 업체인 라쿠텐이 지분을 전량 인수하여 자회사로 만들면서 상호를 라쿠텐뱅크로 변경했다. 예금(엔 · 외화 예금), 대출(모기지 · 카드론 · 결혼자금대출 · 학자금대출), 다양한 투자상품 계좌개설 및 판매(FX · 투자신탁 · 주식 · 채권), 보험판매(의료 · 자동차 · 사망보험), 기타 복권 · 로또 판매예금 등 다양한 금융상품을 취급하고 있다.

지분뱅크(Jibun Bank)는 2008년 일본 최대 은행인 미쓰비시은행(BTMU)과 일본 2대 통신사인 KDDI가 지분을 50%씩 합자하여 설립한 세계 최초의 모바일 전문은행으로 모바일 기반의 금융서비스 강화 및 모회사들의 풍부한 고객 기반과 경영자원을 활용하여 영업력을 강화하고 있다. 예금, 대출, 외환서비스, 주식, 신탁 등 대부분의 금융서비스를 제공하고 있다. 예금(엔 · 외화 예금), 대출(모기지 · 카드론), 투자상품 계좌개설 및 판매(FX · 투자신탁 · 주식), 스마트폰을 활용한 FX거래 관련 분석 정보제공 및 다양한 상품을 판매하고 있다.

2007년 SBI홀딩스와 스미토모미쓰이트러스트뱅크(Sumitomo Mitsui Trust

Bank)가 공동으로 설립한 SBI스미신넷뱅크(Sumishin Net Bank)는 일본 최대 인터넷 전문은행으로 성장하며 시장을 주도하고 있다. SBI스미신넷뱅크는 일반 예금 이외에 SBI 증권사와 연계된 예금(하이브리드 예금)으로 SBI 증권사 계좌를 통한 주식, 신탁, 외국환 표시 채권 등과 같은 투자 상품거래를 가능하게 하고, 이와 관련된 수수료도 해당 계좌에 연계해서 이용할 수 있도록 했다. 또한, SBI스미신넷뱅크는 스미토모미쓰이트러스트뱅크와 연계한 주택담보대출 상품을 성공적으로 출시했고 고객 자산관리 부문에 자산배분, 상품선택 등 로보어드바이저를 도입하여 운영하고 있다.

2023년 3월말 기준 일본 인터넷전문은행들의 총자산은 42.2조엔을 기록하고 있다. 이 중 자산규모가 가장 큰 은행은 11조 5,895억엔 의 총자산을 가진 라쿠텐은행으로 인터넷전문은행 총자산의 27.4%를 차지하고 있다. 그 뒤를 이어 SBI주신네트은행은 총자산이 8.7조엔으로 인터넷 전문은행 총자산의 20.6%를 차지하면서 상위 2개 은행이 전체 자산의 48%를 차지하고 있다. 그 다음으로는 다이와넥스트은행(5.1조엔), 이온은행(4.9조엔), 소니은행(4.6조엔) 등 이 5조엔 내외의 자산규모를 유지하고 있으며, 지분은행이 3.3조엔대의 자산을 보유하고 있으며, 이들 4개 은행의 자산합계가 17.9조엔으로 전체의 42.2%를 차지하고 있다.

일본 인터넷 전문은행 개요

은행명	영업개시	총자산(조엔)	예금(조엔)	당기순이익(억엔)
PayPay은행	2000	1.85	1.67	44.8
소니은행	2001	4.63	3.95	130.1
라쿠텐은행	2001	11.59	8.99	276.9
세븐은행	2001	1.31	0.82	188.5
SBI주신네트은행	2007	8.68	7.98	199.4
이온은행	2007	4.97	4.39	66.4
지분은행	2008	3.32	2.73	64.9
다이와넥스트은행	2011	5.06	3.94	41.3
GMO아오조라네트은행	2018	0.44	0.41	−41.0
로손은행	2018	0.38	0.08	23.6
합계	−	42.24	34.96	994.9

주: 1) 총자산, 예수금은 2023년 3월 말 기준, 당기순이익은 2022년 4 ~ 2023년 3월 말 기준
2) 재팬네트은행에서 2021년 4월자로 행명 변경

자료: 블룸버그, 각 은행 홈페이지

기타 PayPay은행(1.9조엔), 세븐은행(1.3조엔), GMO아오조라은행(0.44조엔), 로손은행(0.38조엔)은 2조엔대 미만의 자산으로 10%대 미만의 미미한 비중을 차지하고 있다. 따라서 자산규모 기준으로 보면 일본 인터넷전문은행들은 라쿠텐은행과 SBI주신네트은행이 전체의 절반에 가까운 비중인 48%를 차지하고, 다이와넥스트은행, 이온은행, 소니은행, 지분은행이 42%를 그리고 나머지 은행들이 10% 내외의 자산을 차지하고 있다.

5. 우리나라의 인터넷 전문은행 추진 현황

우리나라에서도 2001년 SK텔레콤 · 롯데 · 코오롱 등 대기업과 안철수연구소 · 이네트퓨처시스템 등 벤처기업 등 20여 개의 기업들이 공동 출자하여 인터넷 전문은행 설립을 추진하였으나, 은산분리와 금융실명제 등 규제와 자금조달 실패, 정책당국의 미온적인 태도 등으로 무산됐다. 당시 인터넷 전문은행 설립 시 가장 큰 걸림돌이었던 ‘동일인 지분한도 4% 규정’의 경우 외국계 금융회사로부터 10% 이상의 지

분투자를 유치함으로써 해결하려고 하였으나 외국계 자금유치에 실패하면서 인터넷 전문은행의 설립이 어려워졌다.

2008년에는 금융위원회가 국내 금융산업 혁신을 위해 「은행법」 개정을 통해 인터넷 전문은행의 도입을 추진했으나 입법에 실패했다. 금융위원회는 2008년 6월 인터넷 전문은행 도입을 위해 ①인터넷 전문은행의 업무범위 설정, ②최저자본금 요건 완화, ③고객 확보상 어려움 해소(금융실명제 문제)를 주요 과제로 선정하고, 2008년 10월에는 인터넷 전문은행 도입 조항이 포함된 은행법 개정안을 입법예고했다. 그러나 2010년 4월 국회 정무위원회가 인터넷 전문은행 도입 시 은행산업 부실 가능성, 인터넷 전문은행의 수익모델 취약성 및 과당 경쟁 우려 등으로 동 은행법 개정안에서 인터넷 전문은행 도입 관련 조항을 삭제함으로써 도입이 다시 무산됐다.

최근 은행업의 성장성 및 수익성이 현저하게 둔화되고 있는 가운데, 금융서비스를 이용하는 고객의 불편함을 개선하고 금융업의 경쟁력을 높이는 수단으로써 기술 발전이 빠르게 진행되고 있는 핀테크의 중요성이 거론되면서 인터넷 전문은행의 설립이 재추진되고 있다. 인터넷 전문은행과 관련하여 정부는 은행법 개정을 통해 금산분리를 완화하고, 업무범위도 기존 은행과 동일하게 적용하고 신용카드 등과 같은 부수업무도 허용하기로 했다. 최초 설립 자본금도 진입장벽을 낮추기 위해 시중은행 기준 1,000억 원에서 250억 원으로 낮춰 적용하기로 했다. 아울러 비대면으로 신규 계좌 개설 및 금융거래를 할 수 있도록 비대면 실명확인업무 역시 허용하기로 했다. 인터넷 전문은행은 전자금융거래(전자금융법 제2조 제1호에 따른 거래)에 의한 전자적 장치(CD, ATM, 컴퓨터, 전화기 등)를 통하여 고객과 직접 대면하지 않고 자동화된 방식으로 금융상품 및 서비스를 제공해야 한다.

정부의 인터넷 전문은행 관련 규제완화

구분	기존	개정
금산분리 완화	산업자본의 은행지분 4% 이상 소유금지	비금융주력자는 34%까지 지분 보유 가능
업무범위	여신, 수신업무	여신, 수신업무 (법인에 대한 신용공여 금지)
최초 자본금	시중은행 1,000억 원 지방은행 250억 원	250억 원
금융실명 확인	대면확인	비대면 실명확인 가능

자료: 인터넷전문은행법

한국의 인터넷전문은행은 2017년 4월 케이뱅크를 시작으로 설립되기 시작했으며, 2024년 11월 기준 3개의 은행이 있다. 2017년 7월에는 카카오뱅크가 설립됐으며, 토스뱅크는 2021년 10월 설립되었다. 이들 은행들의 성장성을 살펴보면 카카오뱅크의 자산은 2017년 12월말 기준 5.8조원에서 2023년 6월 기준 50.5조원으로 설립 이후 약 10배 증가했다. 특히 2023년 6월말 기준 자산규모가 전년 말 대비 28%나 증가했는데, 이는 국내은행 가운데 가장 낮은 금리로 대출을 공급하는 등 공격적인 외형확장에 집중한 결과이다.

케이뱅크는 출범 이후 대주주 적격성 문제 등으로 영업중단과 재개를 반복하는 등 불안정한 경영이 지속되면서 적자를 기록했다. 그러나 2020년 7월 업비트와 실명인증 가상계좌 서비스를 개시하고 대출영업을 재개하며 수신 고객과 비이자이익을 동시에 증대시킴으로써 자산이 급격하게 늘어났다. 2020년 219만명이었던 고객이 2022년 상반기에는 717만명으로 대폭 증가했고, 수신잔액 또한 2020년말 3조 7,500억원에서 2021년 말 11조 3,200억원으로 7조원 이상 급증했다.

토스뱅크는 2021년 출범하여 원화 채권 중심으로 유가증권 투자를 공격적으로 늘려갔다. 그러나 2022년부터 금리상승기가 지속되며 평가손실이 커지자 같은 해 유가증권을 대거 매도했다. 토스뱅크의 유가증권 자산은 2023년 상반기(6월말) 기준 12조 7,459억원으로 전년동기 대비 약 39.4% 감소했고, 이에 따라 총자산 또한 크게 감소했다. 자산증가율의 경우 설립 초기인 만큼 매우 높은 수준의 증가율을 보였다.

2024년 3월말 기준 국내은행별 대출과 예금의 점유율을 비교해 보면 아래 그래프에 나타난 바와 같이 인터넷전문은행의 대출 점유율 합계는 3.3%, 예금 점유율 합계는 5.0%에 불과했다. 그럼에도 18개 국내은행(산업은행, 수출입은행 제외) 중 대출의 경우 카카오뱅크가 9위, 케이뱅크가 15위, 토스뱅크가 16위, 예금의 경우 카카오뱅크가 9위, 토스뱅크가 13위, 케이뱅크가 14위를 차지했다.

국내은행별 대출과 예금 점유율

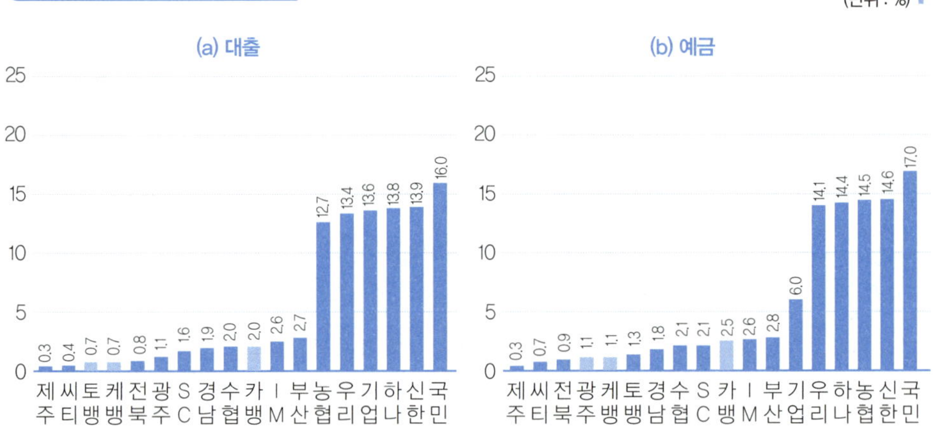

자료: 금융통계정보시스템

2023년 7월 금융당국이 '은행권 경영 · 영업관행 · 제도 개선방안'을 통해 인터넷전문은행 신규 인가를 추진하겠다고 발표한 이후, 더비즈온이 더존뱅크 설립을 위한 컨소시엄을 구성했고, 한국 신용데이터가 KCD뱅크(현재 한국소호은행) 설립 준비에 나섰으며, 소소뱅크 설립 준비위원회가 소상공인과 소기업을 위한 인터넷전문은행과, 농업유관단체들이 농업인을 위한 AMZ뱅크를 설립하겠다고 발표했다.

제4인터넷전문은행 예비인가신청 계획 사업자 현황

구분	더존뱅크	소호은행	소소뱅크	유뱅크	AMZ뱅크
발표 시점	2024년 7월	2024년 9월	2024년 12월	2025년 2월	2025년 6월
특화 분야	소기업과 소상공인				농업인 · MZ세대

자료: 언론 보도

2024년 3월, 국민통합위원회가 소상공인 자생력을 높이기 위한 '소상공인 특화 인터넷 전문은행 설립'을 제안하면서, 상기 5개 사업자가 결성한 컨소시엄에 다양한 기업 또는 기관들이 참여하고 있다.

제4인터넷전문은행 컨소시엄 참여(검토) 기업

구분	참여(검토) 기업
더존뱅크	• 더비즈온, 신한은행(검토), NH농협은행(검토), DB손해보험(검토)
소호은행	• 한국신용데이터(KCD), 우리은행, 우리카드
소소뱅크	• 소소뱅크 설립 준비위원회(35개 소상공인 · 소기업단체), 11개 1CT 기업
유뱅크	• 렌딧, 루닛, 삼쩜삼, 트래블월렛, 현대해상, 현대백화점, 대교, MDM플러스, 기업은행(검토)
AMZ뱅크	• 한국생명농업경영체연합회 등 농업 유관 단체

자료: 언론 보도

제3장

춘추전국시대인 글로벌 핀테크 시장

1절

글로벌 핀테크 시장의 경쟁구도

1. 가상화폐

가상화폐의 부작용에 대한 끊임없는 논란에도 불구하고 대표적인 가상화폐인 비트코인을 결제수단으로 받아들이는 곳이 늘어나고 있다. 스퀘어, 우버, 페이스북 등 IT 기업들이 비트코인 결제 방식의 도입을 고려하고 있고, 스타벅스와 아마존, 에어비앤비 등도 비트코인을 결제수단으로 도입하려는 움직임을 보이고 있다. 특히 페이팔에 이어 비트코인 온라인 결제를 선언한 마이크로소프트(MS)는 X박스나 윈도폰 등에 필요한 게임과 앱 등을 온라인에서 구매할 때 비트코인으로 결제할 수 있게 했다. 구글도 비트코인 결제를 할 수 있는 새로운 결제시스템을 미국 모바일 결제업체인 스퀘어와 함께 개발하고 있다. 이 결제시스템은 블루투스 방식으로 이뤄지는데, 10m 거리 이내에서 데이터를 자유롭게 주고받을 수 있어 NFC 방식보다 편리하고, 단말기 간 상호인증을 통해서만 결제가 가능해 보안성도 높은 것이 장점이다.

이처럼 글로벌 IT 기업들이 적극적으로 비트코인을 도입하고 있는 이유는 비트코인이 혁신적인 기술을 기반으로 개발됐기 때문이다. 영란은행은 비트코인이 가지고 있는 분산된 온라인 거래장부(Distributed Ledger)인 블록체인 기술이 가상화폐의 핵심이라 평가했다. 영란은행은 블록체인 기술을 활용하면 온라인상에서도 분산화되고 안전하며 투명한 방식으로 주식거래를 할 수 있어 주식시장을 완전히 뒤바꿔 놓을 수 있고, 은행과 같은 자금중개기관 없이도 지급결제 등이 가능해 증시 외에도 금융산업 전반에 큰 변화를 일으킬 수 있을 것이라 예상했다. 결과적으로 가상화폐 기술은 거래를 중앙집중식으로 관리하는 기관이 없어도 안전하게 디지털상에서 거래기록 등을 남기고 지급결제를 보증할 수 있어 금융업의 근본적인 변화를 촉발할 것으로 예상된다.

가상화폐는 거래증명방식, 채굴방식, 거래목적에 따라 그 종류가 구분된다. 전 세계적으로 약 1,000여 종의 가상화폐가 등장했는데 그 중 비트코인을 제외한 대표적인 가상화폐는 이더리움, 라이트코인, 리플, 대시, 퀀텀, 모네로, 그리고 비트코인에서 갈라진 비트코인캐시 등이 있으며 주요 특징은 다음과 같다.

전 세계 주요 가상화폐

가상화폐명	특 징
이더리움 (Etherium)	러시아 출신의 프로그래머인 비탈릭 부테린이 탈중앙화된 채굴방식과 소프트웨어 개발 플랫폼을 하나로 합쳐 만든 가상화폐로 스마트컨트랙트 기능을 제공함
이더리움클래식 (Etherium Classic)	2016년 이더리움 해킹 사건 이후 사고 발생 이전 상태로 복구된 코인을 말하며 이더리움과 달리 최대 발행량이 제한돼 있음
라이트코인 (Lite Coin)	2011년 10월 구글 출신 찰리 리가 비트코인을 기반으로 블록 생성시간을 비트코인보다 짧은 평균 2분 30초로 4배 빠르게 하고, 화폐 발행량도 8,499만 개로 비트코인보다 4배 많게 설계함
리플 (Ripple)	분산원장을 기반으로 한 결제 네트워크인 리플 프로토콜에서 사용되는 가상화폐로 리플 코인을 통해 각국 화폐를 수 초 내에 송금하거나 환전할 수 있어 거래비용과 시간을 줄여줄 수 있음
대시 (Dash)	원래 다크코인이라는 이름으로 개발됐으며 다수의 거래를 묶어 마스터노드를 통해 섞은 뒤 거래 내역을 내보내는 방식으로 익명성을 보장함
퀀텀 (Quantum)	알리페이 분석가 출신인 패트릭 다이를 중심으로 텐센트, 바이두, 나스닥 출신 전문가들로 구성된 퀀텀 재단에서 개발한 비트코인과 이더리움의 기술적 장점을 결합한 블록체인으로 퀀텀코인은 이 블록체인에서 구동되는 스마트컨트랙트, 분산 애플리케이션에서 사용되는 가상화폐임
모네로 (Monero)	거래 내역에서 보낸 사람, 금액, 수신자 등의 정보를 숨겨 거래내역 추적을 불가능하게 하는 완전한 익명성 확보에 중점을 둔 가상화폐임
비트코인캐시 (Bitcoin Cash)	2017년 8월 1일 비트코인의 하드포크 이후 비트코인에서 분화된 코인으로 비트코인과 달리 비트코인 블록의 크기를 2~8MB로 키워 거래 처리 속도를 개선함

자료: 저자 정리

최근 가상화폐가 기업이 필요로 하는 자금을 조달하는 수단으로 활용되고 있는데 이를 ICO(Initial Coin Offering)라 하며, ICO는 전통적인 기업공개 방법인 IPO(Initial Public Offering)에 비유하여 '가상화폐공개'라고도 한다. ICO의 방식은 가상화폐를 투자자에게 분배하고 회사의 수익을 배당하거나 권리를 부여하는 방식인 '증권형'과 기업이 개발한 플랫폼에서 비즈니스의 거래수단으로만 사용되는 신규 가상화폐를 발행하는 '유틸리티형'이 있다. 이렇게 발행된 가상화폐들은 전 세계 가상화폐거래소에 상장되면 마치 주식처럼 투자자들이 손쉽게 사고 팔 수 있기 때문에 기업의 새로운 자금조달 창구로 각광받고 있다.

2. 송금 · 결제

글로벌 모바일 결제시장은 2015년 'MWC(Mobile World Congress)'에서 출사표를 던진 삼성페이, 안드로이드페이와 애플페이 진영 간의 경쟁으로 전개되고 있다. 2014년 9월 애플이 미국 시장을 중심으로 '애플페이(Apple Pay)' 서비스를 출시하면서 글로벌 모바일 결제시장의 새로운 경쟁이 촉발됐다. 또한 2015년 3월 MWC에서 삼성전자가 신제품인 갤럭시S6에 내장된 '삼성페이(Samsung Pay)', 구글이 개방형 모바일 결제 플랫폼인 '안드로이드페이(Android Pay)'를 발표하면서 새로운 진영이 추가됐다.

삼성 · 애플 · 구글 결제서비스 개요

	삼성페이	애플페이	안드로이드페이
서비스 출시시기	2015년 하반기 출시	2014년 9월 출시	2015년 하반기 출시
결제 방식	MST, NFC, Barcode	NFC, Barcode	NFC, Barcode
보안 방식	• SE에 암호화된 정보 저장 • 토큰화 기술 • 지문 인증 • 녹스(KNOX) 보안 플랫폼	• SE에 암호화된 정보 저장 • 토큰화 기술 • 지문 인증	HCE 방식으로 클라우드 서버에 암호화된 정보 저장
우선 서비스 출시지역	한국(MST+앱카드), 미국(MST)	미국	미국

자료: 각사 자료
주: MST(Magnetic Secure Transmission), NFC(Neat Field Comminication), SE(Secure Element), HCE(Host Card Emulation)

1) 삼성페이(Samsung Pay)

삼성페이는 마그네틱 보안 전송(MST: Magnetic Secure Transmission) 기술을 활용하여 기존 마그네틱 단말기 인프라를 그대로 사용할 수 있고, NFC와 앱카드도 동시에 활용할 수 있다. 마그네틱 보안 전송은 스마트폰으로 마그네틱 카드정보를 읽어 칩에 저장하고 저장된 정보를 마그네틱 신용카드 단말기에 무선(자기장)으로 전송하는 기술을 말한다. 삼성전자는 2015년 2월 마그네틱 보안 전송기술 특허를 가진 미국 루프페이사를 인수했다. 루프페이는 기존의 신용카드 단말기를 그대로 사용하여 결제가 가능하기 때문에 국내 250만 개, 전 세계 3,000만 개 가맹점에서 모바일 결제가 가능하다. 미국 전체 소매점의 90%인 1,000만 개 매장에서도 즉시 이용이 가능하고, 루프페이에서 통용되는 신용카드, 직불카드, 포인트카드 등 기존 1만 종의 카드도 사용 가능하다. 교통카드와 같은 방식으로 결제하는 근거리 무선통신(NFC) 모바일 결제와 오프라인 매장에서 바코드를 스캔해서 결제하는 앱카드 방식 모두 지원하고 있다. 그래서 사용자는 MST, NFC, 앱카드[25]를 원하는 방식으로 선택해서 결제하면 된다. 보안에 취약한 모바일 결제의 단점을 보완하기 위해 삼성전자가 독자적으로 개발한 모바일 보안 플랫폼인 녹스(KNOX)는 애플페이와 마찬가지로 지문인식 방식을 적용했기 때문에 보안성이 한층 강화됐다. 녹스는 스마트 기기의 하드웨어부터 운영체계, 앱까지 계층별로 최적화된 보안 플랫폼으로 실시간으로 스마트 기기의 앱과 데이터를 보호하는 기능을 보유하고 있다.

이러한 장점에도 불구하고 삼성페이는 범용성, 보안성과 사용성 측면에서 몇 가지 단점을 갖고 있다. 첫째, 범용성 측면에서 마그네틱 보안 전송은 마그네틱 신용카드 단말기에만 사용할 수 있는 기술로 IC카드 전용단말기에서는 사용할 수 없기 때문에 장기적으로 사용처가 줄어들 전망이다. 국내에서는 마그네틱 카드 복제로 인한 사고를 예방하기 위해 2018년 7월까지 기존 마그네틱 카드 단말기를 IC카드 전

25) 앱카드(App Card)는 고객이 스마트폰에 앱을 다운로드하여 설치하고 마그네틱 카드정보를 사전에 등록한 후, 바코드, QR코드, NFC 방식으로 신용카드 결제를 하는 방식을 말한다.

용단말기로 교체할 예정이며, 2015년 3월 5일부터 국내 ATM에서 마그네틱 카드를 사용한 현금서비스 및 카드론 서비스 이용이 중단됐다. 우선 서비스 출시지역인 미국에서도 점진적으로 IC카드 전용단말기를 늘려나갈 계획이다. MST는 카드정보를 복제하여 암호화 및 비밀번호로 보호하여 저장하는 형태로 다른 매체에 카드정보를 옮기는 행위를 금지한 지역에서는 사용하기 어려운 방식이다. 특히 우리나라에서는 신용카드 가맹점 규약에 카드 복제가 금지되어 있어 삼성페이는 앱카드와 같이 카드번호가 아닌 카드사를 통해 1회용 토큰으로 결제하는 방식을 적용하고 있다.

둘째, 보안성 측면에서 무선통신의 특성상 중간에 송신정보가 탈취될 수 있는 보안상 취약점이 있기 때문에 MST 역시 결제과정에서 정보가 중간에 탈취될 가능성이 있다. 보안성 강화를 위해 삼성페이는 카드 단말기와 3인치 거리 이내에서 결제가 이루어지도록 자기장의 세기를 약화시켰으나, 근본적인 해결책으로 보기는 어렵다.

셋째, 사용성 측면에서 최종 결제에 소요되는 시간이 기존 신용카드보다 길고, 갤럭시S6가 아닌 타 스마트폰에서 삼성페이를 이용하기 위해서는 루프페이 팝(Fob)[26] 또는 루프페이 팝이 내장된 전용 휴대폰 케이스를 별도로 구매해야 한다.

삼성페이의 장 · 단점

구분	내용
장점	• 마그네틱 신용카드 단말기와 신용카드, 직불카드, 포인트카드 등 기존 카드를 그대로 사용 가능함 • 마그네틱 보안 전송(MST) 뿐만 아니라, NFC, 앱카드 등 다양한 결제방식을 지원함 • 독자적으로 개발한 보안 플랫폼과 지문인식방식으로 보안성을 강화하였음
단점	• IC카드 전용 단말기에서는 마그네틱 보안 전송방식을 사용할 수 없음 • 무선통신의 특성상 결제과정에서 정보가 중간에 탈취될 가능성이 있음 • 갤럭시S6가 아닌 타 스마트폰에서 삼성페이를 이용하기 위해서는 전용 케이스를 구매해야 함 • 기존 신용카드방식보다 결제시간이 상대적으로 더 소요됨

자료: 언론 보도자료 종합

26) 마그네틱 카드정보를 읽어 스마트폰의 메모리에 저장하고 자기장을 발생시키는 장치를 말한다.

2) 애플페이(Apple Pay)

2014년 9월 출시된 애플페이는 삼성페이가 채택한 방식 중 하나인 근거리 무선통신(NFC) 결제방식과 토큰, 지문인식 기술을 적용했다. 애플페이는 앱에서 사용자가 원하는 신용카드를 선택한 후, 매장의 NFC 단말기에 아이폰을 대고 지문인증을 하면 결제가 완료되는 간편한 결제방식이다. 전 세계 다국적 통화를 지원하는 미국 스트라이프사의 모바일 결제시스템을 탑재하고 있어 미국 외 타 국가에 진출하기도 매우 용이하다. 스마트폰에 등록한 신용카드정보는 보안모듈(SE)에 암호화해서 저장하고, 결제 시에는 1회용 카드번호를 사용하는 토큰 방식을 적용한다. 2015년 출시된 애플워치에서도 간단한 버튼 조작만으로 애플페이 사용이 가능하다.

애플페이는 부족한 NFC 인프라를 확충하기 위해 미국을 중심으로 서비스 제휴회사와 NFC 단말기 인프라 확대를 추진하고 있다. 애플페이는 간편한 결제방식에도 불구하고 NFC 방식으로만 결제가 가능하기 때문에 단말기 인프라가 구축되어야 하는데 미국 내 NFC 카드 단말기 보급률은 전체 가맹점의 3% 수준이며, 이용 가능한 카드도 90여 종에 불과한 상황이다. 애플페이는 2015년 초 미국 내 750개 은행과 신용카드사와 제휴를 맺고 서비스 가능 매장을 확대하고 있다. 미국 전역 20여만 개 자판기, 세탁소, 주차장 등에서 NFC 방식으로 결제가 가능하도록 결제 단말기 보급도 지원하고 있다. 애플은 2015년 10월부터 비자와 마스터 등 주요 카드사가 미국 내에서 기존 마그네틱 카드를 IC카드로 교체하는 시기에 발맞춰 NFC 결제 가능 가맹점을 늘려 나갈 계획이다.

3) 안드로이드페이(Android Pay)

전자지갑 시장에서 실패한 경험이 있는 구글이 통신사 진영의 모바일 결제서비스 회사인 '소프트카드(SoftCard)'와 전략적으로 제휴하면서 모바일 결제시장의 구도에 변화가 생길 것으로 예상된다. 구글은 2011년 구글월렛을 출시하여 모바일 결제시장에 진출했지만 NFC 시장의 주도권을 잡고 있던 모바일 통신회사들이 서비스 제휴를 거부하면서 사실상 실패했다. 구글월렛은 구글서버에 카드정보를 저장해 가맹점의 NFC 단말기로 결제하는 방식이다. 미국의 3대 통신사인 AT&T, 버라이즌, T-Mobile은 2010년 모바일 결제시장 진출을 위해 공동으로 ISIS를 설립했고, 2014년 소프트카드로 사명을 변경했다. 소프트카드는 가입자식별모듈(USIM) 방식의 NFC 모바일 결제서비스를 제공하고 있다. 구글은 2015년 소프트카드(SoftCard)와 제휴하여 소프트카드의 기술을 활용한 새로운 구글월렛 서비스를 출시했다. 구글은 미국 모바일 통신시장의 80%를 점유하고 있는 통신 3사와 연계하여 소프트카드의 전자지갑을 앞으로 출시되는 안드로이드 기기에 기본 탑재했다. 소프트카드는 사용자가 자신의 신용카드정보를 저장하여 오프라인 매장에서 스마트폰을 카드 단말기에 갖다 대기만 하면 그대로 결제가 되는 '탭 앤 페이(Tap and Pay)' 서비스를 제공하고 있다.

또한 구글은 자사의 모바일 결제 플랫폼을 타 회사에 개방함으로써 안드로이드 기반의 결제서비스 생태계를 구축할 계획이다. 안드로이드페이는 안드로이드폰의 근거리 무선통신(NFC)을 기반으로 하는 결제서비스로, 앱 제작업체는 자사의 앱에 안드로이드페이 기능을 자유롭게 추가할 수 있다. 앱 개발사들이 안드로이드페이를 활용하여 앱을 개발하면 사용자들이 카드정보를 스마트폰에 저장하여 온 · 오프라인에서 자유롭게 모바일 결제가 가능하다. 안드로이드페이 플랫폼은 안드로이드 운영체제를 기반으로 응용 프로그램 및 API 등을 바로 지원해 모바일 결제서비스를 이용할 수 있는 장점을 가진다. 향후 블루투스나 생체인식, 기타 NFC 관련 기술을 이용한 보안시스템에도 적용이 가능하다. 아울러 구글은 카드정보를 스마트폰의 특정 매체가 아닌 서버에 저장하는 '호스트 카드 에뮬레이션(HCE)' 방식을 기반으로 제휴사들을 확대해 모바일 결제 생태계를 구축해 나갈 것으로 예상된다.

4) 글로벌 모바일 결제시장 전망

향후 글로벌 모바일 결제시장은 빠른 성장이 예상됨과 동시에 3사 공통의 결제방식인 NFC 결제시장에서 경쟁이 더욱 심화될 것으로 예상된다. 글로벌 모바일 결제시장 규모는 2023년 약 1조 3천억 달러를 형성한 후, 2027년까지 연평균 성장률(CAGR) 약 20% 이상을 기록하며, 시장 규모는 3조 달러를 넘어설 것으로 예측된다. 중국의 알리페이(Alipay)와 위챗페이(WeChat Pay)가 QR 코드 결제 시스템을 기반으로 아시아 태평양 지역의 모바일 결제 시장을 이끌고 있으며, Apple Pay, Google Pay, Samsung Pay는 NFC 기술을 활용하여 글로벌 시장에서 물리적 카드 없이 스마트폰을 이용한 결제를 가능케 하고 있다.

이처럼 글로벌 모바일 결제시장이 성장하는 주요 이유는 전세계적으로 스마트폰 사용자 수의 증가가 모바일 결제 확산에 큰 영향을 미쳤기 때문이다. 또한 팬데믹 기간 동안 비대면 결제의 수요가 급증하면서 모바일 결제가 대체 결제 수단으로 자리 잡았다. 여기에 다양한 핀테크 기업들이 모바일 결제 솔루션을 제공하면서, 시장 경쟁을 촉진하고 사용자 편의성을 높이고 있다.

삼성페이는 현재 다양한 결제방식을 지원하고 있지만, 국내외 시장에서 IC카드 보급이 확대되면 결국 애플, 구글과 같이 NFC 결제시장에서 경쟁할 것으로 예상된다. 애플페이는 자사 스마트폰 운영체제(iOS)에만 의존하는 것이 가장 큰 약점이나, 우수한 사용자 편의성과 제휴 네트워크를 기반으로 시장 지배력을 확대할 전망이다. 안드로이드페이는 향후 결제 기능 강화와 안드로이드 기반의 모바일 결제 플랫폼 개방을 통해 양사를 추격할 것으로 예상된다.

한편 세계적으로 새로운 모바일 결제방식이 등장하고 있으나, 새로운 결제방식이 주요 거래수단으로 자리 잡기까지는 앞으로 상당한 시간이 소요될 것으로 예상된다. 기술에 대한 이해, 사용자들의 인식 전환, 결제 습관의 변화, 관련 제도의 변화 등이 종합적으로 실행되기까지 상당한 시간이 소요되고 많은 시행착오가 발생하기 때문이다. 향후 3개 진영의 모바일 결제서비스가 자리매김하기 위해서는 편의성 측면에서 신용카드로 손쉽게 결제하는 기존 방식보다 확실하게 차별화된 이점이 필요하다. 특히 현재 나온 모바일 결제방식은 기술적 완성도는 높지만 사용자들이 편리하게 사용하기 위해서는 관련 기술에 대한 충분한 이해가 전제되어야 한다.

삼성페이가 강점으로 부각시키고 있는 MST, NFC, 앱카드 등 다양한 결제방식을 사용자들이 취사선택해 효과적으로 사용하기 위해서는 사용자뿐만 아니라 가맹점

직원들이 복잡한 모바일 결제방식에 대한 기본적인 지식을 갖고 있어야 한다. 또한 사용자들이 서비스에 대해 충분히 이해했더라도 실제로 결제 습관을 바꾸기 위해서는 모바일 결제서비스회사의 상당한 투자가 필요하다. 일례로 알리페이가 2015년에 출시한 새로운 모바일 송금서비스인 '홍바오(紅包)'를 홍보하는 데 소요된 마케팅 비용은 약 6억 위안(1천억 원)에 달했다.

이밖에 핀테크 서비스를 제공하는 글로벌 ICT 기업의 진영은 크게 인터넷 플랫폼 서비스회사, 통신사, 그리고 휴대폰 제조회사 등으로 구분할 수 있다. 페이스북은 아일랜드 내 전자화폐 사업자 인가를 받았으며, 글로벌 송금업체인 아지모와 제휴하여 주로 해외시장에서 핀테크 사업을 전개하고 있다. 이베이와 알리바바는 자사의 전자결제 수요를 충족시키기 위해서 각각 페이팔과 알리페이 서비스를 출시하였으나, 지금은 해외시장 진출에 성공하여 글로벌 전자결제시장을 주도하고 있다. 세계 최대 전자상거래기업인 아마존은 자사 사이트 내 지급결제서비스인 아마존페이먼트를 2014년 출시했고, 통신 진영에서는 미국의 버라이존과 AT&T, T모바일 등이 연합하여 모바일 전자지갑 서비스를 출시했다.

글로벌 ICT 기업의 핀테크 서비스

기업명	사업 개시연도	주요 내용
페이스북	2014 2014 2019 2020	• 아일랜드 내 전자화폐 발행 승인 • 글로벌 송금업체인 아지모와 제휴 • 간편결제 페이스북 페이 출시 • 가상화폐 Libra 출시 예정
이베이	2012	• 페이팔과 제휴하여 My Cash 선불카드 출시
알리바바	2003	• 송금결제서비스인 알리페이 출시
아마존	2011 2014	• BoA와 제휴하여 단기운영자금 대출서비스 아마존랜딩 제공 • 자사 사이트 내 아마존페이먼트 출시
버라이존	2012	• AT&T, T모바일과 제휴하여 모바일 전자지갑 서비스인 아이시스 출시
애플	2018	• 마스터카드와 제휴하여 애플 신용카드 출시
구글	2020	• 씨티그룹과 제휴하여 당좌 계좌 서비스 출시
페이팔	2014	• 웹뱅크와 제휴하여 개인/기업대출서비스 출시

자료: 언론 보도자료 종합

3. P2P 대출 중개

P2P 대출 중개업은 2005년 영국에서 처음 등장한 이후 미국과 유럽을 중심으로 빠르게 성장하고 있으며, 최근에는 중국에서도 P2P 대출 중개업이 빠르게 성장하고 있다. 2016년 말 기준 전 세계 P2P 대출 중개 시장규모는 640억 달러에 달했고, 2025년경에는 그 시장규모가 1조 달러에 달할 것으로 예상된다. 해외 주요 P2P 대출 중개업체로는 2005년 세계 최초로 등장한 영국의 조파(Zopa)와 2006년 설립된 미국 프로스퍼(Prosper), 2007년에는 세계 최초로 증시에 상장한 P2P금융회사인 미국 렌딩클럽(Lending Club)과 중국 파이파이다이(PPDAI)가 설립됐다.

국내외 P2P 업체 발전 과정

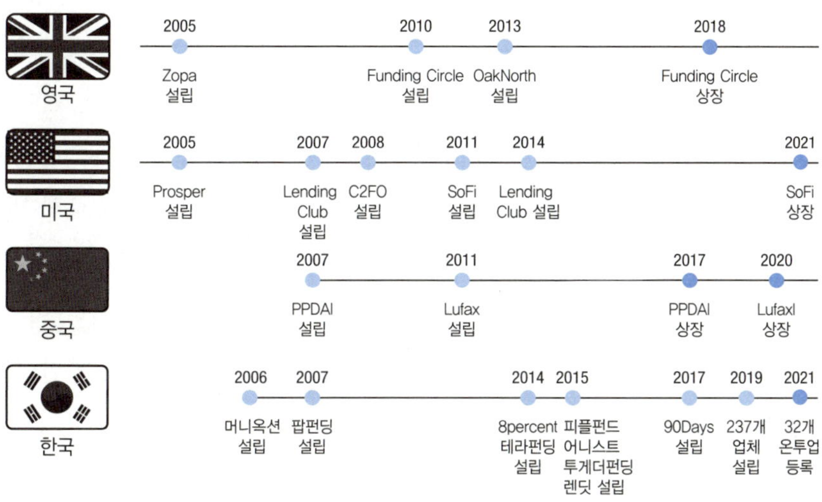

자료: 코스콤, 2021

2021년 글로벌 시장조사업체 '리포트앤데이터(Reports and Data)'에 따르면 P2P 대출시장은 지난 2018년 431억 6,000만 달러(약 50조 3,677억 원)에서 2026년까지 5,673억 달러(약 662조 391억 원)로 성장할 전망이다. 연평균 성장률은 26.6%에 달한다. P2P 대출 시장은 북미, 아시아태평양, 유럽, 중동과 아프리카, 라틴아메리카 지역에 걸쳐 세분화돼 있는데, 이 중 아시아태평양이 차지하는 비중은 40%다.

주요국 P2P 대출 시장규모

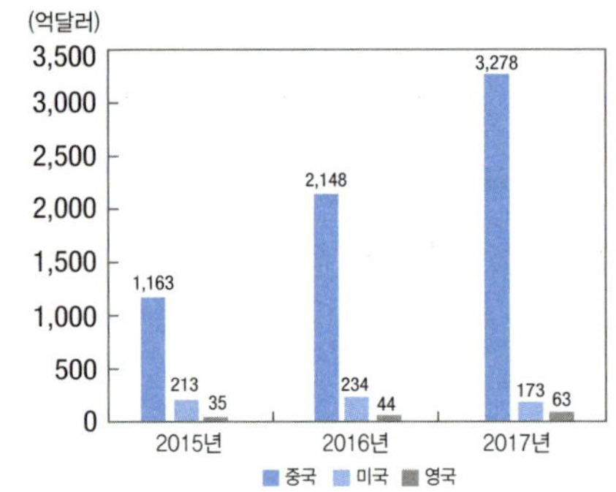

주요국 P2P 대출 유형별 비중

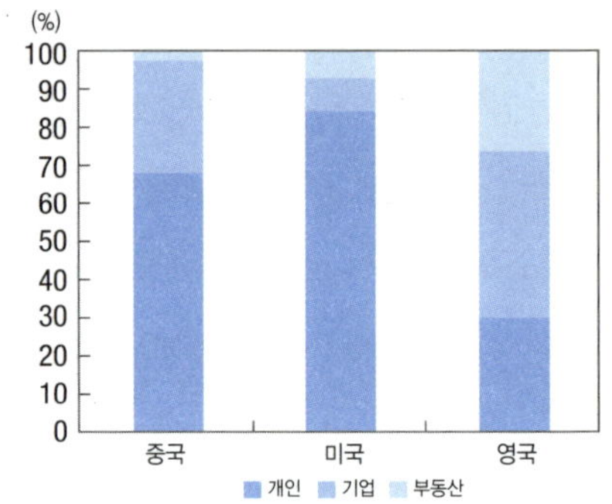

자료: Cambridge Centre for Alternative Finance, 2017

1) 미국

미국 핀테크 시장에서는 2014년 말 최대 P2P(Peer to Peer) 대출 중개회사인 렌딩클럽(LendingClub)이 뉴욕증시 상장에 성공하면서 P2P 대출 중개업에 대한 관심이 크게 증가하고 있다. 렌딩클럽은 2014년 12월 10일 주당 15달러에 뉴욕증권거래소(NYSE)에 상장했다. 렌딩클럽의 기업공개(IPO)를 통한 자금 조달규모는 8억 7천만 달러로 2014년 미국 증시에서 이루어진 기업공개 중 알리바바의 200억 달러에 이어 두 번째로 큰 규모이다. 미국 금융업계는 렌딩클럽의 기업공개가 성공적으로 끝나면서 비주류 금융업종으로 분류됐던 P2P 대출 중개업이 주류 금융업종으로 진입한 것으로 평가하고 있다.

렌딩클럽에 이어 온덱(OnDeck) 역시 같은 시기에 뉴욕증권거래소 상장에 성공했다. 온덱(OnDeck)은 이른바 선지급(Merchant Cash Advance) 방식으로 돈을 빌려준다. 선지급 방식이란 주요 고객인 소상공인들에게 먼저 돈을 빌려주고, 이들의 카드 매출액이 온덱의 계좌로 들어오게 한 뒤에 수수료를 제외한 나머지 금액을 송금해

주는 방식을 말한다. 카드 매출이 일종의 담보가 되는 것이다. 온덱은 소상공인들의 신용도를 평가하기 위해 현금유동성, 신용도, SNS 데이터, 공적 자료 등 수천 개의 변수를 분석해 온덱스코어(OnDeck Score)를 산정하여 대출심사를 완료하는 데 불과 몇십 분밖에 안 걸린다고 한다. 이러한 방식으로 온덱이 2007년 설립 이후 2019년 말까지 소상공인과 중소기업에 대출해 준 자금이 무려 130억 달러에 달했다. 이 외에도 미국 내 2위 P2P 대출 중개업체인 프로스퍼(Prosper)도 기업공개를 추진할 전망이다. 프로스퍼는 역경매(Reverse Auction) 방식을 사용하여 자금공급자가 대출희망자의 조건을 보고 대출조건을 제안하는 방식으로 서비스를 제공한다.

온덱 스코어 (OnDeck Score)

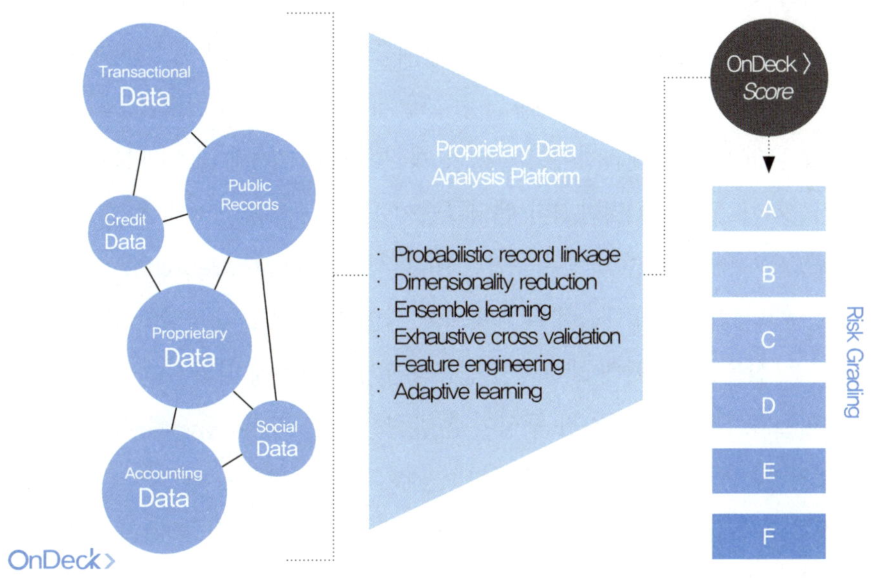

자료: www.ondeck.com

미국 금융기관들은 신용평가 시 페어아이작사(Fair Isaac Corporation)가 산정하는 피코스코어(FICO Score)[27]에 주로 의존하는데, 이 점수는 대출을 받은 경력이 없거나 신용카드가 없으면 신용이 불량한 고객으로 분류된다. 이러한 금융소외층 고객들은 은행으로부터 대출을 받기가 어렵고, 설령 받는다 하더라도 높은 이자율을 부담해야 한다. 그런데 그러한 고객이 SNS상에서 폭넓은 인간관계를 맺으면서 평판이 좋아 영향력이 크다면 신용도가 높다고 판단할 수 있을 것이다. P2P 대출 중개업체들은 기존 금융기관이 접근하기 어려웠던 이러한 소외된 계층의 신용을 평가할 수 있는 방법을 찾아 틈새시장을 공략하고 있다. 최근 빅데이터 분석기술의 발달로 이들 기업들은 소셜 네트워킹 사이트에서의 사회적 지위, 온라인 명성, 개인의 영향력을 신용평가에 얼마든지 활용할 수 있게 됐다.

또한 이들 회사들은 최근 P2P 대출자산을 적극적으로 유동화해 투자자기반을 확대함에 따라 P2P 대출 중개업은 높은 성장세를 유지할 것으로 예상된다. 미국에서 P2P 대출자산의 유동화는 2010년 금융규제 개혁과정에서 소비자금융의 활성화를 목적으로 P2P 대출 거래과정에서 발생한 채권에 대해 제3자 간 거래를 허용하면서부터 가능하게 됐다. 2013년 9월 렌딩클럽이 P2P 대출 중개업체 최초로 5,300만 달러 규모의 개인 대출자산을 유동화한 이후 서클백렌딩(CircleBack Lending), 소피(SoFi) 등 여러 업체들이 대출채권 유동화에 참여했다. P2P 대출자산 유동화과정에서 S&P 등 신용평가회사의 객관적인 신용등급이 부여됨에 따라 그동안 헤지펀드와 벤처캐피털 중심이었던 투자자 구성이 은행, 보험사, 연기금 등으로 다양화되고 있는 추세이다.

금융정보 분석회사 피어아이큐(PeerIQ)에 따르면 2013년부터 2019년 말까지 미국 P2P 대출중개 회사들이 P2P대출을 기초 자산으로 유동화한 채권 발행량은 481억 달러로, 이 유동화 자산의 인수자는 연기금과 다양한 기관 투자자들로 나타났다.

27) 피코스코어는 대출금 상환이력(35%), 채무액(30%), 신용거래기간(15%), 신용형태(10%), 조회내역(10%) 등에 기초해 최저 330점과 최고 850점 사이에서 부여되며, 개인이 피코스코어를 부여받기 위해서는 대출 발생이나 신용카드 발급과 관련하여 6개월 이상 경과된 계좌를 1개 이상 보유하고, 신용평가서에 1개 이상의 계좌에 대해 과거 6개월간의 신용거래기록이 기재되어 있어야 한다.

2) 영국

2005년 전 세계 최초의 P2P 대출 중개업체인 조파(Zopa)가 등장한 영국에서는 P2P 대출 중개업이 2010년 이후 매우 빠른 속도로 성장하고 있다. 조파라는 회사명은 '합의가능영역(Zone of Possible Agreement)'의 약자이다. 이 회사의 이름을 보면 알 수 있듯이 조파는 자금공급자가 이자율, 기간 등을 제시하면 자금수요자가 협상을 통해 자유롭게 대출조건을 선택할 수 있도록 했다. 조파는 사업 초기 개인투자자와 개인 차입자의 대출을 주로 중개하였으나, 현재는 개인투자자와 기업차입자의 대출을 중개하는 방식으로 서비스를 다양화되고 있다.

영국의 중소기업 대출 전문 P2P 플랫폼인 펀딩써클(Funding Circle)은 2010년에 설립되어 2018년 9월 런던증권거래소에 상장하였으며, 영국 외에 미국, 독일, 네덜란드에서 대출중개 플랫폼을 운영하고 있다. 과거 개인투자자 중심에서 은행, 자산관리회사, 보험회사 등의 기관투자자로 투자자가 확대되고 있다. 펀딩써클은 정책금융기관이나 기관투자자로부터 P2P 자금을 빌려 5만 개 이상의 중소기업에 50억 파운드 이상의 자금을 대출했다. 정책금융기관인 British Business Bank(BBB)는 P2P 대출 플랫폼과 정부 지원 은행간의 파트너십을 확대하기 위하여 2013년부터 펀딩써클을 통해 간접적으로 중소기업에게 1억 6,500만 파운드를 대출하여 영국 중소기업의 성장을 위한 재정 확보를 지원하고 있다. 또한, 펀딩써클은 2017년 네덜란드의 다국적 보험회사인 Aegon과 파트너십을 체결하여 4년 동안 중소기업에 1억 6,000만 파운드 이상을 대출했다.

글로벌 금융위기 이후 영국 은행권의 중소기업 자금공급이 부진함에 따라, P2P 대출이 중소기업의 주요 자금조달 원천 중 하나로 부상하고 있다. 영국 은행의 대기업 대출은 2013년 이후 큰 폭 증가 추세가 지속된 반면, 중소기업 대출은 2012~2014년 기간 중 다소 증가하다가 2015년부터는 정체 상태이다. 반면 P2P 업체들의 중소기업 대출은 2012~2019년 사이에 연평균 약 70% 수준의 높은 성장률을 기록했다. 이에 따라, 중소기업 대출에 있어 은행 대비 P2P 업체의 비중은 2012년 0.2%에서 2019년 4.4%까지 증가했다. 영국에서 중소기업 대상의 P2P 대출의 확대는 P2P

업체들의 중소기업 금융수요 충족, 정책금융기관 투자, 세제 혜택 등에 힘입은 것으로, 향후 코로나19 사태 등 경영환경 악화요인에도 불구하고, 성장세 지속을 위한 업계의 시도는 지속될 전망이다.

영국 은행들의 대기업/중소기업대출 추이

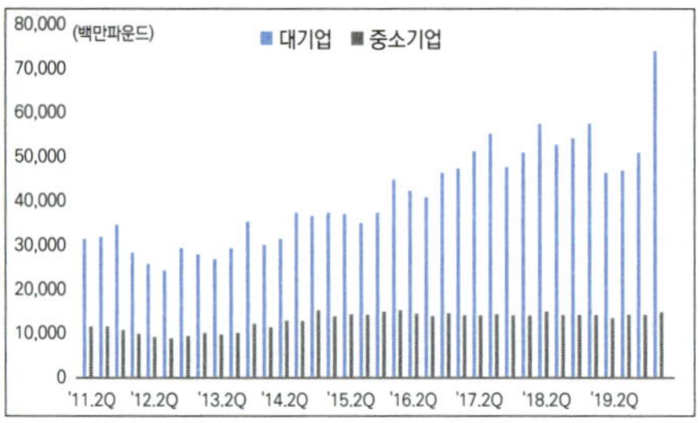

자료: Bank of England
주: 분기별 신규취급액 기준

중소기업대출 취급액 및 P2P 업체 비중

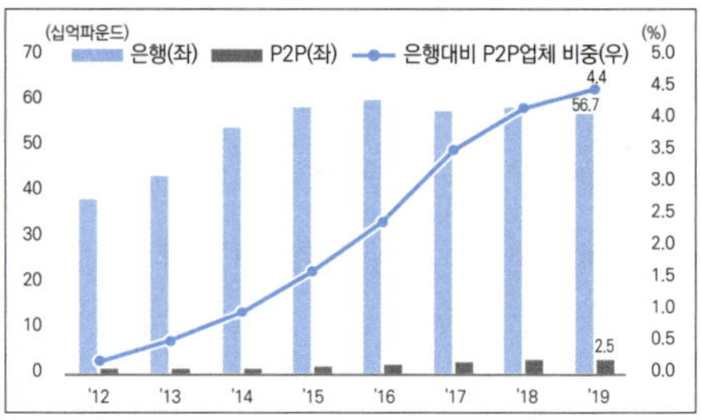

자료: Bank of England, British Business Bank
주: 신규취급액 기준

3) 중국

중국에서는 2007년 상하이에서 '파이파이다이(拍拍貸)'라는 P2P 업체가 처음 등장한 이후 P2P 대출 중개업이 2010년 10개에 불과했지만, 폭발적인 성장세를 보여 2019년 말 기준으로 약 1,000여 개 사가 영업을 하고 있다. P2P 플랫폼을 통한 대출금액은 2013년 975억 위안에서 2016년 1조 4,955억 위안으로 늘어났으며, 2020년 이후 4조 5천억 위안을 넘어설 것으로 예상된다. 중국의 P2P 대출 이용자 수는 2013년 15만 명에서 2016년 876만 명으로 많이 증가했다. 최근 P2P 대출을 포함한 중국 온라인 대출 이용자 증가율이 다소 둔화하고 있으나, 2020년 이후에는 약 3억 명 이상의 중국 고객이 온라인으로 대출 서비스를 이용할 것으로 예상된다. 평균 P2P 대출금리가 12~22% 수준으로 은행보다 훨씬 높은 수준인데도 불구하고 P2P 대출이 급증하는 이유는 중국에서 P2P 대출은 제도권금융이 수용하지 못하는 영역을 메우며 서민들과 중소기업들을 위한 대안금융의 역할을 하고 있기 때문이다. 중국에서 개인과 중소기업은 국유기업에 비해 상대적으로 은행 등 제도권 금융기관에서 대출을 받기가 쉽지 않다. 저금리 기조가 지속되면서 P2P 대출이 은행금리보다 더 높은 수익률을 낼 수 있는 새로운 투자처로 주목받게 된 것도 또 다른 성장요인이다.

P2P 대출 중개업이 폭발적인 성장을 보이면서 중국 금융회사들도 이 시장에 속속 뛰어들고 있다. 평안보험은 2012년 P2P 대출 중개업체인 '루진쉬(陸金所)'를 설립했고, 초상은행은 2013년 9월 인터넷 대출을 개시했다. 농업은행과 발전은행 또한 인터넷 대출 전담부서를 만들었다. IT기업들도 P2P 대출 중개시장에 속속 진입하고 있다. 스마트폰 제조업체인 샤오미는 2014년 9월 P2P 대출 중개업체인 '지무박스(JimuBox)'에 3,719만 달러를 투자했으며, 중국 최대 전자상거래업체인 알리바바는 미국의 최대 P2P 대출업체인 렌딩클럽(LendingClub)과 제휴를 맺어 사업영역을 확대하고 있다.

중국 상위 10개 P2P 대출 플랫폼 현황

순위	업체명	거래액(억 위안)	평균수익률(%)	투자자 수	차입자 수
1	홍링추앙토우	146.5	14.55	77,216	7,878
2	루진쉬	105.4	8.54	2,390	186,985
3	원조우다이	104.7	15.77	19,241	1,815
4	신흐훼이	60.5	10.21	33,293	2,319
5	청룽짜이시엔	57.5	18.93	15,628	1,008
6	웨이다이왕	50.5	15.85	22,517	23,185
7	흐파이짜이시엔	43.3	14.32	17,473	878
8	피피머니	40.4	13.69	89,353	5,342
9	위앤토우즈	36.9	13.37	62,860	12,550
10	런런다이	35.9	12.37	61,262	58,114

자료: KB경영연구소, 2014

4) 글로벌 금융회사

글로벌 금융회사들도 P2P 대출 중개업을 새로운 대안금융 사업으로 추진하고 있다. 글로벌 투자은행인 골드만삭스는 2019년 7월 영국의 렌더블(Lendable)사에 2억 파운드를 투자했다. 영국계 대형은행인 스코틀랜드왕립은행(RSB)도 미국 내 P2P 대출 중개업체인 렌딩클럽과 제휴하여 P2P 대출 중개시장에 진출했다. 미국 금융컨설팅 회사인 그리니치 어소시에이츠(Greenwich Associates)가 미국 연기금과 운용사 등 기관투자자를 대상으로 조사한 결과, 이들 중 28% 이상의 기관이 이미 P2P 대출에 투자하고 있고, 이 중 43%는 개인과 소상공인에 대한 신용대출을 확대하기 위해 P2P금융에 투자하고 있는 것으로 나타났다. 앞으로 이처럼 P2P 중개업체와 기존 금융회사와 제휴는 앞으로 더욱 늘어날 것으로 예상된다.

4. 온라인 전문 자산관리

2008년 이후 미국 및 유럽을 중심으로 온라인 전문 자산관리회사(Online only Wealth Manager)가 설립되기 시작했다. 온라인 전문 자산관리회사는 온라인상에서 모든 자산관리서비스를 제공해 주고 수수료를 받는 회사를 말하는데, 사람보다는 기계와 시스템에 의해 서비스를 제공한다는 점에서 '로보 어드바이저(Robo Advisor)'[28)] 라고도 지칭한다. 로보 어드바이저란 자산관리업에서 투자자문 알고리즘에 기반한 프로그램이 고객의 계좌를 분석하여 고객 투자성향에 맞는 투자전략을 추천해 주는 서비스를 말한다. 최근 로보 어드바이저 시장이 성장하게 된 배경은 저금리 수준 지속에 따른 목표수익률의 하향화 추세, 핀테크 관련 인프라 환경 개선으로 빅데이터를 통한 알고리즘 운용전략이 가능해졌고, 기존 자산관리서비스 수준보다 낮은 수수료(0.5% 내외)로 경쟁력을 갖췄다는 점 등에 기인한다. 빅데이터 기반의 인공지능 자산배분 솔루션으로 포트폴리오를 추천하는 방식으로 운용한다.

28) 컴퓨터 알고리즘을 활용하여 고객의 자산 포트폴리오를 분석하고 자산운용을 대행해주는 온라인 전문 자산관리회사를 말한다.

로보 어드바이저와 전통적인 자산관리 서비스 비교

구 분	로보 어드바이저	전통적인 자산관리 서비스
주요 고객	• 대중 투자자(Mass, Mass Affluent) – 최소가입금액: 업체별로 0~10만 달러	• 고액자산가(High Net Worth) – 최소가입금액: 100만 달러 이상
서비스 방법	• 온라인 중심의 질의응답 – 설문으로 고객성향을 조사한 후 이를 바탕으로 구성된 포트폴리오를 제공	• 영업망을 통한 대면 서비스 – 면담을 통해 개별 고객의 상황에 따라 맞춤형 서비스 제공
서비스 범위	• 투자 포트폴리오 중심	• 투자 포트폴리오, 재무 설계, 세금이슈 등
투자수단	• ELF, 인덱스 펀드 등 패시브 상품 중심	• 패시브펀드, 액티브펀드 모두 포괄
자문수수료	• 연간 0.25~0.5%	• 연간 0.75~1.5% + α (투자형태별로 다양)
경쟁력	• 낮은 진입장벽, 편리성, 저비용	• 전담인력에 의한 맞춤형 자산관리

자료: 삼성증권
주: 최소가입금액과 자문수수료는 미국 자산관리업계 기준

글로벌 시장조사업체인 스태티스타(Statista)에 따르면 글로벌 2023년 로보어드바이저 시장규모가 2조 5,523억 달러가 될 것으로 전망하고 있다. 상위 5개의 로보어드바이저 기업들은 규모의 경제를 달성할 수 있는 운영 자산을 이미 확보하였으며, Betterment, Wealthfront, Schwab Intelligent Portfolios, Personal Capital, SoFi, Wealthsimple, Ellevest, WiseBanyan 등이 상위 운용사의 자리를 확보하고 있다.

글로벌 로보어드바이저 시장규모

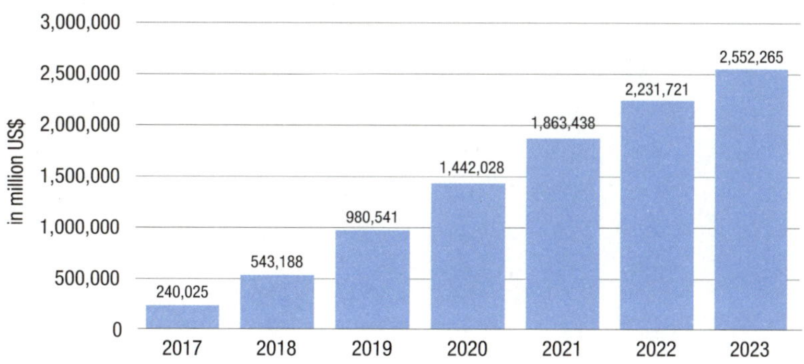

자료: Statista, 2018

실제 대면채널을 통한 투자자문 서비스를 선호하는 비율이 밀레니엄 세대, 베이비부머, X세대 등에서 40% 수준으로 존재한다. 미국의 경우 자산시장 시장 내 로보어드바이저 시장점유율이 2015년 0.5%에서 2017년 1.7%, 2020년 5.6% 수준까지 상승할 것으로 예상된다.

해외 주요 업체들의 로보어드바이저 서비스 특징을 보면 최소 투자금액이 제한 없음~10만 달러까지이며, 연간 수수료도 0~0.9%까지 다양하다.

주요 미국 온라인 자산관리회사 현황

업체	최소 투자금액	연간 수수료	연간 ETF보수	포트폴리오 구성	옵션
Betterment	제한 없음	1만 달러 이하 0.35% 1만 달러 이상 0.25%	0.05~0.35%	최대 12개 ETF	목표 및 ETF 비중 변경 가능
Charles Schwab Intelligent Portfolios	$5,000	없음	0.04~0.48%	최대 20개 ETF	제안된 ETF 중에서 3개까지 삭제 가능
Covestor Core Portfolio	$10,000	약 20달러 가량 연간 거래 수수료부과	0.05~0.75%	5~10개 ETF	-
E Trade Financial Build Your Own Select ETF Portfolio Online Managed Portfolio	제한 없음 $10,000 $25,000	거래별 9.99 달러 거래별 9.99 달러 10만 달러의 0.9%	- - 0.08~0.7%	고객맞춤 고객맞춤 최대 6개 ETF	자동/수동 여부에 따라서 제안된 배분비중은 변경가능
Fidelity Investments Portfolio Builder	$2,500	거래 당 $7.95	0.07~0.45%	2~10개 ETF	배분 비중 변경가능
Future Advisor	$10,000	0.5% + 7.95~9.99 달러 거래 수수료	0.05~0.59%	ETF 및 기타	주식 보유 가능
Hedgeable	$5,000	10만 달러 미만 0.75% 10만 달러 이상 0.65%	0.05~0.88%	ETF 및 개별 주식	주식, 비트코인, MLP, PE(비공개기업투자펀드) 제공가능
Motif Investing Horizon Portfolios	$250	없음	0.05~0.75%	6개 ETF	자산배분 조정 가능 및 $9.95 비용으로 직접 생성 가능
Personal Capital	$100,000	100만 달러 이하 0.89%, 초과 금액은 0.49~0.79%	0.06~0.10%	최대 100개 주식 최대 20개 ETF	자산관리사와 상담가능
Rebalance IRA	$100,000	0.5%, 첫 번째 250달러 셋업 수수료	0.05~0.6%	10개 ETF	자산관리사와 상담가능
SigFig	$2,000	1만 달러 이상 0.25%	0.05~0.15%	6개 ETF	위험 레벨 변경 가능
Trade King Advisors Core	$5,000	0.25%, 첫 해 무료	0.12~0.2%	14~20개 ETF	결과 값 변경을 위한 설문 조정가능
Vanguard Personal Advisor	$100,000	0.30%	0.05~0.19%	고객 맞춤	자산관리사와 상담가능
Wealthfront	$5,000	1만 달러 이하 없음 1만 달러 이상 0.25%	0.05~0.75%	최대 7개 ETF	포트폴리오 비중 변경가능
WiseBanyan	제한 없음	없음	0.08~0.13%	최대 9개 ETF	결과 값 변경을 위한 설문 조정가능

자료: WSF, 2015

온라인 전문 자산관리회사는 고객이 직접 입력한 정보를 바탕으로 자동화된 포트폴리오 관리를 수행한다. 개인별 위험 감수 성향을 고려한 자산 배분 전략에 따라 자산군별 상장지수펀드(ETF)를 주로 활용하여 포트폴리오를 구성하고, 수익 극대화 및 위험 축소를 위해 주기적으로 포트폴리오를 조정한다. 온라인 전문 자산관리회사들은 포트폴리오 관리를 알고리즘기반으로 자동화하여 인간의 개입을 최소화하고 비용 절감을 추구한다는 점에서 기존 온라인 자산관리서비스와 다르고, 저렴한 수수료 및 낮은 최소투자금액, 모바일 앱을 활용한 시각화 자료를 제공하여 서비스 접근성을 높인 것이 특징이다. 미국의 기존 자산관리업계의 수수료는 0.82~2.08%임에 비해 대표적인 온라인 전문 자산관리회사인 웰스프론트의 수수료율은 0.25%, 베터먼트(Betterment)는 0.15~0.35% 수준에 불과하다.

미국의 경우 베이비붐 세대 은퇴 등으로 자산관리 수요가 증가하고 있고 핀테크의 발전으로 관리비용 절감 및 멀티 채널을 이용한 통합적 자산관리가 가능해져 온라인 전문 자산관리의 이용고객도 늘어나고 있다. 캡제미니(Capgemini)에 따르면 부유층 고객의 디지털 채널을 활용한 자산관리 선호도가 증가 추세에 있으며, 연령대별로는 40대 미만의 선호도가 높게 나타났다. 온라인 전문 자산관리회사들이 빠른 속도로 성장함에 따라 글로벌 대형 자산관리사·운용사들은 무료 서비스 제공, 서비스 이용기준 완화, 온라인 전문 자산관리회사와 전략적 제휴 및 인수, 자산관리 역량 강화 등의 방법으로 적극적으로 대응하고 있다.

글로벌 자산관리회사의 대응

기업명	도입 시기	주요 내용
Charles Schwab	2015. 3	자체 시스템(Intelligent Portfolio) 개발
Vanguard	2015. 4	자체 시스템(VPAS) 개발
Blackrock	2015. 8	로보어드바이저 Future Advisor 인수
Aberdeen	2015. 9	로보어드바이저 Parmenion 인수
Fidelity	2016. 3	로보어드바이저 Betterment와 제휴
Goldman sachs	2016. 3	로보어드바이저 Honest dollars 인수

자료: 국제금융센터, 2017

2절

핀테크 혁신을 주도하는 해외 핀테크 기업

글로벌 핀테크 시장에서는 혁신적인 비즈니스 모델로 새로운 금융시장을 창조하고 있는 혁신적인 핀테크 기업들이 속속 등장하고 있다. 상이한 각국 통화나 결제시스템의 차이에 구애받지 않고 전 세계 개인 및 기업 고객들을 대상으로 편리한 송금·결제서비스를 제공하거나, 금융회사가 보유한 개인정보뿐만 아니라 다양한 공개정보를 분석하여 초단시간에 고객의 신용도 또는 금융사고 여부를 정확하게 판단해주는 핀테크 기업도 등장했다.

이들 핀테크 기업들은 금융소외계층 포용, 저렴한 수수료, 빠른 업무처리, 개개인에게 특화된 맞춤형 서비스 등 다양한 차별화 전략을 통해 기존 금융회사가 제공할 수 없었던 서비스를 제공하면서 금융 틈새시장을 공략하고 있다. 이미 비즈니스 모델의 수익성을 인정받아 증권거래소 시장에 성공적으로 입성한 업체들도 등장했고, 거대 금융시장을 잠식해 기존 금융회사를 위협하는 존재로 부상한 혁신의 아이콘들도 등장했다.

글로벌 주요 핀테크 기업 사례 30 목록

핀테크 기업	분야	핀테크 기업	분야
스퀘어	송금 · 결제	빌가드	금융데이터 분석
스트라이프	송금 · 결제	민트	온라인 전문 자산관리
어펌	송금 · 결제	심플	인터넷 전문은행
트랜스퍼와이즈	송금 · 결제	모벤	인터넷 전문은행
벤모	송금 · 결제	프렌드슈런스	금융데이터 분석
아지모	송금 · 결제	홀비	인터넷 전문은행
코인베이스	송금 · 결제	피도르뱅크	인터넷 전문은행
말라우자이	송금 · 결제	페이밀	송금 · 결제
페이니어미	송금 · 결제	클라르나	송금 · 결제
고카드리스	송금 · 결제	어셉트이메일	송금 · 결제
아이어	금융데이터 분석	프라소스	송금 · 결제
비주얼DNA	금융데이터 분석	펀디드바이미	크라우드펀딩
렌도	금융데이터 분석	본도라	크라우드펀딩
웰스프론트	온라인 전문 자산관리	커런시페어	송금 · 결제
드래곤웰스	온라인 전문 자산관리	틴크	온라인 전문 자산관리

자료: 저자 선정

1. 스퀘어(www.square.com)

2009년 미국에서 설립된 스퀘어는 신용카드 전용리더기를 스마트폰에 연결해 결제할 수 있게 한 서비스로 2010년 미국 모바일 결제시장에 본격적으로 진출했다. 대형 POS 단말기가 없어도 2.5cm 크기의 정육면체 모양의 카드리더기를 통해 스마트폰을 POS처럼 사용하는 아이디어를 사업화했다. 스퀘어의 작은 카드리더기가 신용카드의 마그네틱 데이터를 읽어 전자신호로 변환해 스퀘어 앱으로 넘겨주면, 스퀘어 앱은 이를 암호화해 결제하고 결제고객은 이메일이나 문자메시지(SMS)를 통해 영수증을 수취하게 된다.

스퀘어는 별도의 인프라나 가맹점 등록 없이 저렴한 수수료로 결제서비스 이용이 가능하기 때문에 미국의 영세한 중소상인들이 주로 사용하고 있다. 스퀘어의 결제

수수료는 약 2.75%로 기존의 POS시스템을 이용한 수수료(3~5%)보다 낮아 수수료에 부담을 느끼던 중소상인 다수가 결제선을 스퀘어로 전환했다. 이후 PayPal(2.7%), Groupon(1.8%+1건당 수수료 부과방식) 등 새로운 경쟁자가 등장하여 수수료 경쟁력이 약화됐으나, 시장 선도업체로서 1위의 시장점유율을 유지하고 있다. 스퀘어의 결제규모는 2011년 20억 달러, 2012년 100억 달러, 2013년 150억 달러로 급증했다.

스퀘어 카드리더기

자료: Square

일반사업자와 스퀘어의 결제수수료 차이

	기존 POS시스템(신용/체크)	Square 수수료율(%)
은행이 사업자로부터	1.51% + 0.10달러	카드결제 시 2.75% 단, 수기입력 시 3.50% + 결제 1건당 0.15달러
카드사가 사업자로부터	2.50% + 0.0185달러	
결제기기 가격	평균 약 20만 원	무료

자료: Square

스퀘어는 쉽고 직관적인 서비스를 지속적으로 개발하고 있다. 2012년 현금이나 신용카드 없이도 얼굴 대조만으로 결제가 가능한 '페이위드스퀘어(Pay With Square)' 서비스를 출시해 같은 해 8월 스타벅스의 모바일 결제 파트너로 선정됐다. 페이위드스퀘어는 위치정보(GPS) 기술과 고객정보를 활용해 고객이 매장을 방문하기 전에 제품을 선주문하고 매장에서 바로 전달받을 수 있도록 한 서비스이다.

스퀘어는 이외에도 개인 간 이메일을 이용하여 송금할 수 있는 스퀘어캐시서비스(Square Cash Service)를 2013년에 출시했다. 이용자가 스퀘어캐시서비스에 가입하면 스퀘어는 직불카드정보를 안전하게 등록할 수 있도록 이용자에게 이메일로 웹사이트 주소를 전송하고 이용자는 링크된 사이트에 접속하여 해당 정보를 등록한다. 송금절차는 이용자가 앱에 접속하여 금액을 입력한 후 송금(Attach to Email) 버튼을 클릭하고 수취인의 이메일로 전송하면 이용자의 직불카드 계좌에서 수취인이 지정한 계좌로 자금이 이체되어 완료된다. 이용자는 모바일뱅킹, 인터넷뱅킹 등을 통하여 계좌에 로그인할 필요가 없으며, 상대방의 이메일 주소만 알면 스마트폰으로 간단히 송금할 수 있다.

스퀘어캐시서비스는 이용자에게 무료로 제공되고, 송금 실행 후 수취인이 지정한 계좌로 자금이 입금되어 거래가 완료되기까지는 1~2영업일이 소요된다. 스퀘어캐시서비스는 송금액에 제한(1주일에 최대 2,500달러)이 있으나 서비스가 무료로 제공되고, 향후 송금한도가 확대될 수 있다는 점에서 은행 송금서비스의 경쟁력을 위협하게 될 가능성이 크다.

스퀘어캐시서비스 예시

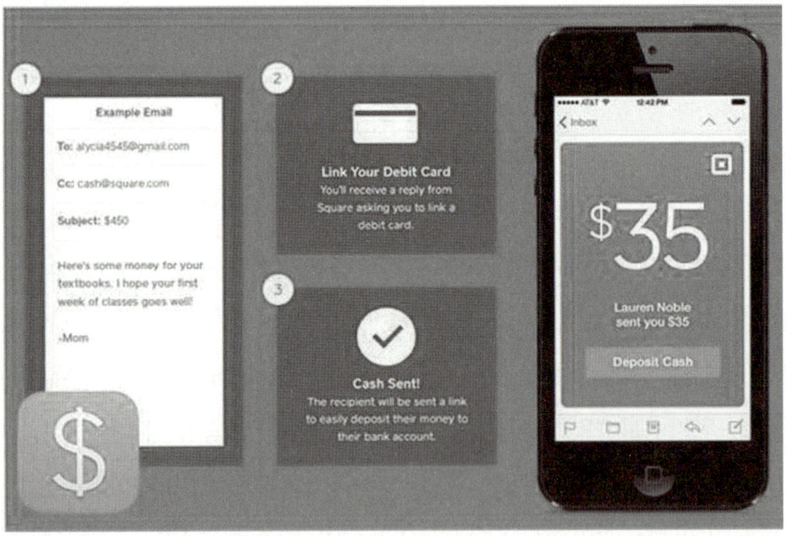

자료: www.square.com

2. 스트라이프(www.stripe.com)

2010년 설립된 스트라이프는 자사의 앱 프로그래밍 인터페이스를 앱에 삽입한 회원에게 전 세계 고객을 대상으로 7일 안에 대금을 지급해 주는 서비스를 제공한다. 더불어 전 세계 139개국 통화와 비트코인, 알리페이 등으로도 결제가 가능하기 때문에 서비스 이용자는 기존 금융회사와 별도의 가맹계약을 맺지 않고도 편리하게 결제서비스를 이용할 수가 있다. 스트라이프는 에스크로(Escrow)기반의 간편결제서비스를 제공하는 비즈니스 모델이라는 점에서 페이팔과 동일하지만, 판매자의 사용 및 유지 보수가 용이한 서비스를 제공한다.

결제시스템을 판매자의 사이트에 적용하기 위해서 페이팔은 9단계의 과정을 거치지만 스트라이프는 3단계의 과정만 거치면 된다. 서비스 사용자가 스마트폰에 스트라이프의 API코드만 앱에 삽입하면 결제가 가능하고, 결제대금은 2영업일 후 사용자에게 입금된다. 결제서비스 외에도 결제통계서비스, 고객분석서비스, 잔고분석 등 부가적인 서비스도 무료로 제공한다.

자사 시스템 오류 발생 시 SNS, 실시간 채팅, 전화 응대를 통해 빠른 시간 내에 문제점을 해결해 준다. 기본수수료는 2.9%+30센트를 부과하고, 거래금액 3천 달러 초과 시 2.5%+30센트, 1만 달러 초과 시 2.2%+30센트의 수수료를 부과한다. 거래수수료 외에 부가수수료를 페이팔 대비 낮은 수준으로 설정하여 판매자의 수수료 부담을 경감시켜 주기 때문에 2014년 1월 기준 전 세계 14개국 17,000여 개의 전자상거래 사이트가 스트라이프의 결제시스템을 채택하고 있다.

페이팔과 스트라이프의 수수료 체계 비교

서비스 유형	PayPal	Stripe
웹페이지에 신용카드 결제 적용	30달러/월	무료
차지백(Chargeback) 수수료	20달러	15달러
환불수수료	거래수수료	무료
해외 발급 카드수수료	1.0%	무료

주: 차지백은 입금 취소 또는 환불의 의미로 이미 승인된 거래에 대해 구매자가 취소를 요청하는 경우 발생
자료: Stripe, 2014

3. 어펌(www.affirm.com)

2014년 설립된 어펌은 자사 가입회원이 온라인 쇼핑몰에서 물건을 구매할 때, 신용카드가 아닌 본인의 신용으로 상품을 할부구매할 수 있도록 해주는 결제서비스를 제공한다. 회원의 공개된 데이터를 분석해 단 몇 초 만에 신용도를 평가한 후, 회원의 적정 할부수수료를 산정하여 부과하기 때문에 신용카드나 전자지갑과 같은 결제수단이 없어도 상품구매가 가능하다. 고객이 회원으로 가입하면 어펌이 자체 신용평가 알고리즘으로 고객의 빅데이터를 분석하여 신용평가를 한 후, 할부 가능 여부와 할부수수료율을 산정한다.

할부가 가능한 경우 고객은 가맹점에서 신용카드나 자금이체 방식으로 결제를 하지 않고 본인의 신용으로만 상품대금을 결제할 수 있고, 어펌이 산정한 할부수수료와 원금을 일정기간 내 상환하면 자금 정산이 모두 끝난다. 어펌의 주요 고객은 저신용 개인 및 소상공인으로 할부 시 연 10~30%의 할부수수료율을 적용한다. 신용카드가 없더라도 회원이 어펌의 할부서비스를 통해 상품구매가 가능하고, 카드사보다 이자율과 수수료가 더 저렴하다는 것이 가장 큰 장점이다.

고객은 직불카드(Debit Card), 계좌이체(Bank Transfer), 개인수표(Personal Check) 등의 방법으로 어펌에 자금을 상환할 수 있고, 할부기간은 3개월, 6개월, 12개월 등

선택이 가능하다. 미국에서 보편적으로 사용되는 신용평가 점수인 피코스코어(FICO Score)에 의존하는 것이 아니라, 개인의 소비성향이나 SNS 정보 등을 종합해 개인의 신용을 분석하여 할부금리를 결정한다.

어펌 서비스 화면

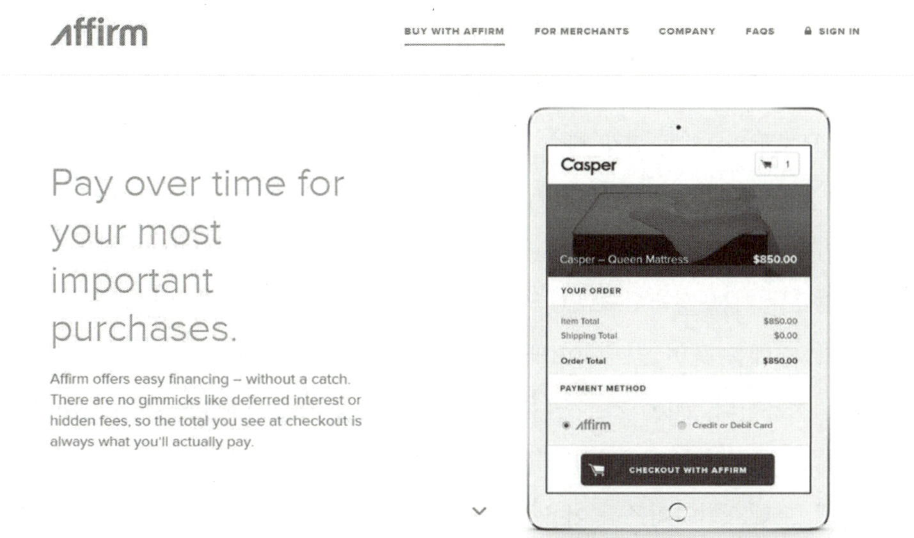

자료: www.affirm.com

4. 트랜스퍼와이즈(www.transferwise.com)

2011년 설립된 트랜스퍼와이즈는 글로벌 P2P 송금회사로 기존 은행에서 전담하던 송금서비스를 P2P 송금방식으로 제공한다. 트랜스퍼와이즈의 전산시스템 내에서 각국에 있는 송금 수요를 발견하여 자국 내에서 송금자와 수금자를 매칭시켜 주는 방식으로 실제로 국경을 넘는 자금의 송금이 일어나지 않기 때문에 수수료가 기존 은행에 비해 훨씬 저렴하다. 환전은 은행 간 환율(Interbank Rate)로 이루어지기 때문에 고객 입장에서는 기존의 송금서비스를 이용하는 것과 크게 다르지 않다.

환전금액, 원하는 통화를 선택하고 간단한 개인정보(주소, 이메일 주소 등)를 입력한 후에 보내고자 하는 상대방과 직불카드(Debit Card), 계좌이체(Bank Transfer) 등의 결제수단을 선택하여 서비스를 이용할 수 있다. 2015년 7월 말 기준으로 주고받기(Send & Receive)가 가능한 15개 통화는 달러, 유로, 파운드, 호주 달러, 스위스 프랑, 캐나다 달러, 폴란드 즐로티, 스웨덴 크로나, 노르웨이 크로네, 덴마크 크로네, 헝가리 포린트, 체코 코루나, 불가리아 레브, 조지아 라리, 루마니아 레이 등이다. 송금만 가능한 15개 통화는 인도 루피, 싱가포르 달러, 뉴질랜드 달러, 홍콩 달러, 말레이시아 링깃, 필리핀 페소, 브라질 레알, 나이지리아 나이라, 터키 리라, 파키스탄 루피, 모로코 디르함, 칠레 페소, 태국 바트, 아랍에미레이트 디르함, 우크라이나 흐리브나 등이다. 한국 원화는 지원하지 않는다. 설립 이후 계속해서 거래 가능 통화가 늘어나고 있어 서비스 가능 지역이 빠른 속도로 확대될 것으로 예상된다.

송금수수료는 기본 정액수수료 0.5%를 부과하되, 일부 통화에 따라 다른 수수료율을 적용한다. 예를 들면 루마니아 레이, 터키 리라 등은 1%, 브라질 레알 등은 2%의 수수료를 적용한다. 이는 기존 금융회사의 해외송금수수료의 10% 수준으로 매우 저렴하다. 그리고 송금처리기간도 은행에서는 해외송금기간이 3~8일 정도 걸리는 것에 반해, 트랜스퍼와이즈를 이용하면 1~3일로 대폭 단축된다. 그 결과 매년 트랜스퍼와이즈의 송금액 증가율은 20%에 달하는 고속 성장세를 유지하고 있다. 2014년 4월까지 10억 파운드 규모의 자금이 트랜스퍼와이즈를 통해 송금됐다.

트랜스퍼와이즈 서비스 화면

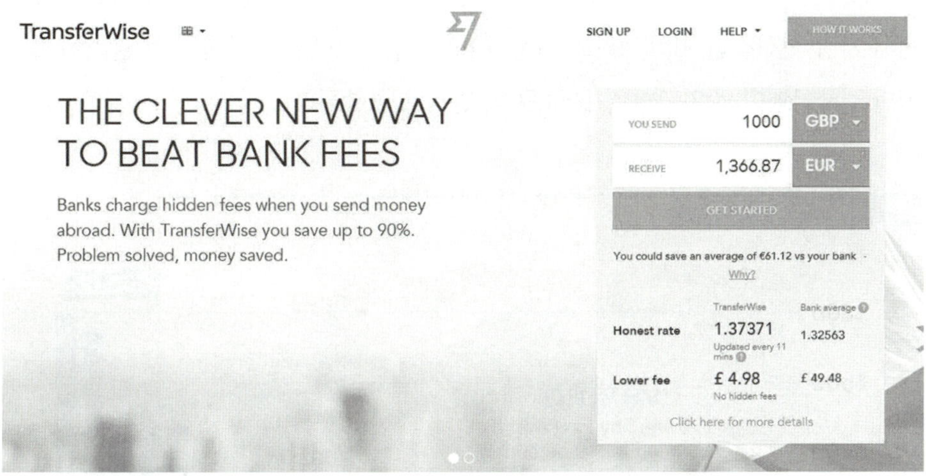

자료: www.transferwise.com

5. 벤모(www.venmo.com)

2009년 설립된 벤모는 스마트폰 애플리케이션을 통한 개인 간 송금서비스를 제공한다. 미국에서 일반적으로 사용되고 있는 개인수표에 금액을 써서 우편으로 부치는 송금방식을 모바일 환경으로 옮긴 모바일 송금서비스를 제공한다. 상대가 벤모 애플리케이션을 사용하지 않아도, 전화번호 혹은 이메일 주소를 통해 간편송금이 가능해 식사 더치페이, 택시비 나누기 등 소액결제 등에 최적화되어 있다. 송금내역을 벤모 타임라인에 공유하고 이에 대해 댓글 등을 달 수 있는 SNS 기능을 부가했다. 우리나라에서 "카톡해"와 같이 "Venmo Me"라는 신조어가 유행할 정도로 SNS 서비스에 익숙한 젊은 세대에게 큰 인기를 끌고 있다.

벤모 계좌(Venmo Balance), 은행 간 계좌이체(Bank Transfer), 주요 은행(Wells Fargo, Citi Bank, HSBC)의 직불카드를 이용한 송금서비스는 무료로 제공되나, 신용카드나 주요 은행이 아닌 기타 은행의 직불카드를 이용한 송금 시에는 3%의 송금수수료를 부과하고 있다. 아직까지 미국 외 국가에서는 송금서비스를 제공하지 않는다. 2015년 2월 미국 비즈니스 잡지인 '패스트 컴퍼니'가 선정한 '소셜 미디어 부문에서 가장 혁신적인 기업' 2위로 선정된 바 있다. 2015년 1분기에 13억 달러에 불과했던 결제금액이 2021년 3분기에 600억 달러로 급증했다.

벤모의 결제금액 증가 추이

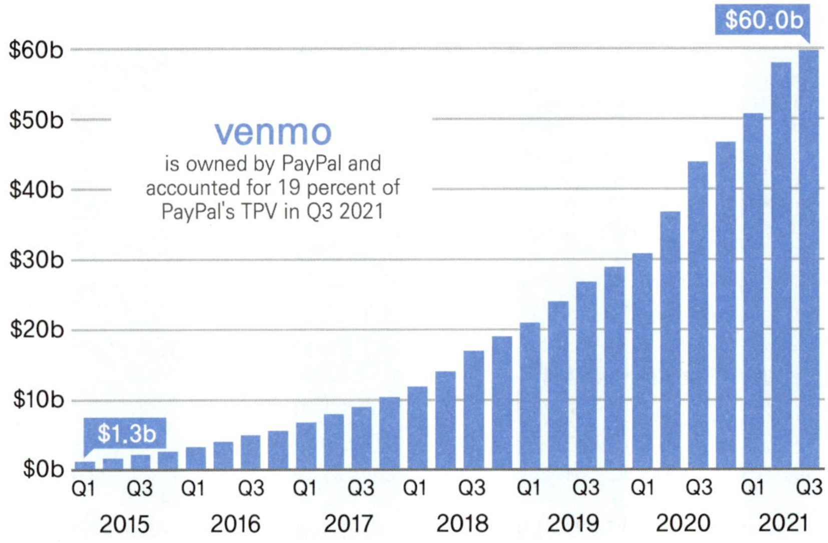

자료: PayPal

6. 아지모(www.azimo.com)

2012년 설립된 아지모는 'Low Cost Money Transfer Startup'을 표방하며 198개국, 73개의 통화를 지원하는 국제통화 송금서비스회사이다. 송금은 영국 및 EU국가 내에서만 가능하기 때문에 파운드화와 유로화만 지원한다. 영국 및 EU국가를 제외한 나머지 국가들은 아직까지는 받기만 가능하다. 페이스북과 직접 연계하여, 페이스북 친구에게 바로 송금할 수 있고, 모바일로 돈을 주고받는 전자지갑과 집으로 직접 돈을 배달해 주는 송금택배(Home Delivery) 서비스도 제공한다.

송금절차는 홈페이지에 접속해 돈을 보내는 국가와 받는 국가를 선택하고 통화를 선택하면, 수수료와 송금기간 등이 계산되고 기존 은행과 비교하여 절약되는 수수료도 확인할 수 있다. 혹시라도 거래가 취소되거나 오류가 발생하면 아지모가 100% 환불(Money Back Guarantee)을 보장하기 때문에 안전하게 거래할 수 있다.

유럽 등 112개국은 송금수수료가 1파운드 혹은 1유로로, 송금액이 늘어나도 송금수수료의 변동이 없다. 예를 들어, 영국에서 프랑스로 송금할 때 수수료는 송금액에 관계없이 무조건 1파운드가 부과된다. 하지만 송금이 가능한 기타 국가의 경우에는 거리에 따라 수수료가 달라진다. 예를 들어, 영국에서 한국으로 송금할 때는 10파운드의 수수료가 발생한다. 아지모를 통해 EU지역에서 가까운 나라로 송금할 때는 수수료가 은행뿐만 아니라 경쟁사인 트랜스퍼와이즈보다도 저렴하다. 기존 은행이 송금을 완료하기까지 3~5영업일 정도 소요되는데 반해, 아지모는 1~2영업일 정도 소요된다.

아지모 서비스 화면

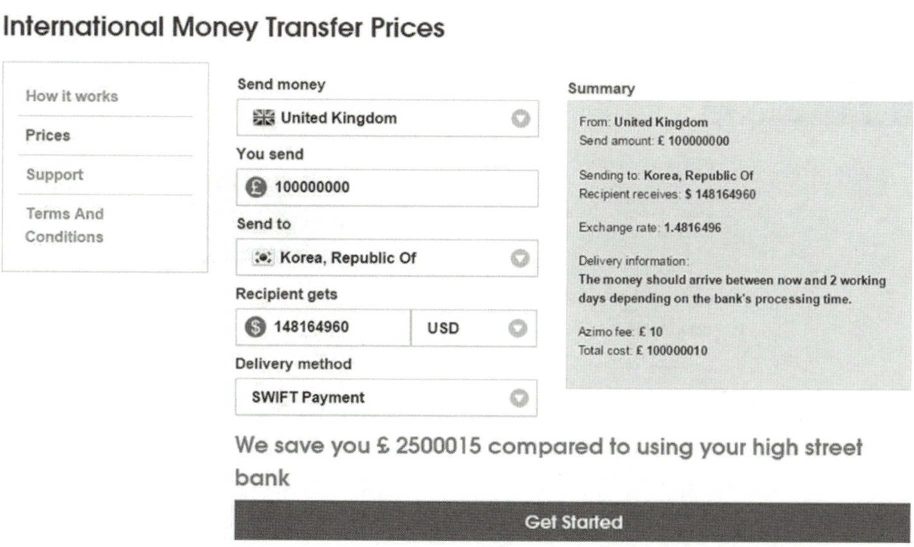

자료: www.azimo.com

7. 코인베이스(www.coinbase.com)

2012년 설립된 코인베이스는 가상화폐인 비트코인으로 송금과 결제를 할 수 있는 서비스를 제공한다. 비트코인 금고와 48시간 동안의 지연 인출, 비트코인 인출 시 다수의 승인자에게 서명받을 것을 요구하는 복수승인제 등을 통해 보안성을 강화하고 있다. 미국 및 유럽 18개국에서 비트코인으로 결제할 때 시장환율을 적용하고 백만 달러까지는 수수료가 무료이나, 그 이상의 결제액에 대해서는 1%의 수수료를 부과한다. 실제 결제대금이 입금되기까지는 3~4영업일이 소요된다. 하지만 코인베이스 계정끼리의 소액결제(Micropayment)는 무료이다. 이는 신용카드 수수료보다 저렴해 소상공인들에게 유리하다.

비트코인을 인출할 때는 공동 서명자들이 서명하게 하고, 휴대폰과 이메일로 결제정보가 전송되는 등 보안강화를 통해 가상화폐가 갖는 보안상 문제점을 해결했다. 현재 전 세계 24개국, 260만 개의 전자지갑, 3만 9천여 개의 가맹점을 확보하고 있다. 1999년 설립된 미국의 온라인 아울렛인 오버스톡(Overstock), 온라인 여행사이트인 익스피디아(Expedia), 델(Dell), 언론사인 타임스(Times) 등과 결제서비스 제휴협정을 체결했다.

코인서비스 서비스 화면

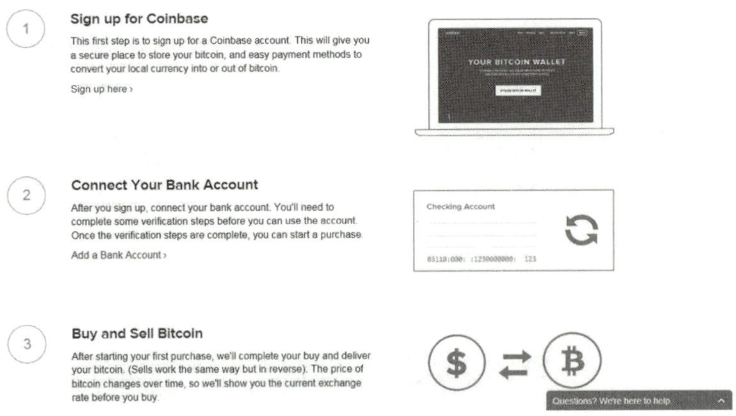

자료: www.coinbase.com

8. 말라우자이(www.malauzai.com)

2009년 설립된 말라우자이는 모바일뱅킹 서비스를 제공한다. 규모가 작은 지역은행(Community Bank)이나 신용조합(Credit Union)은 자사가 보유한 모바일뱅킹 앱이 없다는 것에서 착안하여 자체 제작한 모바일뱅킹 소프트웨어를 판매하고 있다. 기존 상업은행의 모바일뱅킹 소프트웨어에 없는 부가서비스를 제공하여 차별화를 꾀하고 있다. 예를 들면 실시간 만족도 서베이를 통한 모바일 마케팅 기능, 사용자 간 P2P 송금, 사진결제(Picturepay) 서비스 등이다. 특히 사진결제 서비스는 스마트폰에 내장된 카메라로 공과금 고지서를 촬영하면 클라우드 컴퓨팅 시스템을 통해 스마트폰이 스스로 결제정보를 인식하고, 바로 공과금을 납부하게 해주는 서비스이다. 2014년 12월 말 기준 퍼스트유나이티드뱅크(First United Bank), 서던뱅크(Southern Bank) 등 미국 내 320여 개의 지역은행과 신용조합을 고객으로 확보했고, 이 중 55%는 자산총액이 10억 달러가 안 되는 영세한 금융회사들이다.

말라우자이 서비스 화면

자료: www.malauzai.com

9. 페이니어미(www.paynearme.com)

2009년 설립된 페이니어미(PayNearMe)는 은행계좌를 보유하지 않은 금융소외층을 대상으로 편의점 등의 네트워크를 활용하여 현금이체서비스를 제공하는 회사이다. 2012년 미 연방준비제도이사회(Federal Reserve Board)가 설문조사한 결과에 따르면 미국 내 은행계좌를 미보유한 가계의 비율은 8%이며, 이는 미국 성인 중 약 1,700만 명에 해당한다.

페이니어미의 서비스는 먼저 임대료, 대출 상환, 전자상거래 등 자금이체가 필요한 고객이 인쇄된 쿠폰, 이메일이나 스마트폰에 바코드 형태로 전송된 페이코드(PayCode)를 세븐일레븐(Seven Eleven), 패밀리달러(Family Dollar)와 같은 편의점에서 스캐너로 확인한 후, 결제대금을 현금으로 내면 편의점에서 입금 처리 후 영수증을 발급해 주는 방식으로 이루어진다. 은행계좌가 없더라도 현금으로만 거래가 가능한 서비스이다. 페이니어미는 서비스 제휴 가맹점에 부과하는 199달러의 계좌개설 비용과 이체서비스 이용자에게 부과하는 1건당 3달러의 수수료로 수익을 창출한다. 최근에는 자동차리스, 병원의료비, 부동산수수료 등 다양한 영역으로 서비스 적용범위를 확대하고 있다.

페이니어미 서비스 화면

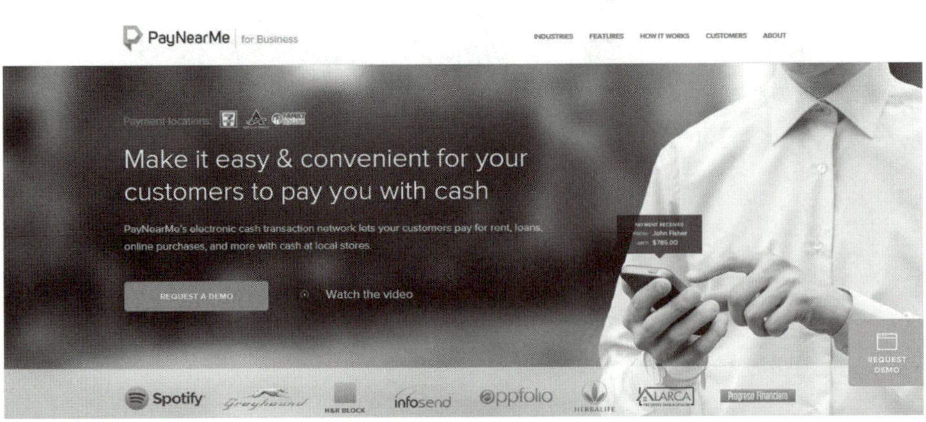

자료: www.paynearme.com

10. 고카드리스(www.gocardless.com)

2011년 설립된 고카드리스는 영국 내 자동이체시스템(Direct Debit)을 이용하여 신용 구매가 가능한 서비스를 제공한다. 신용카드를 보유하지 않은 고객의 상품 및 서비스 구매가 가능하다. 주로 일정 규모 이상의 고객을 보유하고 있는 업체가 공공서비스 요금, 임대료 등 정기적인 대금 수금을 위해 자동이체시스템을 사용한다. 고카드리스는 대기업 위주로 사용되는 영국 내 자동이체시스템인 'Direct Debit'을 통해 개인 또는 소규모 판매자가 대금을 수납할 수 있는 서비스를 제공하는 것이 가장 큰 특징이다. 신용카드가 없어도 판매자가 구매자의 계좌에서 판매대금을 정기적으로 인출할 수 있어 신용거래와 할부거래가 가능하다. 고카드리스는 상품 판매자에게 판매가격의 1%(최대 2파운드)의 수수료 또는 월정액 200파운드의 고정수수료를 받고 있는데, 이는 영국 내 신용카드 가맹점의 거래수수료보다 낮은 수준이다.

고카드리스 서비스 화면

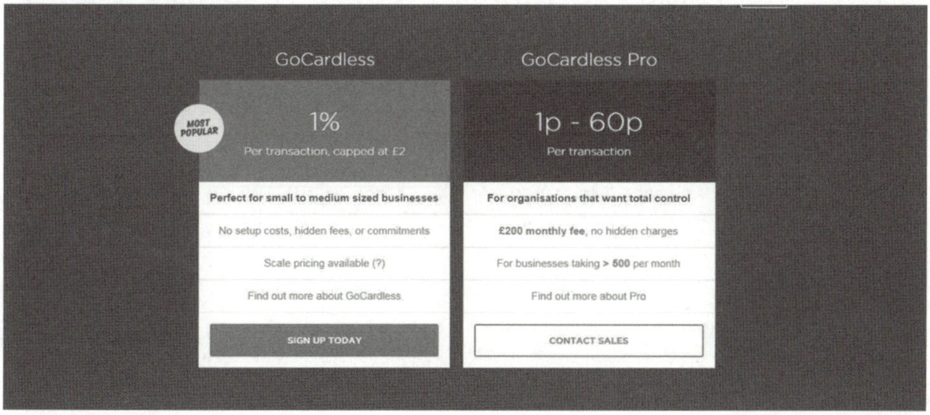

자료: www.gocardless.com

11. 아이어(aire.io)

2014년 설립된 아이어는 기존 금융회사와 거래내역이 없어 신용등급 자체가 없는 사람들을 위한 신용평가 서비스를 제공하는 핀테크 기업이다. 영국 성인인구 중 이민자, 학생, 군인 등 25% 정도는 신용거래기록이 없어 신용등급이 없는 실정이다. 아이어는 'Credit scoring for humanity'를 표방하며 신용평가 신청자에게 신상명세(About you), 현재 자금상황(Finances), 태도(Attitude) 등을 질문하는 방식으로 신용평가를 한다.

금융회사가 기존의 금융기록(Financial History)에 치중하여 신용평가를 하는데 반해, 아이어는 그 사람의 성격(Character), 태도(Attitude)와 관련된 질문만으로 신용등급을 평가한다. 예를 들면 "If you received 100 pounds, what would you do with it?"에 대한 질문에 "Save it, Spend it, Invest it, Not sure, Give it away." 등으로 신청자가 대답을 하면 전체 질문에 대한 답변을 분석하여 신용등급을 평가한다. 타 핀테크 기업들이 Facebook, Twitter 등 SNS를 통해 신용등급을 평가하는 것과 달리, 아이어는 질문만으로 신용을 평가하는 것이 가장 큰 특징이다. 신용평가를 한 후에는 조사 데이터를 즉각 삭제하여 보안성을 강화했다. 아이어는 현재 서비스를 무료로 제공하고 있으며, 서비스의 혁신성을 인정받아 2014년 스페인의 최대 은행인 BBVA가 혁신적인 핀테크 기업으로 선정했다.

아이어 서비스 화면

자료: aire.io

12. 비주얼디엔에이(www.visualdna.com)

2006년 설립된 비주얼디엔에이는 이용자가 간단한 형태의 문답식 퀴즈를 풀게 하여 얻은 답을 분석해 신용평가 및 마케팅정보를 도출하고 이 정보를 필요로 하는 금융회사나 기업에 판매하는 핀테크 기업이다. 일종의 간단한 인성평가 테스트(Psychometric Test)[29]와 같은 방법으로 고객의 신용도 또는 마케팅 포인트 등의 정보를 도출해 기업에 판매한다. 조사는 참가자가 온라인상으로 간단한 질문과 이에 해당하는 그림을 선택하는 방식으로 이루어진다. 직접적으로 소득수준, 상품 선호 여부, 상환 여부 등 개인정보를 묻지는 않으나, 간접적으로 이를 파악할 수 있는 질문을 제시한다. 예를 들면 "5년 후에 무엇을 할 계획인가?", "주로 어디서 옷을 사는가?" 등의 질문을 해서 결혼, 대학입학, 출산 등의 보기를 통해 간접적으로 연령대를 알아내거나, 프라다, 나이키, GAP 등으로 보기를 설정해 대략적인 소득수준을

29) 인성평가 테스트(Psychometric Test)란 정답이 없는 설문형식의 문제에 대한 답변을 통해 피평가자의 성격을 측정하여 미래의 채무상환 의지를 평가하는 방법을 말한다.

알아내는 방식이다.

현재 전 세계에서 25억 명에 달하는 사람들이 금융거래 자체가 없는 금융소외층(Unbanked)으로 구분되는데, 이 경우 거래내역이 없기 때문에 신용을 평가하기가 어렵다. 그러나 비주얼디엔에이의 신용평가방식을 활용하면 개인의 삶에 대한 태도나 라이프스타일에 대한 간접적인 정보를 통해 신용정보를 얻어낼 수 있다. 상환능력은 있으나 거래내역이 없어 신용평가가 불가능한 계층에 대한 신용평가가 가능해진 것이다. 선진국뿐만 아니라 금융소외층 인구가 많은 동남아시아, 남미, 아프리카 등지에서도 비주얼디엔에이의 신용평가 방식에 대한 충분한 수요가 있다는 얘기이다.

지금까지 약 4천만 명 이상의 고객이 비주얼디엔에이의 설문조사에 응했다. 문답식 퀴즈를 마무리하는데 5분이 채 안 걸리고, 조사방식상 흥미가 유발되는 사진 위주로 진행되기 때문에 몰입도 및 응답률이 매우 높다. 실제로 이용자의 약 80% 이상이 설문조사를 끝까지 마무리한 것으로 나타났다. 평가항목은 'BIG 5'로 칭하는 다섯 가지로 개방성(Openness), 성실성(Conscientiousness), 외향성(Extraversion), 친화성(Agreeableness), 신경증(Neuroticism) 등이다. 'BIG 5'는 성격심리학에서 말하는 기본적인 다섯 가지 성격요인의 앞 5글자를 따 '오션(OCEAN)'이라고도 한다. 비주얼디엔에이는 신용평가방식의 정확도가 높아 레드불(RedBull), 헤이즈(Hays), 에이서(Acer), 펩시(Pepsi), IBM 등 다수의 글로벌 기업을 고객으로 확보하고 있다. 마스터카드는 2014년 비주얼디엔에이의 신용평가 결과를 대출 승인 시 활용하여 부도율을 기존보다 23% 낮추는 성과를 거뒀다.

비주얼디엔에이 서비스 화면

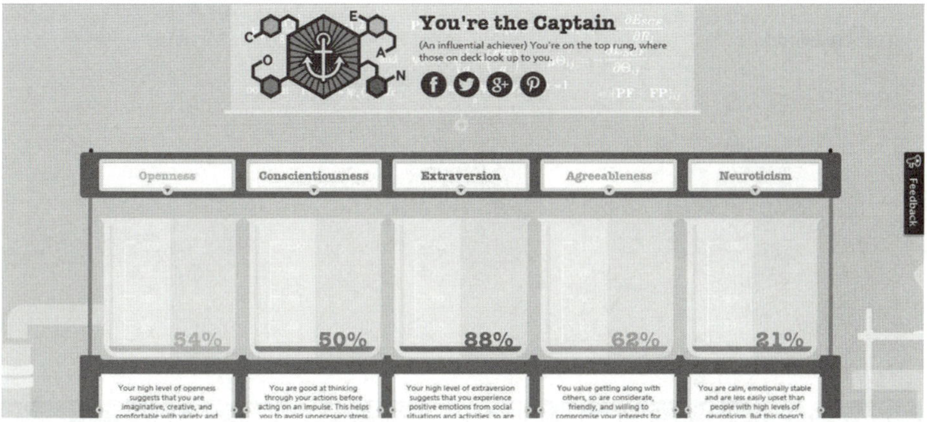

자료: www.visualdna.com

13. 렌도(www.lenddo.com)

2011년 설립된 렌도는 신흥시장을 겨냥하여 이용자의 SNS상의 명성을 바탕으로 소액대출을 중개해주는 핀테크 기업이다. 특정 이용자의 SNS상 소셜 평판도를 이용하는 것으로 신흥국의 금융소비자들이 SNS를 이용해 신용을 평가하고 이를 통해 대출을 받도록 하는 서비스를 제공한다. 빅데이터를 활용해 1,000점 만점의 렌도스코어(Lenddo Score)를 통해 신용을 평가한다.

대출 신청자들은 직접 지점을 방문할 필요 없이 인터넷으로 돈을 빌릴 수 있는데 최소 300점의 렌도스코어를 얻어야 한다. 신용평가는 크게 페이스북, 트위터 등 SNS 데이터, 주변 사람들의 데이터, 대출기록이 있는 경우에는 금융거래기록 등 3가지 요소로 이루어진다. 돈을 절약하는 팁 등 유용한 정보도 무료로 제공하고 대출 금리는 평균적으로 카드론의 절반 정도의 수준으로 제공한다. 렌도는 신흥국 지역 공략을 목표로 마닐라(필리핀), 보고타(콜롬비아), 멕시코시티(멕시코) 등에 지점망을 두고 있다.

렌도 서비스 화면

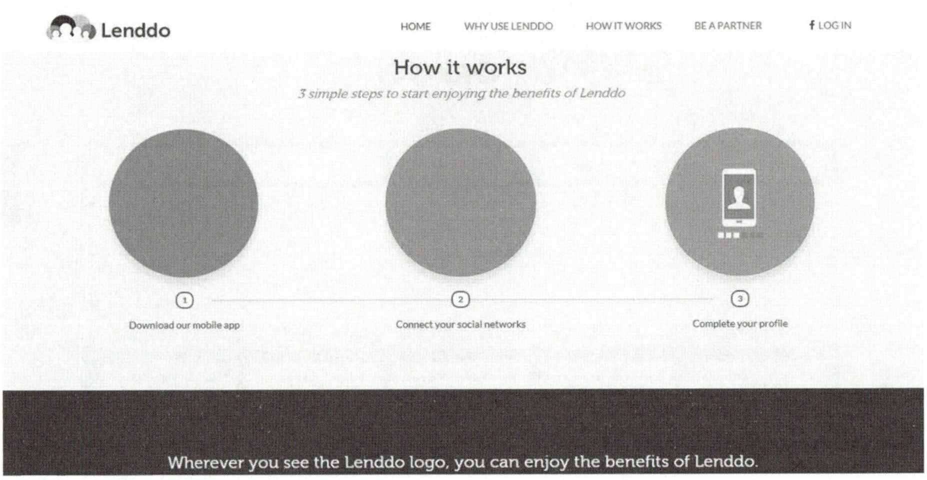

자료: www.lenddo.com

14. 웰스프론트(www.wealthfront.com)

2008년 설립된 미국의 대표적인 온라인 자산관리회사인 웰스프론트는 '등록 투자자문업자(RIA)'[30]로서 개인 또는 법인을 대상으로 온라인 자산관리서비스를 제공하는 핀테크 기업이다. 2011년 12월부터 온라인 자산관리서비스를 본격 제공하기 시작해 현재 미국 전역에서 고객을 확보하고 있으며 영업 개시 후 2년 반 만에 관리자산(AUM) 규모가 10억 달러를 돌파하는 등 빠른 속도로 성장하여 2015년 5월 말 기준 관리자산 규모가 24억 달러를 넘어섰다.

고객이 온라인상에서 투자조건(투자목적 · 연령 · 소득 · 금융자산 · 투자성향)을 제공하면 이를 바탕으로 맞춤형 포트폴리오를 제공한다. 서비스 제공은 ①고객 투자조건 확인(Assess Your Risk Tolerance), ②투자계획 및 포트폴리오 제공(View Your Plan),

30) 'Registered Investment Advisor'의 약자로 미국 증권거래위원회(SEC)에 등록한 자문업자를 말한다.

③계좌개설 및 입금(Open Your Account) 순으로 이루어진다. 투자 포트폴리오는 12개의 자산군(국내외 주식 · 채권 및 실물자산 등)을 활용하는 상장지수펀드(ETF)로 구성되며, 포트폴리오 구성 시 정성적 판단을 배제한 채 투자이론에 기반을 둔 정량적 모델에 의해서 포트폴리오를 구성함으로써 객관성을 확보하고 있다.

수익원은 자문서비스 제공에 따른 자문수수료(Advisory Fee)로 관리자산에 비례하여 연 0.25%를 받고 있다. 이는 미국 투자자문사의 평균 자문수수료인 1.3%에 비해 매우 저렴한 수준이며, 최소 투자규모는 5천 달러로 관리자산이 1만 달러 이상일 경우에만 자문수수료를 받고 있어 기존 투자자문사보다 높은 가격 경쟁력을 갖고 있다.

웰스프론트 서비스 화면

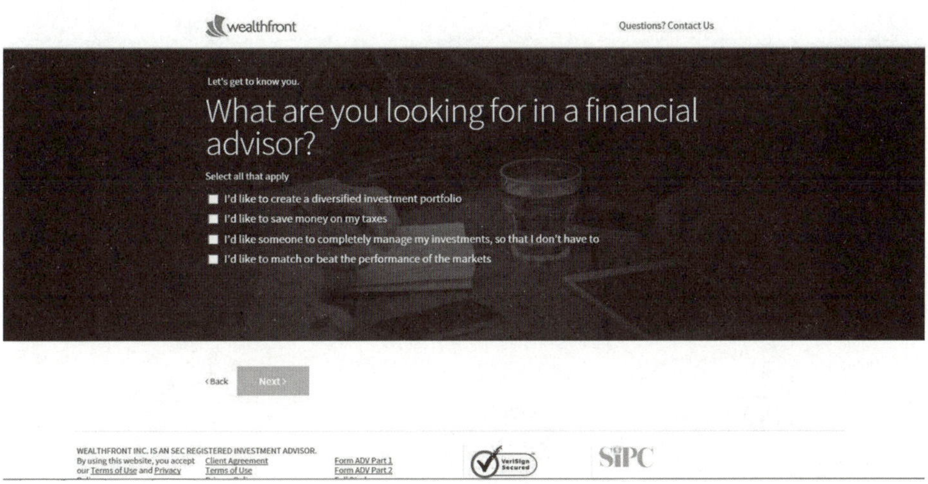

자료: www.wealthfront.com

15. 드래곤웰스(dragonwealth.net)

2013년 설립된 드래곤웰스는 모바일 앱을 통해 자산관리 콘텐츠를 제공해 주는 핀테크 기업이다. 싱가포르에 본사가 있고, 스위스 취리히에도 지사를 두고 있다. 정보 수집 및 분석을 위해 빅데이터 · 클라우드 솔루션 업체인 '8K Miles' 및 'Amazon Web Services'와 전략적 제휴를 맺고 있다. 온라인 플랫폼을 통해 개인투자자 및 자산관리회사(은행, 투자자문사) 등에게 피어그룹(Peer Group) 포트폴리오 등 투자정보를 제공할 뿐만 아니라 개인투자자와 자산관리회사가 교류할 수 있는 공간을 제공해 준다.

드래곤웰스는 회원정보(투자성향 및 현재 포트폴리오 등)와 펀드 평가사 등 각종 웹사이트에서 확보한 외부정보를 통합 · 분석하여 피어그룹(Peer Group) 포트폴리오 등의 2차 정보를 산출해서 회원들에게 제공해주고 투자판단 시 참고자료로도 활용한다. 드래곤웰스는 플랫폼 제공의 대가로 회원들로부터 월 25달러의 수수료를 받고 있다.

드래곤웰스 서비스 화면

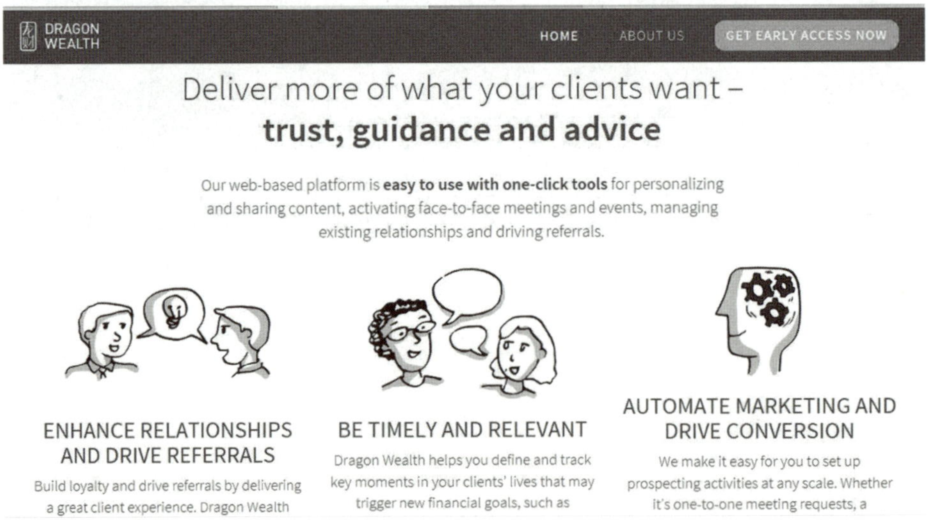

자료: dragonwealth.net

16. 빌가드(www.billguard.com)

2010년 설립된 빌가드는 회원이 자신의 은행계좌 및 신용카드정보를 등록하면 빌가드가 자산 현황을 통합 관리해 주는 서비스로 부정거래 관리, 효율적인 수수료 관리방안 제시, 금융서비스 관련 인터넷 쿠폰 제공 등 개인의 자산관리와 관련된 서비스를 제공해 주는 핀테크 기업이다. 사용자가 등록한 계좌, 카드 등의 사용내역을 통합 관리하는 애플리케이션인 '스마트 머니 앱(Smart Money App)'을 통해 부정거래 감시, 수수료 절감방안 제공, 인터넷 쿠폰 제공 등 서비스를 제공한다. 또한 회원은 모바일 앱을 활용하여 자신의 신용카드와 은행계좌의 금융정보를 통합한 개인자산 관리서비스를 이용할 수도 있다.

신용카드 사용자가 부당하게 카드사에 지급한 금액(Grey Charge)[31]은 2013년 6월 말 기준 미국에서 연간 143억 달러에 달하는데, 이는 신용카드를 소유한 미국인 1인당 1년에 215달러를 부담하는 셈이다. 신용카드 사용자뿐만 아니라 신용카드회사도 부당하게 징수한 금액을 다시 되돌려 주는 불필요한 업무로 인해 연간 5억 6,200만 달러의 손실을 입고 있다.

기존의 카드사 등 금융회사의 부정거래 모니터링시스템은 해당 회사 또는 그 사이트에 국한한 서비스였으나, 빌가드는 이용자 본인이 등록한 여러 금융회사의 카드, 계좌 등을 모두 포함하여 부정거래 모니터링 및 자산관리서비스를 제공해 준다. 따라서 빌가드의 비즈니스 모델은 기존 금융소비자뿐만 아니라 회사 관계자들도 부담하고 있었던 사회적 비용을 제거하여 금융소비자와 금융사 양쪽에서 낭비되던 비용을 감소시켜 준다.

2014년 10월 6천만 달러 규모의 비정상 거래를 적발하는 실적을 올렸으며, 현재 10억 달러 규모의 거래를 감시 중에 있다. 포브스(Forbes)가 선정한 '2015년 주목할 15개 핀테크 기업'에 선정되는 등 언론으로부터 비즈니스 모델의 혁신성을 인정받고 있다.

31) 고객에게 사전에 알리지 않고 무료로 가입한 카드 부가서비스가 유료서비스로 전환되는 것과 같이 고객이 사전에 알았다면 충분히 절감할 수 있는 비용을 말한다.

빌가드 서비스 화면

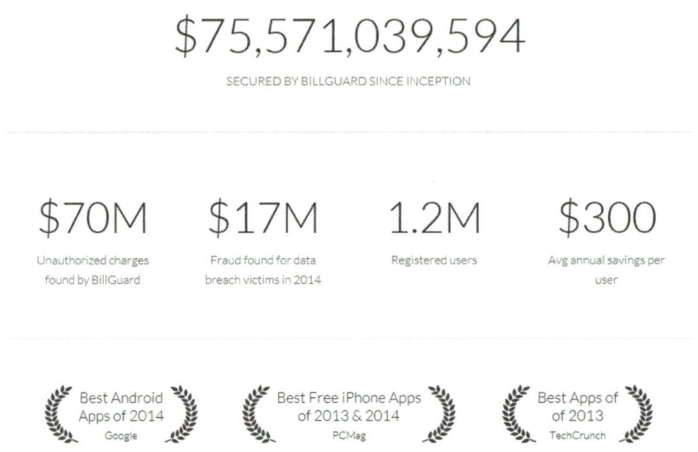

자료: www.billguard.com

17. 민트(www.mint.com)

2007년 설립된 민트는 미국, 캐나다에서 개인자산관리 플랫폼을 통해 앱 회원의 금융계좌, 신용카드정보, 주택, 증권가격 등을 모두 고려하여 종합적인 자산상황을 알려주는 서비스를 제공해 주는 핀테크 기업이다. 서비스 이용자가 본인의 계좌, 신용카드, 자산 등을 연계하면, 민트에서 자체 개발한 프로그램으로 통합 자산관리서비스를 제공한다. 2009년 인튜이트(Intuit)에 인수되기 전에는 계좌통합정보만을 제공했으나 인수 후에는 인튜이트의 네트워크를 이용해 계좌연계서비스를 제공하기 시작했다.

민트는 계좌, 카드, 주택 등 소비자가 갖는 모든 형태의 자산을 종합하여 예산관리 제공, 지출액 서비스 제공, 공과금 지불 관리서비스를 제공한다. 제공되는 서비스는 Bill Reminder(잊지 않고 공과금을 지불할 수 있도록 하는 서비스 제공), Customer Tips(수수료를 줄일 수 있는 방법), Alerts(특정 금융거래 시기 알람 제공) 등이다.

민트는 무료로 소비, 지출 등 자산관리 데이터를 제공하고, 직관적인 그래프 등을 이용한 시각효과로 회원이 관련 정보를 알아보기 쉽게 해준다. 2013년 12월 기준 천만 명 이상의 고객과 1,700만 개의 개인계좌를 확보했고, 미국 · 캐나다의 1만 6천 개의 금융회사와 제휴하고 있다.

민트 서비스 화면

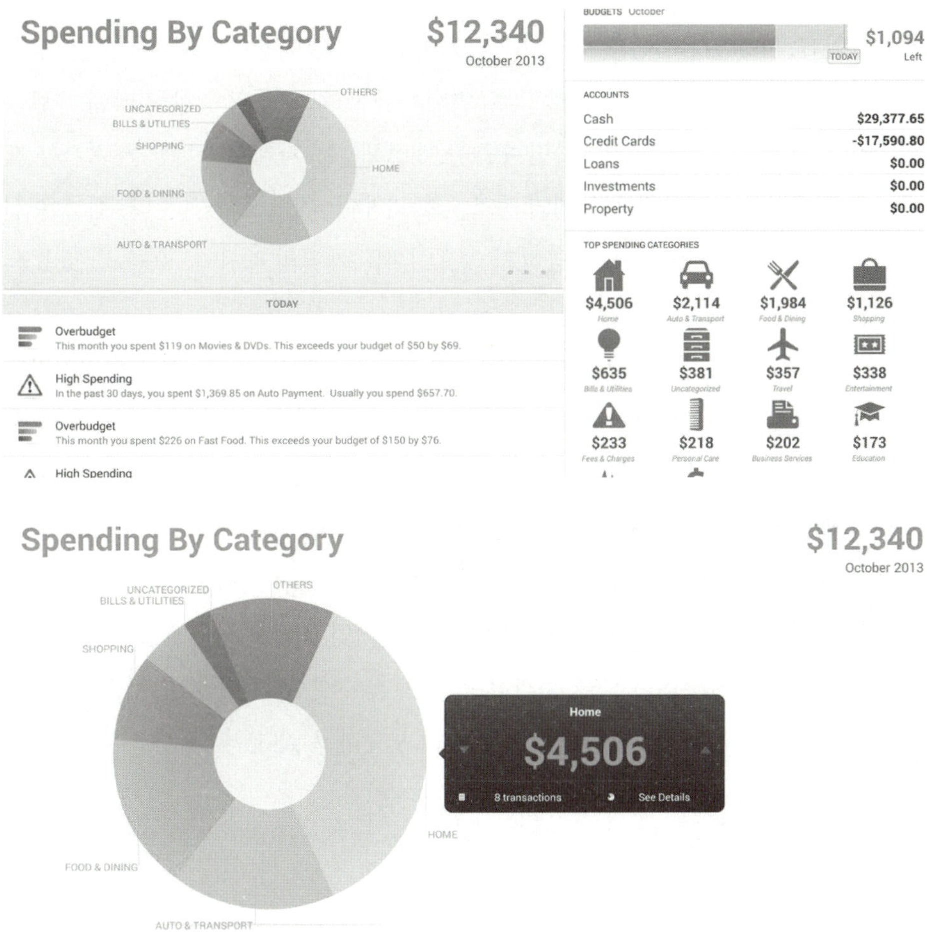

자료: www.mint.com

18. 심플(www.simple.com)

2009년 설립된 심플은 지점 없이 온라인뱅킹, 텔레폰뱅킹, ATM, 휴대폰 등으로 금융서비스를 제공하는 인터넷 전문은행이다. 제휴 은행인 뱅코프(Bancorp)가 미국 연방예금보험공사(FDIC)의 부보은행이기 때문에 25만 달러의 예금보험을 적용받는다. 심플은 다른 미국 은행과 달리 일정 금액 이상을 예치하지 않아도 계좌유지수수료를 부과하지 않는 무료 수시입출식 계좌인 심플계정(Simple Account)을 제공한다. 제휴사인 STARsf ATM 이용 시 전미 42,000개의 ATM 이용수수료가 무료이고, 심플계정의 이자율은 연 0.01%이다. 단, 휴면계좌, 카드교체 등과 같은 기타 수수료는 징수한다. 심플은 8달러를 지불하면 수표를 배달해주는 가계수표 배달 서비스를 제공하고 고객의 자금이용과 사용내역 등을 애플리케이션으로 분석해준다. 심플은 신용카드(Credit Card) 서비스는 제공하지 않으며 비자계열의 직불카드(Debit Card) 서비스만 제공한다.

심플은 고객이 맡긴 돈을 뱅코프은행에 예치하고, 그 계좌에서 나오는 수입이자와 가맹점이 뱅코프와 VISA에 내는 직불카드(Debit Card) 결제수수료의 분담금으로 수익을 창출한다. 심플은 심플계정과 직불카드 등 특정 서비스에 특화하여 저렴한 수수료와 편리한 서비스를 제공해 주는 것이 가장 큰 특징이다. 미국의 상업은행들은 일정 금액 이하를 예치할 시 계좌유지수수료를 징수하고, 은행계좌의 잔액이 없는 상태에서 직불카드를 사용하면 은행에서 수십 달러의 초과한도 인출수수료를 부과하나, 심플은 계좌유지수수료를 부과하지 않는다. 심플은 2013년 말 기준 총 매출액이 16억 달러에 달했고, 총 660만 개 계좌를 보유하고 있다.

심플 서비스 화면

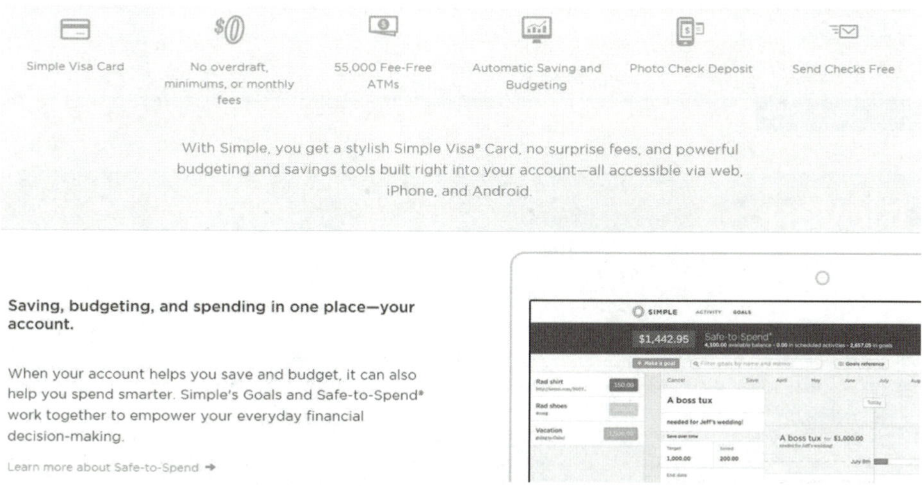

자료: www.simple.com

19. 모벤(www.moven.com)

2011년 설립된 모벤은 'Cashless, Cardless, Paperless Bank'를 표방한 인터넷 전문은행으로 예금, 출금, 결제 등 상업은행과 동일한 서비스를 제공한다. 모벤은 미국예금보험공사(FDIC) 회원으로 25만 달러의 예금보험을 제공하고, 회원의 결제액 및 잔고를 실시간으로 반영한다. 미국 은행들이 기본적으로 부과하는 계좌유지 수수료, 당좌대월(Overdraft) 수수료는 무료로 제공한다. 카드재발급 수수료는 2년에 2번까지 무료이며, 그 이후에는 4.99달러의 수수료가 부과된다. 모벤 역시 심플과 마찬가지로 미국 전역의 42,000개 STARsf ATM을 이용하면 수수료가 무료이며 여타 인터넷 전문은행이 제공하는 수준의 자산관리서비스를 제공한다.

모벤 가입고객은 MasterCard™의, PayPass™ 방식의 결제가 가능한 NFC 단말기가 설치된 매장에서 스마트폰으로 모벤 계좌를 통해 결제를 할 수 있다. 플라스틱 카드인 모벤카드를 이용해서 CBW은행(Citizens Bank of Weir) 가맹점에서도 오프라인으로 결제할 수 있다. 주요 언론사인 포브스(Forbes), 뉴욕타임스(New York Times)에 의해 'Bank of the future'라는 평가를 받았다.

모벤 서비스 화면

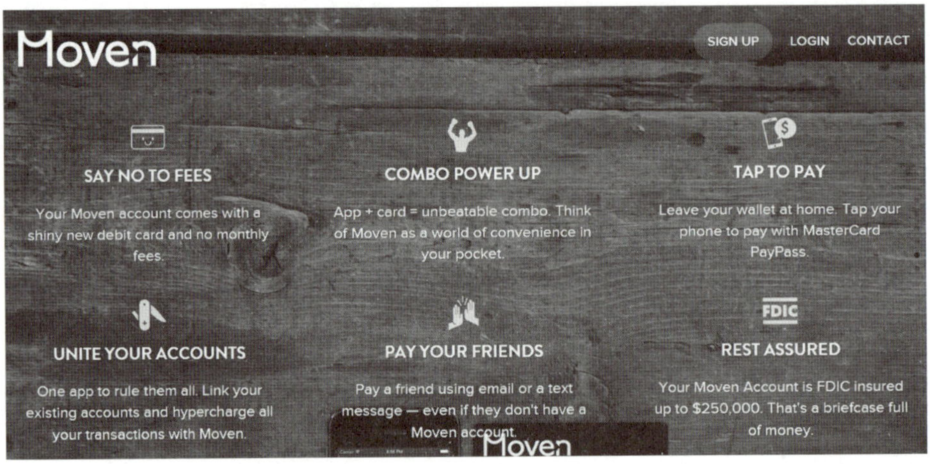

자료: www.moven.com

20. 프렌드슈런스(www.friendsurance.com)

2010년 설립된 프렌드슈런스는 SNS를 이용하여 P2P 보험(Peer to Peer Insurance) 상품을 판매하는 핀테크 기업이다. P2P 보험은 SNS를 통해 친구들 혹은 동료들끼리 단체로 보험가입을 하도록 하는 금융서비스를 말한다. 일부 금액을 별도로 적립하여, 소액의 보험금 청구건 발생 시에 보험사의 개입 없이 온라인 페이백 시스템을 이용해 보험금이 바로 지급된다. 보험금 청구가 발생하지 않으면, 지불한 보험료의 40%를 돌려주고 SNS 회원들끼리 연계하여 보험료를 낮춰주므로 기존 보험사보다 보험료가 50% 정도 저렴하다. 주요 보험상품은 휴대폰, 아이폰, 아이패드, 태블릿, 노트북, 카메라 등 손해를 보상해 주는 소액 손실 보상보험, 화재, 낙뢰 등 자연재해로 인한 손실 보상보험, 법을 어겼을 경우 제반 보험금을 지급해주는 법규위반 손실 보상보험 등이다. 보험료는 각각 월 1.75유로, 1.99유로, 8.6유로이다. P2P 보험이므로 인터넷상으로 간편하게 보험상품에 가입할 수 있다. 아직까지는 독일 내에서만 사업을 하고 있으나, 호주 등 해외 진출을 검토하고 있고, 2014년 말 기준 10만 개 이상의 그룹이 프렌드슈런스와 계약을 맺고 있다.

프렌드슈런스 서비스 화면

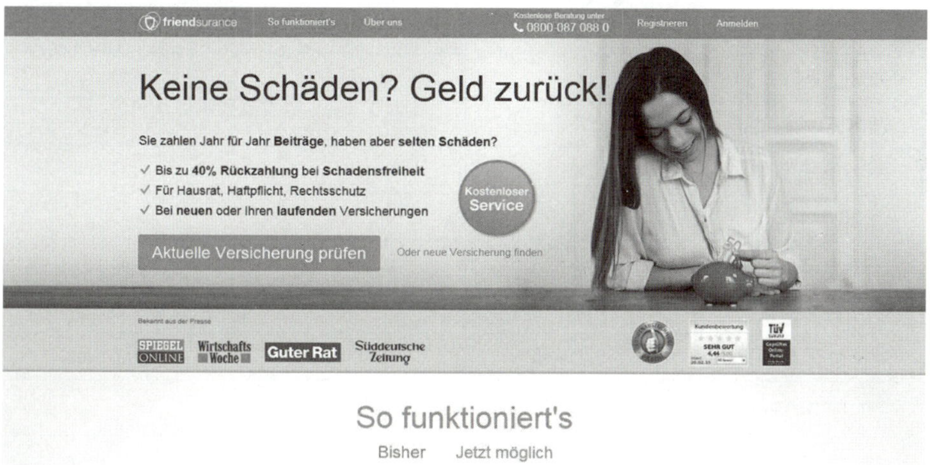

자료: www.friendsurance.com

21. 홀비(www.holvi.com)

홀비는 2011년 Tuomas Toivonen과 Kristoffer Lawson이라는 두 창업자가 핀란드에서 공동 설립한 인터넷 전문은행이다. 이 회사는 지난 수십 년 동안 변화하지 않은 은행 산업을 혁신하는 것을 비전으로 설정했다. 홀비는 주요 고객인 중소기업을 대상으로 지급결제서비스와 이와 관련된 기본적인 뱅킹 솔루션을 제공한다. 홀비는 EU의 지급결제서비스업무를 관장하는 European SEPA의 라이선스를 획득해서 EU 지역의 주요 국가에 지급결제 및 뱅킹 서비스를 제공할 수 있다.

홀비는 기존 지급결제서비스회사와는 달리 핀란드 금융감독청의 관리감독 하에 IBAN(International Bank Account Number)이라는 금융계좌 발급 및 지급결제와 관련된 서비스를 제공한다.

서비스 비교

비교 항목	은행	페이팔	홀비
계좌 발급	O	X	O
온라인 신용카드 결제	X	O	O
결제대금 송장 발급	X	X	O
온라인 쇼핑몰 개설	X	X	O
비용 관리	X	X	O
회계 보고서 작성	X	X	O
오픈 시스템	X	X	O
계정 발급 소요시간	수일(Days)	수분(Minutes)	수분(Minutes)

자료: www.holvi.com

이 계좌를 기반으로 중소기업이 제품이나 서비스를 판매할 때 발생하는 결제대금의 입금 및 출금이 가능하고 각종 거래건에 대한 결제대금 송장 발급, 비용 관리, 기타 회계정보에 관한 보고서를 만들어 고객사에 제공한다. 예를 들어 대규모 컨퍼런스를 주관하는 한 중소기업이 입장권 판매와 관련된 지급결제처리 솔루션이 필요하게 되면 홀비는 입장권 판매에 필요한 각종 하드웨어와 소프트웨어를 공급하고 여기에서 발생한 지급결제업무를 처리하기 위한 회계 및 송장 발행 등 다양한 뱅킹업무를 지원한다. 고객사가 핵심 업무에만 집중할 수 있도록 부수적인 업무와 이와 관련된 솔루션을 제공하는 것이다. 마치 전자상거래 솔루션회사가 온라인 쇼핑몰을 운영하고 싶은 창업자에게 온라인 쇼핑몰과 관련된 인프라를 마련해주고 창업자는 쇼핑몰에서 잘 팔릴만한 제품과 서비스 개발에만 집중하게 해 주는 것과 같은 원리이다.

홀비는 고객사로부터 자금 송금 및 수금 건에 대해 1건당 0.9유로를, 신용카드 결제 건에 대해서는 결제대금의 3%를 수수료로 받는다. 홀비는 핀란드뿐만 아니라 EU 전역에 사업을 확장하고 있는 단계라 아직까지 수익성이 높지는 않으나, 포브스가 핀란드에서 가장 혁신적인 핀테크 기업으로 뽑을 정도로 향후 성장 가능성이 매우 높은 기업이라 할 수 있다.

홀비 서비스 화면 화면

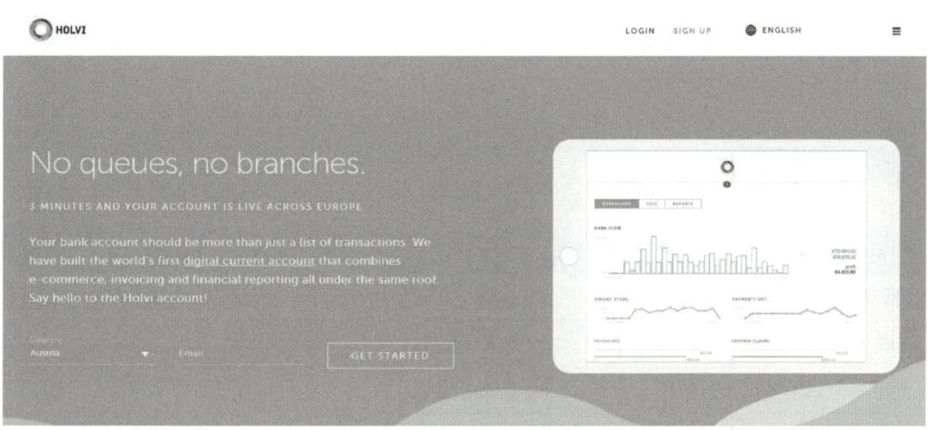

자료: www.holvi.com

22. 피도르뱅크(www.fidor.de)

피도르뱅크는 글로벌 금융위기가 발생했던 다음 해인 2009년에 독일에서 설립된 인터넷 전문은행이다. 피도르뱅크는 기존 금융회사에 대한 고객들의 신뢰가 낮아진 상황에서 종전보다 훨씬 높은 수준의 사용자 경험을 토대로 금융서비스를 개발하여 은행에 대한 고객의 신뢰를 회복하는 것을 목표로 삼았다. 이러한 목표 달성을 위해 피도르뱅크는 기존 은행과는 완전히 다른 혁신적인 비즈니스 모델을 적용했다. 기본적으로 모든 업무는 인터넷기반의 응용 프로그램을 사용해 처리하고 기존 미디어

매체가 아닌 소셜 미디어를 집중적으로 활용하는 광고전략을 펼쳤다.

전략방향은 크게 세 가지로 피도르 스마트 커뮤니티의 활성화, 보너스 프로그램을 통한 효과적인 마케팅, 고객의 이익을 극대화하는 최고의 금융서비스이다. 첫째, 피도르 스마트 커뮤니티는 고객과 의사소통할 수 있는 인터넷 커뮤니케이션 플랫폼을 제공하여 고객이 필요로 할 때, 언제 어디서든지 은행 내 직원 또는 전문가에게 질문을 하고 답변을 들을 수 있게 해준다. 둘째, 보너스 프로그램은 온라인상에서 고객의 다양한 활동에 대해 인센티브를 지급함으로써 고객 간 구전 및 유용한 정보공유를 활성화하여 마케팅 효과를 향상시키는 프로그램이다. 고객의 각 온라인 활동 항목별 인센티브는 다음과 같다.

보너스 프로그램 내용

온라인 활동 항목	월 최대 보상금액	활동 건당 보상금액
개인자산관리에 대한 질문	0.30 파운드	0.10 파운드
저축 팁을 게시판에 게시	0.30 파운드	0.10 파운드
전문가 정보를 게시판에 게시	0.30 파운드	0.10 파운드
금융상품/서비스에 대한 댓글	0.15 파운드	0.05 파운드
금융상품/서비스 소개	0.30 파운드	0.10 파운드
다른 고객 질문에 대한 답변	0.50 파운드	0.10 파운드
전문가 의견에 대한 댓글	0.15 파운드	0.05 파운드
새로운 금융상품/서비스 제안	0.15 파운드	0.05 파운드

자료: www.fidorbank.uk

셋째, 고객의 이익을 극대화하는 최고의 금융서비스를 제공하기 위해서 피도르뱅크는 다양한 금융상품을 개발했다. 피도르뱅크의 주요 금융상품은 피도르세이브(FidorSave), 피도르페이어카운트(FidorPay Account), 피도르크레딧(FidorCredit)이다. 피도르뱅크는 설립 이후 5년 동안 예금수신고가 무려 223% 증가하여 독일 은행업의 평균 예금수신고 증가율 3%와는 비교가 되지 않을 정도로 높은 수준을 기록했다. 이렇게 고성장을 실현할 수 있었던 것은 바로 피도르세이브(FidorSave) 상품이 있었기 때문이다.

피도르세이브(FidorSave)는 일종의 수시입출식 예금으로 타 은행보다 높은 이자율을 제공하고 있다. 수시입출식 예금임에도 불구하고 피도르뱅크가 높은 이자율을 고객에게 줄 수 있는 이유는 표준화가 가능한 업무를 모두 외부 전문업체에 아웃소싱해서 IT 비용을 획기적으로 절감했기 때문이다. 기존 은행의 IT 비용은 1인당 200달러 수준인데 비해 피도르은행은 1인당 15달러에 불과하다. 줄어든 운영비만큼 피도르은행은 예대마진을 기존 은행에 비해 상당히 적게 설정할 수 있는 것이다.

피도르페이어카운트(FidorPay Account)는 온 · 오프라인 결제가 가능한 전자지갑과 고객의 모든 계정과 자산 관련 정보를 통합하여 고객에게 최적화된 자산관리서비스를 제공해 준다. 피도르크레딧(FidorCredit)은 고객이 가입한 생명보험을 담보로 낮은 이자율로 대출을 해주는 상품이다. 그리고 피도르뱅크는 기존 은행에는 없는 브로커테인먼트(Brokertainment)라는 부가서비스도 제공한다. 이는 고객이 외환거래를 통해 환차익을 거둘 수 있는 일종의 온라인 개인 외환거래 플랫폼 서비스이다.

피도르뱅크 서비스 화면

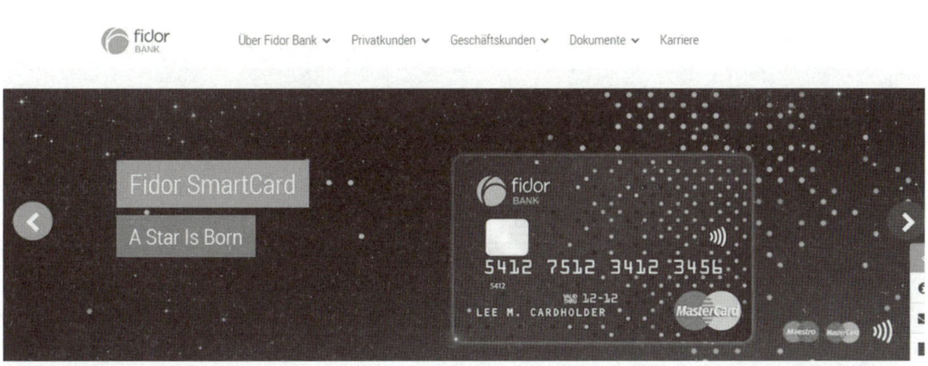

자료: www.fidor.de

23. 페이밀(www.paymill.com)

페이밀은 2012년 독일에서 설립된 지급결제서비스업체이다. 이 회사가 개발한 REST API는 유럽 전역에 걸쳐 34개국에서 사용할 수 있으며 온라인 결제 솔루션은 전 세계적으로 100개 이상의 서로 다른 통화로 결제업무를 처리할 수 있다. 또한 페이밀의 온라인 지불 솔루션은 전 세계 주요 은행, 신용카드 및 페이팔의 전자지갑을 사용할 수 있고, API 프로그램을 손쉽게 수정할 수 있어 결제서비스를 이용하고자 하는 기업들이 자사 웹페이지에 유연하게 적용할 수 있다. 페이밀의 지급결제 API는 처리속도가 매우 빠르고 세계 최고 수준의 보안성을 갖춰 고객 만족도가 매우 높다.

이러한 경쟁력을 바탕으로 페이밀은 설립 이후 연평균 매출액 증가율이 250%를 기록하면서 EU에서 가장 빠르게 성장하고 있는 핀테크 기업 중의 하나로 손꼽히고 있다. 지불계정의 생성, 설치, 지원 및 수정은 모두 무료로 제공되나, 신용/체크카드 거래수수료는 총 결제금액의 2.95%이며 추가로 1건당 0.28유로를 부과한다. 고객이 페이팔로 결제할 경우에는 1건당 0.28유로만 부담하면 된다. 페이밀은 2013년 한 해에만 미국과 유럽의 대형 투자회사로부터 1,400만 달러를 유치하며 EU시장 공략을 가속화하고 있다.

페이밀 서비스 화면

자료: www.paymill.com

24. 클라르나(www.klarna.com)

클라르나는 EU 지역에서 온라인 쇼핑 산업이 성장단계에 진입했던 2005년 스웨덴에서 설립된 B2C 지급결제서비스업체이다. 클라르나는 온라인 쇼핑 시 사람들이 신뢰할 수 있으면서도 간편하게 결제할 수 있는 수단을 만드는 데 집중했다. 그 결과 EU에서 가장 최초로 클라르나 체크아웃(Klarna Checkout)이라는 제3자 지불결제시스템을 만들었다. 고객이 클라르나와 제휴한 사이트에서 온라인 쇼핑을 하면 수수료를 제외한 결제대금은 일단 클라르나가 제휴사에 미리 지급하고, 고객이 물건을 받고 이상 유무를 확인한 후 14일 내에 결제대금을 클라르나에 지급하면 거래절차가 모두 종료된다. 이러한 결제방식은 온라인 쇼핑 시 물건을 직접 보지 않고 결제하기를 꺼려하는 고객과 대금을 먼저 수령하기를 원하는 온라인 쇼핑몰 점주들에게 선풍적인 인기를 끌었다.

클라르나는 제3자 지불결제방식을 기반으로 2008년부터 할부결제방식도 도입했다. 이는 고객이 물건을 받고 난 후, 14일 이내 전액 결제를 하지 않고 일부 결제를 하게 되면 나머지 금액은 할부로 받는 방식이다. 2011년에는 모바일 결제방식을 도입하여 클라르나는 2014년 말 1,200여 명의 직원과 900만 명의 고객을 확보한 글로벌 지급결제회사로 성장했다. 클라르나의 결제서비스 이용방법은 매우 간편하여 모바일 결제서비스를 이용한 고객의 40% 정도가 결제에 성공한 것으로 나타났다.

수수료는 전액 결제대금을 상환할 경우 3%의 수수료만 받고, 할부구매의 경우에 스웨덴에서는 25~30%, 독일에서는 15~20%의 할부이자를 수수하고, 연체할 경우에는 1건당 9유로의 추가수수료를 받는다. 2014년 클라르나의 추정 수익은 2억 5,000만 유로이고, 하루에만 200,000건의 거래가 발생하고 있다. 클라르나는 현재 EU 온라인 결제시장의 10%를 점유하면서 유럽에서 가장 큰 온라인 지급결제회사로 성장했고, 전 세계 15개 국가에서 서비스를 제공하고 있다.

클라르나 서비스 화면

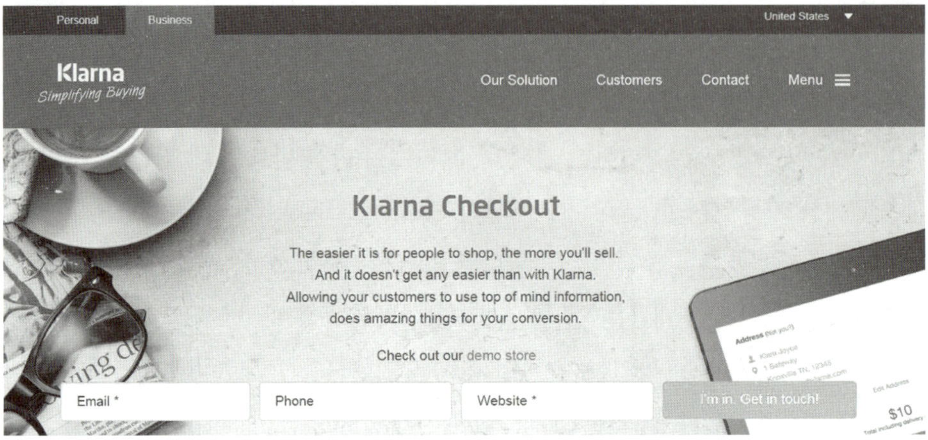

자료: www.klarna.com

25. 어셉트이메일(www.acceptemail.com)

어셉트이메일은 고지서를 발급해 결제대금을 수금해야 하는 서비스 제공회사들의 고충을 덜어주기 위해 2006년 네덜란드에서 설립된 지급결제서비스업체이다. 기존의 종이고지서 방식은 다른 사람에게 배달되거나, 분실되는 경우가 자주 발생해 대금수금에 실패하는 경우가 많았고, 대금결제에 처리되는 시간이 많이 걸리고 비용이 큰 단점이 있었다. 어셉트이메일은 이러한 문제점을 해결하기 위하여 고지서를 이메일 또는 문자메시지(SMS)로 보내 고객이 은행 지점에 가지 않고 즉석에서 간편하게 결제할 수 있게 해주는 서비스를 개발했다.

서비스 이용절차는 매우 간단하여 고객이 이메일이나 스마트폰으로 받은 고지서상의 결제버튼을 클릭하면 결제화면으로 이동하고 계좌이체나 신용카드, 체크카드, 페이팔로 결제하면 된다. 모든 결제 프로세스는 3번의 클릭으로 이루어지기 때문에 매우 편리하다. 이 서비스를 이용하는 기업 고객들은 종이고지서 분실에 따른 재발급, 대금 연체, 사후 처리 등에 소요되는 비용을 70%까지 절약할 수 있고, 대금수금에 걸리는 시간을 종전보다 50%나 줄일 수 있다.

어셉트이메일은 서비스의 높은 신뢰성과 편리함으로 인해 페이팔, 월드페이, 소포트(Sofort)뱅크, 도이치뱅크 등 글로벌 지급결제회사 및 금융회사들과 제휴를 맺고 있다. 이 서비스를 이용하려는 기업은 최초 빌링시스템을 개발하기 위한 가입비와 전자고지서 발송물량에 비례하여 월 발송수수료를 부담해야 한다. 어셉트이메일은 2014년 말 기준 전 세계 200여 개 기업과 약 400만 명의 개인 서비스 이용고객을 확보하고 있다.

어셉트이메일 서비스 화면

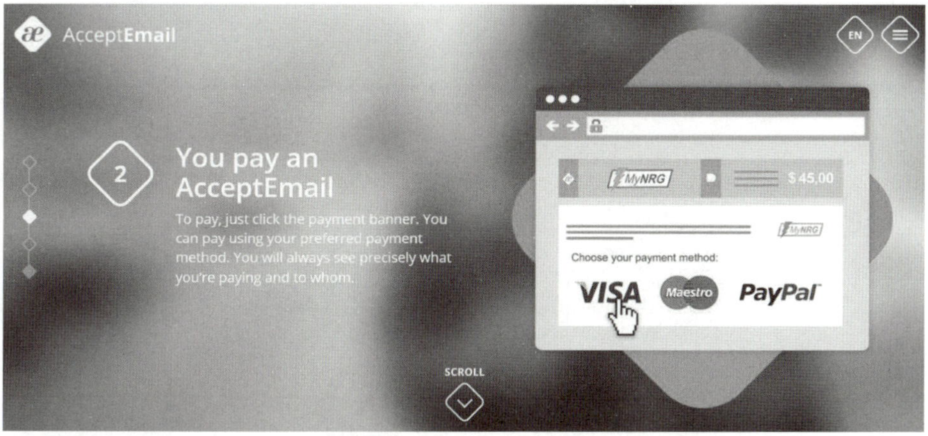

자료: www.acceptemail.com

26. 프라소스(prasos.fi)

프라소스는 2012년 핀란드에서 설립된 비트코인 솔루션업체이다. 프라소스는 비트코인 거래소, 비트코인 ATM, 비트코인 실물화폐인 데나리움(Denarium), 비트코인 지불결제 솔루션 등 네 가지 서비스를 제공하고 있다. 프라소스는 현재 비티라하(Bittiraha.fi)라는 핀란드 최대의 비트코인 거래소와 비트코인을 인출하거나 입금할 수 있는 자동화기기(ATM)을 개발해 노르딕 지역 최대의 ATM망을 운영하고 있다. 주 수익원은 비트코인 거래소에서 발생하는 거래수수료이며 비트코인 거래금액은 월 평균 1백만 유로 정도 발생하고 있다.

데나리움은 1비트코인의 10분의 1의 가치를 지닌 실물 코인을 말하는데 프라소스는 데나리움을 발행하여 실물 비트코인을 유통시키고 있다. 또한 비트코인으로 결제할 수 있는 비트코인 스토어를 만들어 비트코인과 관련된 하드웨어와 소프트웨어 제품 등을 판매하고 있다. 총 직원 수는 10명으로 이제 막 성장단계에 진입한 스타트업 기업이나, 성장 가능성을 인정받아 2015년 EU의 크라우드펀딩업체인 인베스더(Invesdor)를 통해 25만 유로를 조달하는 데 성공했다. 프라소스의 매출액과 거래대금 증가율은 다음과 같다.

프라소스 서비스 화면

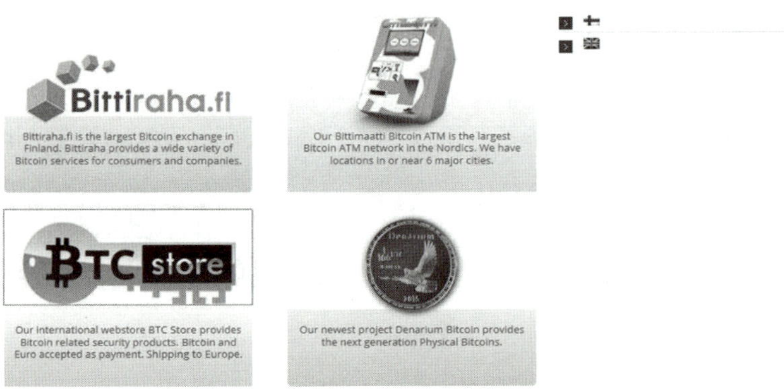

27. 펀디드바이미(www.fundedbyme.com)

펀디드바이미는 2011년 스웨덴에서 설립된 종합 크라우드펀딩업체이다. 펀디드바이미는 2014년 말 기준 유럽과 아시아 지역의 8개국(스웨덴, 핀란드, 덴마크, 노르웨이, 스페인, 이탈리아, 독일, 싱가포르)에서 펀딩 프로젝트를 진행하고 있다. 펀디드바이미의 가장 큰 특징은 지분투자형, P2P 대출 중개형, 기부후원형 등 모든 종류의 크라우드펀딩 서비스를 동시에 제공하고 있다는 것이다. 수수료는 펀딩 유형에 따라 차등화하여 받고 있다.

펀디드바이미 수수료 체계

펀딩 유형	수수료
지분투자형	프로젝트 등록비 500유로와 펀딩에 성공 시 총 모집금액의 8%를 받음
P2P 대출 중개형	펀딩에 성공 시 총 대출금액의 4%를 받음
기부후원형	펀딩에 성공 시 총 모집금액의 6%를 받음

자료: www.fundedbyme.com

또한 펀디드바이미의 펀딩 성공률은 무려 99%에 달한다. 펀딩 성공률이 높은 이유는 자사가 진출해 있는 여러 국가의 크라우드펀딩 플랫폼들을 연계한 다국적 프로젝트를 기획하여 투자자 풀을 대폭 확대한 데 있다. 더불어 각 산업별 펀딩 전문가들은 투자자들이 좀 더 프로젝트의 내용을 쉽게 이해하고 편리하게 투자할 수 있도록 소셜 네트워크를 활용해 각 투자단계별로 상세하게 안내를 해주는 서비스를 제공해 주고 있다. 회사 설립 이후 총 350만 유로의 펀딩금액을 달성했고, 영국 언론협회가 선정한 유로지역의 100대 핀테크 기업에 선정되기도 했다.

펀디드바이미 서비스 화면

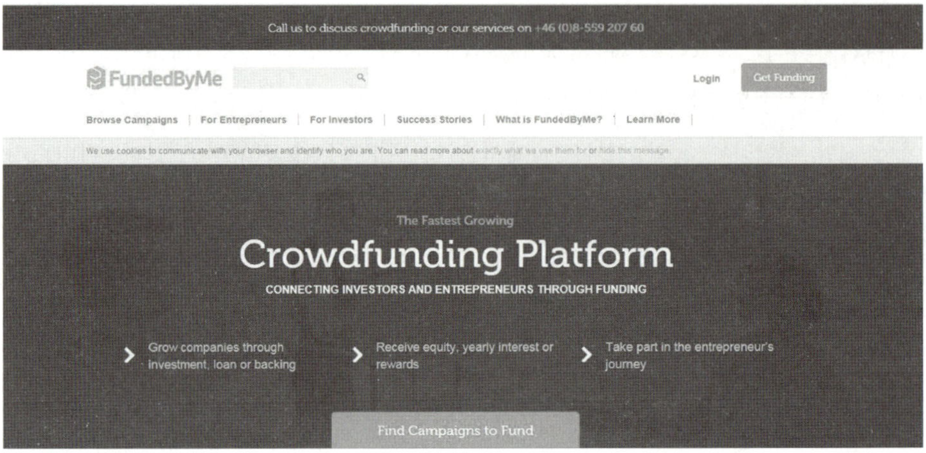

자료: www.fundedbyme.com

28. 본도라(www.bondora.com)

본도라는 2009년 에스토니아에서 설립된 전형적인 P2P 대출 중개업체이다. 최초 사업은 에스토니아에서 시작했지만 이후 핀란드, 스페인, 슬로바키아 등지로 진출 국가를 확대하고 있다. 2014년 말 기준 전 세계 37개국에서 1만 명 이상의 투자자를 확보하고 있고, 설립 이후 5년 동안 총 5천만 유로의 대출실적을 기록하고 있다. 본도라를 통해 대출을 받은 사람은 무려 17만 명에 달한다.

본도라 경영실적

투자자 수	10,620명	대출고객 수	170,438명
총 대출금액	5천만 유로	평균 대출금액	2,670유로
총 가입회원 수	208,132명	총 대출건수	18,700건

자료: www.bondora.com

본도라는 투자자로부터는 수수료를 받지 않고, 대출발생 시점에 대출신청자로부터 최초 3.9~4.9%의 수수료와 연간 관리보수로 3.5~5.5%를 추가로 받는다. 본도라는 지금까지 투자자에게 평균 10%의 투자수익률을 안겨주고 있는데, 투자수익률 분포를 살펴보면 5~10%의 수익률이 가장 높은 58%의 비중을 차지하고 있다.

본도라 투자수익률 분포

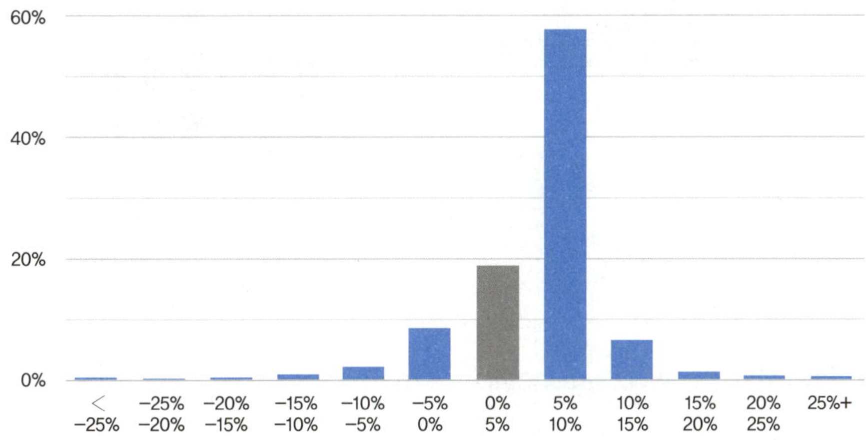

자료: www.bondora.com

본도라는 2013년에 투자자들이 보유하고 있는 대출채권을 다른 투자자에게 매도할 수 있는 대출채권 유동화시장을 만들었다. 투자자는 대출신청자의 신용정보와 원리금 상환실적을 감안하여 원금에 추가 프리미엄을 요구하거나 원금에서 할인된 가격으로 자유롭게 유동화시장에서 채권을 거래할 수 있다. 본도라는 대출채권 거래대금의 1.5%를 유동화시장 관리수수료로 받고 있는데, 대출채권 유동화시장의 수익성이 P2P 대출 중개 비즈니스의 수익성보다 더 높은 것으로 알려져 있다.

본도라 주요 경영지표

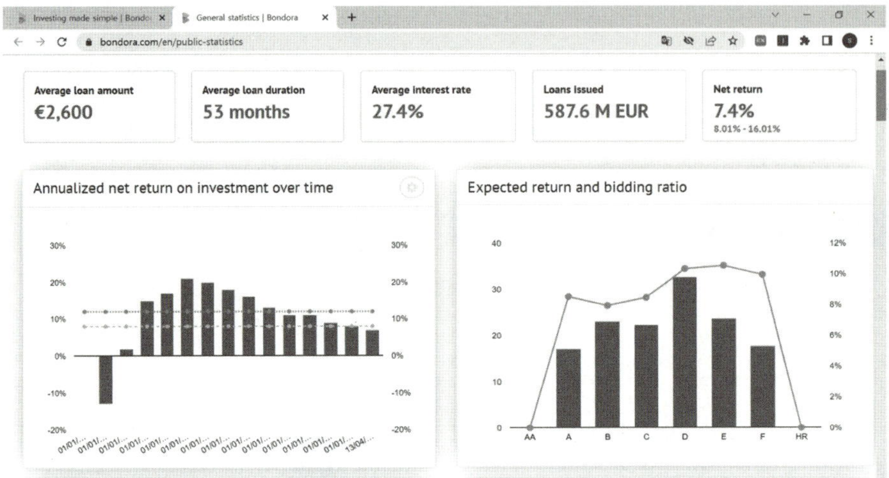

자료: www.bondora.com

29. 커런시페어(www.currencyfair.com)

커런시페어는 2009년 퇴직 은행원들이 주축이 돼 기존 금융회사나 송금회사들의 높은 수수료 구조를 혁신하기 위한 목적으로 영국에서 설립된 해외송금 핀테크 기업이다. 커런시페어는 아일랜드, 호주, 영국 등 3개국에서 영업을 하고 있고, 은행보다 최대 90% 저렴한 수수료가 최대 장점이다. 커런시페어의 수수료는 영국 최대의 해외송금 핀테크 기업인 트랜스퍼와이즈보다도 저렴한 수준이다. 커런시페어의 해외송금수수료가 이처럼 낮은 이유는 송금과정에서 금융회사를 전혀 거치지 않아 송금수수료가 전적으로 시장 참여자에 의해 결정되고, 커런시페어는 최소한의 플랫폼 운영비 명목으로 해외송금액의 0.15%만 수수하기 때문이다. 이러한 커런시페어의 저렴한 가격정책이 EU 해외송금시장에서 최대 1% 송금수수료율이라는 새로운 기준을 정립했다.

커런시페어와 은행 수수료 비교

비교 항목	기존 은행	커런시페어
송금액	2,000파운드	2,000파운드
해외송금수수료	40파운드	2.5파운드
환율 마진	60파운드	6파운드
총비용	100파운드	8.5파운드

자료: www.currencyfair.com

이용절차는 매우 간단해서 고객은 커런시페어 계정에 돈을 송금한 뒤, 송금액을 거래하고자 하는 화폐로 환전하고 수신자 계정을 지정하면 거래신청이 완료된다. 거래 당사자들은 마치 증권거래와 같이 상대방의 신분을 전혀 모르는 상태에서 거래를 하게 되고 거래가 성립이 안 됐을 경우에는 언제든지 거래신청을 취소할 수 있다. 커런시페어는 비즈니스 모델의 성공 가능성을 인정받아 설립 이후 총 8회에 걸쳐 미국과 유럽의 투자사들로부터 1,550만 유로를 투자받았고, 2015년 5월 말까지 약 20억 유로의 해외송금실적을 거둬 약 1억 달러 정도의 고객수수료를 절감하는 실적을 거두었다. 전문가들은 향후 연간 40억 유로에 달하는 해외송금시장에서 커런시페어가 시장을 상당 부분 잠식할 것으로 예상하고 있다.

커런시페어 서비스 화면

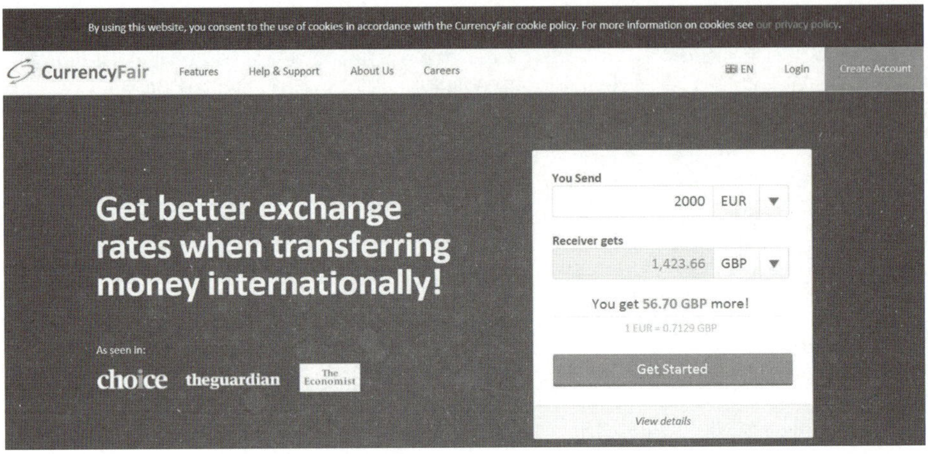

자료: www.currencyfair.com

30. 틴크(www.tinkapp.com)

틴크는 2012년 스웨덴에서 설립된 온라인 전문 자산관리업체이다. 이미 많은 핀테크 기업들이 온라인 자산관리서비스를 제공하고 있으나, 틴크는 고객이 자신의 재무 데이터를 이해하기 쉽게 꼭 필요한 데이터만 추출하여 직관적으로 시각화하고, 개인 FDS 솔루션을 적용하여 카드 부정사용이나 부정이체 사고를 막아주는 기능으로 다른 기업과 차별화하고 있다. 틴크는 고객과 관련된 데이터양이 100이라고 했을 때 모든 데이터를 고객에게 다 보여주는 것이 아니라 90% 정보의 데이터양은 분석에 활용하고 나머지 10% 정도의 데이터양만 정교하게 가공해서 보여준다. 고객 입장에서는 개별 건들을 다 확인해 보지 않고도 자신의 재무상황을 일목요연하게 파악할 수 있기 때문에 매우 편리하다.

예를 들어 고객이 상품, 서비스대금 또는 공과금을 결제하거나 금융회사와 거래를 하면 해당 내용이 스마트폰에 문자메시지로 전달되고 그 내용은 틴크 앱에 의해 자동으로 각 항목별로 분류되어 실시간으로 지출내역이 집계된다. 그리고 개인 FDS 솔루션으로 ID 추적이 가능하여 다른 사람이 고객의 명의로 거래를 하거나 고객의 카드를 다른 사람이 사용할 때 이상거래 메시지를 스마트폰으로 알려주는 기능도 제공한다. 틴크의 혁신적인 서비스가 입소문을 타기 시작하면서 설립 초기 하루 10건에 불과했던 가입자 수가 2015년 5월 말 기준 평균 1,000건으로 급증했다. 틴크는 아직까지는 무료로 서비스를 제공하고 있으나 향후 금융회사와 제휴하여 고객이 금융상품에 가입하면 수수료를 받을 예정이다.

틴크 서비스 화면

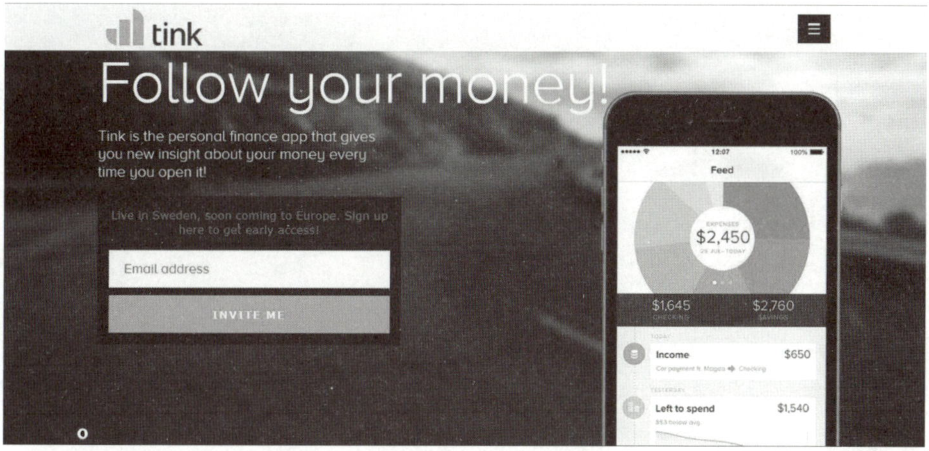

자료: www.tinkapp.com

제4장

국내외 대응 현황 및 국내 핀테크 산업의 당면 이슈

1절

글로벌 금융회사들의 대응

1. 견제와 독자적인 대응

글로벌 금융회사 중 영국의 금융회사들은 핀테크 기업들의 금융시장 잠식에 대응하기 위하여 금융회사끼리 제휴를 하거나 개별적으로 독자적인 시스템을 구축하여 간편결제서비스를 적극적으로 확대하고 있다. 금융회사끼리 제휴를 한 대표적인 사례로는 BB&T, 웰스파고, PNC금융서비스그룹, 캐피탈원, 뱅크오브아메리카(BoA), JP모건체이스, US밴콥 등 미국의 7개 대형은행이 참여한 은행 간 연합 결제 네트워크인 클리어엑스체인지(clearXchange)가 있다. 클리어익스체인지가 제공하는 서비스 앱을 통하면 금융공동망이 구축되어 있지 않은 미국 금융시장에서 은행 간 실시간 송금이 가능하게 된다. 연합체에 참여한 은행들의 미국 모바일 뱅킹 시장 점유율을 합치면 60%에 달하는데, 대형 은행들의 이 같은 움직임은 빠른 성장세를 보이고 있는 핀테크 기업들의 은행 영역 침투를 막으려는 목적에서 전격적으로 이루어졌다.

중국의 5개 대형 은행도 급성장하고 있는 핀테크 기업들을 견제하기 위해 모바일 송금 수수료를 인하하거나 면제해 주기로 했다. 공상은행, 농업은행, 중국은행, 건설은행, 교통은행 등은 공동 성명을 내고 송금 수수료를 인하하고 5,000위안(약 95만 원) 이하 송금 건에 대해서는 수수료를 전액 면제하고 있다.

영국 최대 국영은행인 로열뱅크오브스코틀랜드(RBS)는 인공지능(AI)을 활용한 로보 어드바이저 도입을 추진할 계획이다. RBS는 대면 자문 서비스를 줄이고 로보 어드바이저를 활용하여 온라인 투자 플랫폼을 강화하기로 했다. 대신 투자자문 인력 220여 명을 감축하고, 현재 10만 파운드(1억 7,000만 원) 이상 투자 고객에게 제공되던 자문 서비스를 향후 25만 파운드(4억 3,000만 원) 이상 투자한 고객에 한해 제공하기로 했다.

한편 중국에서는 금융당국이 기업 육성을 위해 예금금리를 정책적으로 낮게 유지했고, 이 때문에 중국 소비자들은 낮은 금리로 예금을 할 수밖에 없었다. 이렇게 이자율이 통제된 시장에서 은행들은 큰 이익을 취할 수 있었으나, 알리페이와 같은 핀테크 기업들이 위어바오 등의 새로운 금융상품을 출시하여 금융소비자들의 인기를 끌자 핀테크 기업들을 적극적으로 견제하기 시작했다. 기존 은행들은 예금금리를 일제히 상향 조정하고 알리페이를 통한 법인예금 가입을 제한해 줄 것을 금융당국에 요청하고 있다. 또한 이들은 핀테크 기업들이 제공하는 간편결제서비스의 한도를 1건당 5천 위안으로 축소하고 이체가능 금액도 월 5만 위안으로 제한하게 하는 등 금융시장 수성과 자금이탈 방지를 위해 노력하고 있다.

프랑스 BNP파리바는 모바일 전문은행을 해외시장 진출수단으로 활용하고 있다. BNP파리바는 2013년 단독으로 모바일 전문은행인 헬로뱅크(Hello Bank)를 설립해 모든 서비스를 모바일 환경에서 제공하고 있다. 계좌번호를 휴대폰번호로 대체하고 SNS를 통해 고객의 불편사항을 처리해 주고 있다. 지금까지 오프라인 금융거래의 보조수단으로 활용되던 모바일뱅킹을 핀테크 기업들의 주요 고객층인 젊은 세대를 공략하는 도구로 활용하는 것이다. BNP파리바는 헬로뱅크를 벨기에, 독일, 이탈리아 등 해외시장 진출의 수단으로 활용하고 있다.

2. 적극적인 제휴와 투자 확대

글로벌 금융회사들도 투자기회를 선점하고 자사의 뱅킹 경쟁력 향상을 위해 이미 핀테크 기업에 대한 투자와 지원을 확대하고 있다. 글로벌 금융회사들은 핀테크 산업에서 고수익 투자기회를 선점하고, 자사의 뱅킹 경쟁력을 높일 수 있는 유망 기업들을 창업 단계에서 조기에 발굴하여 육성하려 하고 있다. 다수의 해외 금융회사들은 유망 IT기술이나 자원을 보유한 핀테크 기업에 대한 인수 · 지분투자 · 파트너십 · 육성 등 다양한 형태로 투자 확대와 적극적인 제휴를 추진하고 있다. 스페인 BBVA는 2014년 초 인터넷 전문은행 심플(Simple)을 1.2억 달러에 인수한 데 이어, 1억 달러 규모의 벤처펀드 조성을 통해 코인베이스(Coinbase, 비트코인), 프로스퍼(Prosper, P2P대출), 퍼스널캐피털(Personal Capital, 온라인 자산관리), 타울리아(Taulia, 공급망 금융), 도큐사인(Docusign, 디지털 문서관리), 세이브업(SaveUp, 개인 재무관리), 섬업(SumUp, 지급결제) 등 핀테크 기업에 투자했다. 또한 BBVA는 2009년부터 핀테크 사업모델을 공모하는 'Open Talent' 행사를 진행하여 다양한 영역에서 유망 스타트업을 발굴하고 있다.

웰스파고(Wells Fargo), 바클레이스(Barclays), UBS, Citi 등도 핀테크 스타트업을 선정해 재무적 투자뿐 아니라 업무공간 제공, 멘토링 등 비재무적 지원을 함께 제공해 이들의 성장을 돕고 추후 사업성이 우수한 기술은 자체 서비스에 적용하는 '액셀러레이터 프로그램'을 운영하고 있다. 특히 씨티그룹은 다양한 자체 API를 공개하고 이를 활용해 개인 및 기업을 위한 금융 솔루션을 개발하는 경진대회인 'Citi Mobile Challenge'를 전 세계 지역별로 실시하고 있다.

글로벌 투자은행(IB)들이 다양한 핀테크기업을 인수, 신기술을 활용해 점점 치열해지고 있는 경쟁에 대응하고 있다. 프랑스 소시에테제네랄은 뱅킹 플랫폼 회사를 인수했고, 스페인 BBVA는 빅데이터 회사를 인수했다. 일본 미쓰비시 도쿄 UFJ은행 역시 인공지능 기반 데이터 분석 기업 지분에 투자했다.

해외 금융회사의 핀테크 대응 사례

기업	내용
Goldman Sachs	– 핀테크기업 Context Relevant에 1,350만 달러 투자 발표 (BOA – 메릴린치 공동, 2014년 9월) – 소셜미디어 업체 Dataminr 투자(2015년 3월)
Société Générale	– 실시간 뱅킹시스템, 결제, 개인화 카드 프로그램을 제공하는 BaaS(Banking as a Service) 플랫폼 회사 Treezor 인수(2018년 9월)
스페인 BBVA	– 비정형 데이터(Unstructured data) 분석업체 Madiva(2014년 12월), UX 및 디자인 업체 Spring Studio 인수(2015년 4월)
캐나다 TD Bank	– 인공지능 분야 벤처기업 Layer 6 인수(2018년 1월)
미쯔비시-도쿄UFJ은행	– 인공지능 기반 데이터분석에 특화된 기업인 Xenodata Lab에 지분 참여 (2017년 2월)

자료: 코스콤, 2019

투자은행인 골드만삭스는 2009년 이후 핀테크 관련 기업에 132건의 투자를 진행했으며, 이 중 77건은 최근 금융업을 둘러싼 IT 환경이 급변한 2013년 이후에 집중됐다. 특히 스퀘어(Square), 블루핀페이먼트(Bluefin Payments), 레볼루션머니(Revolution Money), 빌트러스트(Billtrust) 등 지급결제와 데이터마이너(Dataminr), 켄쇼테크(Kensho Tech), 컨텍스트렐러번트(Context Relevant), 앤튜이트(Antuit) 등 빅데이터 분석 관련 핀테크 기업에 집중적으로 투자했다. 2015년 4월에는 비트코인 간편송금 스타트업인 써클(Circle), 금융상품 가격비교 사이트인 컴페어아시아그룹(CompareAsiaGroup), 건강보험 스타트업인 오스카(Oscar) 등에도 투자했다.

골드만삭스가 투자한 주요 핀테크 기업

업체명	투자($)	설명
Recolution Money	42백만	카드결제 및 P2P송금 플랫폼, 정산 수수료(interchange fee) 미수취(美 최초)
Billtrust	25백만 (공동투자)	자동화된 B2V 'invoice–tp–cash' 솔루션 제공업체
Dataminr	130백만 (공동투자)	SNS를 실시간으로 분석, 전 세계에서 발생하는 각종 사건 정보를 파악해 트레이딩 활용
Context Relevant	13.5백만 (공동투자)	최신 머신러닝 기술을 활용해 고객행동분석, 가격전략, 예측모델 등의 솔루션 제공

자료: KB금융연구소

해외 금융회사들은 다양한 유형의 핀테크기업을 인수하여 빅데이터 기반의 맞춤형 고객 서비스를 제공하거나 플랫폼 경쟁력 강화 차원에서 핀테크 기업에 대한 투자를 확대하고 있다.

해외 빅테크 기업과 금융회사의 제휴 사례

은행	출시	제휴 금융사	주요 내용
Apple	2019.8	GoldmanSachs, MasterCard	AppleCard(신용카드) 출시
Facebook	2019.11	Paypal, Stripe	간편결제 Facebook Pay 출시
	2020	협회 회원	가상화폐 'Libra' 출범 예정
Google	2020	Citigroup	지급결제용 은행 당좌계좌 서비스 출시 예정
Uber	2016	Green Dot	Uber Money, 당좌계좌, 체크카드, 모바일 뱅킹앱 제공
Paypal	2014	WebBank	개인/기업 대출 서비스 Paypal Working Capital 제공
Amazon	2011	BoA Merrill Lynch	'단기운용자금 대출 서비스 Amazon Lemding' 제공
	미정	JPMorgan	은행과 당좌계좌 개설 협의 중

자료: American Banker, 2020

글로벌 금융회사의 핀테크 투자 현황

기업명	도입 시기	주요 내용
Goldman sachs	2014.9 2015.3	• 핀테크기업 Context Relevant에 1,350만 달러 투자 → 머신러닝 기술을 통해 고객 행동 분석, 가격 전략 등의 솔루션을 제공 • 소셜미디어 업체 Dataminr 투자 → SNS상의 빅데이터 분석을 통해 고객의 니즈를 파악하고 중요 정보 · 동향 제공
Société Générale	2018.9	• 실시간 뱅킹시스템, 결제, 개인화 카드 프로그램을 제공하는 BaaS(Banking as a Service) 플랫폼 회사 Treezor 인수 → 혁신적 결제 플랫폼 개발에 착수
BBVA	2015.4	• 비정형 데이터(Unstructured data) 분석업체 Madiva('14.12월), UX 및 디자인 업체 Spring Studio 인수 → 빅데이터 기반 신사업 모델 발굴 및 고객 친화적 App 개발 등에 활용
TD Bank	2018.1	• 인공지능 분야 벤처기업 Layer 6 인수 → AI를 활용한 다양한 형태의 데이터 분석을 통해 개별 고객의 요구 파악 · 예측
미쯔비시-도쿄 UFJ은행	2017.2	• 인공지능 기반 데이터분석에 특화된 기업인 Xenodata Lab에 지분 참여 → AI, 빅데이터 분석을 중소기업 여신심사 등에 활용

자료: 금융위원회, 2019

금융회사뿐만 아니라 통신회사들도 핀테크에 대한 적극적인 투자로 사업영역을 확대하고 있다. 일본 NTT도코모사는 이미 2005년 전자지급결제시장에 진출한 이래 1,500만 명의 서비스 이용자를 확보하여 일본 1위의 시장점유율을 유지하고 있다. 아울러 편의점과 일반 소매 가맹점을 더욱 늘리기 위해 전자결제 인프라에 대한 투자를 확대하고 있다. 2015년 초에는 뉴욕증권거래소와 공동으로 비트코인 결제사인 코인베이스에 7,500만 달러의 대규모 투자를 단행했다. 미국 샌프란시스코에 본사를 둔 코인베이스는 비트코인 월렛서비스를 제공하는 회사로 2012년에 설립돼 전 세계 210만 명의 고객과 38,000개의 가맹점을 확보하는 데 성공했다. NTT도코모는 코인베이스를 활용하여 자국 내 전자지급결제시장뿐만 아니라 글로벌 전자지급결제시장에서 자사의 영향력을 지속적으로 확대하려 하고 있다.

일본 제2의 이동통신사인 KDDI는 2008년 금융회사인 미츠비시도쿄UFJ와 50%씩 출자하여 인터넷 전문은행인 지분뱅크를 설립했다. KDDI는 통신기술을 활용하여 모바일 뱅킹 시스템을 구축하고, 미츠비시도쿄UFJ는 통신회사가 갖지 못한 금융서비스 업무기반을 제공하여 사업 시너지를 극대화했다. 그리고 지분뱅크는 휴대폰으로 촬영한 신분증을 전송하여 계좌를 개설하는 퀵(Quick) 계좌개설 서비스, 상대방의 전화번호로 자금을 이체하는 모바일 자금이체 서비스, 실물 신용카드 없이도 발급 및 사용이 가능한 모바일 신용카드 서비스, 모바일뱅킹만으로도 가입이 가능한 보험 서비스 등 차별화된 모바일 전용 서비스를 제공하여 조기에 영업기반을 확대하는 데 성공했다.

글로벌 금융회사들이 비금융 지급결제사업자들과 전략적 제휴를 통해 간편결제서비스 수요 증가에 대응하는 사례도 늘어나고 있는데 대표적인 사례는 영국의 잽(Zapp)과 싱가포르의 대쉬(Dash) 등이다. 영국의 HSBC, 퍼스트다이렉트(First Direct), 내이션와이드(NationWide), 산탄데르(Santander), 메트로뱅크(Metro Bank) 등의 은행들은 영국 최대 지급결제사업자인 보카링크(VocaLink)의 자회사인 잽(Zapp)과 제휴하여 이름, 카드번호, CVV, 유효기간 등을 입력하는 대신 비밀번호 입력만으로 간편하게 모바일 결제가 가능한 서비스를 제공한다. 잽은 제휴한 금융회사의 모바일뱅킹 애플리케이션과 통합된 시스템을 제공하기 때문에, 제휴 금융회사의 고객이 해당 은행 모바일뱅킹 애플리케이션만을 이용하여 간편결제서비스를 사용하는 것이 가능하다. 이에 따라 잽을 이용할 수 있는 고객 계좌 수는 영국 전체 은행계좌의 3분의 1에 달하며, 향후 다른 은행들과도 추가적인 제휴가 이루어질 전망이다.

싱가포르의 대쉬(Dash)는 모바일 세대의 라이프스타일과 금융수요를 겨냥하여 스탠다드차터드(Standard Chartered)은행과 통신사업자 싱텔(SingTel)이 공동으로 출시한 모바일 금융 및 결제서비스이다. 대쉬는 2013년 싱텔이 통신사 제약 없이 사용 가능하도록 도입한 모바일 머니인 엠캐시(mCash) 서비스를 스탠다드차터드은행이 저축성계좌와 연동시켜 편리성을 제고한 모바일 월렛 서비스이다. 대쉬는 뱅킹, 결제, 쇼핑이라는 3대 요소를 결합하고, 기존 가맹점 확대와 스마트폰-POS 기기 간 통합 기술 확보를 통해 전반적인 모바일 결제 기능을 대폭 강화했다. 대쉬는 2014년 6월 말 기준 싱가포르 내 약 2만 개의 가맹점을 확보하면서 기존 은행의 오프라인 금융 상담 창구를 비금융회사와 제휴를 통해 모바일로 확대함으로써 은행 서비스 채널의 다각화에 성공했다.

중국 최대 보험사인 핑안보험은 2012년 P2P 대출 중개회사인 루팍스(Lufax)를 설립하였고, 2013년에는 알리바바, 텐센트와 합작하여 중안 온라인 보험회사(衆安保險)를 설립했다. 중안보험은 핀테크 기업들과의 경쟁에서 우위를 점하기 위해 전자상거래, 모바일 결제 등과 관련된 분야에 특화된 보험사로 성장하는 전략을 추진하고 있다.

이러한 제휴전략에서 좀 더 나아가 핀테크 기업을 금융회사가 직접 인수하는 사례도 늘고 있다. 미국의 금융그룹 캐피털 원(Capital One)은 2012년 네덜란드의 인터넷 전문은행인 ING 다이렉트(ING Direct)를 인수했고, 러시아 스베르은행은 페이스북 뱅킹방식을 도입한 터키 데니즈은행을 2012년 인수했다. 스페인의 BBVA은행은 미국 시장 진출을 위해 2014년 인터넷 전문은행인 심플을 인수하기도 했다.

2절

국내 금융회사들의 대응

국내 은행들은 핀테크 전담부서를 신설하고 정보통신(ICT) 업체들과 전략적 제휴를 적극적으로 강화하고 있다. 우리은행은 ICT 기업인 KT와 업무협약을 체결하고 사물인터넷 기술을 활용한 '애셋 매니지먼트 동산담보 대출관리 시스템' 및 고객에게 맞춤 신상품 안내, 쿠폰 등을 제공하는 '기가비콘 타깃 마케팅 시스템' 등을 공동 개발해 운영하고 있다. 2015년 3월에는 '핀테크늘품센터'를 개소하여 핀테크 기업과 제휴를 적극 확대하고 지원이 필요한 핀테크 기업에는 기술 상담 및 컨설팅서비스를 제공하고 있다. 또한 2015년 5월 말에는 우리은행이 국내 시중은행 최초로 모바일 전문은행인 '위비뱅크(WiBee Bank)'를 출범했다. 위비뱅크는 저신용자를 대상으로 한 중금리 대출, 간편송금서비스를 먼저 출시해 고객들로부터 좋은 반응을 얻고 있다.

신한금융의 핀테크 지원센터 '신한퓨처스랩'은 해외 4개국에서 핀테크 이노베이션 랩을 운영하고 있는 액센추어와 함께 지원 프로그램을 설계했다. 우수 핀테크 기업에는 해외에서 진행되는 액센추어의 '핀테크 이노베이션 랩' 글로벌 데모데이에 참여할 수 있는 특전이 주어진다. 제휴업체로 선정된 기업은 신한금융그룹 전산센터에서 직접 서비스를 테스트해볼 수 있다.

KB금융은 2015년 3월 말 본점에 'KB핀테크허브센터'를 열었다. KB금융그룹의 지식재산 인큐베이팅 프로젝트의 일환으로 핀테크 기업 상담부터 기업공개(IPO)까지 지원한다. KEB하나은행은 본사에 핀테크 기업을 위한 사무공간인 '핀테크 원큐랩

(1Q Lab)'을 오픈하고 핀테크 기업들과 공동으로 서비스 개발을 추진하고 있다.

NH농협은행은 업계 최초로 금융오픈플랫폼(NH Open Platform)을 구축하고 있다. 오픈플랫폼이란 핀테크 기업들이 금융사가 운영하는 인터넷 포털에 접속해 금융사가 제공하는 시스템과 정보를 활용해 서비스를 만들 수 있도록 플랫폼을 제공하는 것이다. 아울러 'NH핀테크협력센터'는 10개 협력부서가 태스크포스(TF)를 구성해 핀테크 기업이 제휴 신청을 하면 원스톱으로 모든 협의가 가능하도록 알선해준다.

기업은행은 'IBK핀테크드림지원센터'를 개설하여 핀테크 기업이 어느 분야의 상담을 받고 싶은지를 미리 신청하면 관련 부서와 자회사 내부 직원을 연결해 상담을 진행하고, 상담기업의 기술력과 서비스 잠재력이 인정되면 기업은행이 직접 투자까지 진행하고 있다.

우리나라 금융회사들은 2015년 핀테크지원센터를 설립한 이후 핀테크 랩으로 조직을 확대 개편했다. 핀테크 랩(Lab)은 핀테크 기업들에게 혁신적인 아이디어가 상용화되기까지 사업성 검토, 법률상담, 자금조달 등을 원스톱으로 지원하는 임무를 수행하는 전담 조직을 말한다. 핀테크 랩은 금융회사가 핀테크 유망기업을 발굴 · 협력하여 양사의 시너지를 창출하고, 핀테크 산업 및 생태계를 활성화하기 위한 목적으로 운영되고 있는데 2019년 4월 말 현재 금융지주(3개사), 은행(4개사), 보험(1개사)사가 핀테크 스타트업 지원을 위한 핀테크 랩(Lab)을 운영하고 있다.

8개사 핀테크 랩 운영 현황

구분	지원센터 명칭	최초 설립일	위치	지원 업체 수
KB금융지주	KB Innovation HUB	2015.3	서울시 강남구	62개사
신한금융지주	신한 퓨처스랩 (19.4.11. 재출범)	2015.5	서울시 중구	40개사
DGB금융지주	DGB 피움 랩	2019.5	대구광역시	업체 모집 중
KEB하나은행	1Q Agile Lab	2015.6	서울시 중구	10개사
우리은행	디노랩 (19.4.3. 확대 개편)	2016.8 (2019.4)	서울시 영등포구	34개사
NH농협은행	NH디지털 혁신캠퍼스 (19.4.8. 확대 개편)	2015.11	서울시 서초구	33개사
IBK기업은행	IBK금융그룹 핀테크 DreamLab	2015.11	서울시 마포구	29개사
한화생명	드림플러스 63 한화생명 핀테크센터	2016.10	서울시 영등포구	39개사

자료: 금융위원회, 2019

우리나라의 각 지방자치단체 및 공공기관에서도 스타트업, 중소기업, 벤처기업들을 대상으로 혁신적인 금융 서비스 개발을 위한 지원 인프라를 제공하고 있으며, 다양한 기업들이 핀테크랩 내에서 실험적 서비스를 개발하거나, 파트너십을 구축할 수 있도록 도와주고 있다. 국내 핀테크랩은 주로 서울, 판교, 부산 등의 지역에 집중되어 있으며, 정부, 금융기관, 기업 등과 협력하여 핀테크 혁신을 도모하고 있다.

서울시는 2016년부터 서울 핀테크랩을 운영하며, 중소기업청과 함께 핀테크 스타트업을 육성하고 있다. 주요 사업내용은 핀테크 관련 스타트업들에게 저렴한 가격에 사무 공간을 제공하여, 창업 부담을 줄여주고, 전문가 멘토링과 함께 벤처캐피털, 투자자들과 네트워킹 기회를 제공하고 있다. 이외에도 핀테크 관련 워크숍, 세미나, 전시회 등을 통해 스타트업들이 최신 트렌드와 기술을 습득할 수 있도록 도와주고 있다.

금융위원회, 경기도, 한국핀테크산업협회는 판교 핀테크랩을 운영하고 있다. 판교 핀테크랩은 기존의 대기업 및 금융기관과 핀테크 스타트업 간 협력을 촉진하고, 실험적 금융 서비스를 신속히 시장에 도입할 수 있도록 지원하고 있으며, 금융 규제를 유연하게 적용하는 금융규제 샌드박스 프로그램도 운영하고 있다. 이외에도 핀테크 기업 창업에 필요한 법률, 세무, 마케팅 등 다양한 지원 서비스를 제공하고 있다.

부산시는 2019년부터 핀테크 산업을 지원하기 위한 부산 핀테크랩을 운영하고 있으며, 이는 부산시 핀테크 혁신센터로도 알려져 있다. 부산 핀테크랩은 지역 핀테크 기업을 육성하고 있으며, 부산 지역의 금융 인프라를 활용한 실험적인 서비스 개발 인프라도 제공하고 있다. 이외에도 부산 금융 기관과 협력, 국내외 투자자와 만남의 기회를 제공하여 핀테크 기업들이 성장할 수 있도록 돕고 있다.

국내 은행들이 적극적인 핀테크 정책을 펼친 결과 핀테크 기업과 제휴 사례가 늘어나고 있다. 우리은행은 더치트의 사기거래방지시스템을 활용하여 온라인 사기이력을 가진 사람의 계좌개설을 사전에 탐지하거나, 고객이 송금하고자 하는 상대방 계좌의 사기거래이력을 조회해서 알려주는 서비스를 제공할 예정이다. IBK기업은행은 이리언스의 홍채인증기술과 기존 방식보다 정교화된 KTB 솔루션의 서명인증기술을 비대면 채널을 통한 거래 시 본인인증수단으로 활용할 예정이다. KEB하나은행은 주식회사 핀테크가 보유한 자영업자의 실시간 매출정보, SNS 평판 등을 분석하는 소셜 신용평가시스템을 기존 CB등급으로 신용평가가 어려운 저신용자들을 대상으로 한 대출 심사 시 활용할 예정이다. 현대증권은 특허권의 가치를 실시간으로 평가해 주는 특허평가시스템을 활용하여 보유 기술력 대비 시장가치가 저평가된 기업을 발굴하여 투자하는 투자펀드를 시범적으로 운영할 예정이다.

국내 금융회사와 핀테크 기업 제휴 사례

은행명	제휴기업
KB국민은행	GS리테일과 'GS페이' 개발 통한 핀테크 비즈니스 확대 협력
신한은행	네이버부동산 연계한 전세대출 상품 판매 준비 중
하나은행	인도네시아에 '라인뱅크 by 하나은행' 출시
우리은행	네이버 스마트스토어 연계대출
IBK 기업은행	네이버와 '소상공인 온라인 지원' 운영 통한 금리혜택
전북은행	카카오엔터프라이즈와 데이터 · AI 활용 협약 네이버파이낸셜과 금융서비스 고도화 제휴
광주은행	토스뱅크와 제휴 마케팅 업무협약 1금융권 최초 토스뱅크와 모바일대출 비교 서비스 시행

자료: 언론 보도자료

우리나라 금융회사들은 핵심 기능 강화를 위해 전문 핀테크 기업 등과 협력을 강화하고 있다. 은행은 비대면 채널 영업력 확대 차원에서 핀테크를 적극적으로 수용하고 있다. 간편결제 · 송금 등의 모바일 지급결제 서비스를 중심으로 자산관리, 부동산 정보제공 등에 핀테크를 적용하고 있고 챗봇, 로보어드바이저 도입을 비롯하여 태블릿브랜치와 스마트ATM 등을 추진하고 있다. 보안 분야에서는 스마트ATM, 모바일뱅킹 확산으로 홍채 · 지문 · FaceID 등의 바이오인증과 모바일 OTP 등 새로운 인증수단의 도입이 활발하게 이루어지고 있다.

은행의 핀테크 적용 분야

분류	핀테크 적용 분야
서비스	간편결제, 간편송금, 자산관리, 선불전자지급수단, 스피커뱅킹 등
상품	현금카드, 온라인대출
마케팅 및 운영	스마트ATM, 챗봇, 로보어드바이저
보안 및 인증	바이오인증, 모바일OTP 등
레그테크	자금세탁방지, FDS 등
블록체인	은행공동인증서비스(뱅크사인)
클라우드	부가서비스 제공

자료: 금융위원회, 2019

생명보험사는 상품추천, 고객상담 등 마케팅 측면에서 AI · 빅데이터 분석기술을 활용하고 있다. 또한, 고객 대응을 위한 AI(챗봇) 도입이나 보험계약대출 수요 분석 등을 위한 빅데이터 플랫폼 구축을 추진하고 있고, 핀테크 기업과 제휴하여 전자 청약, 보험 가입정보 일괄 조회 및 보장 분석 등 인슈어테크를 제공하고 있다.

생명보험사의 핀테크 적용 분야

분류	핀테크 적용 분야
서비스	인슈어테크(전자청약, 보험가입정보 조회 및 보장 분석, 지급심사 자동화 등)
상품	소액신용대출
마케팅 및 운영	보험상품 추천, 챗봇 등
보안 및 인증	모바일 앱 생체인증(지문 등)
레그테크	자금세탁방지 시스템
블록체인	스마트보험청구 서비스
클라우드	상품소개, 헬스케어 서비스 등

자료: 금융위원회, 2019

화재보험사는 운전습관을 고려한 UBI 보험, 보험금 청구 자동화, 보험료 간편결제 등 핀테크 도입을 통한 계약자 편의 향상을 추구하고 있다. 스마트워치의 건강기록, 운전습관 기록 등 이용자 데이터를 기반으로 보험사고 위험을 차등화하고 보험료 할인 혜택을 제공하고 있다. 또한, 자동차 보험, 여행자 보험 등 소액 보험료 납부를 위해 카카오페이 · 네이버페이 등의 간편결제를 도입하는 한편, 바이오인증도 적용하고 있다.

화재보험사의 핀테크 적용 분야

분류	핀테크 적용 분야
서비스	간편결제, 인슈어테크(보험금 간편청구, 고객 건강증진 활동 리워드), 등
상품	UBI 보험상품
마케팅 및 운영	보험상품 추천, 챗봇 등
보안 및 인증	바이오인증, 간편인증
레그테크	보험사기적발, 컴플라이언스 모니터링
블록체인	보험금 간편 청구
클라우드	부가서비스 제공

자료: 금융위원회, 2019

증권사는 주식종목, 펀드 추천 등의 로보어드바이저 분야와 바이오인증 분야를 중심으로 핀테크 도입을 추진하고 있다. 딥러닝 및 빅데이터 분석으로 고객별 거래 성향 및 종목 선호도 등을 분석하고 맞춤형 투자정보를 제공하고 있다. 전자금융업(PG, 간편결제) 및 해외송금업 진출 등 신사업을 추진하는 한편, 오픈 API 구축, 기존 로보어드바이저 및 이상거래탐지시스템 고도화 사업도 추진하고 있다.

증권사의 핀테크 적용 분야

분류	핀테크 적용 분야
서비스	간편결제, 간편송금, 해외송금
상품	체크카드서비스
마케팅 및 운영	주식종목 추천 등 로보어드바이저
보안 및 인증	바이오인증, 간편인증
레그테크	FDS, 자금세탁방지
블록체인	비대면인증 계좌개설 서비스
클라우드	내부업무처리

자료: 금융위원회, 2019

금융당국은 핀테크기업과 시중은행 공동으로 2019년 12월 18일부터 오픈뱅킹을 전면 시행했다. 오픈뱅킹은 핀테크 기업과 은행이 표준 방식(API; Application Programming Interface[32])으로 모든 은행의 자금이체 · 조회 기능을 제공하는 금융서비스다. 오픈뱅킹을 활용하면 여러 은행 계좌를 보유한 소비자는 은행별로 앱(App)을 하나하나 설치할 필요 없이 오픈뱅킹을 이용해 은행이나 핀테크 기업의 앱 하나에 자신의 모든 은행 계좌를 등록해 송금 · 이체 · 조회 업무를 원스톱으로 처리할 수 있다.

오픈뱅킹 개요

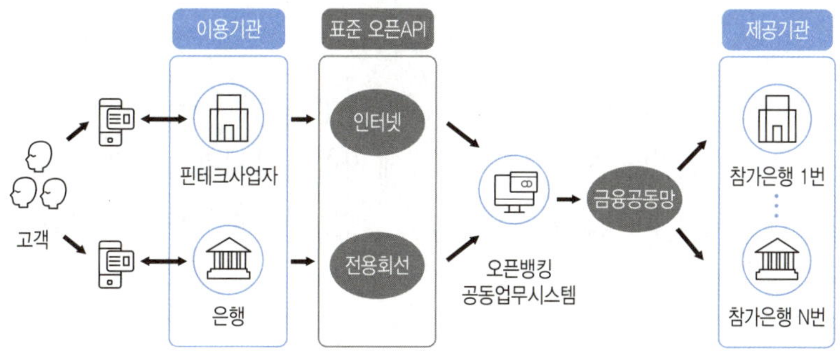

자료: 금융위원회, 2019

오픈뱅킹은 개별 은행과의 제휴가 필요 없는 공동형 플랫폼으로서, 오픈뱅킹 이용기관은 시스템 접속만으로 전체 참여은행(18개)과 연결돼 모든 은행의 결제망을 이용할 수 있다. 참여기관의 오픈뱅킹 이용 절차는 ①금융결제원에 오픈뱅킹 이용신청, ②이용 적합성 심사와 승인, ③서비스 개발과 시험, ④금융보안원 등의 이용기관 보안 점검과 취약점 점검 시행, ⑤이용계약 체결과 오픈뱅킹 이용의 순서로 이루어진다. 오픈뱅킹은 이체, 조회 등 6개 금융서비스를 API로 제공한다.

32) 컴퓨터 운영체제나 프로그래밍 언어가 제공하는 기능을 응용 프로그램이 제어할 수 있게 만든 인터페이스를 말한다.

오픈뱅킹 제공 서비스

구분	세부 내용	
조회	잔액조회	사용자 본인계좌의 잔액 조회
	거래내역조회	사용자 본인계좌의 입출금내역 조회
	계좌실명조회	이용기관이 사용자 계좌의 유효성 및 예금주명 조회
	송금인정보조회	이용기관 계좌로 입금한 사용자명 및 송금계좌번호 조회
이체	출금이체	사용자 계좌에서 자금을 인출하여 이용기관 계좌로 집금
	입금이체	이용기관 지급계좌에서 자금을 인출하여 사용자 계좌로 입금

자료: 금융위원회, 2019

오픈뱅킹 이용 시 출금 수수료는 500원에서 30~50원으로, 입금 수수료는 400원에서 20~40원으로 낮아진다. 그리고 수수료는 참여기업의 규모에 따라 기본비용과 경감비용으로 나눠진다. 오픈뱅킹의 도입에 따라 이용기관이 부담하는 수수료가 저렴해지는 만큼 핀테크 기업들 역시 앞으로 활발하게 오픈뱅킹에 참여할 것으로 전망된다.

오픈뱅킹 이용 시 수수료 체계

업무 \ 구분		현행 비용	기본비용 (대형)	경감비용 (중소형)
조회	잔액조회	10원	10원	5원
	거래내역조회	50원	30원	20원
	계좌실명조회	100원	50원	30원
	송금인정보조회	300원	50원	30원
이체	출금이체	500원	50원	30원
	입금이체	400원	40원	20원

자료: 금융위원회, 2019

3절

선진국의 핀테크 관련 정책 현황

1. 영국

영국 재무부는 핀테크 지원을 통해 중소기업에 대한 자금지원을 확대할 목적으로 2014년 8월 대체금융업자(Alternative Finance Provider)와 가상화폐(Virtual Currency) 및 디지털화폐(Digital Money) 등 핀테크 분야에 대한 지원계획(Plan to make Britain global centre of financial innovation set out by government)을 발표했다. 이 지원계획은 가상 · 디지털화폐가 금융시장에 미치는 영향과 내포된 위험성 등을 전반적으로 검토하여 적절한 지원방안을 제안하고 있다. 특히 일반 은행이 중소기업 대출신청을 거절할 경우 지정된 온라인 플랫폼을 통해 신용제공이 거절된 기업의 정보를 공유하여 크라우딩펀딩, 개인 간 대출, 인보이스 파이낸스(Invoice Finance)와 같은 대안금융(Challenger Banks)에 접근할 수 있도록 하는 것 등이 주요 정책 내용이다.

영국 정부는 핀테크와 같은 새로운 금융혁신의 출현을 지원할 수 있는 인프라 구축을 위해 다양한 관계부처가 핀테크 산업 지원에 나서고 있다. 과학부(Government office for Science)는 산업 및 학계 전문가로 하여금 2025년까지 핀테크 산업의 성장을 지원 또는 방해하는 기술에 대한 연구를 실시하여 정책적 시사점을 도출하는 사업을 개시했다. 기업혁신기술부는 영국 비즈니스은행을 통해 1억 파운드를 핀테크를 포함한 혁신 금융개발에 지원한 데 이어 1억 파운드를 추가 지원하기로 했고, 해외투자청은 외국인 투자자를 대상으로 영국을 핀테크 창업과 개발에 유리한 최적지로 홍보하여 외국인 투자유치 및 핀테크 기업의 수출지원을 확대하는 데 총력을 기울이고 있다.

한편, 영국 금융행위감독원(FCA: Financial Conduct Authority)은 공정한 경쟁 환경과 투명성을 통해 핀테크 산업을 지원하는 바, 다른 부처와의 협력과 교류를 통해 규제의 일관성을 강조하고 있다. 핀테크와 같은 금융회사에 대한 영국의 감독체계는 이원화되어 있다. 영국은 2009년 2월 발효된 은행법 개정을 통해 금융감독체계를 강화하고, 기존의 금융감독원(FSA)을 2012년 금융행위감독원(FCA: Financial Conduct Authority)과 건전성감독원(PRA: Prudential Regulation Authority)으로 분할하였다. 이러한 감독체계 개편은 건전성 감독 강화와 금융소비자에 대한 보호 강화를 목표로 하고 있는데, 영국은 거시건전성 감독을 효율적으로 수행하기 위해 영란은행, 재무성, 의회 등 금융감독기관을 포괄하는 금융안정위원회(Council of Financial Stability)를 설치하여 감독기관 간 공조와 정보공유를 통해 시스템 리스크에 대응하도록 하였다. 또한 기존 금융감독원의 감독기능을 보완하기 위해 도입한 이중 감독구조 하에서 PRA는 영란은행 산하기관으로서 은행, 증권, 보험 등 금융기관을 대상으로 건전성 감독을 수행하도록 하고, FCA는 재무성 산하기관으로서 금융기관의 소비자 보호 및 영업행위 등을 규제하도록 하였다.

영국의 금융감독 체계

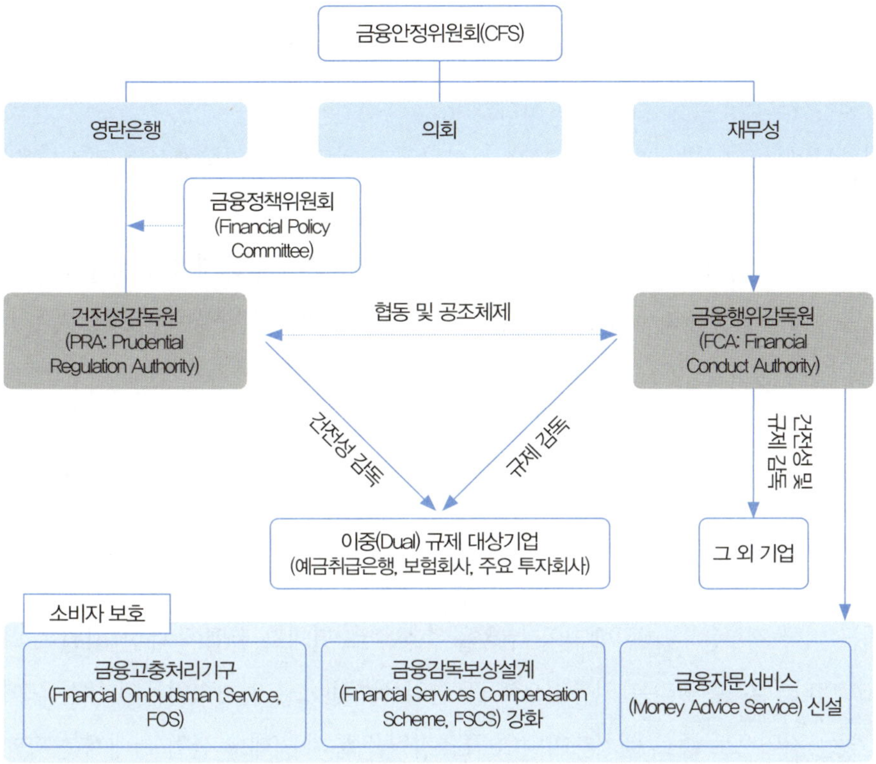

자료: 성태윤, 박기영, 박단비, "글로벌 금융위기 이후 영미 금융감독 체계의 변화", 연세대학교, 연구논문, 2012. 2.(일부 수정)

지급결제와 관련하여 기존 경쟁위원회(Competition Commission)와 공정거래청(Office of Fair Trading) 기능의 상당 부분을 통합하여 2014년 4월 새로 출범한 경쟁시장국(CMA: Competition and Markets Authority)과 공정거래청이 정산수수료 결정에 있어서 중요한 역할을 수행하고 있다. 예를 들면, 공정거래청은 고객이 직불카드 또는 신용카드로 대금을 결제할 경우 지급결제회사가 지나치게 과도한 추가요금을 부과하지 못하도록 규제하고 있다.

P2P 대출 중개업과 관련하여 영국 정부는 초기에 금융행위감독원이 P2P 대출 중개업을 금융업으로 간주하지 않아 별도의 감독규정을 마련하지 않았으나, 2014년 4

월부터 투자자가 거래 위험성에 대한 명확한 정보를 P2P 대출 중개업체로부터 받도록 하여 투자자의 신뢰도를 제고하고 P2P 대출로 인해 발생하는 부작용을 최소화하기 위해 이를 금융감독 범위에 포함시키는 '크라우드펀딩에 대한 새로운 감독과 소비자보호규칙'을 적용하기 시작했다.

금융보안사고가 발생했을 때 고객 보상규정과 관련하여 영국에서는 전자금융 시 사용하는 인증매체를 분실한 경우와 분실하지 않은 경우의 보상기준이 동일하다. 다시 말해 고객의 인증매체 분실 여부와 관계없이 고객이 13개월 이내 금융보안사고 발생사실을 금융회사에 통지할 경우 손실액을 전액 면제받을 수 있고, 고객이 13개월 이후 통지할 경우에는 최대 50파운드까지 금융보안사고로 인해 발생한 손실액을 부담해야 한다.

2. 미국

최근 미국 정부는 실리콘밸리와 뉴욕을 중심으로 핀테크 산업에 대한 지원을 확대하고 있다. 실리콘밸리는 전통적으로 IT 산업을 기반으로 벤처기업들이 중심을 이루고 있는 지역으로 주로 벤처캐피털의 금융지원을 통해 핀테크 산업 생태계를 확대하고 있다. 이와 달리 뉴욕은 첨단산업보다는 대형 금융기관들이 많고 자금이 풍부한 지역으로 이들의 결합으로 핀테크 산업 생태계가 구성되어 있다는 점이 가장 큰 특징이다.

미국 금융당국은 일반적으로 투자자 보호와 금융기관 건전성을 위해 엄격히 금융규제를 유지하고 있지만, 예측 가능한 규제를 통해 핀테크 산업을 육성하는 정책을 취하고 있다. 일단 기업의 규모가 작을 때는 규제를 안 하다가 규모가 커지면 제도를 정비하여 규제를 하는 네거티브(Negative) 규제시스템이기 때문에 핀테크 기업이 새로운 비즈니스 모델에 기반을 둔 사업을 자유롭게 시작할 수 있다. 따라서 적어도 핀테크 기업이 진입규제 때문에 새로운 아이디어나 기술 개발을 시도하지 못하는 경우는 없다는 것이다. 또한 미국 금융당국은 규제의 비용편익 분석에 기초하여 비합리적인

뉴욕과 실리콘밸리의 핀테크 산업 생태계 비교

	뉴욕	실리콘밸리
정부 자금 지원	• Start-up America 기업, 대학, 창업자, 재단, 전문가 연계 • 미국 투자 인센티브 제도 (SSBCI : State Small Business Credit Initiative) • NY Fund : Seed($45m), State Fund($35m), Goldman Sachs($10m), Private Investment ($450m)	• 아이디어를 사업으로 이끄는 정부 지원 펀드 활성화 • 정부, 민간, 학계가 연계된 펀딩시스템은 ICT 발전의 원동력
비자·이민 정책	• Start-up 비자(2013.06) : 현재 미제정 • Start-up을 지원하는 다양한 종류의 비자 및 이민정책	
세제 혜택	• ATRA(American Taxpayer Relief Act) 세금 우대 • Start-up NY : 10년간 100% tax free	• ATRA(American Taxpayer Relief Act) 세금 우대 • 감가상각, R&D, 합병 등의 세제 혜택, 소형주 양도차익 면제
자금 조달 능력	• 최근 5년간 핀테크 투자 CAGR 31% – 풍부한 정부 금융지원 – 투자은행 등 대형 금융기관의 금융서비스 • 다양한 자본 조달 – OnDeck : Peer-to-Peer 대출 플랫폼, $1 billion규모의 대출 성장 – LearnVest : 개인 금융 플랫폼, $28 million VC funding – Kickstarter : 크라우드펀딩, $1.1 billion, 6.4 million 투자자, 63,000개 프로젝트, $10million VC fund	• 장기적 관점의 금융서비스가 상대적 취약 – 금융기관 연계 핀테크 펀딩 능력은 취약하나 강한 기술력으로 세계 최대의 핀테크 투자 유도 • 타지역 벤처 허브의 자금동원 – 50% 이상의 테크 Start-up 자금을 7개 주요 허브(뉴욕, 메사추세츠 등) 에서 조달
ICT 기술 및 인재	• 뉴욕 경제성장을 위한 프로그램 – 2014년 Cornell 과학기술 캠퍼스 설립(뉴욕시 부지와 $100million 제공) – 2013년 Carnegie Melon 대학과 Sciences program – 2012년 Columbia 대학과 과학기술 Institutes 설립 • 글로벌 기업의 지원 – 2012년 Google 22,000sf 부지 기증(Cornell NYC Tech 캠퍼스) – Google, Facebook, Twitter, Amazon, eBay 등 글로벌 기업의 뉴욕 사무실 및 인력 확대	• 숙련된 전문가와 기술력 – 45% 이상이 석사 이상의 고학력 – 과학기술 분야 60% 이상이 대학 졸업자 – 학생의 인턴쉽 채용 활성화, 전문가 양성으로 연결 • 강한 교육기관 네트워크 – 스탠포드, MIT, Yale 등 Top tier 교육기관과 강한 연계 – 핀테크 Start-up에 요구되는 인재 양성 및 기술 지원
비즈니스 환경	• 선진 금융기관 집중 – 실리콘밸리보다 2배 빠른 핀테크 성장의 원동력 – Start-up 기업과 Accelerators들이 선호하는 환경을 제공 • 고객 접근성 – 핵심 기술을 지닌 창업가가 쉽게 고객에게 접근할 수 있는 환경 • 글로벌 투자자 네트워크 활용	• 테크 Start-up 허브의 글로벌 리더 – 첨단 기술과 숙련된 기술자가 집약 – 초부유층(HNWI) 자산가 거주 지역 • 핀테크를 지원하는 글로벌 기업 – Apple, Cisco Syetem, eBay, Google, HP 등 • 발달된 Start-up ecosystem – Investors, Accelerators, Incubators 등 – 투자자와 기업가의 시너지(금융지원, 기술지원 등) • 도전적 기업가 정신 – 테크 혁신의 근간
기타	SBDCs(Small Business Development Centers) 운영	

자료: 한국인터넷진흥원, 2015

규제를 최소화하고 있고, 비조치 의견서(No Action Letter)라는 면책제도 등 규제의 불확실성을 제거하기 위한 장치들이 활성화되어 있다. 비조치 의견서는 금융기관이 특정 사업이 합법인지에 대해 감독당국에 질의하면 감독당국이 합법 여부를 결정하는 제도이다. 여기서 합법으로 결정된 것은 추후 감독당국이 징계하지 못하도록 하여, 혁신적인 비즈니스를 시도할 때 비조치 의견서를 통해 합법성을 보장받을 수 있도록 하는 것이다. 미국 금융당국은 규제의 비용편익 분석에 기초하여 예측할 수 있는 금융규제를 의무화하고 있으며, 또한 비조치 의견서 제도를 통해 규제 대상기관인 핀테크 기업의 감독예측력이 높기에 핀테크 기업이 성장할 수 있는 여지가 많다.

기존에 없었던 전혀 새로운 업종에 대해서는 특별법을 만들어 육성하고 있다. 크라우드펀딩의 경우에는 미국 정부가 'Jump Start Our Business Start-Ups Act', 일명 잡스법(JOBS Act)을 2012년 3월 27일 통과시켰고, 이 법안은 오바마 대통령이 2012년 4월 5일 최종적으로 승인하면서 발효되었다. 잡스법은 중소기업의 성장을 촉진하기 위한 법령으로, 연간 매출이 10억 달러 이내인 신성장기업(Emerging Growth Company)을 대상으로 공시 및 회계감사의 규제를 완화하여 자금조달이 용이하도록 하였다. 구체적으로, 증권감독위원회(SEC: Securities and Exchange Commission)에 등록의무 요건이 있는 주주의 수를 500명에서 2,000명으로 상향조정하였고, 연간 5백만 달러였던 소규모 공모면제의 자금조달 한도액을 5천만 달러로 증액하고, 크라우드펀딩을 통해 지분투자를 받을 수 있도록 하였다. 또한 최초기업공개 이후 5년 동안 증권의 발행 및 유통에 관한 증권법상의 공시규제를 면제해주도록 명시하고 있다.

잡스법에서는 1백만 달러의 발행한도와 2천 달러의 투자한도를 설정하여 소액 지분투자는 크라우드펀딩의 방식으로 규정하고 있다. 그리고 자금조달 후 1년 이내에 발행인이 SEC와 투자자들에게 사업을 보고하도록 하였으며, 크라우드펀딩의 중개인(펀딩 플랫폼)의 자격과 요건을 규정하여 이들을 통해서만 거래가 이루어지도록 하고, 중개인에게 투자자 교육 및 정보 공시와 같은 투자자 보호를 위한 법적인 의무를 부과하고 있다.

미국 정부의 핀테크 기업에 대한 감독구조는 연방기관과 주정부의 감독기관들이 각 기능별로 다중적으로 감독하고 있는 점이 특징적이다. 왜냐하면 기본적으로 미국 금융회사의 인가와 승인에 대한 기본적인 권한은 주정부에 있으나, 금융범죄나 자금세탁 등에 대한 통제가 엄격하기 때문에 이런 부문에 대해서는 연방정부가 국가 차원에서 대응하고 있기 때문이다. 미국의 핀테크 규제 관련 기관은 다음 표에서 보는 바와 같다.

미국 핀테크 규제 관련 기관

기관명	규제 내용
CFPB(Consumer Financial Protection Bureau)	소비자 금융 및 서비스와 관련된 모든 주체에 대한 포괄적인 감독권한 행사
OCC(Office of the Controller of the Currency)	국책은행 및 연방은행 감독
FDIC(Federal Deposit Insurance Corporation)	주정부 승인 은행 및 연계된 금융기관에 대한 예금보험 제공 및 관리감독
Federal Reserve	주정부 승인 은행 및 관련 금융기관 규제
Treasury(FinCEN, IRS, OFAC)	금융범죄(BSA) 또는 특정 자금세탁활동(AML)과 관련된 행위 규제
FTC(Federal Trade Commission)	비은행 금융기관의 규제 및 관리감독
Department of Justice	금융범죄(BSA) 또는 특정 자금세탁활동(AML)과 관련된 형사법 집행 및 감독

자료: 각 기관 홈페이지, 2015

미국에서 송금과 지급결제업을 하기 위해서는 자금서비스업자로 등록해야 한다. 미국의 자금서비스업자(MSB: Money Service Business)는 원칙적으로 금융기관으로 구분되며, 주정부의 인가, 감독, 규제 하에 있다. MSB 면허를 취득한 회사에 한하여 지급결제서비스 제공이 가능하며, 등록된 기업은 금융범죄조사국에 등록하여 연방은행보안법상 보고의무 등을 준수해야 한다. 미국에서 송금서비스를 제공하거나 통화펀드 기타 통화 대체재를 타 지역 또는 타인에게 보내는 서비스를 제공하려는 회사는 주법에 의해 반드시 등록하여야 한다. 등록된 MSB는 자금세탁방지법 및 고객알기제도에서 규정한 ID 도용, 금융사기, 자금세탁 및 공중협박자금 조달금지 등의 행위를 의무적으로 감시해야 하고, 미국 정부가 규정한 해외자산통제국 목록에 있는 자 및 제한되는 활동을 지원하는 용도로 서비스가 이용되지 않도록 서비스의 안정성을 확보해야 한다. 또한 MSB는 미국 재무부 산하 금융정보분석기구인 금융범죄단속네트워크(FinCEN)에 등록하여 금융범죄 조사 및 기소 지원, 금융거래 정보 공시, 보도자료 수록 등을 통해 금융범죄를 막기 위한 활동을 수행해야 한다. 특히 자금세탁, 탈세 및 기타 금융범죄의 가능성이 높은 고액거래를 의무적으로 신고해야 한다. 이와 같이 송금결제를 담당하는 MSB는 상대적으로 높은 강도의 규제를 받고 있다.

비트코인과 같은 가상화폐기업들도 여러 가지 요건을 준수해야 한다. 송금시스템에서 가상화폐를 송 · 수신하는 경우, 다른 사람의 이름으로 가상화폐를 관리, 보관, 통제하는 경우, 법정 불환지폐 및 다른 가치를 가상화폐로 전환 및 교환하는 경우, 고객의 사업을 위해 가상화폐를 사고파는 경우, 가상화폐를 발행, 관리, 통제하는 경우 등의 사업을 영위하고자 하는 기업들은 금전 송 · 수신 주체로서 주에 의무적으로 등록해야 하고 자금세탁방지법을 준수해야 한다. 만약 자금세탁방지법을 준수하지 않을 경우 금융당국은 사업 라이선스를 바로 몰수할 수 있다. 또한 가상화폐기업들은 소비자 보호를 위해 미화지급채권 또는 신탁계정을 확보해야 하고, 개인신분확인절차를 도입하고, 고객에게 재무상황, 주식거래 정보를 공시해야 한다. 분쟁해결절차와 사이버 보안프로그램도 갖추고 정보보안 담당자도 선임해야 한다.

미국 금융당국은 원래 P2P 대출에 대한 별도의 감독규정을 마련하지는 않았으나, 2008년 금융당국이 대형 P2P 대출 중개업체들을 통해 투자자들이 발행한 투자증서를 유가증권의 한 형태로 유권해석하여 증권법 위반으로 간주하면서 관련 업체들의 영업을 정지시키고, 증권거래위원회(SEC)에 P2P 대출 중개업의 사업등록을 의무화했다. 또한 2010년 7월 발효된 미국의 '금융개혁법안(Dodd-Frank Wall Street Reform and Consumer Protection Act)'에서는 P2P 대출시장의 규제 체계, 감독 책임, 개인정보 보호, 리스크 관리 등의 안건을 다룬 보고서를 연방회계감사원이 의회에 제출하도록 했고, 그 결과 P2P 대출 중개업은 미국의 증권거래위원회(SEC)와 2011

년 신설된 연방 금융소비자보호국(Consumer Financial Protection Bureau)이 이중으로 관리 감독하고 있다.

예를 들면 P2P 대출규모가 빠른 속도로 성장하자 증권거래위원회(SEC)가 기존의 입장을 바꿔 이를 제도화된 금융업으로 인정하고 채무자의 채무 불이행에 대한 부담은 기본적으로 채권자가 지지만 채무자가 제공한 신용등급, 자금사용처 등 투자와 관련된 정보 제공에 문제가 있을 경우에는 P2P 대출 중개업체가 연대하여 책임을 지도록 하는 P2P 대출 관련 법안을 도입했다. 이러한 조치가 P2P 대출시장의 성장을 막을 것이라는 업계의 우려와는 달리 투자자들의 신뢰가 회복되면서 미국 P2P 대출시장은 오히려 확대되기 시작했다.

또한 증권거래위원회(SEC)는 P2P 대출 중개업체들이 투자자들을 대신하여 대출금을 회수하고 대출 상환에 대해 책임을 질 수 있도록 대출금을 채권 형태로 유동화시키는 것을 허용했다. 명목상으로는 대출자와 투자자가 대출관계를 형성한 것이지만 실질적으로는 P2P 대출 중개업체를 통해 이중 채무관계를 형성함으로써 대출 비즈니스가 유지될 수 있도록 한 것이다. 이는 기존 제도권 금융회사의 대출 비즈니스 체계 내에서 P2P 대출 중개업을 합법적으로 허용하여 금융당국의 감독권 범위 안에 포함시킨 현실적인 대안으로 볼 수 있다.

금융보안사고가 발생했을 때 고객 보상규정과 관련하여 미국에서는 전자금융 시 사용하는 인증매체를 분실한 경우와 분실하지 않은 경우의 보상기준을 달리 적용하고 있다. 만약 고객이 인증매체를 분실했을 경우 2영업일 이내 금융보안사고 발생사실을 금융회사에 통지하면 최대 50달러의 손실액만 부담하면 되나, 3~60영업일 이내 사고 발생사실을 금융회사에 통지하면 최대 500달러까지 고객의 손실액 부담금이 늘어나게 된다. 60영업일 이후에 통지하면 통지 이전에 발생한 손실액을 모두 부담해야 한다. 그러나 고객이 인증매체를 분실하지 않았는데도 금융보안사고가 발생한 경우에는 60영업일 이내에만 금융회사에 금융보안사고 발생사실을 통지하면 손실액 전액을 면제받을 수 있다. 고객이 인증매체를 분실하지 않았더라도 60영업일 이후 금융보안사고 발생사실을 통지할 경우 고객이 손실액 총액을 부담해야 한다.

미국의 금융보안사고 발생 시 고객 보상규정

구분	인증매체를 분실한 경우		인증매체를 분실하지 않은 경우
통지	2영업일 이내	최대 50달러	60영업일 이내 통지 시 손실 총액 면제
	3~60영업일	최대 500달러	
	60영업일 이후	통지 이전 발생 손실 총액	
미통지	60영업일 이후 통지 시 고객이 손실 총액 부담		60영업일 이후 통지 시 고객이 손실 총액 부담

자료: Electronic Fund Transfer Act(Regulation E).

3. 중국

중국은 2009년까지만 해도 핀테크를 규제하는 법률과 감독규정이 없었다. 2010년 6월 중국 중앙은행인 중국인민은행에서 '비금융기관 지불서비스 관리방법'을 제정하여 제3자 지불서비스를 제공하는 기업들을 '허가관리'의 체계에 포함시켰다. 이러한 관리방법을 실시한 후 1년 이내에 '지불업무허가증서'를 취득한 관련 기업들만이 제3자 지불서비스를 계속 제공할 수 있다. 중국은 제3자 지불서비스에 대하여 명확한 법률, 감독체계와 감독기관을 두고 있다. 비금융기관 지불서비스 관리방법은 전국 범위 내 지불업무를 하고자 하는 제3자 지불기업의 최저 등록자본금을 1억 위안으로 정하고 고객이 선불 충전한 금액 대비 납입자본금의 비율이 10% 이하여서는 안 된다고 규정하고 있다. 즉 제3자 지불결제를 위해 고객으로부터 납입자본금의 10배 이상의 선불화폐를 받아서는 안 된다는 것이다.

이른바 중국에서 인터넷 금융상품으로 불리고 있는 수시입출식 예금상품인 위어바오, 리차이통 등은 인터넷 기업들이 자신들의 플랫폼을 이용해서 금융기관에서 발행하는 금융상품을 판매하는 것을 말한다. 예를 들면 위어바오는 톈홍기금관리유한회사에서 발행하는 MMF 상품인 '증이바오(增益宝)'를 재판매한 것이다. 이러한 금융상품 판매방식은 기존 금융회사가 취한 방식과는 다른 것으로 그 기반이 제3자 지불수단이기 때문에 지불업무허가증서를 취득한 기업에 한해 허용된다. 금융상품의 판매를 은행업의 기능과 동일하게 간주하여 은행법을 적용해야 하는가에 대해서는 아직 명확한 지침과 법체계가 정립되지 않은 상황이다. 이에 중국 은행감독원은 인터넷 금융상품의 판매와 관련된 업을 제도권으로 포함시키기 위해 알리바바, 텐센트와 같은 핀테크 기업들을 엄격히 심사하여 금융허가증을 발급해 주고 있다.

중국의 P2P 대출 중개업체는 파이파이다이(拍拍貸)와 같은 순수 P2P 대출 중개업체와 그 외 모든 P2P 대출 중개업체로 구분된다. 중국 최초의 P2P 대출 중개업체인 파이파이다이는 자금대여자와 대출자를 중개하고 자금대출자에 대한 신용평가를 통하여 거래비용을 줄여 주는 기능만을 수행하기 때문에 쌍방과 자금대차관계를 맺지 않고, 단순히 중개서비스만 제공해 준다. 다시 말해 파이파이다이는 금융상품을 판매하거나 발행하지 않고 금융정보만을 제공하기 때문에 자금대여자에게 대금 상환을 보증하지 않는다. 순수하게 P2P 대출 중개기능을 수행하는 업체는 중국 내에서는 파이파이다이가 유일하며, 나머지 업체들은 자금대여자, 대출자와 자금대차관계를 맺고 명시적 또는 묵시적으로 자금 상환의 의무를 진다.

따라서 파이파이다이를 제외한 중국 P2P 대출업체들은 부실 대출채권이 발생할 경우, 계약에서 약정된 내용에 의해 자금대출자에게 추심행위를 할 수 있다. 이는 상업은행의 대출업무와 성격이 거의 유사하다. 은행에 자금을 예치한 고객은 자금대출자와 직접적인 계약관계를 맺지 않고, 은행과 법률관계를 형성하기 때문에 대출자금이 상환되지 않더라도 고객은 언제든지 은행에서 예금을 인출할 수 있는 권리를 갖고 있다. 마찬가지로 파이파이다이 외 P2P 대출 중개업체들은 자금대출자가 원금을 상환하지 않더라도 자금대여자에게 원금을 지급할 의무를 지게 된다.

또한 중국 국문원은 2014년 '그림자은행 관리 강화 문제에 관한 통지'에 P2P 대출 중개업을 은행과 동일한 감독 범위 안에 포함시켰다. 개정된 통지 규정에 따르면, 파이파이다이를 제외한 중국 P2P 대출 중개업체들은 은행감독위원회에서 발급하는 상업은행허가증 없이 영업을 하고 있는 것으로 간주되지만, 인터넷 금융의 육성과 중소기업, 상공인에 대한 자금지원 확대를 위해 중국 금융당국은 묵시적으로 P2P 대출 중개영업을 허용하고 있는 상황이다. 하지만 최근 무분별한 보증과 대출 사기 등 P2P 대출 중개업체의 문제점이 발생하면서 중국 은행감독관리위원회(CBRC)는 P2P 대출 중개업체들의 최소 자본요건을 3,000만 위안(약 54억 원)으로 규정하고, 대출규모가 보유자산의 10배를 넘지 못하도록 하는 내용의 세부적인 규제안을 마련하여 2015년부터 시행했다.

현행 '소액대출회사 시범운영에 관한 지도의견'에 따르면, ① 소액대출회사의 주요 자금원을 주주 납입자본금과 기부금, 2개 이하의 은행업 금융기관에서 조달한 자금으로 한정하되, ② 금융회사로부터 조달한 자금이 순 자본의 50%를 초과할 수 없다. 현재 알리파이낸스의 자본금은 총 16억 위안이며, 저장성과 충칭시 금융당국이 규정한 레버리지 비율인 0.5배를 적용할 경우, 총 운용 가능 자금은 24억 위안에 불과하다. 즉, 하루 대출이자 0.06%를 감안할 때, 알리파이낸스가 연간 창출할 수 있는 이자수익은 최대 5.3억 위안으로 한정된다.

크라우드펀딩과 관련하여 중국 증권법은 인터넷 기업들이 회원제 방식으로 투자자에게 어떤 조건을 설정하여 회원들만 구체적인 투자계획을 볼 수 있고, 펀딩의 대상이 된다면 이를 크라우드펀딩으로 간주한다. 그리고 만약 크라우드펀딩의 자금 모집대상자가 200명을 초과할 경우 투자자와 자금 모집자들 사이에 특정한 관계가 존재하는 지를 불문하고 공모발행행위로 인정하기 때문에 증권업과 동일한 수준의 정보 공시의무를 이행하여야 한다. 또한 중국에서의 주식 공모활동은 중국 증권감독위원회의 심사와 허가를 받아야 하지만, 중국 증권법에서는 자금 모집대상자가 200명 미만일 경우 공모발행행위가 아니라 사모발행행위로 인정할 수 있는 여지가 발생한다. 증권업의 기본원칙에 의해 사모발행행위는 책임을 면제할 수 있기 때문에 형법상 규정된 증권을 불법으로 발행하는 책임을 회피할 수 있다. 이러한 문제점을 해결하기 위해 중국 증권업협회는 2014년 12월 '사모 크라우드펀딩의 융자관리방법 - 의견수렴고'를 통해 크라우드펀딩업체들의 사모발행행위에 대한 규칙들을 만들어 적용하고 있다.

기본적으로 중국의 금융법은 2가지 큰 금융활동 즉 간접적인 금융활동과 직접적인 금융활동을 규제하는 방향으로 개정되고 있다. 상업은행과 같은 수준의 신용 중개활동은 은행법으로 규제한다. 일반기업의 수익위험은 주로 출자자와 주주들이 부담하지만, 상업은행의 파산에 따른 위험은 개인과 기업뿐만 아니라 정부가 공동으로 부담해야 하기 때문이다. 반면 자금의 공급자와 수요자 사이에서 직접적인 계약관계를 형성하는 직접적인 금융활동은 증권법 또는 증권투자기금법과 같은 증권법과 관련한 법률로 규제한다. 증권시장의 금융활동은 은행업에 비해 심사나 허가수준이 낮은 편이고 증권발행행위 또한 상대적으로 자유롭기 때문에 규제강도가 약한 증권법을 적용하는 것이다. 증권법의 핵심은 인가나 허가요건을 강화하기보다는 자금의 공개모집행위에 대한 공시행위를 강화하는 것에 있다. 이러한 법적 환경 하에서 투자자들이 자유롭게 금융활동을 하고 그에 따른 리스크도 스스로 감수하게 하는 것이다. 결론적으로 중국 금융당국의 정책 기조는 중국 금융시장의 자유화를 촉진하기 위해 인터넷 금융에 대한 엄격한 금융법 적용을 완화하고 있는 추세이다. 따라서 중국의 인터넷 금융산업은 아직 전체적인 법과 제도가 갖추어져 있지 않고, 새로운 규제 체계를 마련해 가는 과도기에 놓여 있다고 볼 수 있다.

4절

국내 핀테크 산업의 현황 및 당면 이슈

1. 국내 핀테크 산업 현황

국내에서는 대형 ICT 기업들이 송금 · 결제시장에 뛰어들고 있으나, 해외와 같은 핀테크 스타트업 기업들의 서비스 상용화 실적은 매우 부진한 상황이다. 국내 대형 ICT(Information and Communication Technology) 기업들은 기존 사업의 연장선상에서 송금 · 결제서비스 영역을 좀 더 확대하는 데 초점을 맞추고 있다.

국내 ICT 기업의 핀테크 사업 현황

구분	네이버	카카오	토스
금융관련 자회사 · 손자회사	• 네이버페이('15. 6월) → 네이버파이낸셜('19. 11월~) • NF보험서비스('20. 6월)	• 카카오페이('14. 9월) • 카카오뱅크('17. 7월) • 카카오페이증권('20. 2월)	• 토스인슈어런스('18. 11월) • 토스페이먼츠('20. 8월)
제공 서비스	• 네이버페이: 네이버 회원 기반 가맹점 쇼핑, 디지털 콘텐츠 결제 · 배송 등 • 네이버통장: 미래에셋대우 CMA 통장 개설 대행	• 카카오페이: 결제, 송금, 배송, 투자, 간편보험, 자산관리, 신용조회 등 • 카카오뱅크: 예적금 통장, 대출, 주식계좌 개설 등	• 토스: 간편송금 서비스로 시작, 무료 신용등급 조회, 부동산 소액투자, 펀드 소액투자, 해외 주식 투자, 간편환전 등 서비스 제공, '19년 4월 토스카드 출시 • 토스인슈어런스 보험 자가점검, 상담 서비스
전략 및 특징	• 국내 최대 검색 포털 네이버 기반 • 금융투자사 제휴를 통해 사업 확장 • 빅데이터 기반 사용자 맞춤형 자산관리 서비스 • 일본, 대만, 태국 등 해외 인터넷은행 진출 • 인공지능 등 기술력으로 신용평가시스템, 보안 등 차별화	• 국내 최대 모바일 메신저 카카오톡 기반 • 직접 라이선스 확보(제도권 인가)를 지향 • 독자 금융 사업 추진과 동시에 금융사 제휴 상품도 출시 • 은행, 증권 ,보험 등 금융플랫폼 연계 실명계좌 중심 서비스 확대 전략, • 카카오페이, '18년 바로투자증권 지분 인수(60%) 및 모빌* 인수, '19년 인바이유* 인수	• 국내 최초로 공인인증서가 필요 없는 간편송금 서비스 도입 • 토스 애플리케이션에 새로운 기능 추가하면 서 종합금융 플랫폼으로 진화 • 2021년 10월 인터넷전문은행 토스뱅크 출범 • 2021년 3월 토스증권 출범

자료: 삼정KPMG, 2021

글로벌 100대 핀테크 기업 분포

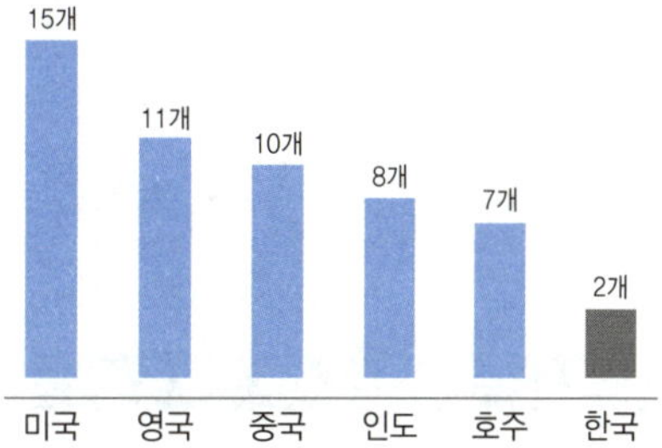

자료: KPMG, 2019

한편, 글로벌 컨설팅 기업 KPMG가 매년 발표하는 '세계 100대 핀테크 기업'의 2019년 명단에 포함된 한국 기업은 2개뿐이다. 미국 기업이 15개로 가장 많았고, 영국(11개), 중국(10개), 인도(8개), 호주(7개) 순이다. 2018년 단 1개였던 일본도 4개 기업이 명단에 포함됐다. 이를 보면 우리나라는 핀테크 기업의 스케일업 측면에서 아직 경쟁국과 비교해 뒤처져 있다.

국내 핀테크 산업의 성장이 부진한 이유는 법과 규정에 의한 사전 규제가 핀테크 기업들의 사업 추진을 어렵게 만들고 있기 때문이다. 금융업의 특성상 기본적인 보안요건과 기술을 갖추는 것은 반드시 필요하지만, 전자금융업자의 등록요건을 맞추기 위해 자본을 불필요하게 늘려야 하거나, 추가 인력과 시스템을 구축해야 하는 등의 문제가 발생하고 있다. 정부가 간편결제서비스 제공 기업의 범위를 확대하기 위해 전자지급결제대행업체(PG: Payment Gateway)[33]가 카드정보를 저장할 수 있도록 허용한 것도 일부 기업에만 한정되는 것으로, 정책의 실효성이 떨어진다는 의견이 업계에서 일부 제기되고 있다. 실제 신용카드정보의 저장이 가능한 PG의 요건을 충족시킬 수 있는 업체가 PG업계 전체의 15%에 불과한 실정이다.

한편 국내 송금 · 결제시장에서 핀테크 기업의 창업이 저조할 수밖에 없는 또 다른 이유는 국내 결제시장 환경의 특수성 때문이다. 최근 공인인증서 의무 사용이 폐지되는 등 개선이 되고는 있으나, 과거 인터넷 익스플로러 기반의 보안정책의 영향으로 여전히 ActiveX 사용 비중이 높은 실정이다. 최근 정부도 ActiveX의 사용 비중을 줄이기 위해 개선안을 발표했으나, 이미 오랜 기간 사용된 ActiveX 기반의 지불

33) 'Payment Gateway'는 신용카드사와 직접 가맹점 계약을 체결하는 것이 어려운 중소 온라인 쇼핑몰을 대신해 신용카드사와 대표 가맹점 계약을 맺고 전자지급결제서비스를 대행해주는 대가로 수수료를 받는 회사를 말한다.

결제 인프라에서 탈피하기 위해서는 앞으로 상당 기간이 소요될 것으로 예상된다. 또한 우리나라에서는 「전자금융거래법」 뿐만 아니라, 「여신전문금융업법」, 「외국환거래법」, 「자본시장과 금융투자업에 관한 법률」 등 다양한 핀테크 관련 법제로 인해 사업 추진이 어려운 경우도 발생하고 있다.

국내 크라우드펀딩 규제 완화 내용 및 효과

2018년 4월 10일	
규제 완화 내용	• 동일 기업 투자 한도 200만 원 → **500만 원** • 연간 투자 한도 500만 원→ **1000만 원**
효과	• **크라우드 펀딩 참여 금액 증가로 '스타 업체' 탄생** • **수제 자동차 제작 업체 모헤닉케라지스, 7억 원 펀딩 성공**
2019년 1월 15일	
규제 완화 내용	• 기업당 투자형 크라우드 펀딩 모집 자금 한도 • 연간 7억 원→ **15억 원**
효과	• **크라우드 펀딩 시장 규모 확대** • **'그린플러그드 서울 2019' 프로젝트, 하루만에 8억 원 펀딩 성공**

자료: 와디즈

다행히 우리나라에서도 선진국과 같이 2015년 7월 6일 크라우드펀딩을 제한적으로 허용하는 내용을 담은 「자본시장과 금융투자업에 관한 법률」의 일부 개정안이 국회 본회의를 통과함으로써 핀테크 기업들이 합법적으로 지분투자형 크라우드펀딩 사업을 추진할 수 있는 근거가 마련됐다.

2016년 1월 우리나라에서 크라우드펀딩 제도가 처음 시행된 후 크라우드펀딩 산업의 본격적인 성장을 유도하기 위해 금융당국은 투자기업 대상 확대와 투자자 한도 상향 등 제도를 개선할 예정이다. 그동안 증권형 크라우드펀딩을 통해 비상장 창업 벤처기업이 연간 15억 원 이내만 자금을 조달할 수 있었으나, 앞으로는 비상장 중소기업과 상장 후 3년 이내 코넥스 상장 기업도 증권형 크라우드펀딩을 이용할 수 있다. 일반투자자의 연간 투자한도는 1천만 원에서 2천만 원으로, 적격투자자의 연간 투자한도는 2천만 원에서 4천만 원으로 늘어난다. 이러한 투자한도 조정 등 제도 개선이 되기 위해서는 관련 법의 개정이 선행돼야 한다.

해외에서 핀테크 보안은 포지티브 리스트 방식에 의한 정부 규제보다는 민간에 의한 보안표준의 도입과 시장 필터링 기능에 의해 자율적으로 보안을 강화하고 있는 추세이다. 우리나라는 구체적인 보안사항을 사전에 지정하는 포지티브 리스트 방식의 규제로 규정 개선이 제때 이루어지지 않을 경우 기술발전에 뒤처지는 문제점이 발생하는 반면, 선진국들은 네거티브 리스트 방식을 도입하여 꼭 필요한 규제사항만을 명시하고 있고 아울러 민간에 상당한 자율권을 부여하여 관련 기업들이 자체적으로 제정한 표준을 가지고 자율적인 통제를 하고 있다. 일례로 미국에서는 민간 기업이 주도하여 자체적으로 PCI DSS(Payment Card Industry Data Security Standard)라는 보안표준을 만들고 이 기준에 미달하는 기업들은 지급결제시장에 진입하기 어려운 생태계를 구축했다. PCI DSS는 비자, 마스터카드, 아메리칸익스프레스, JCB 등 글로벌 신용카드사들이 설립한 PCI 보안표준 협의회(PCI Security Standards Council)에서 만든 데이터 보안표준 인증으로, 지불결제 정보를 처리하는 기업이 갖춰야 할 글로벌 정보보호 인증을 의미한다.

최근 금융소비자들의 니즈와 ICT 기업들의 경쟁전략을 감안할 때, 핀테크 기업들이 주도하고 있는 새로운 금융 비즈니스 모델의 성장 가능성은 커질 것으로 예상된다. 모바일에 대한 거부감이 상대적으로 적은 청년층은 핀테크 기업들이 제공하는 금융서비스에 대해 높은 선호도를 보이고 있는 것으로 조사됐다. 파이낸셜타임스에 따르면 2014년 실시된 한 설문조사 결과에서 미국인 청년층(18~34세) 중 40%가 페이팔, 애플 등 비금융회사가 은행업에 진출할 경우 이들 기업의 금융서비스를 이용할 의사가 있다고 응답했다. 같은 북미 국가인 캐나다에서도 청년층의 핀테크 금융서비스에 대한 선호도가 60%에 이르는 것으로 나타났다.

IT를 기반으로 한 핀테크 기업들은 기존 금융기관들이 간과한 틈새시장을 포착하여 공략함으로써 새로운 금융수요를 창출하고 있다. 아울러 이들 기업들은 기존 IT 인프라와 온라인 플랫폼을 통해 축적한 방대한 데이터와 분석기술을 활용하여 기존 금융회사가 갖지 못한 새로운 경쟁력을 창출하고 있다. 일례로 중소기업을 대상으로 대출 서비스를 제공하고 있는 알리파이낸스는 자사의 B2B 사이트에 축적된 기업의 거래정보와 기업 평판에 대한 방대한 정보를 활용하여 신용대출을 시행한 결과, 부실채권 비율이 중국 국영은행의 평균 중소기업 부실채권 비율인 2%보다 훨씬 낮은 1% 이하 수준을 유지하고 있다.

앞에서 살펴본 바와 같이 국내 핀테크 산업이 낙후된 상황에서, 만약 국내 핀테크 기업의 경쟁력이 중장기적으로 향상되지 않는다면 해외 핀테크 기업들이 국내 관련 산업과 금융시장에 상당한 영향을 미칠 가능성이 크다. 예를 들어 애플은 최근 출시한 애플페이 서비스를 국내에서 공식적으로 제공하고 있지는 않으나, 국내 사용자들은 우회적인 방법으로 일부 미국 신용카드를 사용할 수 있다. 애플 휴대폰 사용자들은 마스터사의 '페이패스(PayPass)' 시스템과 비자사의 '페이웨이브(PayWave)' 시스템이 설치된 국내 일부 가맹점에서 미국 은행이 발급한 비자 신용카드를 애플페이 방식으로 결제할 수 있다.

또한 구글, 아마존, 알리페이 등 해외 핀테크 기업들은 직접 국내 시장진입에 앞서 국내 전자지급결제대행사 또는 은행과 제휴하여 국내 송금 · 결제시장 진출을 추진하고 있다. 아직까지는 중국 관광객들이 국내 온라인 쇼핑몰 또는 면세점에서 물품을 구매할 때, 대금결제를 가능케 하는 간접결제서비스를 제공하고 있으나, 향후 전개 상황에 따라 서비스 이용대상 및 제휴 가맹점이 확대될 가능성을 배제할 수 없다.

미국의 페이팔(PayPal)과 중국의 알리페이(Alipay) 등 규모의 경제를 갖춘 해외 간편결제서비스업체의 진출 확대로 인해 시장이 잠식당할 우려도 점차 커지고 있다. 미국의 페이팔은 하나은행과 제휴하여 해외 소액송금 사업을 개시했고, 국내 카드사 등과 제휴를 통해 시장 확대를 추진하고 있다. 중국 최대 전자상거래업체인 알리바바의 전자결제서비스 전문회사인 알리페이는 하나은행과 제휴하여 국내 항공사 · 롯데면세점 · 롯데닷컴 등 400여 개의 가맹점에서 결제서비스를 시행 중이고, 내년부터 일부 가맹점에서는 오프라인 결제서비스도 제공할 예정이다. 중국의 최대 게임회사인 텐센트의 전자결제 자회사인 텐페이도 효성 그룹의 갤럭시아 커뮤니케이션즈와 다날 등 국내 업체와 협력을 통해 한국에 진출하고 있다.

또한 대만과 싱가포르 등 동남아시아지역의 IT 업체들도 국내 시장에 진출함으로써 우리나라 지급결제시장은 글로벌 핀테크 기업들의 각축장으로 변모하고 있다. 대만의 최대 온·오프라인 전자결제업체인 개시플러스(Gash+)는 갤럭시아 커뮤니케이션즈와 제휴를 맺고, 대만·홍콩 등지의 소비자들이 국내 쇼핑몰에서 편리하게 결제할 수 있는 서비스를 제공할 예정이고, 싱가포르의 최대 전자상거래회사인 유주그룹의 결제시스템인 유페이(YuuPay)도 한국에서 한류상품 위주의 쇼핑몰 사이트를 열고 모바일 결제시장에 진출할 예정이다.

고객 수요 측면에서도 실제 우리나라 직구족들이 수수료가 비싼 국내 신용카드보다는 페이팔과 같은 원클릭 결제서비스를 선호하는 추세이다. 직구족들이 해외 인터넷 쇼핑몰에서 국내 신용카드로 원화결제를 하는 경우 페이팔과 같은 전자지갑을 통해 현지 통화로 결제할 때보다 수수료가 추가로 발생하기 때문에 이는 어쩌면 당연한 결과일 것이다. 해외 핀테크 기업들의 국내 시장 진입이 단기간에 이루어지기는 어려울 전망이지만, 만약 현실화된다면 국내 금융시장에 상당한 영향을 미칠 것으로 예상된다.

2. 국내 핀테크 산업의 당면 이슈

핀테크 산업이 제대로 발전하기 위해서는 건전한 핀테크 산업 생태계가 구축되어야 한다. 핀테크 산업 생태계는 미시적 환경과 거시적 환경으로 구분된다. 미시적 환경은 핀테크 비즈니스의 직접적인 이해관계자인 핀테크 기업과 동종 경쟁사, 그리고 제품과 서비스를 실제로 구매하는 고객으로 구성된다. 핀테크 기업은 전체 핀테크 산업 생태계 내에서 가장 핵심이 되는 주체로서, 자생력을 가지고 산업을 이끌어 나갈 수 있는 혁신적인 제품과 서비스를 창조하는 역할을 수행해야 한다. 거시적 환경으로 금융당국은 핀테크 산업에 대한 규제와 감독 기능을 수행하는 주체로서 합리적인 논리에 근거하여 핀테크 기업이 시장에 진출할 수 있도록 진입규제를 완화하고 불공정한 경쟁요인을 제거하는 역할을 수행해야 한다. 금융회사는 핀테크 사업의 제휴 파트너로서 핀테크 기업에 베타서비스를 테스트할 수 있는 기회를 제공함과 동시에 서비스 수요자로서의 기능을 수행해야 한다. 또한 핀테크 산업에 원활한 자금지원을 하기 위한 투자회사와 기술 인큐베이팅 기능을 수행하는 각종 연구기관, 핀테크 산업의 기본적인 인프라를 제공하는 서비스 제공회사들이 제 역할을 다할 때 핀테크 산업은 비로소 성장의 기반을 갖추게 될 것이다.

최근 금융당국은 국내 핀테크 산업의 발전 토대를 조성하기 위해 공인인증서 사용 의무, 정보보호제품의 국가기관 인증제품 사용 의무화에 관한 규정과 대표적 사전 규제 중 하나인 보안성 심의 및 인증방법 평가제도를 모두 폐지하기로 결정했다. 또한 소규모 핀테크 스타트업 기업들을 지원하기 위한 방안도 마련했다. 기존에는 창업기업들이 핀테크 사업을 하기 위해 전자금융업자로 등록하기 위해서는 전자화폐 발행업은 자본금 50억 원, 전자자금이체업은 30억 원, 전자지급결제대행(PG)업은 10억 원의 자본금을 갖춰야 했으나, 향후 금융당국은 최소자본금 규제를 중장기적으로 50% 이상 큰 폭으로 완화할 예정이다. 특히 특정 기술을 응용한 아이디어의 사업화에만 적용이 되는 소규모 전자금융업 등록 규정도 신설해 자본금이 거의 없는 스타트업 기업들도 손쉽게 핀테크 사업을 시작할 수 있도록 허용할 예정이다. 이에 따라 그동안 각종 규제로 인해 핀테크 기업들의 창업이 저조할 수밖에 없었던 국내 시장 환경이 앞으로 상당 부분 개선될 것으로 예상된다.

핀테크 산업의 생태계

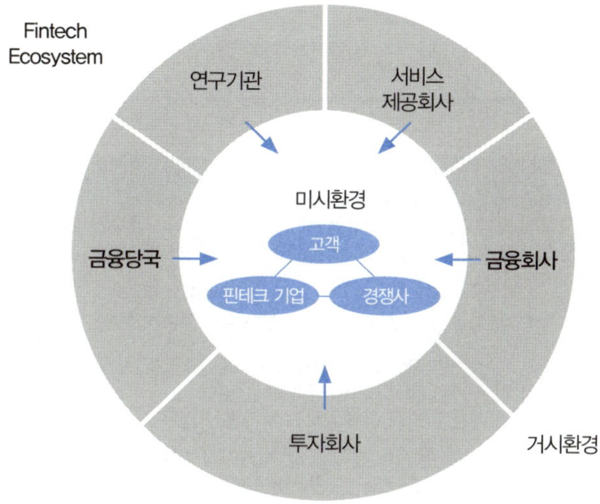

자료: 저자 정리

핀테크 산업을 둘러싼 규제가 개선되고 있는 가운데 우리나라의 핀테크 산업을 효과적으로 육성하기 위해서는 관련 기업에 대한 벤처캐피털의 투자가 확대되어야 한다. 주요 벤처캐피털 중 하나인 창업투자회사는 현행법(「중소기업창업지원법 시행령」제4조) 상 금융업에 대한 투자를 할 수 없으나, 최근 정부는 창업투자회사의 핀테크 기업에 대한 투자 제한을 완화하는 계획을 발표했다. 하지만 아직 핀테크 기업에 대한 개념과 어느 영역까지 핀테크 기업을 금융업이 아닌 기술기반의 투자 대상기업으로 인정할 것인지가 명확하게 정의되지 않았기 때문에 이에 대한 추가적인 논의가 필요하다.

이와 관련하여 최근 금융위원회가 핀테크 기업의 범위에 대해 유권해석한 부분을 참조할 필요가 있다. 금융위원회는 핀테크를 금융업과 관련이 있는 업종이라고 규정하고, 그 업무범위를 전자금융업(전자화폐 발행 · 관리, 전자자금이체, 전자지급결제대행, 직 · 선불 전자지급수단 발행 · 관리 등), 빅데이터 개발 등 금융데이터 분석, 금융소프트웨어 개발 · 제공, 금융플랫폼 제공 등으로 구분했다. 핀테크 외의 사업을 병행하는 기업에 대한 핀테크 기업 판단기준도 별도로 명시했다. 대기업의 경우 핀테크 사업이 전체 매출 · 자산의 75% 이상을 차지해야 핀테크 기업으로 분류하고, 중소기업의 경우 완화된 기준을 적용해 주된 업종이 핀테크 업무이면 핀테크 기업으로 인정한다.

핀테크 기업의 범위

구분	내 용
전자금융업자	전자화폐 발행 · 관리, 전자자금이체업무, 직불 전자지급수단의 발행 · 관리, 선불 전자지급수단의 발행 · 관리, 전자지급결제대행(Payment Gateway), 결제대금예치업(에스크로계좌), 전자고지결제업
전자금융보조업자	카드 VAN(Value Added Network), 은행 VAN, 정보시스템운영업체 등
금융전산업 준용	금융회사 업무 관련 자료 처리, 전송 프로그램 제공 및 관리 금융회사 업무 관련 전산시스템 판매 또는 임대 금융회사 업무 관련 자료 중계 · 처리 부가통신 업무
최근 경향	금융데이터 분석(신용정보 분석 개발, 빅데이터 개발) 금융소프트웨어(금융모바일 앱, 인터넷뱅킹, 금융보안 등) 금융플랫폼(회원제 증권정보 제공업 등)

자료: 금융위원회, 2015

핀테크 산업의 활성화를 위해서는 영국 정부의 선례를 살펴볼 필요가 있다. 영국이 전 세계 핀테크 산업의 중심지로 부상할 수 있었던 것은 정부의 적극적인 지원과 규제 완화가 있었기 때문이다. 영국 정부는 글로벌 금융위기로 금융산업이 큰 타격을 입자, 정보기술(IT)과 금융을 융합한 핀테크를 신산업으로 예측하고 창업 활성화를 위해 규제 패러다임을 전면 수정하여 이를 적극 실행했고, 핀테크 분야의 스타트업 기업을 육성하기 위한 전문연구소와 창업지원기관을 운영하고 있다.

예를 들어 영국 정부는 글로벌 금융그룹과 공동으로 금융테크혁신연구소를 설립하여 유망한 핀테크 기업을 선정해 투자하고 금융회사와 제휴할 수 있도록 적극 지원하고 있다. 이들 제휴기관들은 스타트업이나 IT 기업이 저렴한 임대료로 금융회사가 밀집한 건물에 입주할 수 있도록 해주고, 50개 이상의 액셀러레이터(Accelerator: 육성 전문기업)들은 핀테크 기업의 초기 투자 단계에서부터 행정 · 법률 자문, 외부 투자자 유치 등의 서비스를 제공하고 있다. 이와 같은 방법으로 영국 정부는 핀테크 기업과 산업에 대한 직접적인 자금지원을 늘려 나가기보다는 규제 완화와 시장 참여자들 간 제휴 촉진 등 간접적인 지원방식을 통해 시장이 자체적으로 경쟁력을 배양하여 자생력을 갖고 성장할 수 있도록 성장기반을 조성하는 접근법을 취했다.

아울러 최근 논의되고 있는 인터넷 전문은행과 관련하여 선진국들은 일찍이 인터넷 전문은행 설립에 관한 규제를 대폭 완화하여 관련 산업을 육성하고 있다. 1995년 10월 세계 최초로 인터넷 전문은행이 등장한 미국에서는 금융회사뿐만 아니라 산업자본이 세운 인터넷 전문은행이 시장을 주도하고 있다. 자동차 제조사인 GM과 BMW는 각각 얼라이뱅크와 BMW뱅크라는 인터넷 전문은행을 설립하여 자동차금융 등에 특화하여 운영하고 있다. 일본 정부도 2000년 새로운 형태의 은행업에 대한 가이드라인을 제정해 산업자본이 은행 지분의 20% 이상을 소유할 수 있도록 허용했다. 이러한 규제 완화의 결과 소니, 야후재팬 등 일본 IT 기업들이 기존 오프라인 은행과 손잡고 인터넷 전문은행을 설립하여 운영하고 있다.

따라서 국내 핀테크 산업을 효과적으로 육성하기 위해서는 전 세계 핀테크 산업의 중심지로 부상한 영국처럼 핀테크 산업에 대한 규제를 네거티브 리스트 방식으로 전환하는 것을 생각해 볼 필요가 있다. 다만 국내 핀테크 산업을 육성하기 위해 규제 완화는 필요하나, 핀테크 기업이 유사수신업무나 우회적인 신용 창출에 깊이 관여하는 것은 금융시스템의 안정성을 저해할 가능성이 크므로 핀테크 기업의 금융시스템 안정성 저해 여부를 판별할 수 있는 명확한 기준을 설정하고, 이 기준을 벗어난 핀테크 기업에 대한 구체적인 통제 방안을 마련할 필요가 있다.

또한 규제 이슈와는 별도로 핀테크 기업들의 불완전한 서비스로 인해 대형 금융사고가 발생할 경우, 이는 직접적으로 금융소비자에게 심각한 피해를 주고 핀테크 산업의 발전을 저해하는 결과를 초래할 수 있기 때문에 국내 핀테크 산업이 자생력을 갖추고 건전하게 발전하기 위해서는 핀테크 기업들의 자체적인 기술 혁신 및 서비스 경쟁력 제고 노력도 반드시 선행되어야 한다.

3. 핀테크 기업의 역할

앞서 살펴본 바와 같이 국내 핀테크 시장은 많은 규제와 제약요인으로 인해 핀테크 기업들이 창업하여 정상적으로 사업을 영위하기가 쉽지 않은 환경이었다. 그러나 최근 정부가 관련법과 규정을 개정하여 규제를 대폭 완화하겠다는 계획을 발표했기 때문에 앞으로 핀테크 기업의 사업 여건은 점차 호전될 것으로 예상된다.

따라서 핀테크 기업 입장에서는 규제 등 제반 여건과 관련한 애로사항만 토로할 것이 아니라 철저한 고객 · 시장 분석과 R&D 등에 집중하여 소비자들이 진정으로 원하는 상품과 서비스를 개발하는 것이 중요하다. 어떠한 산업에 속한 기업이든 자신만의 경쟁력이 있어야 시장에서 살아남아 지속적인 성장을 할 수 있기 때문이다. 다시 말해 지금부터는 핀테크 기업들이 정책 당국에 무조건적인 정책 완화만 요구할 것이 아니라, 좋은 사업을 만들 수 있도록 착실하게 준비하는 자세가 필요하다는 것이다. 앞에서 살펴본 지분뱅크 사례에서 은행과 통신회사가 제휴하여 기존 금융회사가 제공하지 않은 차별화된 상품과 서비스로 인터넷 전문은행을 성공시킨 것처럼 핀테크 기업들이 새로운 비즈니스 모델을 성공시키기 위해서는 상품 및 서비스 경쟁력의 확보가 무엇보다 중요하다.

마지막으로 창업 전략 관점에서 살펴보면, 글로벌 핀테크 산업은 송금 · 결제, 자산관리, 대출 등 다양한 분야로 세분화되고 있는데 반해, 현재 대부분의 국내 핀테크 기업들은 송금 · 결제부문에만 치중하는 경향이 있다. 이는 송금 · 결제부문에서 사업 경쟁이 앞으로 더욱 심화될 가능성이 크다는 것을 의미한다. 물론 이 분야가 기술 중심적인 사업영역이라 다른 부문에 비해서 ICT 기업들이 사업을 시작하기에 용이한 것은 사실이지만, 핀테크 산업 전체의 발전과 기업의 성장기회 확보 측면에서 개인자산관리, P2P 대출, 거래 플랫폼 등의 사업영역에도 핀테크 기업들이 좀 더 관심을 가질 필요가 있다.

제5장

핀테크 산업의 미래

1절
핀테크 기업의 진화 방향

2절
금융업의 미래

1절

핀테크 기업의 진화 방향

핀테크 기업들은 앞으로 수수료 파괴, 서비스 간편화, 보안성 강화 등 세 가지 차원에서 기존 금융회사와 차별화를 시도하며 진화해 나갈 것이다. 첫 번째 진화 방향은 수수료 파괴이다. 핀테크 기업들은 기존 금융회사가 높은 수수료를 부과하고 있는 영역에서 획기적으로 수수료를 낮춤으로써 틈새시장을 확대해 나갈 것으로 예상된다. 주요국 금융회사들이 제공하는 송금, 인터넷뱅킹, 모바일뱅킹 등 고객들이 주로 이용하는 서비스의 수수료는 매우 높은 수준을 유지하고 있다.

국내외 은행 수수료 비교

구분			한국 (원)	일본미쓰비시 UFJ (엔)	미국시티 (달러)	영국바클레이스 (파운드)
송금수수료	자행	창구 이용	0	324~540	0	0
		온라인뱅킹	0	0	0	0
	타행	창구 이용	500~3,000	648~864	35	25
		온라인뱅킹	0~600	216~324	17.5~25	25
ATM 인출 수수료	자행	마감 후	0~700	108	0	0
	타행	마감 후	700~1,000	216	0~2.5	0
기타 수수료	제증명서 발행		2,000~3,000	540~864	5	5
계좌유지 수수료	월 수수료(상품별 차등 적용)		0	0	10~30	0
입금 수수료	타행 계좌로부터 입금		0	0	0~15	0

자료: 금융연구원

특히 미국, 영국 등 금융 선진국으로 불리는 나라에서 핀테크 기업의 창업이 활발하게 이루어지고, 이들 기업에 대한 정부 차원의 지원이 확대되고 있는 것은 이와 같이 고객에게 큰 부담이 되고 있는 높은 수수료 수준을 낮춰 금융서비스의 경쟁력을 높이고자 하는 목적도 있다. 핀테크 기업들은 IT와 모바일 기술을 활용하여 금융거래업무를 처리하는데 컴퓨터 알고리즘을 활용하여 인력의 개입을 최소화하고 국제적으로 표준화된 거래 플랫폼을 제공함으로써 획기적으로 거래수수료를 낮추고 있다.

기존 금융회사와 핀테크 기업의 수수료를 비교해 보면 모든 금융서비스 영역에서 핀테크 기업이 압도적으로 수수료 수준이 낮음을 알 수 있다. 예를 들면 해외 송금수수료는 세계 최대 해외 송금서비스업체인 트랜스퍼와이즈가 기존 금융회사의 1/10 수준으로 서비스를 제공하고 있고, 신용카드 결제수수료도 페이팔이 기존 금융회사보다 40% 정도 저렴한 것으로 나타났다. 저신용자에 대한 대출이자율은 기존 금융회사가 15~40% 정도의 고금리를 받고 있는데 반해 렌딩클럽은 6~25%의 상대적으로 낮은 대출이자율을 받고 있다. 자산관리수수료 부문에서는 그 격차가 더욱 벌어져 금융회사의 자산관리수수료가 관리자산의 4~7% 수준인데 반해 웰스프론트는 불과 0.25%만 수취하고 있어 확연한 차이를 나타내고 있다.

핀테크 기업의 서비스 수수료

항목	해외 금융회사	핀테크 기업
해외 송금수수료	송금액의 4~5%	송금액의 0.5%(트랜스퍼와이즈)
신용카드 결제수수료	결제액의 3~5%	결제액의 2.7%(페이팔)
저신용자 대출이자율(연)	15~40%	6~25%(렌딩클럽)
자산관리수수료	관리자산의 4~7%	관리자산의 0.25%(웰스프론트)

자료: 각사 발표자료 종합

향후 핀테크 기업들이 계속해서 발전해 나간다면 전 세계적으로 금융서비스 수수료는 거의 제로에 수렴하는 수준으로 떨어져 수수료 측면에서 기존 금융회사의 경쟁력은 거의 사라질 것으로 예상된다.

핀테크 기업의 두 번째 진화 방향은 바로 서비스 간편화이다. 우리나라에 핀테크 열풍을 몰고 온 결정적인 계기가 바로 간편결제서비스이다. 복잡한 결제절차와 어려움 때문에 상품을 구매하기가 쉽지 않은 우리나라의 온라인 결제방식과는 달리 ID와 비밀번호만으로 모든 결제가 한 번에 이루어지는 간편결제서비스가 소개되면서 전 금융서비스 영역에 걸쳐 서비스 간편화가 중요한 화두로 등장하고 있다.

모바일 결제방식 비교

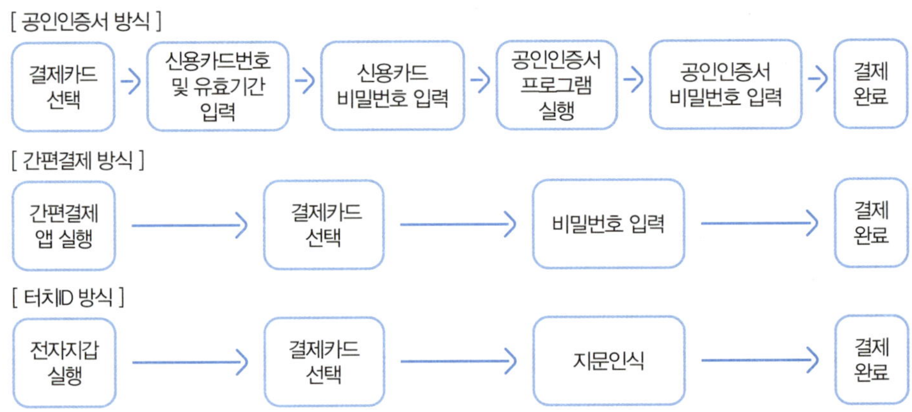

예를 들어 애플페이가 여러 가지 단점에도 불구하고 혁신적인 서비스로 평가받고 있는 이유는 신용카드를 별도로 휴대하지 않아도 되고 ID나 결제비밀번호를 입력하지 않아도 지문인증 하나만으로 모든 결제가 단번에 이루어져 기존 방식보다 한층 진일보한 간편결제서비스이기 때문이다. 렌딩클럽, 온덱과 같은 P2P 대출 중개업체들이 투자자들로부터 비즈니스 모델의 가치를 인정받아 성공적으로 뉴욕증권거래소에 상장할 수 있었던 것은 고객이 대출을 받을 때 수많은 복잡한 서류를 일일이 준비해야 하는 복잡함과 대출금이 입금되기까지 오랜 시간을 기다려야 했던 불편함을 모두 해소했기 때문이다. P2P 대출 중개업체가 온라인으로 대출신청을 받으면 수십분 내로 고객의 신용도를 평가한 뒤, 대출이 가능한 경우라면 그 다음날 바로 대출금을 입금해줌으로써 고객은 간편하게 필요한 자금을 사용할 수 있게 된 것이다.

자산관리 부문에서도 고객은 금융시장에 존재하는 수많은 상품과 서비스를 알지 못해도 전문가프로그램이 자동으로 상품 특성을 분석하여 고객에게 자산규모에 맞는 최적의 자산포트폴리오를 제안해 주기 때문에 어려운 투자의사 결정을 내려야 하는 고민으로부터 해방시켜 준다. 고객은 온라인 전문 자산관리회사에 회원으로 가입하고 자산내역과 투자성향만을 알려주면 나머지는 핀테크 기업이 알아서 처리해 주는 것이다. 미래 핀테크 기업들은 더욱 향상된 정보분석기술과 업무처리시스템으로 보다 정교화되고 보다 간편화된 서비스를 제공하게 될 것이다. 어쩌면 고객이 프로그램을 구동시켜 필요한 정보를 입력해 금융서비스를 이용하는 절차마저도 모두 생략하고 몇 가지 음성지시만으로 송금, 결제, 대출, 자산관리까지 모두 가능한 서비스가 등장할 수도 있을 것이다.

핀테크 기업의 마지막 진화 방향은 보안성 강화이다. 우리는 수많은 인력과 설비, 그리고 자본을 갖고 있는 거대 금융회사가 작은 핀테크 기업보다 더욱 안전하게 고객의 자산을 지켜줄 것이라 생각한다. 하지만 해외 금융회사의 금융보안사고 발생 현황은 그렇지 않다. 최근 해외 금융회사들이 외부 해킹공격에 의해 천문학적 규모의 경제적 피해를 입는 금융보안사고가 발생하고 있다. 최근 5년간 전 세계 30개국 100개 이상의 은행이 해커로부터 공격을 당해 이에 따른 현금인출 피해규모가 10억 달러를 넘어섰다. 글로벌 금융회사도 이제 보안사고로부터 더 이상 안전하지 않다.

해외 금융회사의 금융보안사고 사례

금융회사	발생시기	유출 건수 / 피해금액
JP모건 등	2010년 7월	1,250만 달러
Barclays	2013년 1월	130만 파운드
러시아 · 미국 등 30개국 은행	2013~2014년	10억 달러
HSBC 터키	2014년 11월	270,000건
스위스 BCGE 은행	2015년 1월	30,000건

자료: 언론 보도자료 종합

우리나라도 예외는 아니다. 국내 금융회사를 대상으로 랜섬웨어, 스피어피싱, 모바일해킹 등 다양한 형태의 신종 금융보안사고가 급증하고 있다. 이러한 금융보안사고는 일반인들이 인식을 하고 있더라도 기술적으로 사고를 예방하거나 제대로 대처하기가 어렵다는 데에 문제의 심각성이 크다.

국내 신종 금융보안사고 유형 및 사례

유 형	내 용	실제 사례
랜섬웨어(Ransomware)	컴퓨터에 악성 프로그램을 심어 내부 문서나 데이터를 암호화하여 사용 불능 상태로 만든 후, 해독 프로그램 제공을 대가로 금전을 요구	2014년 1월, 국내 시중 은행과 생명보험사, 증권사 등 국내 8개 금융사의 내부 PC가 랜섬웨어에 감염되어 해당 파일이 전부 파괴되는 피해 발생
스피어피싱(Spear-phishing)	특정 개인 또는 기업을 대상으로 공신력 있는 기관을 사칭하여 이메일을 보내 PC에 악성코드를 심은 후, 중요 정보를 탈취	2014년 1월, 국내 무역회사 A사의 이메일을 해킹한 해커가 결제계좌를 자신들의 대포통장으로 변경하는 이메일을 보내 3,000만 원의 거래대금 탈취
모바일해킹	모바일 기기의 운영체제(OS)나 앱의 보안 취약점을 공격해 개인정보를 탈취하는 행위로 공인인증서 복제를 통해 전자금융 사기에 악용	2013년 12월, 국내 모 증권사 모바일트레이딩 고객의 스마트폰을 해킹해 보유 주식을 전량 매도한 뒤, PC를 통해 매도 주식을 담보로 대출을 시도

자료: 언론 보도자료 종합

핀테크 기업들은 이러한 각종 보안사고의 위협으로부터 금융서비스의 안전성을 확보하기 위해 보안 부문에 대한 투자와 기술개발을 하고 있다. 일례로 세계 최대 지급결제회사인 페이팔은 보안을 강화하기 위해 지난 2008년 이스라엘의 보안회사인 프로드사이언스(Fraud Science)를 1억 6,900만 달러에, 2015년 사이액티브(CyActive)를 6,000만 달러에 인수했다. 핀테크 기업들이 운영하고 있는 이상거래탐지시스템(FDS)은 기존 금융회사들의 시스템보다 더 정교하고 탐지성능도 우수한 것으로 알려져 있다. 특히 금융거래와 관련된 해킹에 효과적으로 대비하기 위해서는 신종 해킹기법을 신속하게 인지하고 대처방안을 개발해야 하는데, 작고 기민한 핀테크 기업의 신속한 의사결정 문화가 오히려 거대한 금융회사들보다 보안위협에 효과적으로 대처하는 데 도움이 된다. 따라서 미래 핀테크 기업들은 기존 금융회사들보다 보안성을 한층 더 강화하여 금융서비스의 안정성을 확보하는 주체로 자리매김할 것으로 예상된다.

2절

금융업의 미래

미국의 주요 금융회사들은 업무의 효율성을 높이기 위한 금융 프로세스 재설계의 목적으로 디지털 혁신을 추진하고 있다. 한편 금융 인프라가 낙후된 신흥 시장에서는 핀테크기업과 빅테크 플레이어들이 완전히 금융시장의 패러다임을 바꾸고 있다. 특히 핀테크 분야에서 지급결제와 투자 부문이 디지털 혁신모델을 통한 변화가 가장 빠르게 진행될 것으로 전망된다. 씨티뱅크의 연구 결과에 따르면 2025년 지급결제시장에서 기존 은행의 거래량의 30~50% 이상을 디지털 혁신모델이 빼앗아갈 것으로 예상한다.

2025년 디지털 혁신모델로 인해 상실될 시장규모

구분	북미	유럽	중국	선진	이머징
지급결제	34%	34%	50%	34%	36%
투자	34%	34%	50%	34%	36%
개인대출	34%	17%	34%	17%	24%
신용카드 대출	17%	17%	28%	17%	24%
중소기업 대출	34%	34%	28%	17%	36%
모기지	34%	17%	14%	17%	12%

자료: Citi Research, 2018

앞으로 인공지능 기술은 금융업의 근본적인 혁신을 촉진할 것으로 예상된다. 금융회사는 인공지능 기술을 활용하여 고객 행동, 소비패턴 등의 분석을 통해 금융회사의 고객관리를 한층 강화할 수 있고, 고객과 임직원 행동의 패턴을 추출하여 금융사기를 적발하거나 리스크를 감소시킬 수 있다. 또한, 컴플라이언스 규정 준수를 위해 실시간 모니터링 등 소매금융 관련 전 분야에 인공지능 기술이 활용될 전망이다.

소매금융 관련 인공지능 활용 현황

구분	AI 활용 사례	도입 회사	통상적인 성과
고객관리	다양한 채널을 통해 고객에 맞춤형 추천	DBS, Chase, RBS, BBVA, DB, Capital One	응답률 2~3배 개선 수익 20~30% 증가
	고객 서비스를 위한 챗봇/디지털 에이전트	DBS, USAA, HSBC, BoA, CMB, Capital One	日 1백만 건 이상의 고객문의 처리 80% 시간 단축
	얼굴, 목소리, 행동 측정을 통한 디지털 ID	Barclays, Wells Fargo, HSBC, USAA, WestPac, Capital One	금융사기 80~90% 감축 신원조회 비용 50~70% 절감
	자동화된 투자 자문	USAA, Capital One, BoA, Betterment, Wealthfront	80% 이상 비용 단축 어드바이저당 고객수 2배 이상 증가
업무운영	로봇프로세스자동화 (RPA)	Wells Fargo, Chase, ICICI, Danske Bank, JP Morgan, BoA, DBS	운영비용 40% 이상 절감
리스크 & 컴플라이언스	효율적인 금융사기 모니터링(특히 실시간 지급결제 조회)	Visa, Mastercard, Stripe, JP Morgan, Nordea Bank	금융사기에서 긍정오류 60~80% 감축
	머신러닝을 활용한 사이버 보안 강화	Capital One, Barclays	감지시간 30% 이상 단축

자료: Citi Research, 2018

인공지능 챗봇(Chatbot)을 통하여 일반적인 거래업무를 자동화할 수 있고, 금융 사기나 사이버 보안 관련 실시간 모니터링 등에도 인공지능 기술이 활용된다. 가상 디지털 에이전트가 기업고객을 지원하고 공급업자의 자금조달 최적화를 위한 매입 매출채권 관련 이자율 분석, 금융계약 프로세스의 자동화 등 기업금융을 혁신하는데에도 인공지능이 큰 역할을 담당할 것으로 예상된다.

기업금융 관련 인공지능 활용 현황

구분	AI 활용 사례	도입회사	통상적인 성과
고객관리	가상 디지털 에이전트가 상품 상세설명, 질의 응답 등 기업고객 지원	HSBC, RBS	가상 에이전트를 통해 법인 콜(call)의 70~90% 절감
	A.I 기반 챗로그 분석으로 고객과의 상호작용 개선	DBS, BoA, HDFC Bank	챗로그 분석을 통해 질의의 60% 이상을 보다 빨리 처리
	A.I 기반 분석으로 유동성 최적화	JP Morgan, Yes Bank, HSBC	유동성 버퍼의 10~15% 감축
업무운영	공급업자 자금조달 최적화를 위한 매입채무 매출채권 관련 A.I 예측 분석	Wells Fargo, DBS, JP Morgan	재무예측 70~90% 개선
	원장 조정 자동화	JP Morgan, ICICI, Axis	운영비용 40~60% 절감
	매입채권의 지급조정 자동화	BoA, Citi	-
리스크 & 컴플라이언스	자동화된 지능 계약 프로세싱	JP Morgan	표준화된 계약 요건 자동화로 법률 비용 80~90% 절감
	머신러닝을 통해 고객 투자의 노출 리스크를 예측	Capital One, Goldman Sachs	예측 위험 20~30% 개선

자료: Citi Research, 2018

핀테크 산업은 기존 금융업의 시장 지배력을 약화시키는 것에서 더 나아가 금융업의 근본적인 변화를 초래할 것으로 예상된다. 핀테크 산업은 금융소비자 기반 확대, 금융업 가치사슬의 해체, 금융업의 탈규제화 현상을 심화시킬 것으로 예상된다. 궁극적으로는 미래 금융업은 기존 금융회사들이 중심인 현재의 모습에서 비금융회사들이 주도하는 다양한 대안금융시스템이 공존하는 구조로 변모할 것이다.

1. 금융소비자 기반 확대

핀테크는 금융소비자의 기반을 확대한다. 핀테크 기업들이 선보인 송금 · 결제서비스 중 송금인과 수금인의 어느 한쪽이 반드시 은행계좌를 입력해야 거래가 완료되는 방식은 기존 은행과 지점 인프라가 구축된 지역에서만 서비스가 가능하다. 은행의 계좌 기반 없이도 거래가 가능한 서비스는 케냐의 엠페사와 같은 선불충전형 전자화폐이다. 엠페사는 입금과 출금 모두 통신회사의 대리점을 통해서 가능하기 때문이다. 기존 금융회사의 개입 없이 금융거래를 수행하는 이와 같은 방식은 주로 금융산업이 낙후된 나라에서 확산됐다. 비록 금융업은 낙후되어 있더라도 기본적인 통신기능은 생업과 생존에 꼭 필요하기 때문에 대부분의 국가에서는 유 · 무선 통신 인프라를 확보해 놓는다. 특히 후진국일수록 대규모 투자가 들어가는 유선통신 단계를 뛰어넘어 비교적 자본이 덜 소요되는 무선통신 단계로 넘어가는 경우가 많다. 다시 말해 후진국이라 할지라도 대부분 무선통신이 가능하기 때문에 휴대폰을 사용하여 금융거래 인프라를 충분히 구축할 수 있다.

실제로 엠페사와 같은 송금 · 결제서비스는 필리핀, 남아공, 파푸아뉴기니, 사모아 등 금융과 유선통신 인프라가 열악한 후진국에서 이미 도입하여 사용하고 있다. 기존 금융회사들이 쉽게 진입을 하지 못하는 시장에 핀테크가 침투하여 금융서비스를 제공하고 있는 것이다. 후진국뿐만 아니라 중진국 또는 선진국에서도 은행계좌를 가질 수 없는 금융소외자들이 선불충전형 전자화폐서비스를 많이 이용하고 있기 때문에 결국 핀테크는 기존 금융회사가 포용하지 못하는 고객을 대상으로 송금 · 결제와 같은 기본적인 금융거래서비스를 제공하는 역할을 담당하고 있다.

저개발국가의 모바일 지급결제서비스 현황

서비스명	사업자	개시연도	내용
Smart Money	Smart(필리핀)	2001	개인 간 송금, ATM 현금인출, 휴대폰 계좌충전, 고지서 납부, 해외송금 수취, POS 구매
Wizzit	South African Bank of Athens(남아공)	2005	개인 간 송금, 휴대폰 계좌충전, 전자쿠폰, 직불카드, 인터넷뱅킹
M-Pesa	Safaricom(케냐)	2007	개인 간 송금, ATM 현금인출, 휴대폰 계좌충전, 고지서 납부, 해외송금 수취, POS 구매
MiCash	Nationwide Microbank (파푸아뉴기니)	2008	개인 간 송금, 휴대폰 계좌충전, 계좌조회, 지점 또는 대리점에서 입출금
Digicel Mobile Money	Digicel (사모아/피지/통가)	2010	개인 간 송금, 휴대폰 계좌충전, 고지서 납부, 해외송금 수취

자료: 금융결제원, 2013

가상화폐인 비트코인도 금융소비자 기반의 확대에 일조하고 있다. 전 세계적으로 이주노동자의 송금시장이 900조 원 가량으로 추정되는데 이들 대부분이 이주국가의 금융회사와 거래하기가 쉽지 않다고 한다. 설령 이들이 금융회사에 계좌를 열어 본국에 송금하는 경우에도 복잡한 절차를 거치고 비싼 수수료를 부담해야 한다. 이와 달리 비트코인은 화폐 네트워크를 통제하는 중앙은행이 없고 금융회사의 사적 지급결제 네트워크를 사용하지 않기 때문에 인터넷망과 스마트폰으로 자유롭게 송금이 가능하다. 비트코인이 금융산업이 낙후된 국가의 통신 인프라와 결합된다면 국제 이주노동자와 같은 새로운 금융소비자계층을 포용할 수 있다.

송금 · 결제뿐만 아니라 금융회사 고유의 서비스 중 하나인 대출에 있어서도 핀테크 기업이 첨단기술을 활용하여 금융소비자 기반을 확대하고 있다. P2P 대출 중개업체들이 주로 타기팅하는 고객들은 기존 금융회사와 거래를 할 수 없는 저신용자 또는 금융거래기록이 아예 없어 신용평가 자체가 어려운 고객들이다. 첨단 데이터 분석기술은 금융거래정보가 없더라도 인터넷에 흩어져 있는 다양한 개인정보를 취합해 신용도를 평가해 준다.

또한 인터넷 자체를 사용하지 않아 그러한 정보마저 없는 고객들도 핀테크 기업이 신용도를 평가할 수 있다. 이른바 인성평가 테스트(Psychometric Test)라는 방식을 활용하면 된다. 인성평가란 정답이 없는 설문형식의 문제들을 묻고 답해 평가자의 인성을 측정하여 미래의 채무상환의지와 미래상환능력을 평가하는 방식이다. 보통 10~20분 동안 컴퓨터, 스마트폰, 태블릿 PC 등을 이용해 다양한 질문에 개인이 원하는 그림을 고르거나 답을 선택하는 방식으로 진행된다. 만약 인성평가 점수가 높게 나오면 피평가자는 금융회사와 거래이력이 없더라도 담보 없이 대출을 받을 수 있다. 기존 금융회사로서는 상상할 수 없는 일이다.

비주얼DNA의 인성평가 테스트 사례

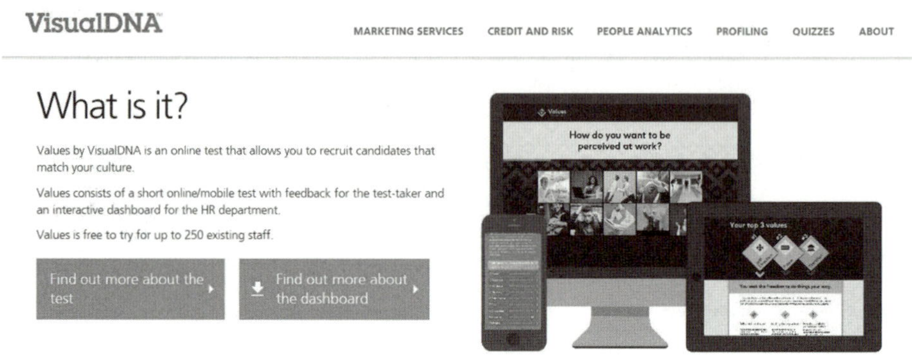

자료: www.visualdna.com

이와 같은 신용평가 방식은 인터넷이나 모바일 서비스 도입이 취약한 신흥국, 저개발 국가들에서 활용도가 높다. 일례로 금융소외계층이 전체 인구의 반 이상을 차지하는 페루에서는 일부 은행들이 대출 시 인성평가 방식으로 신용평가를 하고 있다. 인성평가의 실효성에 대한 우려에도 불구하고 이 방식을 도입한 금융회사들은 대출 고객이 증가하고 소액대출 부실률이 평균적으로 50% 정도 하락하는 효과를 거두고 있는 것으로 나타났다. 세계은행(World Bank)에 따르면 전 세계 성인 인구의 약 50%는 금융거래실적이 없고, 개발도상국 저소득층 10명 중 1명 정도만이 신용정보를 보유하고 있기 때문에 기존 금융회사들은 이들을 대상으로 금융서비스를 제공하기 어렵다. 그러나 핀테크 기업의 서비스가 확산되면 새로운 송금 · 결제기술과 신용평가 기법으로 금융서비스를 이용할 수 있는 금융소비자들이 급증할 것으로 예상된다.

우리나라에서도 최근 핀테크 기업들이 P2P 대출 중개서비스를 제공하고 있고, 은행도 기존에는 거래관계를 맺지 않았던 저신용자들을 대상으로 대출을 해주기 시작했다. 이는 핀테크 기업들이 금융소외계층을 대상으로 서비스의 범위를 확대한 결과이다. 핀테크 산업은 지속적으로 금융소비자 기반을 확대하여 금융시장 규모를 더욱 확장시키는 데 일조할 것으로 예상된다.

2. 금융업 가치사슬의 해체

1980년대 중반 미국의 PC 산업은 IBM이라는 거대기업이 모두 통합한 상태였다. 마이크로프로세서를 비롯한 하드웨어와 운영체제를 비롯한 소프트웨어뿐만 아니라 컴퓨터 유통망까지 IBM은 모든 기능을 내부에 보유하고 있었다. 하지만 결코 무너지지 않을 것만 같았던 IBM의 독점구조는 1990년대 후반부터 컴퓨터 산업의 각 가치사슬별로 전문화된 기업들이 출현하면서 깨지기 시작했다. 개인용 PC의 마이크로프로세서는 인텔이 시장점유율을 점차 늘려 나갔고, 하드웨어 분야는 컴팩, 델, 애플과 같은 기업들이 시장을 나누기 시작했다. 운영체제와 응용 프로그램 시장은 마이크로소프트의 윈도우즈 프로그램과 오피스가 장악했고, 유통망은 다이렉트판매망, 전자양판점, 할인점 등이 주도권을 잡기 시작했다. 이렇게 PC 산업의 가치사슬이 해체되면서 철옹성 같던 IBM은 주력 사업 분야에서 경쟁력을 잃고 제조업체에서 서비스업체로 변신하게 된다. PC 산업의 가치사슬이 해체된 가장 큰 이유는 바로 특정 영역에서 독보적인 전문기업들이 출현했기 때문이다. 처음에는 작은 벤처기업으로 출발한 기업들이 혁신적인 기술과 비즈니스 모델로 틈새시장을 공략하면서 가치사슬의 부분을 나눠가진 것이다.

금융업에서도 지금 똑같은 현상이 재현되고 있다. 혁신적인 기술과 비즈니스 모델로 무장한 핀테크 기업들이 기존 금융시장뿐만 아니라 새로운 틈새시장을 개척해 침투해 들어오고 있다. 기존 금융회사들은 내부에 여러 업무들을 포괄하고 있는데 반해 핀테크 기업들은 전문성을 가진 한 분야에 모든 자원을 집중한다. 특히 비금융회사들이 결제 · 예금 · 대출 · 자산관리 등 다양한 금융서비스를 제공하면서 기존 금융회사의 업무를 대체하고 있다. 중국 알리바바는 증권회사의 개입 없이 신탁상품을 판매하여 출시 1년 반 만에 100조 원이라는 천문학적인 규모의 시중자금을 끌어 모았고, 스타벅스는 자체적으로 자사의 결제수요를 흡수하기 위해 고객이 매장에서 줄 서서 기다리지 않고 커피를 바로 테이크아웃할 수 있는 모바일 결제서비스를 출시했다. 이제는 금융회사뿐만 아니라 비금융회사들도 금융회사의 강력한 경쟁자로 부상하고 있다. 액센츄어에 따르면 미국의 경우 비금융회사들의 금융업 진출에 따른 경쟁 심화로 인해 2020년에는 기존 은행 매출의 3분의 1이 잠식될 것으로 예상된다.

금융업의 가치사슬이 해체되는 증거는 수없이 많다. 영국 트랜스퍼와이즈는 대체 송금 기법으로 기존 은행의 개입 없이 해외송금거래를 쉽고 저렴한 비용으로 해결해 주고 있다. 글로벌 은행들의 해외송금사업은 앞으로 급격하게 경쟁력을 잃을 것이다. 미국 스퀘어는 무료로 배포하는 소형 카드리더기(Square Reader)와 스마트폰 앱(Square App)으로 별도의 결제단말기와 결제망이 없어도 가맹점이 결제서비스를 이용할 수 있는 모바일POS(Point of Sales) 시스템을 만들었다. 그 결과 전자지급결제대행업체(PG)와 VAN(Value Added Network)사들이 설 입지가 좁아지고 있다. 또한 가맹점에 대한 신용카드회사들의 영향력도 과거에 비해 점차 약화되고 있다.

비트코인과 같은 가상화폐시스템은 오픈 소스로 전 세계 누구나 애플리케이션 프로그램을 사용해서 다양하게 변용할 수 있다. 이러한 금융 플랫폼의 개방성과 확장성은 핀테크 기업들이 다양한 형태의 금융중개서비스를 제공하는 것을 가능케 한다. 가상화폐를 이용하면 금융소비자들이 해외송금, 지급결제, 환전 등의 영역에서 굳이 금융기관을 이용할 필요가 없다. 만약 미래에 가상화폐가 제도권 내의 통화로 인정받게 된다면 은행이나 신용카드회사 등 기존 금융회사들의 영향력이 크게 감소하고, 글로벌 화폐시스템에도 중대한 변화가 발생할 가능성이 크다.

P2P 대출 중개업도 사업 초기에는 금융회사들이 관심조차 갖지 않았던 분야였다. 투자자들이 어떻게 핀테크 기업을 믿고 투자하겠느냐는 것이 가장 큰 이유였다. 하지만 렌딩클럽, 프로스퍼, 조파, 펀딩서클, 온덱 등과 같은 회사들이 무섭게 성장하면서 지금은 오히려 금융회사들이 이들 업체들을 통해 대출에 나서고 있는 실정이다.

자산관리 부문에서도 핀테크 기업들이 온라인 플랫폼을 구축하여 고객의 모든 금융정보를 통합적으로 제공해 주거나, 최적의 자산 포트폴리오를 구성할 수 있도록 다양한 자문서비스를 제공하고 있다. 예를 들면 미국의 민트(Mint)는 16,000개 이상의 금융회사와 제휴하여 금융거래정보를 공유하고 있고 SNS를 기반으로 투자자 커뮤니티를 구축해 대규모 고객집단을 관리하기도 한다. 은행과 증권회사의 자산관리

기능을 첨단 알고리즘 기술로 대체하고 있는 것이다. 이미 대형 금융회사들은 핀테크 기업의 온라인 전문 자산관리 기술을 자사에 도입하려 하고 있다.

금융업 가치사슬 해체의 모습

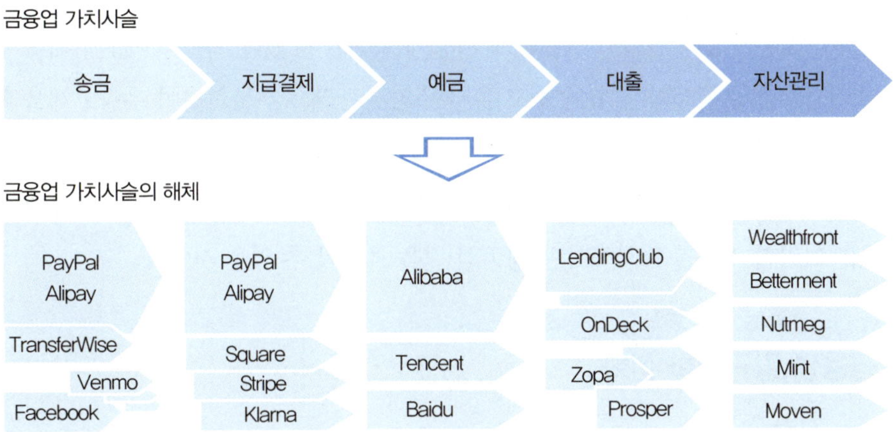

자료: 저자 정리

금융업 전 분야에 걸쳐 이미 가치사슬의 해체가 진행되고 있다. 전통적인 금융회사가 통합하고 있던 기능들을 이제 전문화된 핀테크 기업들이 하나둘씩 잠식하고 있다. 빌 게이츠가 "은행업은 필요하지만 은행은 더 이상 필요 없다(Banking is essential, banks are not)."라고 얘기한 것처럼 은행의 핵심 업무는 점차 해체의 길을 걷게 될 것이다. 핀테크 기업들이 저렴한 비용 경쟁력과 첨단 기술로 금융거래 접점을 장악하면서 금융의 분업화를 촉진할 것이다.

미래에 금융회사가 살아남기 위해서는 IBM이 제조업체에서 서비스업체로 과감히 변신해서 살아남은 것처럼 금융회사도 기존의 비즈니스 패러다임을 완전히 바꿔야 한다. 전통적인 영업점 중심의 금융서비스 제공방식에서 벗어나 핀테크 기업과 제휴하여 새로운 상품과 서비스를 만들거나 핀테크 기업을 적극적으로 인수함으로써 그 기능을 내재화하는 작업이 필요하다. 또한 핀테크 기업들과 마찬가지로 모바일, 소셜 네트워크, 빅데이터 기술을 활용하여 금융소비자 기반을 적극적으로 확대해야 한다.

그리고 금융회사는 가치사슬이 해체되고 있는 금융시장에서 새로운 중개자의 기회를 포착할 필요가 있다. 일례로 미국에서 가장 성공적인 인터넷 전문은행으로는 찰스슈왑뱅크가 꼽히는데, 찰스슈왑뱅크는 증권회사인 찰스슈왑이 설립했다. 찰스슈왑뱅크는 다른 인터넷 전문은행들처럼 수신 · 대출업무에 초점을 맞추기보다는 예금시장과 자본시장을 연결시키는 중개 기능에 초점을 맞췄다. 주식 · 채권거래를 위한 대기자금을 은행계좌에 묶어 놓고 온라인 자산관리를 전문화하여 우량고객을 확보하고 고수익구조를 창출할 수 있었다. 찰스슈왑뱅크가 가치사슬을 연결시켜 주는 중개자 또는 조정자 기능을 통해 생존의 길을 찾을 수 있었던 것처럼 앞으로 금융회사들은 이러한 기회를 포착해야만 생존의 길을 모색할 수 있을 것이다.

3. 금융업 탈규제화 심화

핀테크의 역사는 곧 탈규제의 역사이다. 왜냐하면 핀테크 기업들의 비즈니스 모델은 기존 금융업의 개념으로는 포괄하기 어렵기 때문이다. 기존 금융업 감독의 관점에서 통제하고 있던 금융 비즈니스를 허용해 주지 않으면 핀테크 산업은 존재할 수 없다. 전 세계 핀테크 산업의 중심지인 영국은 금융감독기구 내에 '프로젝트 이노베이트(Project Innovate)'이라는 혁신사업추진팀을 신설해 핀테크 비즈니스가 가능한 구조를 만들었다. 팀원들은 국내외 핀테크 기업의 기술 · 서비스가 현행 영국 규제와 부합하는지 여부를 조사하고, 규제완화 및 개선을 통해 새로운 핀테크나 기술을 도입할 수 있는지를 검토하는 역할을 담당한다. 영국이 핀테크 강국으로 성장할 수 있었던 것은 정책적인 지원과 더불어 유연한 규제 환경이 조성됐기 때문이다. 영국 정부는 정책적으로 결제시스템에 대한 오픈 액세스를 지원하고 제한 없이 많은 기업들이 참여할 수 있도록 개방정책을 유도하고 있고, 기존 금융회사의 불공정 영업행위를 제재하여 핀테크 기업의 성장을 지원하고 있다.

일본은 금산분리 규제를 완화하면서 인터넷 전문은행 시장이 개화했다. 현재 운영되고 있는 총 8개의 인터넷 전문은행의 총자산은 2014년 말 기준 약 78조 6,599억 원에 이른다. 일본 금융당국은 2000년 비금융기관이 은행 지분을 20%까지 소유할 수 있도록 은행법을 개정했다. 산업자본이 인터넷 전문은행 시장에 진출하여 금융업 내 경쟁을 촉진하고 기존 금융회사들의 혁신을 유도하기 위해서이다. 이러한 규제완화로 인해 일본 인터넷 전문은행 시장은 연평균 32%의 높은 증가세를 나타냈다. 일본 인터넷 전문은행들은 모두 흑자로 전환돼 운영되고 있으며 당초 규제완화의 취지에 맞게 제 기능을 담당하고 있다.

중국도 국영은행들이 주도하여 비효율화된 금융시스템을 개혁하기 위해 송금 · 결제, 예금, 대출, 자산관리 등 전 방위에 걸쳐 비금융회사들의 금융업 진입을 허용했다. 그 결과 전 세계적으로 그 유래가 없을 정도의 빠른 속도로 핀테크 산업이 성장하고 있으며, 민간자본이 주도하는 인터넷 전문은행도 등장했다. 상황이 급변하자 핀테크 기업들을 경쟁상대로 생각하지 않았던 중국의 대형은행들이 대응과 견제의 움직임을 보이기 시작했으며, 핀테크 비즈니스를 포용하기 위한 제휴전략을 취하기 시작했다.

영국, 일본, 중국의 금융업이 변화할 수 있었던 것은 규제완화를 통해 핀테크 산업을 육성했기 때문이다. 또한 이들 국가들은 이러한 핀테크 산업 육성정책을 통해 금융경쟁력 향상이라는 긍정적인 효과를 이미 검증했다. 따라서 앞으로 금융자유주의로 표방되는 핀테크와 관련된 규제들이 더욱 완화될 것이며, 기득권을 갖고 있던 기존 금융회사들도 완전히 개방된 규제 환경 하에서 핀테크 기업들과 공정한 경쟁을 벌여야 하는 상황에 직면하게 될 것이다.

우리나라도 핀테크 산업에 대해 사전규제 대신 사후규제를 확대하는 방향으로 규제를 완화하고 있다. 특히 해외송금, 지분투자형 크라우드펀딩 등 그동안 관련법으로 인해 사업 자체가 불가능했던 부문에 대해서도 제한적으로 허용을 해 줄 예정이다. 인터넷 전문은행에 대해서도 금산분리를 완화하는 「은행법」 개정을 통해서 비금융회사의 은행업 진입을 허용해 주는 방향으로 규제완화가 진행되고 있다. 따라서 우리나라에서도 앞으로 핀테크 산업 육성을 통해 금융경쟁력을 향상시키려는 목적으로 규제완화가 더욱 가속화되고, 보다 탈규제화된 시장 환경 하에서 기존 금융회사와 새롭게 부상하고 있는 비금융회사 진영 간 경쟁이 더욱 심화될 것으로 예상된다.

4. 대안금융의 부상

핀테크는 금융지식과 노하우를 기술 속에 내재화하여 기존 방식보다 훨씬 용이하게 금융 비즈니스를 수행할 수 있게 해준다. 이러한 핀테크의 장점을 활용하여 비금융회사가 주도하는 대안금융이 발달하고 있다. 영국에서는 바클레이즈은행의 리보금리 조작과 스코틀랜드왕립은행(RBS) · 내셔널웨스트민스터(NatWest)은행의 IT 시스템 오류로 서비스가 중단되는 사고로 인해 대형은행들에 대한 불신이 확산되면서 대안은행으로 고객 이탈이 가속화하고 있다. 사고발생 이후 영국 대안은행(Challenger Bank)[34]의 예금수신고가 최소 20%에서 최대 300%까지 급증한 것으로 알려졌다. 대안은행들의 지점 수 또한 급증하면서 대형은행에 버금가는 규모로 성장하고 있다.

대표적인 사례는 테스코뱅크이다. 영국의 대형할인점인 테스코는 고객의 구매 니즈와 매출 증대를 위해 1995년 '클럽카드'를 도입했다. 테스코는 클럽카드를 통해 확보한 개인정보와 구매 데이터를 토대로 회원들 각각의 소비 습관과 취향에 맞춘 상품 할인쿠폰을 발행해서 큰 호응을 얻었다. 테스코는 이 클럽카드를 기반으로 1996년 유통업체로는 최초로 금융업에 진출했다. 테스코는 스코틀랜드왕립은행과 합작사를 설립해 은행업 허가를 얻었고, 신용카드, 저축상품 등을 팔기 시작했다. 그 결과 테스코는 클럽카드를 통해 고객들의 정보를 정확하게 파악해 2013년 9월 말 기준 약 650만 개의 금융계좌를 확보하는 데 성공했다.

미국의 월마트도 선불카드업체인 그린닷(Green Dot)과 손잡고 모바일 당좌예금 계좌 서비스인 '고뱅크(GoBank)'를 출시했다. 고뱅크는 기존 은행과 달리 계좌개설을 위한 최저예금 제한을 두지 않고, 사용자의 평균 지출액 등을 고려해 통장 잔고를

34) 대형 상업은행에 대항하여 소매금융과 중소기업금융을 주 업무로 하는 소규모 신생은행을 말한다.

예측하는 서비스를 제공한다. 또한 고뱅크 고객들은 무료로 ATM과 마이너스 통장을 이용할 수 있다. 고뱅크의 계좌유지수수료도 매우 저렴해서 고객은 월 8.95달러만 부담하면 되고, 계좌에 500달러 이상의 예금을 보유하고 있는 사용자는 계좌유지수수료를 내지 않아도 된다. 월마트는 미국 은행 이용자들의 비용부담을 줄이는 전략으로 기존 은행과 차별화를 시도하고 있다.

일본에서는 일찍이 편의점 은행이 발달했다. 편의점 은행에서는 일반 은행의 ATM기와는 달리 어느 은행의 현금카드를 이용하든지 ATM에서 돈을 인출할 때 수수료가 발생하지 않는다. 또한 일본 편의점에서는 각종 지방세, 전기 · 수도 · 통신요금 등 공과금이나, 신문 · 잡지의 구독료, 보험사의 보험료, 신용카드 대금 등의 결제가 가능하고, 외화 환전과 우편환, 인터넷 쇼핑몰에서 주문한 상품의 대금결제까지 할 수 있다. 편의점이 보유하고 있는 ATM기 수도 대형 프랜차이즈의 경우 1만 대를 넘어 일반 은행보다도 더 큰 규모를 자랑한다. 그만큼 편의점 은행의 고객들이 서비스를 사용하기가 편리하다는 얘기이다.

중국에서는 텐센트가 2014년 중국 최초의 민영 인터넷 전문은행인 웨이중은행을 설립했다. 텐센트는 가입자 8억 명의 온라인 메신저인 QQ와 6억 명이 사용하는 모바일 메신저인 위챗을 기반으로 웨이중은행을 통해 소매금융, 기업금융, 신용카드 서비스까지 다양한 은행업무를 수행한다. 알리바바도 2015년 인터넷 전문은행인 왕샹은행을 설립했다. 알리바바는 중국 최대 민영 투자회사인 포선인터내셔널과 합작해 인터넷 전문은행 시장에 진출했다. 알리바바는 자회사 알리페이의 이용자 3억 명과 위어바오와 같은 기존 금융수단을 활용해 시너지를 극대화할 계획이다. 중국 은행감독위원회는 2014년 민영은행을 만들기 위해 모두 5개 회사의 시범은행 사업을 승인했는데 이 가운데 2곳이 텐센트와 알리바바가 신청한 인터넷 전문은행이다. 앞으로 중국 금융시장에서는 인터넷 전문은행이 사업영역을 점차 확대해 나갈 것으로 예상된다.

미국 GAFA(Google, Amazon, Facebook, Apple), 중국의 알리바바, 텐센트 등은 지급결제, 온라인 대출, 보험 등 모든 금융 부문으로 사업을 확장하고 있다. 또한, 이들 기업은 충성도 높은 고객을 기반으로 고객 맞춤형 금융서비스를 제공하는 등 기존 금융회사와 차별화를 도모하고 있다. FSB(Financial Stability Board)는 금융시장 구조 변화의 주요 요인 중 하나로 빅테크 기업의 진입이며 앞으로 빅테크 기업들이 글로벌 금융시장에서 지배력을 강화해 나갈 것으로 예상했다.

빅테크 기업의 핀테크 비즈니스 추진 현황

구분	알리바바	텐센트	바이두	구글	아마존	페이스북	애플	삼성전자
지급결제	AliPay	Tenpay	Baidu Wallet	Google Pay	Amazon Pay	Messenger Pay	Apple Pay	Samsung Pay
	중국 최대 모바일 결제 플랫폼	중국 상위 2번째 모바일 결제 플랫폼	페이팔 협력	신용카드 네트워크 활용	신용카드 네트워크 활용	신용카드 네트워크 활용	신용카드 네트워크 활용	신용카드 네트워크 활용
온라인 대출	MYBank	WeBank	Baixin Bank	P2P대출	아마존 렌딩	Charged (광고비 후불 서비스)	–	–
	시골지역 중소기업 및 온라인 상점 대출	개인 소액대출	금융상품 및 소액대출	렌딩클럽(P2P) 제휴	중소기업 또는 물류 · 배송업체에 대한 저금리 대출	캐나다 핀테크 회사인 클리어뱅크와 제휴	–	–
자산 관리	Yu'e Bao (글로벌 최대 MMF운용)	뮤추얼펀드 라이선스 획득	–	–	–	–	–	–
보험	온라인 보험사 중안보험 공동 설립		조인트벤처 설립(알리안츠, 힐하우스 캐피탈)	구글컴페어 (보험비교 사이트) *최근 서비스 중단	보험가격 비교사이트 설립, JP모건체이스 및 버크셔해서웨이와 함께 헬스케어 회사 설립	–	알리안츠 사이버보험 할인 제공	–

자료: FSB, 2019

핀테크의 발달로 전 세계적으로 부상하고 있는 대안금융에 대한 금융소비자들의 인식도 매우 호의적인 것으로 나타났다. 미국 젊은이들의 대안은행에 관한 관심도 증가하고 있다. 액센츄어가 2014년 실시한 설문조사에 따르면 18~34세 중 약 40%는 구글이나 월마트가 은행사업에 뛰어들 경우, 기존의 은행보다 이와 같은 대안은행을 더 선호할 것이라고 대답했다. 특히 인기가 높은 대안은행 후보기업들로는 스퀘어(50%)와 페이팔(41%), T-모바일(32%), 애플, 구글, 코스트코(29%), 월마트(23%) 등인 것으로 나타났다. 따라서 미래에는 기존 금융회사들의 시장점유율은 상당 부분 하락하고 비금융회사들이 주도하는 대안금융의 비중이 지속적으로 늘어날 것으로 예상된다.

우리나라에서는 아직 금융소비자의 대안금융에 대한 선호도를 조사한 사례는 없다. 하지만 기존 금융회사에 대한 낮은 만족도를 감안할 때 대안금융에 대한 수요는 충분히 있을 것으로 추정된다. 시장조사전문기업인 트렌드모니터에 따르면 우리나라 국민들의 은행에 대한 신뢰도는 매우 낮은 수준인 것으로 나타났다. 전체 응답자의 19.4%만이 우리나라 은행이 하는 일은 믿을 수 있다고 답변했고, 우리나라 은행의 내부정보가 투명하게 공개되고 있다고 생각하는 금융소비자는 6.1%에 불과했다. 또한 우리나라 은행들의 재정이 건전하다고 생각하는 응답자는 11.8%에 그쳤고, 은행이 고객의 돈을 늘려주는 곳이라고 생각하는 금융소비자는 전체의 10.6%에 불과했다. 이는 우리나라 금융소비자들의 은행에 대한 신뢰도가 전반적으로 매우 낮은 수준임을 보여주고 있다. 따라서 우리나라에서도 핀테크 기업을 중심으로 한 비금융회사들의 대안금융이 기존 금융회사의 기능을 대체하는 또 하나의 금융수단으로 성장할 것으로 예상된다.

집필후기

집필 후기

2014년 겨울, 필자는 국내외 핀테크 산업을 이해하는 데 도움이 되는 전문서적을 만들겠다는 일념 하에 펜을 들었지만 핀테크에 대한 체계적인 선행연구가 부족한 상황에서 이 책의 집필 방향을 정하는 데에는 많은 어려움이 있었다.

개념서 수준으로는 현업에 계신 분들에게 실용적인 정보를 드리기가 쉽지 않고 전문적인 내용을 다루기에는 자료원이 너무나 부족했기 때문이다. 해외에서는 이미 많은 핀테크 기업들이 등장했지만 그 영업방식과 노하우는 베일에 싸여 있어 공개된 자료를 찾기가 어려웠고 우리나라에서는 이제 핀테크 산업이 발아기에 진입한 단계로 축적된 지식이 턱없이 부족했다.

그래서 선택한 방법이 바로 벤치마킹이다. 필자는 비록 힘들고 고단한 작업이 된다 할지라도 개별 핀테크 기업에 관해 조각조각 흩어져 있는 방대한 자료를 모아 분석한다면 우리가 그동안 알지 못했던 새로운 정보와 전략적인 시사점을 얻을 수 있을 것이라 생각했다.

수많은 해외 핀테크 기업들 중 이미 비즈니스 모델의 성공 가능성이 검증되고, 사업 아이디어가 참신한 창업기업을 필자가 직접 선정해 장기간 자료 조사를 했다. 국내 핀테크 기업들은 아직 그 풀(Pool)이 적어 일단 대다수 기업을 다루겠다는 목표를 세우고 분석작업에 들어갔다. 때론 지치고 힘들기도 했지만 집필작업을 시작한 지 9개월 만에 본서가 세상의 빛을 보게 됐다.

독자 여러분께서 본서를 효과적으로 활용하기 위해서는 핀테크 기업 사례의 사업내용을 일독하고 각 핀테크 비즈니스 모델을 설명한 부분에서 기술한 내용과 연계하여 그 내용을 이해해 보시기를 권유한다.

필자는 핀테크와 관련된 중요한 최신 이슈들을 놓치지 않으려고 최선을 다했으나, 기술은 하루가 다르게 발전하고 있고 지금 이 시간에도 지구촌 어디에선가 새로운 아이디어로 무장한 핀테크 기업들이 끊임없이 생겨나고 있기 때문에 모든 내용을 한 권의 책에 다 담기는 물리적으로 불가능했다. 이러한 현실적인 제약요인을 독자 여러분께서 잘 이해해 주시길 바라며 앞으로 부족한 부분은 지속적인 업데이트를 통해 보완해 나갈 것을 약속드린다.

필자는 우리나라의 핀테크 기업들이 해외 핀테크 기업들과 경쟁할 수 있도록 하루빨리 성장하고, 보다 많은 분들이 핀테크 산업에 대해 관심을 갖게 되기를 바라며 본서가 그러한 분들에게 미력하나마 도움을 드릴 수 있기를 진심으로 기원한다.

2022년 5월

저자 **김 종 현**

별첨자료

[부록 1] 전자금융업 등록 현황

전자금융업 등록 현황

(2025년 7월 1일 기준)

No.	등록날짜	전자금융업자명	선불전자 지급수단 발행업	직불전자 지급수단 발행업	전자지급 결제대행업 (PG)	결제대금 예치업 (ESCROW)	전자고지 결제업 (EBPP)
1	2007.4.19	㈜마이비	●		● ('11.10.11 등록)		
2	2007.5.18	이지스엔터프라이즈㈜			●		●
3	2007.6.19	㈜케이에스넷	● ('19.1.11 등록)		●	●	
4	2007.6.20	㈜티머니	●		●		
5	2007.6.20	㈜엘지씨엔에스			●	● ('16.5.10 등록)	
6	2007.6.25	㈜케이지이니시스	● ('21.4.21 등록)		●	● ('07.11.13 등록)	
7	2007.6.28	한국정보통신㈜	● ('14.2.10 등록)	● ('14.2.10 등록)	●	● ('11.4.20 등록)	
8	2007.6.28	나이스정보통신㈜	● ('10.9.17 등록)		● ('20.7.14 등록)		
9	2007.6.29	㈜페이게이트			●	●	
10	2007.6.29	㈜지마켓	●		●	●	
11	2007.6.29	㈜케이지모빌리언스	● ('21.6.23. 등록)	● ('12.12.28 등록)	●	● ('12.8.10 등록)	
12	2007.6.29	효성에프엠에스㈜			●		● ('13.8.9 등록)
13	2007.6.29	씨제이올리브네트웍스㈜	● ('18.11.21 등록)		●		
14	2007.6.29	엔에이치엔케이씨피㈜	● ('24.12.18 등록)		●	●	
15	2007.7.13	㈜동서아이티에스					●
16	2007.7.19	㈜카카오	●		●	● ('19.9.23 등록)	
17	2007.7.25	브이피㈜			●		
18	2007.9.18	㈜헥토파이낸셜	● ('19.5.29 등록)		●	● ('15.4.8 등록)	● ('22.12.20. 등록)
19	2007.11.22	부산하나로카드㈜	●				
20	2008.3.18	페이레터㈜			●		
21	2008.3.19	한국결제네트웍스 유한회사			●	● ('14.9.19 등록)	
22	2008.3.20	에스엠하이플러스㈜	●				
23	2008.6.30	㈜더존비즈온			●	● ('16.8.9 등록)	●

No.	등록날짜	전자금융업자명	선불전자 지급수단 발행업	직불전자 지급수단 발행업	전자지급 결제대행업 (PG)	결제대금 예치업 (ESCROW)	전자고지 결제업 (EBPP)
24	2008.9.25	갤럭시아머니트리㈜	● ('14.7.7 등록)	● ('15.11.6 등록)	●	● ('14.7.7 등록)	
25	2008.12.26	㈜티모넷			●		
26	2009.7.3	네이트커뮤니케이션즈㈜	●				
27	2009.7.3	㈜다날	● ('16.7.14 등록)		●	● ('16.7.14 등록)	
28	2010.7.22	㈜M유페이	●		●		
29	2010.8.19	스탠다드네트웍스㈜			●		
30	2010.10.29	주식회사 이동의즐거움	●		●		
31	2010.11.3	㈜엑심베이			●		
32	2011.3.28	㈜하렉스인포텍		● ('13.1.23 등록)	●		● ('18.1.17 등록)
33	2011.8.1	㈜핀플넷	●				
34	2011.9.30	㈜스마트로	● ('13.3.11 등록)		●	● ('18.1.17 등록)	● ('16.8.26 등록)
35	2011.10.1	에스케이플래닛㈜	●		●		
36	2012.7.27	㈜쿠콘	● ('18.4.30 등록)		●		
37	2012.12.7	코레일네트웍스㈜	●		●		
38	2013.1.17	㈜한페이시스	●		●		
39	2013.12.6	케이비증권㈜		●			
40	2014.4.4	신한금융투자㈜		●			
41	2014.4.4	미래에셋증권㈜		●	● ('19.6.19 등록)		
42	2014.5.2	한국철도공사	●				
43	2014.8.5	NH투자증권㈜		●			
44	2015.1.7	비바리퍼블리카㈜	● ('15.9.7 등록)	● ('17.7.20 등록)	●	● ('15.9.7 등록)	● ('22.1.20 등록)
45	2015.4.8	유니윌㈜			●	● ('19.8.12 등록)	
46	2015.4.29	㈜페이누리	● ('25.6.19 등록)		●		
47	2015.5.4	㈜토마토페이			●		
48	2015.5.4	교보증권㈜		●			
49	2015.5.22	롯데멤버스㈜	●	● ('16.7.1 등록)	● ('17.10.23 등록)	● ('18.1.12 등록)	
50	2015.6.5	DB금융투자㈜		●			
51	2015.6.23	구글페이먼트코리아(유)	● ('17.1.24 등록)		●		

No.	등록날짜	전자금융업자명	선불전자 지급수단 발행업	직불전자 지급수단 발행업	전자지급 결제대행업 (PG)	결제대금 예치업 (ESCROW)	전자고지 결제업 (EBPP)
52	2015.7.16	㈜인스타페이			●		
53	2015.7.30	㈜와이즈케어			●		
54	2015.8.4	유안타증권㈜		●			
55	2015.9.22	㈜유진투자증권		●			
56	2015.9.22	㈜코나아이	●	● ('21.2.1 등록)	●		
57	2016.2.4	㈜사이렉스페이			●		
58	2016.3.2	원스토어㈜	●		●		
59	2016.4.7	㈜원넷			●		
60	2016.4.14	㈜SK증권		●			
61	2016.4.19	㈜우아한형제들	●		●		
62	2016.4.25	㈜유디아이디			●	●	
63	2016.5.31	㈜다우데이타			●	● ('16.7.14 등록)	
64	2016.6.2	㈜페이투스			●	● ('16.8.11 등록)	
65	2016.8.10	나이스페이먼츠㈜			●	●	
66	2016.8.26	㈜13마일			●		
67	2016.9.13	㈜티몬	●		● ('16.12.2 등록)	● ('16.12.2 등록)	
68	2016.10.14	㈜아이씨비	● ('20.6.4 등록)		●	● ('20.6.4 등록)	
69	2016.11.11	쿠팡페이㈜	●		●	●	
70	2017.1.6	블루월넛㈜	● ('17.4.28 등록)		●	● ('17.4.28 등록)	● ('17.4.28 등록)
71	2017.1.6	한국신용카드결제㈜			●	● ('17.6.30 등록)	
72	2017.2.2	㈜윈글로벌페이			●		
73	2017.3.24	㈜핑거			●		
74	2017.4.11	엔에이치엔페이코㈜	●	●	●	●	●
75	2017.4.14	㈜카카오페이	●	●	●	●	●
76	2017.4.28	㈜지오엠아이앤씨			●		
77	2017.5.17	㈜핀크	●				
78	2017.8.28	㈜더페이원			●		

No.	등록날짜	전자금융업자명	선불전자 지급수단 발행업	직불전자 지급수단 발행업	전자지급 결제대행업 (PG)	결제대금 예치업 (ESCROW)	전자고지 결제업 (EBPP)
79	2017.10.27	웰컴페이먼츠㈜	● ('20.6.9 등록)		●	● ('18.1.12 등록)	● ('18.1.12 등록)
80	2017.10.27	㈜이지피쥐			●		
81	2017.11.6	㈜인피니소프트			●		
82	2017.12.15	㈜위드페이먼츠			●		
83	2018.1.8	㈜오렌지스퀘어	● ('21.2.1 등록)				
84	2018.1.24	㈜케이원피에스			●		
85	2018.2.5	온오프코리아㈜			●		
86	2018.3.13	㈜티엔디엔			●		
87	2018.4.13	아고다페이먼트코리아(유)			●		
88	2018.6.29	케이아이에스정보통신㈜	●		● ('21.4.13 등록)	● ('21.4.13 등록)	● ('21.4.13 등록)
89	2018.6.29	㈜섹타나인	●		●	●	
90	2018.7.19	㈜코리아페이먼트서비스			●		
91	2018.9.5	㈜더즌			●		
92	2018.9.10	십일번가㈜	● ('19.8.7 등록)		●	●	
93	2018.10.5	㈜로드시스템	●		● ('23.5.15 등록)		
94	2018.12.7	㈜코밴			●		
95	2018.12.10	㈜스토리정보통신			●		
96	2019.3.4	옵타움플랫폼㈜			●		
97	2019.4.4	㈜위메프			●		
98	2019.4.8	㈜포트원솔루션스	●	● ('20.4.24 등록)	●		
99	2019.4.18	㈜이나인페이	● ('25.6.27 등록)		●		
100	2019.5.10	㈜즐거운페이먼트			●		
101	2019.5.17	카페24㈜			●		
102	2019.5.20	㈜엔에스페이먼츠			●		
103	2019.5.20	㈜시루정보			●		
104	2019.6.13	트래블파트너 익스체인지코리아㈜			●		

No.	등록날짜	전자금융업자명	선불전자 지급수단 발행업	직불전자 지급수단 발행업	전자지급 결제대행업 (PG)	결제대금 예치업 (ESCROW)	전자고지 결제업 (EBPP)
105	2019.6.21	뱅크샐러드㈜	●				
106	2019.6.26	㈜포리스에프에스지 코리아리미티드	● ('20.2.3 등록)		●		
107	2019.7.11	㈜이롬넷			●		
108	2019.7.19	㈜바움피엔에스			●		
109	2019.7.24	한국조폐공사	●				
110	2019.7.29	㈜센드페이	●				
111	2019.7.29	㈜페이플			●		
112	2019.8.9	㈜케이티	●				
113	2019.8.13	㈜위대한상상	● ('25.1.2 등록)		●		
114	2019.8.22	코리아결제시스템㈜			●		
115	2019.8.22	페이업㈜			●		
116	2019.8.22	㈜아이엘케이코리아			●		
117	2019.9.4	한국투자증권㈜		●			
118	2019.9.5	㈜핀샷	●		● ('25.6.27 등록)		
119	2019.9.30	㈜오케이 인베스트먼트파트너스	●				
120	2019.10.8	㈜디셈버앤컴퍼니자산운용	●	●			
121	2019.10.14	비즈플레이㈜	● ('20.11.4 등록)	●			
122	2019.11.1	네이버파이낸셜㈜	●	● ('20.10.8 등록)	●	●	● ('20.3.24 등록)
123	2019.11.19	㈜코페이			●		
124	2019.11.19	에프케이㈜			●		
125	2019.11.21	㈜한국결제인증			●		
126	2019.12.30	㈜센트비	● ('21.12.28. 등록)		●		
127	2020.1.3	㈜트래블월렛	●				
128	2020.1.8	페이민트㈜			●		
129	2020.1.21	사랑하는사람들㈜			●		
130	2020.2.5	㈜컬리페이	● ('23.8.18. 등록)		●		

No.	등록날짜	전자금융업자명	선불전자 지급수단 발행업	직불전자 지급수단 발행업	전자지급 결제대행업 (PG)	결제대금 예치업 (ESCROW)	전자고지 결제업 (EBPP)
131	2020.4.9	코드블럭㈜			●		
132	2020.4.9	㈜에스에스지닷컴	●		●		
133	2020.6.3	㈜카카오모빌리티	●		●		
134	2020.6.19	주식회사 페이허브			●		
135	2020.6.19	㈜이투유			●		
136	2020.6.25	㈜유렉스			●		
137	2020.6.30	한패스㈜	● ('21.1.26 등록)		●		
138	2020.8.3	토스페이먼츠㈜			●	●	
139	2020.8.18	㈜글로벌머니익스프레스	●		● ('21.12.24. 등록)		
140	2020.8.25	한국선불카드㈜	●				
141	2020.9.16	한화투자증권㈜		●			
142	2020.10.21	㈜아이오로라	●				
143	2020.11.2	루시페이먼츠㈜			●		
144	2020.12.15	㈜아이퀘스트			●		
145	2020.12.21	㈜유핀테크허브	●		●	●	
146	2020.12.22	㈜워너페이먼츠			●		
147	2020.12.31	롯데쇼핑㈜			●	●	
148	2021.1.26	㈜모인			●		
149	2021.1.28	지머니트랜스㈜	●				
150	2021.1.28	한국전자영수증㈜			●		
151	2021.3.29	㈜더페이			●		●
152	2021.4.16	㈜와이어바알리	●		●		
153	2021.4.26	㈜코엠페이먼츠			●		
154	2021.5.10	㈜루멘페이먼츠			●		
155	2021.6.30	㈜브라이트픽스			●		
156	2021.8.6	㈜페이스토리			●		
157	2021.9.13	현대캐피탈㈜			● ('24.6.28. 등록)	● ('24.6.28. 등록)	●
158	2021.9.28	㈜야놀자	●				
159	2021.9.28	㈜당근페이	●		●	● ('24.6.7. 등록)	

No.	등록날짜	전자금융업자명	선불전자 지급수단 발행업	직불전자 지급수단 발행업	전자지급 결제대행업 (PG)	결제대금 예치업 (ESCROW)	전자고지 결제업 (EBPP)
160	2021.9.30	위루트파이낸셜			●		
161	2021.10.20	㈜한국문화진흥	●				
162	2021.10.20	㈜무신사페이먼츠	● ('24.11.5. 등록)		●		
163	2021.11.1	㈜지엘엔인터내셔널	● ('22.8.26. 등록)		●		
164	2021.11.30	㈜홀빅			●		
165	2021.12.15	㈜골프존	●		●		
166	2021.12.15	건흥페이먼츠㈜			●		
167	2021.12.27	㈜케이엘넷			●		
168	2021.12.30	사단법인 금융결제원			●	●	
169	2021.12.30	㈜커넥			●		
170	2022.4.1	㈜놀유니버스	●		●	●	
171	2022.5.9	㈜페이네스트	●		●		
172	2022.7.13	글로벌텍스프리㈜			●		
173	2022.8.16	㈜핀디	●				
174	2022.10.20	㈜직페이				●	
175	2022.11.2	㈜페이워치코리아	● ('25.3.17. 등록)			●	
176	2022.11.21	㈜하이픈코퍼레이션	●		●		
177	2022.12.5	㈜레몬트리	●				
178	2022.12.26	㈜씨드파이낸셜	●		●		
179	2023.3.15	㈜웨이업			●		
180	2023.6.15	주식회사 더리드페이먼츠			●		
181	2023.6.21	㈜오비시스	●		●		
182	2023.7.4	㈜페이시스	●		●		
183	2023.8.24	㈜보나캠프			●		
184	2023.9.14	㈜버디페이			●		
185	2023.9.15	삼성생명보험㈜	●				
186	2023.11.13	㈜핀트리니티			●		
187	2023.12.21	㈜비버웍스			●	●	
188	2023.12.21	㈜스카이클래스			●		
189	2024.2.19	㈜원성글로벌			●		

No.	등록날짜	전자금융업자명	선불전자 지급수단 발행업	직불전자 지급수단 발행업	전자지급 결제대행업 (PG)	결제대금 예치업 (ESCROW)	전자고지 결제업 (EBPP)
190	2024.4.25	㈜페이브릭스			●		
191	2024.4.25	㈜담아페이먼츠			●		
192	2024.4.29	㈜그린재킷			●		
193	2024.5.14	㈜데이터젠	● ('25.6.19 등록)		●		
194	2024.5.24	㈜한국결제데이터			●		
195	2024.7.19	㈜페이스토어			●		
196	2024.7.19	㈜이룸페이			●		
197	2024.11.29	이노바일㈜	●				
198	2024.11.29	㈜아워스포츠네이션	●				
199	2024.12.9	㈜쿠프마케팅	●				
200	2024.12.9	㈜페이즈북앤라이프	●				
201	2024.12.11	㈜다우기술	●				
202	2024.12.18	㈜즐거운	●				
203	2024.12.18	㈜니즈페이	●				
204	2024.12.18	㈜모스트피앤에스			●		
205	2024.12.24	㈜소프트먼트			●		
206	2024.12.24	㈜오픈에셋	●				
207	2024.12.27	㈜스튜디오씨에스			●		
208	2025.1.3	스푼㈜	●				
209	2025.3.14	㈜티사이언티픽	●				
210	2025.3.14	㈜스토브페이	●				
211	2025.3.14	㈜케이티알파	●				
212	2025.3.14	㈜지에스넷비전	●				
213	2025.3.14	㈜비지에프네트웍스	●				
214	2025.3.14	㈜현대이지웰	●				
215	2025.3.14	한국도로공사	●				
216	2025.3.14	에스케이일렉링크㈜	●		●		
217	2025.3.14	지에스엠비즈㈜	●				
218	2025.3.14	㈜윈큐브마케팅	●				
219	2025.4.1	㈜티머니모빌리티	●		●		●
220	2025.4.24	채비㈜	●		●		
221	2025.4.24	㈜하이페이			●		

No.	등록날짜	전자금융업자명	선불전자 지급수단 발행업	직불전자 지급수단 발행업	전자지급 결제대행업 (PG)	결제대금 예치업 (ESCROW)	전자고지 결제업 (EBPP)
222	2025.4.24	㈜아론그룹			●		
223	2025.4.30	㈜위지온			●	●	
224	2025.4.30	바이올렛페이㈜			●		
225	2025.5.14	㈜인큐버스			●		
226	2025.5.14	㈜엠에이치퓨처스			●	●	
227	2025.5.29	㈜제이엠페이먼트			●		
228	2025.5.29	㈜발트루스트			●		
229	2025.5.29	㈜오늘의집페이	●		●		
230	2025.6.19	페이쿼리㈜			●		
231	2025.6.19	제노솔루션㈜			●		
232	2025.6.27	㈜이오스시스템			●		
233	2025.6.27	㈜캐치테이블페이	●		●		
234	2025.7.1	㈜플래티넘페이먼츠	●		●		
합 계		총 234개사 (379개 업종)	112 개사	24 개사	180 개사	46 개사	17 개사

[부록 2] 우리나라 전자지급서비스 이용현황

2024년 상반기중 전자지급서비스 이용현황

Ⅰ. 전자지급결제대행 서비스(PG, Payment Gateway)

■ 전자상거래에서 구매자로부터 대금을 수취하여 판매자에게 최종적으로 지급될 수 있도록 지급결제정보를 송·수신하거나 그 대가를 정산 대행 또는 매개하는 서비스 (※ PG업자의 지급결제대행서비스 제공 규모 파악을 위한 통계로, 지급 및 정산 과정에 복수의 PG가 연관될 경우 소비자의 이용건수 및 이용금액이 중복 계상될 수 있음)

□ 2024년 상반기 중 전자지급결제대행 서비스(PG) 이용규모(일평균)는 2,886만건, 1조 3,651억원으로 전년동기 대비 각각 15.0%, 15.2% 증가

○ 신용카드 및 계좌이체 지급대행이 늘어난 가운데 가상계좌 지급대행이 배달 등 용역대금 및 도소매 판매대금을 중심으로 큰 폭 증가

○ 선불금 등 기타 지급대행도 간편지급 서비스 제공업자들의 자사 선불금 이용 활성화 노력 등으로 크게 늘어남

전자지급결제대행 서비스(PG) 이용 현황[1) 2)]

(일평균 기준) (만 건, 억 원)

구분	2022		2023		2024	증감(B-A)[6)]	
	상반기	하반기	상반기(A)	하반기	상반기(B)		
이용건수	2,321.2	2,409.7	2,510.3	2,664.0	2,886.1	375.7	(15.0)
신용카드[3)]	1,921.7	1,993.4	2,072.0	2,180.3	2,325.2	253.2	(12.2)
가상계좌[4)]	70.3	67.7	77.4	78.3	85.7	8.3	(10.7)
계좌이체	166.0	171.0	178.8	206.1	251.7	72.8	(40.7)
기 타[5)]	163.2	177.7	182.1	199.3	223.5	41.5	(22.8)
이용금액	10,209.2	10,842.6	11,845.4	12,686.8	13,650.7	1,805.3	(15.2)
신용카드[3)]	8,270.1	8,879.5	9,374.1	9,847.3	10,282.8	908.7	(9.7)
가상계좌[4)]	1,068.6	1,032.2	1,451.8	1,669.1	2,044.2	592.4	(40.8)
계좌이체	634.5	645.3	722.3	835.3	914.0	191.7	(26.5)
기 타[5)]	235.9	285.6	297.3	335.1	409.6	112.4	(37.8)

주 : 1) 자료제출기관의 수정사항 등을 반영하여 일부 수치가 수정될 수 있음
2) ㈜티몬과 ㈜위메프는 2024년 4월분부터 조사대상에서 제외(7.29일 기업회생신청)
3) 체크카드 포함
4) 구매자별로 가상계좌번호를 부여하여 구매대금을 수취하는 지급대행 서비스
5) 선불전자지급수단, 상품권 등을 통한 구매대금 지급을 대행하는 서비스 등
6) ( )내는 전년동기 대비 증감률(%)

2. 선불전자지급 서비스

■ 계좌연동 등을 통해 사전 충전한 선불금으로 상거래 대금, 교통요금 등을 지급하거나 송금할 수 있도록 선불금을 발행하고 관리하는 서비스

□ 2024년 상반기중 선불전자지급수단 서비스 이용규모(일평균)는 3,239만건, 1조 1,520억원으로 전년동기 대비 각각 12.7%, 19.0% 증가

○ 전자금융업자 이용규모가 간편지급 및 간편송금 서비스를 중심으로 높은 증가세 지속

○ 한편 금융회사 이용규모도 외화 환전서비스*(트래블 체크카드) 이용확대** 등에 힘입어 증가세 지속

* 모바일 앱(주7일 24시간)에서 편리하게 환전하여 외화선불금을 충전한 다음 해외에서 실물 체크카드, QR코드 등으로 대금 지급 등을 할 수 있는 서비스

** 이용금액(일평균) : 23년 상반기 74억원 → 23년 하반기 150억원 → 24년 상반기 197억원

선불전자지급 서비스 이용 현황[1)2)]

(일평균 기준) (만건, 억원)

구분	2022		2023		2024	증감(B-A)[4)]	
	상반기	하반기	상반기(A)	하반기	상반기(B)		
이용건수	2,648.2	2,766.6	2,874.7	3,038.3	3,239.2	364.5	(12.7)
전자금융업자	2,493.9	2,589.9	2,699.6	2,833.1	3,036.0	336.4	(12.5)
(간편지급)	600.8	624.8	667.1	720.8	809.5	142.4	(21.3)
(간편송금)	453.6	508.1	567.2	614.7	658.1	90.9	(16.0)
(교통카드)	959.7	1,046.9	1,071.5	1,100.8	1,181.8	110.3	(10.3)
금융회사[3)]	154.3	176.7	175.0	205.2	203.2	28.1	(16.1)
이용금액	8,016.9	8,556.4	9,681.9	10,470.1	11,519.9	1,838.0	(19.0)
전자금융업자	7,625.5	8,244.6	9,358.6	10,101.9	11,148.5	1,789.8	(19.1)
(간편지급)	1,136.9	1,233.4	1,360.1	1,441.0	1,570.6	210.5	(15.5)
(간편송금)	5,824.3	6,389.8	7,343.6	7,972.4	8,880.6	1,537.0	(20.9)
(교통카드)	108.4	117.7	119.7	123.5	132.5	12.8	(10.7)
금융회사[3)]	391.4	311.9	323.3	368.2	371.5	48.2	(14.9)

주 : 1) 자료제출기관의 수정사항 등을 반영하여 일부 수치가 수정될 수 있음
2) ㈜티몬은 2024년 4월분부터 조사대상에서 제외(7.29일 기업회생신청)
3)은행 및 카드사가 발행하는 각종 기프트카드, 전자지갑의 선불계정 및 전자화폐 이용실적
4) ( )내는 전년동기 대비 증감률(%)

3. 결제대금예치 서비스(Escrow)

■ 전자상거래에서 구매자로부터 대금을 예치받고 물품수령 확인과정 등을 통해 거래가 적절하게 이루어졌는지를 확인한 이후, 구매대금을 판매자에게 지급하는 서비스

□ 2024년 상반기중 결제대금예치 서비스 이용실적(일평균)은 393만건, 1,757억원으로 전년동기 대비 각각 22.9%, 13.7% 증가

결제대금예치 서비스 이용 현황[1]

(일평균 기준) (만건, 억원)

구분	2022		2023		2024	증감(B–A)[2]	
	상반기	하반기	상반기(A)	하반기	상반기(B)		
이용건수	318.5	306.4	319.7	360.1	392.9	73.2	(22.9)
이용금액	1,569.3	1,544.5	1,544.5	1,662.1	1,756.7	212.2	(13.7)

주 : 1) ( )내는 전년동기 대비 증감률(%)
2) ㈜티몬은 2024년 4월분부터 조사대상에서 제외(7.29일 기업회생신청)

4. 전자고지결제 서비스

■ 아파트 관리비, 전기 · 가스 요금 등에 대한 고지서를 이메일 · 앱 등을 통해 전자적 방식으로 발행하고 대금을 직접 수수하여 정산을 대행하는 서비스

□ 2024년 상반기중 전자고지결제 서비스 이용실적(일평균)은 29만건, 795억원으로 전년동기 대비 각각 8.4%, 19.9% 증가

전자고지결제 서비스 이용 현황

(일평균 기준) (만건, 억원)

구분	2022		2023		2024	증감(B-A)[1)]	
	상반기	하반기	상반기(A)	하반기	상반기(B)		
이용건수	24.0	25.7	26.5	27.3	28.8	2.2	(8.4)
이용금액	559.5	577.7	663.4	665.3	795.2	131.7	(19.9)

주 : 1) ( )내는 전년동기 대비 증감률(%)

참고 1 전자지급서비스 통계 개요

□ (정의 및 구분) 전자지급서비스는 「전자금융거래법」에 따라 전자금융업자 및 금융회사가 전자상거래 또는 개인 간 거래 과정 등에서 제공하는 지급 관련 서비스

* 「전자금융거래법」에 따라 비금융회사는 금융위원회에 전자금융업자로 등록하여야 하며, 업종별 세부 등록업체 현황은 5페이지 〈참고 2〉를 참조

** 「전자금융거래법」에 따라 은행, 카드사 등 일부 금융회사는 금융위원회 등록 없이 전자금융업무를 수행

「전자금융거래법」상 전자지급서비스 구분

구분	서비스 내용
전자지급결제대행	온라인 쇼핑몰 등을 대신해 지급결제정보 송 · 수신, 대금정산 업무를 대행
선불전자지급수단	미리 충전한 선불금으로 교통요금, 물품대금 등을 지급하거나 송금할 수 있도록 선불금을 관리하고 이체를 수행
결 제 대 금 예 치	구매대금을 예치받고 구매자의 물품수령 확인 후 대금을 판매자에게 지급
전 자 고 지 결 제	전자적인 방식으로 고지서(예: 아파트 관리비)를 발행하고 대금을 받아 정산
직불전자지급수단	물품 구매시 스마트폰 등을 이용한 인증 절차를 거쳐 구매자의 금융회사 계좌에서 판매자의 계좌로 대금을 이체할 수 있도록 중개

□ (조사대상 업체) 2024년 6월말 기준 조사대상 업체는 총 204개(순 업체수)로 이 중 전자금융업자는 180개, 금융회사는 24개

○ 조사대상 업체는 전년말 대비 4개 증가

* 2024년 상반기중 6개 업체가 신규 등록하였으며, 2개 업체((주)티몬 및 (주)위메프)는 2024년 4월분부터 조사대상에서 제외(7.29일 기업회생 신청)

조사대상 전자금융업자 및 금융회사 수[1)2)]

(개)

구분	2023.6월말	2023년말(A)	2024.6월말(B)	증감(B-A)
전자지급결제대행	143 [1]	149 [1]	153 [1]	4 [0]
선불전자지급수단[3)]	79 [23]	82 [23]	81 [24]	−1 [1]
결제대금예치	41 [5]	42 [5]	42 [5]	0 [0]
전자고지결제	15 [4]	15 [4]	15 [4]	0 [0]
직불전자지급수단[4)]	13 [0]	13 [0]	13 [0]	0 [0]
합계	291 [33]	301 [33]	304 [34]	3 [1]
(순 업체수[5)])	170 [24]	176 [24]	180 [24]	4 [0]

주 : 1) 한 업체가 복수 업종을 겸영하는 경우 중복 계상
2) [ ]내는 해당 전자지급서비스를 제공하는 금융회사의 수
3) 전자화폐지급 서비스를 제공하는 금융회사 수를 포함
4) 금융회사가 취급하는 직불전자지급수단의 경우 본 조사에서는 제외
5) 금융위원회 등록 기준(한 업체가 복수업종을 겸영하더라도 1개로 계상)
자료 : 금융위원회

온라인투자연계금융업 및 이용자 보호에 관한 법률

(약칭: 온라인투자연계금융업법)

[시행 2023. 9. 14.] [법률 제19700호, 2023. 9. 14., 타법개정]

금융위원회(금융혁신과)

제1장 총칙

제1조(목적) 이 법은 온라인투자연계금융업의 등록 및 감독에 필요한 사항과 온라인투자연계금융업의 이용자 보호에 관한 사항을 정함으로써 온라인투자연계금융업을 건전하게 육성하고 금융혁신과 국민경제의 발전에 기여함을 목적으로 한다.

제2조(정의) 이 법에서 사용하는 용어의 뜻은 다음과 같다.

1. "온라인투자연계금융"이란 온라인플랫폼을 통하여 특정 차입자에게 자금을 제공할 목적으로 투자(이하 "연계투자"라 한다)한 투자자의 자금을 투자자가 지정한 해당 차입자에게 대출(어음할인 · 양도담보, 그 밖에 이와 비슷한 방법을 통한 자금의 제공을 포함한다. 이하 "연계대출"이라 한다)하고 그 연계대출에 따른 원리금수취권을 투자자에게 제공하는 것을 말한다.
2. "온라인투자연계금융업"이란 온라인투자연계금융을 업으로 하는 것을 말한다.
3. "온라인투자연계금융업자"란 제5조에 따라 온라인투자연계금융업의 등록을 한 자를 말한다.
4. "원리금수취권"이란 온라인투자연계금융업자가 회수하는 연계대출 상환금을 해당 연계대출에 제공된 연계투자 금액에 비례하여 지급받기로 약정함으로써 투자자가 취득하는 권리를 말한다.

5. "투자자"란 온라인투자연계금융업자를 통하여 연계투자를 하는 자(원리금수취권을 양수하는 자를 포함한다)를 말한다.
6. "차입자"란 온라인투자연계금융업자를 통하여 연계대출을 받는 자를 말한다.
7. "이용자"란 투자자와 차입자를 말한다.
8. "온라인플랫폼"이란 온라인투자연계금융업자가 연계대출계약 및 연계투자계약의 체결, 연계대출채권 및 원리금수취권의 관리, 각종 정보 공시 등 제5조에 따라 등록한 온라인투자연계금융업의 제반 업무에 이용하는 인터넷 홈페이지, 모바일 응용프로그램 및 이에 준하는 전자적 시스템을 말한다.
9. "임원"이란 이사 및 감사를 말한다.
10. "대주주"란 다음 각 목의 어느 하나에 해당하는 주주를 말한다.
가. 최대주주: 온라인투자연계금융업자의 의결권 있는 발행주식(출자지분을 포함한다. 이하 같다) 총수를 기준으로 본인 및 그와 대통령령으로 정하는 특수한 관계에 있는 자(이하 "특수관계인"이라 한다)가 누구의 명의로 하든지 자기의 계산으로 소유하는 주식(그 주식과 관련된 증권예탁증권을 포함한다)을 합하여 그 수가 가장 많은 경우의 그 본인
나. 주요주주: 다음의 어느 하나에 해당하는 자
1) 누구의 명의로 하든지 자기의 계산으로 온라인투자연계금융업자의 의결권 있는 발행주식 총수의 100분의 10 이상의 주식(그 주식과 관련된 증권예탁증권을 포함한다)을 소유한 자
2) 임원의 임면(任免) 등의 방법으로 온라인투자연계금융업자의 중요한 경영사항에 대하여 사실상의 영향력을 행사하는 주주로서 대통령령으로 정하는 자
11. "자기자본"이란 납입자본금 · 자본잉여금 및 이익잉여금 등의 합계액으로서 대통령령으로 정하는 금액을 말한다.

제3조(다른 법률과의 관계) ① 이 법에 따라 등록한 온라인투자연계금융업자가 온라

인투자연계금융업을 하는 경우에는 「은행법」 및 「한국은행법」을 적용하지 아니한다.

② 온라인투자연계금융업자가 온라인투자연계금융업을 하면서 차입자의 신용상태를 평가하여 그 결과를 투자자에게 제공하는 업무를 하는 경우에는 「신용정보의 이용 및 보호에 관한 법률」 제4조를 적용하지 아니한다.

③ 이 법에 따른 투자자가 연계투자를 하는 경우에는 「대부업 등의 등록 및 금융이용자 보호에 관한 법률」 제3조를 적용하지 아니한다.

④ 이 법에 따른 원리금수취권은 「자본시장과 금융투자업에 관한 법률」 제3조제1항에 따른 금융투자상품으로 보지 아니한다.

제2장 온라인투자연계금융업의 등록 등

제4조(미등록 영업행위의 금지) 누구든지 이 법에 따른 온라인투자연계금융업 등록을 하지 아니하고는 온라인투자연계금융업을 영위하여서는 아니 된다.

제5조(등록) ① 온라인투자연계금융업을 하려는 자는 다음 각 호의 요건을 갖추어 금융위원회에 등록하여야 한다.

1. 신청인이 「상법」에 따른 주식회사일 것
2. 5억원 이상으로서 연계대출 규모 등을 고려하여 대통령령으로 정하는 금액 이상의 자기자본을 갖출 것
3. 이용자의 보호가 가능하고 온라인투자연계금융업을 수행하기에 충분한 인력과 전산설비, 그 밖의 물적 설비를 갖출 것
4. 운영하고자 하는 온라인투자연계금융업의 사업계획이 타당하고 건전할 것
5. 임원이 제6조제1항에 적합할 것
6. 특정 이용자와 다른 이용자 간, 온라인투자연계금융업자와 이용자 간의 이해상충을 방지하기 위한 체계(제18조의 이해상충방지 체계를 말한다)를 포함하

여 적절한 내부통제장치가 마련되어 있을 것

7. 대주주(최대주주의 특수관계인인 주주를 포함하며, 최대주주가 법인인 경우에는 그 법인의 주요 경영상황에 대하여 사실상 영향력을 행사하고 있는 주주로서 대통령령으로 정하는 자를 포함한다. 이하 같다)가 대통령령으로 정하는 충분한 출자능력, 건전한 재무상태 및 사회적 신용을 갖출 것
8. 그 밖에 재무건전성 등 대통령령으로 정하는 건전한 재무상태와 법령 위반사실이 없는 등 대통령령으로 정하는 건전한 사회적 신용을 갖출 것

② 제1항에 따른 등록을 하려는 자는 등록신청서를 금융위원회에 제출하여야 한다.

③ 금융위원회는 제2항의 등록신청서를 접수한 경우에는 그 내용을 검토하여 2개월 이내에 등록 여부를 결정하고, 그 결과와 이유를 지체 없이 신청인에게 문서로 통지하여야 한다. 이 경우 등록신청서에 흠결이 있는 때에는 보완을 요구할 수 있다.

④ 제3항의 검토기간을 산정할 때 등록신청서 흠결의 보완기간 등 대통령령으로 정하는 기간은 검토기간에 산입하지 아니한다.

⑤ 금융위원회는 제3항의 등록 여부를 결정할 때 다음 각 호의 어느 하나에 해당하는 사유가 없으면 등록을 거부하여서는 아니 된다.

1. 제1항의 등록요건을 갖추지 아니한 경우
2. 제2항의 등록신청서를 거짓으로 작성한 경우
3. 제3항 후단의 보완 요구를 이행하지 아니한 경우

⑥ 금융위원회는 제3항에 따라 등록을 결정한 경우에는 온라인투자연계금융업자등록부에 필요한 사항을 기재하여야 하며, 등록결정한 내용을 관보 및 인터넷 홈페이지 등에 공고하여야 한다.

⑦ 온라인투자연계금융업자는 등록 이후 그 영업을 영위하는 경우에는 제1항 각 호의 등록요건(같은 항 제8호는 제외하며, 같은 항 제2호 및 제7호의 경우에는 대통령령으로 정하는 완화된 요건을 말한다)을 유지하여야 한다.

⑧ 제1항부터 제7항까지의 규정에 따른 등록요건, 등록신청서의 기재사항 · 첨부서류 등 등록의 신청에 관한 사항 및 등록검토의 방법 · 절차, 그 밖에 필요한 사항은 대통령령으로 정한다.

제6조(임원의 자격요건) ① 「금융회사의 지배구조에 관한 법률」 제5조제1항 각 호의 어느 하나에 해당하는 사람은 온라인투자연계금융업자의 임원이 되지 못한다.

② 온라인투자연계금융업자의 임원으로 선임된 사람이 「금융회사의 지배구조에 관한 법률」 제5조제1항 각 호의 어느 하나에 해당하게 된 경우에는 그 직(職)을 잃는다. 다만, 같은 법 제5조제1항제7호에 해당하는 사람으로서 대통령령으로 정하는 경우에는 그 직을 잃지 아니한다.

제7조(변경등록) ① 온라인투자연계금융업자는 제5조제2항에 따라 제출한 등록신청서의 기재사항이 변경된 경우에는 그 사유가 발생한 날부터 15일 이내에 대통령령으로 정하는 바에 따라 변경된 사항을 금융위원회에 변경등록하여야 한다. 다만, 대통령령으로 정하는 경미한 사항이 변경된 경우는 제외한다.

② 제1항에 따른 변경등록과 관련한 세부적인 사항은 대통령령으로 정한다.

제8조(상호 등) 이 법에 따른 온라인투자연계금융업자가 아닌 자는 그 상호 중에 온라인투자연계금융업, 온라인대출금융업, 온라인투자연계대출업, 온라인연계대출업 또는 이와 유사한 명칭(대통령령으로 정하는 외국어문자를 포함한다)을 사용하여서는 아니 된다.

제3장 영업행위 규칙

제9조(신의성실의무) ① 온라인투자연계금융업자는 선량한 관리자의 주의로써 온라인투자연계금융업을 영위하여야 하며, 이용자의 이익을 보호하여야 한다.

② 온라인투자연계금융업자는 온라인투자연계금융업을 영위할 때 정당한 사유 없이 이용자의 이익을 해하면서 자기가 이익을 얻거나 제삼자가 이익을 얻도록 하여서는 아니 된다.

제10조(온라인투자연계금융업자의 정보공시) ① 온라인투자연계금융업자는 이용자가 온라인투자연계금융업자의 영업건전성 및 온라인투자연계금융 이용방법 등을 쉽게 이해할 수 있도록 다음 각 호의 정보를 자신의 온라인플랫폼을 통하여 공시하여야 한다.

1. 온라인투자연계금융업의 거래구조 및 영업방식
2. 온라인투자연계금융업자의 재무 및 경영현황
3. 누적 연계대출 금액 및 연계대출 잔액
4. 차입자의 상환능력평가 체계
5. 연체율 등 연체에 관한 사항
6. 대출이자에 관한 사항
7. 수수료 등 부대비용에 관한 사항
8. 상환방식에 관한 사항
9. 채무불이행 시 채권추심 등 원리금 회수 방식에 관한 사항
10. 제26조의 투자금등의 예치기관에 관한 사항
11. 온라인투자연계금융업자의 등록취소, 해산결의, 파산선고 등 영업 중단 시 업무처리절차
12. 온라인투자연계금융 이용에 도움을 줄 수 있는 사항으로 대통령령으로 정하는 사항

② 제33조의 중앙기록관리기관 및 제37조의 온라인투자연계금융협회는 이용자에게 정보를 제공하기 위하여 온라인투자연계금융업자의 제1항 각 호에 따른 정보를 자신의 인터넷 홈페이지 등을 통하여 공개할 수 있다.

③ 제1항 및 제2항에 따른 정보의 세부기준, 정보 공개의 범위 및 공개 방식 등에

대해서는 금융위원회가 정하여 고시한다.

제11조(온라인투자연계금융업자의 수수료 수취) ① 온라인투자연계금융업자가 온라인투자연계금융업과 관련하여 이용자로부터 수수료를 수취하는 경우에는 대통령령으로 정하는 사항을 준수하여야 한다.

② 온라인투자연계금융업자는 「대부업 등의 등록 및 금융이용자 보호에 관한 법률」 제15조제1항에서 정하는 율을 초과하여 차입자로부터 연계대출에 대한 이자를 받을 수 없다. 이 경우 이자율 산정 시 제1항에 따른 수수료 중에서 차입자로부터 수취하는 수수료(해당 거래의 체결과 변제 등에 관한 부대비용으로서 대통령령으로 정한 사항은 제외한다)를 포함한다.

③ 온라인투자연계금융업자는 이용자로부터 받는 수수료의 부과기준에 관한 사항을 정하고, 온라인플랫폼에 이를 공시하여야 한다.

④ 온라인투자연계금융업자는 제3항에 따른 수수료의 부과기준을 정할 때 이용자들을 정당한 사유 없이 차별하여서는 아니 된다.

제12조(온라인투자연계금융업 관련 준수사항) ① 온라인투자연계금융업자는 자신 또는 자신의 대주주 및 임직원에게 연계대출을 하여서는 아니 된다.

② 온라인투자연계금융업자는 차입자가 요청한 연계대출 금액에 상응하는 투자금의 모집이 완료되지 않은 경우에는 연계대출을 실행하여서는 아니 된다.

③ 제2항에도 불구하고 차입자가 연계대출 금액의 변경을 요청한 경우에는 연계투자계약을 신청한 투자자들에게 투자의사를 재확인한 후 연계대출을 실행할 수 있다.

④ 온라인투자연계금융업자는 자기가 실행할 연계대출에 자기의 계산으로 연계투자를 할 수 없다. 다만, 다음 각 호의 요건을 모두 갖춘 경우에는 연계대출 모집 미달 금액의 범위 내에서 자기의 계산으로 연계투자를 할 수 있다.

1. 차입자가 신청한 연계대출 금액의 100분의 80 이하의 범위에서 대통령령으

로 정하는 비율 이상 모집될 것

2. 자기의 계산으로 한 연계투자 잔액이 자기자본의 100분의 100 이하일 것

3. 온라인투자연계금융업자의 건전성 유지와 이용자 보호 등을 위하여 대통령령으로 정하는 사항을 준수할 것

⑤ 제4항 각 호의 구체적인 산정방식과 세부기준 등은 대통령령으로 정한다.

⑥ 제4항 각 호 외의 부분 단서에 따라 자기의 계산으로 연계투자를 한 온라인투자연계금융업자는 제4항 각 호 외의 부분 단서에 따른 누적 연계투자 금액, 연계투자 잔액, 연계투자의 투자금으로 실행한 연계대출의 연체율 등 연체에 관한 사항 및 자기자본 대비 연계투자 금액 등을 대통령령으로 정하는 방법에 따라 온라인플랫폼에 공시하여야 한다.

⑦ 온라인투자연계금융업자는 연계투자와 해당 연계투자의 투자금으로 실행하는 연계대출의 만기, 금리 및 금액(동일한 연계대출에 연계투자한 투자자들의 투자금을 합산한 금액을 말한다)을 다르게 하여서는 아니 된다. 다만, 이용자 보호 및 건전한 거래질서를 해할 우려가 없는 경우로서 대통령령으로 정하는 경우에는 그러하지 아니하다.

⑧ 온라인투자연계금융업자는 차입자에 관한 정보의 제공, 투자자 모집 및 원리금의 상환 등 업무수행을 할 때 특정한 이용자를 부당하게 우대하거나 차별하여서는 아니 된다.

⑨ 그 밖에 온라인투자연계금융업자는 이용자 보호 및 건전한 거래질서를 위하여 대통령령으로 정하는 사항을 준수하여야 한다.

제13조(업무) 온라인투자연계금융업자가 할 수 있는 업무는 다음 각 호의 업무로 제한한다.

1. 제5조에 따라 등록을 한 온라인투자연계금융업

2. 제12조제4항 각 호 외의 부분 단서에 따라 자기의 계산으로 하는 연계투자 업무

3. 제34조제2항에 따른 원리금수취권 양도·양수의 중개 업무
4. 투자자에 대한 정보제공을 목적으로 차입자의 신용상태를 평가하여 그 결과를 투자자에게 제공하는 업무
5. 연계대출채권의 관리 및 추심 업무
6. 그 밖에 제1호부터 제5호까지의 규정과 관련된 업무로서 대통령령으로 정하는 업무
7. 그 업무를 함께 하여도 이용자 보호 및 건전한 거래질서를 해할 우려가 없는 업무로서 대통령령으로 정하는 금융업무
8. 온라인투자연계금융업에 부수하는 업무로서 소유하고 있는 인력·자산 또는 설비를 활용하는 업무

제14조(겸영업무·부수업무의 신고 등) ① 온라인투자연계금융업자가 제13조제7호에 따른 겸영업무를 하려는 경우에는 그 업무를 영위하고자 하는 날의 7일 전까지 이를 금융위원회에 신고하여야 한다.

② 온라인투자연계금융업자가 제13조제8호에 따른 부수업무를 하려는 경우에는 그 업무를 영위하고자 하는 날의 7일 전까지 이를 금융위원회에 신고하여야 한다. 다만, 다음 각 호의 어느 하나에 해당하는 경우에는 신고를 하지 아니하고 그 부수업무를 할 수 있다.

1. 이용자 보호 및 건전한 거래질서를 해할 우려가 없는 업무로서 금융위원회가 정하여 고시하는 업무를 하는 경우
2. 제5항에 따라 공고된 다른 온라인투자연계금융업자와 같은 부수업무(제3항에 따라 제한명령 또는 시정명령을 받은 부수업무는 제외한다)를 하려는 경우

③ 금융위원회는 제2항에 따른 부수업무 신고내용이 다음 각 호의 어느 하나에 해당하는 경우에는 그 부수업무의 영위를 제한하거나 시정할 것을 명할 수 있다.

1. 온라인투자연계금융업자의 경영건전성을 저해하는 경우

2. 온라인투자연계금융업의 영위에 따른 이용자 보호에 지장을 초래하는 경우
3. 금융시장의 안정성을 저해하는 경우
4. 그 밖에 이용자 보호 및 건전한 거래질서 유지를 위하여 필요한 경우로서 대통령령으로 정하는 경우

④ 제3항에 따른 제한명령 또는 시정명령은 그 내용 및 사유가 구체적으로 기재된 문서로 하여야 한다.

⑤ 금융위원회는 제2항에 따라 신고받은 부수업무 및 제3항에 따라 제한명령 또는 시정명령을 한 부수업무를 대통령령으로 정하는 방법 및 절차에 따라 인터넷 홈페이지 등에 공고하여야 한다.

제15조(온라인투자연계금융업자의 업무위탁) ① 온라인투자연계금융업자는 온라인투자연계금융업과 직접적으로 관련된 필수적인 업무로서 대통령령으로 정하는 업무를 제삼자(대통령령으로 정하는 자는 제외한다)에게 위탁하여서는 아니 된다.

② 온라인투자연계금융업자의 업무위탁의 절차 및 제한, 그 밖에 업무위탁에 필요한 사항은 금융위원회가 정하여 고시한다.

제16조(회계처리기준) ① 온라인투자연계금융업자는 다음 각 호에 따라 회계처리를 하여야 한다.

1. 온라인투자연계금융업자의 고유재산과 투자자재산, 그 밖에 대통령령으로 정하는 재산을 명확히 구분하여 회계처리할 것
2. 「주식회사 등의 외부감사에 관한 법률」 제5조에 따른 회계처리기준을 따를 것

② 제1항에서 정하지 아니한 회계처리, 계정과목의 종류와 배열순서, 그 밖에 필요한 사항은 금융위원회가 정하여 고시한다.

제17조(내부통제기준) ① 온라인투자연계금융업자는 법령을 준수하고, 경영을 건전

하게 하며, 이용자를 보호하기 위하여 온라인투자연계금융업자의 임직원이 직무를 수행할 때 준수하여야 할 기준 및 절차(이하 "내부통제기준"이라 한다)를 마련하여야 한다.

② 온라인투자연계금융업자는 「금융회사의 지배구조에 관한 법률」 제26조제1항 각 호의 요건을 갖춘 준법감시인을 1명 이상 두어야 하며, 준법감시인은 내부통제기준의 준수여부를 점검하고 내부통제기준을 위반한 사실을 발견하는 경우에는 이를 감사 또는 감사위원회에 보고하여야 한다.

③ 온라인투자연계금융업자의 내부통제기준과 준법감시인에 관하여 필요한 사항은 대통령령으로 정한다.

제18조(이해상충의 관리) ① 온라인투자연계금융업자는 온라인투자연계금융업자와 이용자 간, 특정 이용자와 다른 이용자 간의 이해상충을 방지하기 위하여 이해상충이 발생할 가능성을 파악 · 평가하고, 내부통제기준으로 정하는 방법 및 절차에 따라 이를 적절히 관리하여야 한다.

② 온라인투자연계금융업자는 제1항에 따라 이해상충이 발생할 가능성을 파악 · 평가한 결과 이해상충이 발생할 가능성이 있다고 인정되는 경우에는 그 사실을 미리 해당 이용자에게 알려야 하며, 그 이해상충이 발생할 가능성을 내부통제기준으로 정하는 방법 및 절차에 따라 이용자 보호에 문제가 없는 수준으로 낮춘 후 해당 이용자들의 연계투자를 받거나 연계대출을 실행하여야 한다.

③ 온라인투자연계금융업자는 제2항에 따라 그 이해상충이 발생할 가능성을 낮추는 것이 곤란하다고 판단되는 경우에는 해당 이용자들의 연계투자를 받거나 연계대출을 실행하여서는 아니 된다.

제19조(광고) ① 온라인투자연계금융업자가 「표시 · 광고의 공정화에 관한 법률」에 따른 표시 또는 광고(이하 "광고"라 한다)를 하는 경우에는 다음 각 호의 어느 하나에 해당하는 행위를 하여서는 아니 된다.

1. 사실과 다르게 광고하거나 사실을 지나치게 부풀려 광고하는 행위
2. 사실을 은폐하거나 축소하는 방법으로 광고하는 행위
3. 비교대상 및 기준을 분명하게 밝히지 아니하거나 객관적인 근거 없이 유리하다고 광고하는 행위
4. 다른 온라인투자연계금융업자에 관하여 객관적인 근거가 없는 내용으로 광고하여 비방하거나 불리한 사실만을 광고하여 다른 온라인투자연계금융업자를 비방하는 광고행위
5. 원금보장, 확정수익 등 투자자들이 투자원금 및 수익이 보장된다고 오인할 소지가 있는 내용으로 광고하는 행위
6. 그 밖에 건전한 거래질서를 위하여 필요한 경우로서 대통령령으로 정하는 광고행위

② 온라인투자연계금융업자는 명시적으로 사전 동의를 하지 않은 고객에게 방문, 전화, 이메일 전송 등의 방법을 통하여 연계투자 및 연계대출을 광고하여서는 아니 된다.

③ 온라인투자연계금융업자는 연계투자 및 연계대출 광고를 받은 고객이 이를 거부하는 취지의 의사를 표시하였음에도 불구하고 해당 광고를 계속하는 행위를 하여서는 아니 된다. 다만, 이용자 보호 및 건전한 거래질서를 해할 우려가 없는 행위로서 대통령령으로 정하는 행위는 제외한다.

④ 온라인투자연계금융업자는 특정 연계투자 상품 또는 연계투자 조건에 관한 광고를 하는 경우에는 자신의 명칭, 연계투자 상품의 내용, 연계투자에 따른 위험, 그 밖에 대통령령으로 정하는 사항이 포함되도록 하여야 한다. 다만, 다른 매체를 이용하여 광고하는 경우에는 해당 연계투자 상품을 해당 매체의 운영자가 제공하는 것으로 오인하지 않도록 대통령령으로 정하는 사항을 준수하여야 한다.

⑤ 온라인투자연계금융업자는 특정 연계대출 상품 또는 연계대출 조건에 관한 광고를 하는 경우에는 자신의 명칭, 이자율 등 상품의 주요 내용, 과도한 채무의

위험성, 연계대출 이용에 따른 신용등급의 하락 가능성을 알리는 경고문구 및 그 밖에 차입자를 보호하기 위하여 필요한 사항으로서 대통령령으로 정하는 사항이 포함되도록 하여야 한다.

⑥ 그 밖에 광고의 방법 및 절차 등에 관하여 필요한 사항은 대통령령으로 정한다.

제4장 온라인투자연계금융업

제20조(차입자에 대한 정보확인 등) ① 온라인투자연계금융업자는 차입자의 연계대출 정보를 온라인플랫폼에 게시하기 전에 차입자의 소득·재산 및 부채상황 등에 관한 것으로서 대통령령으로 정하는 증명서류 등을 제출받아 그 차입자의 소득·재산 및 부채상황 등 대통령령으로 정하는 내용에 관한 사항을 확인하여야 한다.

② 차입자는 제1항에 따라 온라인투자연계금융업자에게 정보를 제공하거나 증명서류를 제출하는 경우에는 허위의 정보를 제공하거나 허위의 증명서류를 제출하여서는 아니 된다.

③ 온라인투자연계금융업자는 차입자의 소득·재산·부채상황·신용·변제계획 및 담보물건 등을 고려하여 객관적인 변제능력을 초과하는 연계대출을 실행하여서는 아니 된다.

④ 온라인투자연계금융업자는 제1항에 따른 서류 및 정보 등을 차입자의 소득·재산 및 부채상황 등을 확인하기 위한 용도 외의 목적으로 사용하여서는 아니 된다.

제21조(투자자에 대한 정보확인 등) ① 온라인투자연계금융업자는 투자자가 연계투자를 하려는 경우에는 투자자의 본인 확인을 시행하여야 한다.

② 온라인투자연계금융업자는 온라인투자연계금융 이용계약에 따라 투자자의

소득 · 재산 및 투자경험 등과 관련된 정보의 제공을 투자자에게 요구할 수 있다.

③ 투자자는 온라인투자연계금융업자에게 제1항 및 제2항에 따라 진실한 정보를 제공하여야 한다.

④ 온라인투자연계금융업자는 제2항에 따른 정보를 투자자의 소득 · 재산 및 투자경험 등을 확인하기 위한 용도 외의 목적으로 사용하여서는 아니 된다.

제22조(투자자에게 제공하는 정보) ① 온라인투자연계금융업자는 투자자에게 다음 각 호에 해당하는 정보를 투자자가 쉽게 이해할 수 있도록 온라인플랫폼을 통하여 제공하여야 한다.

1. 대출예정금액, 대출기간, 대출금리, 상환 일자 · 일정 · 금액 등 연계대출의 내용
2. 제20조제1항에 따라 확인한 차입자에 관한 사항
3. 연계투자에 따른 위험
4. 수수료 · 수수료율
5. 이자소득에 대한 세금 · 세율
6. 연계투자 수익률 · 순수익률
7. 투자자가 수취할 수 있는 예상 수익률
8. 담보가 있는 경우에는 담보가치, 담보가치의 평가방법, 담보설정의 방법 등에 관한 사항
9. 채무불이행 시 추심, 채권매각 등 원리금상환 절차 및 채권추심수수료 등 관련비용에 관한 사항
10. 연계대출채권 및 차입자 등에 대한 사항에 변경이 있는 경우에는 그 변경된 내용
11. 그 밖에 투자자 보호를 위하여 필요한 정보로서 금융위원회가 정하여 고시하는 사항

② 온라인투자연계금융업자가 대통령령으로 정하는 연계투자 상품에 대하여 제

1항에 따라 정보를 제공하려는 경우에는 투자금을 모집하기 전에 대통령령으로 정하는 기간 동안 온라인플랫폼을 통하여 제공하여야 한다.

③ 온라인투자연계금융업자는 투자자가 연계투자의 의사를 표시한 경우에는 제1항에 따라 게시한 내용을 투자자가 이해하였음을 서명(「전자서명법」 제2조에 따른 전자서명을 포함한다), 기명날인, 녹취, 전자우편, 그 밖의 대통령령으로 정하는 방법으로 확인받아야 한다.

④ 온라인투자연계금융업자는 제1항에 따라 연계투자에 관한 정보를 제공하는 경우에는 투자자의 합리적인 투자판단 또는 해당 상품의 가치에 중대한 영향을 미칠 수 있는 사항을 누락하거나 거짓 또는 왜곡된 정보를 제공하여서는 아니 된다.

⑤ 온라인투자연계금융업자는 연계대출의 연체가 발생하는 경우에는 대통령령으로 정하는 기간 안에 그 사유를 확인하여 연체 사실과 그 사유를 투자자에게 통지하고 자신의 온라인플랫폼에 게시하여야 한다.

제23조(연계투자계약의 체결 등) ① 온라인투자연계금융업자는 투자자와 연계투자계약을 체결하는 경우에는 계약의 상대방임을 확인하고 제22조제1항 각 호의 정보가 포함된 연계투자설명서, 연계투자약관 등 계약서류를 투자자에게 교부하여야 한다.

② 제1항에도 불구하고 계약내용 등을 고려하여 투자자 보호를 해할 우려가 없는 경우로서 다음 각 호의 어느 하나에 해당하는 경우에는 그 계약서류를 교부하지 아니할 수 있다.

1. 투자자가 대통령령으로 정하는 금액 이하의 계속적 · 반복적인 연계투자를 하기 위하여 기본계약(대통령령으로 정하는 사항을 포함하여 연계투자와 관련하여 필요한 사항을 약정한 계약을 말한다)을 체결하고 그 계약내용에 따라 계속적 · 반복적으로 거래를 하는 경우
2. 투자자가 계약서류를 받기를 거부한다는 의사를 표시한 경우

3. 그 밖에 투자자 보호를 해할 우려가 없는 경우로서 금융위원회가 정하여 고시하는 경우

③ 투자자는 투자금 모집이 완료되기 전까지 대통령령으로 정하는 바에 따라 연계투자계약 신청을 철회할 수 있다. 이 경우 온라인투자연계금융업자는 그 투자자의 투자금을 지체 없이 반환하여야 한다.

④ 온라인투자연계금융업자는 투자자와의 연계투자계약과 관련된 자료(「전자문서 및 전자거래 기본법」에 따른 전자문서 또는 전자화문서를 포함한다)를 계약 체결일부터 채무 변제일 이후 5년이 되는 날까지 보관하여야 한다.

제24조(연계대출계약의 체결 등) ① 온라인투자연계금융업자는 차입자와 연계대출계약을 체결하는 경우에는 다음 각 호의 사항이 포함된 계약서를 차입자에게 교부하여야 한다.

1. 온라인투자연계금융업자 및 차입자의 명칭 또는 성명 및 주소 또는 소재지
2. 계약일자
3. 대출금액
4. 대출이자율 및 연체이자율
5. 수수료 등 부대비용
6. 변제기간 및 변제방법
7. 손해배상액 또는 강제집행에 관한 약정이 있는 경우에는 그 내용
8. 채무의 조기상환 조건
9. 그 밖에 차입자를 보호하기 위하여 필요한 사항으로서 대통령령으로 정하는 사항

② 온라인투자연계금융업자는 제1항에 따라 연계대출계약을 체결하는 경우에는 제1항 각 호의 사항을 모두 설명하여야 하며, 해당 내용을 차입자가 이해하였음을 서명(「전자서명법」 제2조에 따른 전자서명을 포함한다), 기명날인, 녹취, 전자우편 또는 그 밖의 대통령령으로 정하는 방법으로 확인받아야 한다.

③ 온라인투자연계금융업자는 제1항에 따른 연계대출계약을 체결한 경우에는 그 계약서와 대통령령으로 정하는 계약관계서류에 대한 자료(「전자문서 및 전자거래 기본법」에 따른 전자문서 또는 전자화문서를 포함한다. 이하 이 조에서 같다)를 연계대출계약을 체결한 날부터 채무변제일 이후 5년이 되는 날까지 보관하여야 한다.

④ 연계대출계약을 체결한 자 또는 그 대리인은 온라인투자연계금융업자에게 그 계약서와 대통령령으로 정하는 계약관계서류에 대한 자료의 열람을 요구하거나 채무와 관련된 증명서의 발급을 요구할 수 있다. 이 경우 온라인투자연계금융업자는 정당한 사유 없이 이를 거부하여서는 아니 된다.

제25조(약관의 제 · 개정 등) ① 온라인투자연계금융업자는 이용자의 권익을 보호하여야 하며, 연계투자 및 연계대출과 관련된 약관(이하 "금융약관"이라 한다)을 제정하거나 개정하려는 경우에는 다음 각 호의 사항을 포함하여서는 아니 된다.

1. 이 법 또는 다른 법령에 위반되는 사항
2. 정당한 사유 없이 이용자의 권리를 배제하거나 제한하는 등 부당하게 불리한 사항으로서 금융위원회가 정하는 사항

② 온라인투자연계금융업자는 금융약관을 제정하거나 개정한 경우에는 대통령령으로 정하는 기간 이내에 그 내용을 금융위원회에 보고하고, 온라인플랫폼 등을 이용하여 공시하여야 한다. 다만, 이용자의 권익이나 의무에 중대한 영향을 미칠 우려가 있는 경우로서 금융위원회가 정하는 경우에는 온라인투자연계금융업자는 약관의 제정 또는 개정 전에 미리 금융위원회에 신고하여야 한다.

③ 온라인투자연계금융협회는 건전한 거래질서를 확립하고 불공정한 내용의 금융약관이 통용되는 것을 막기 위하여 연계투자 및 연계대출과 관련하여 표준이 되는 약관(이하 "표준약관"이라 한다)을 제정하거나 개정할 수 있다.

④ 온라인투자연계금융협회는 표준약관을 제정하거나 개정하려는 경우에는 금융위원회에 미리 신고하여야 한다.

⑤ 금융위원회는 제2항에 따라 금융약관의 신고 또는 보고를 받거나 제4항에 따라 표준약관을 신고받은 경우에는 그 금융약관 또는 표준약관의 내용을 공정거래위원회에 통보하여야 한다.

⑥ 공정거래위원회는 제5항에 따라 통보받은 금융약관 또는 표준약관의 내용이 「약관의 규제에 관한 법률」 제6조부터 제14조까지의 규정에 위반된다고 인정하면 금융위원회에 그 사실을 통보하고 그 시정에 필요한 조치를 하도록 요청할 수 있으며, 금융위원회는 특별한 사유가 없으면 이에 따라야 한다.

⑦ 금융위원회는 금융약관 또는 표준약관이 이 법 또는 금융 관련 법령에 위반되거나 그 밖에 이용자의 이익을 해칠 우려가 있다고 인정하면 온라인투자연계금융업자 또는 온라인투자연계금융협회에 그 내용을 구체적으로 적은 서면으로 금융약관 또는 표준약관을 변경할 것을 명령할 수 있다. 금융위원회는 이 변경명령을 하기 전에 공정거래위원회와 협의하여야 한다.

⑧ 제2항부터 제4항까지의 규정에 따른 금융약관 및 표준약관의 제정 또는 개정에 대한 신고 및 보고의 시기 · 절차, 그 밖에 필요한 사항은 금융위원회가 정한다.

제26조(투자금 및 상환금의 관리) ① 온라인투자연계금융업자는 투자금 및 상환금(이하 "투자금등"이라 한다)을 고유재산 및 온라인투자연계금융업자가 제12조제4항 단서에 따라 자기의 계산으로 연계투자한 자금과 구분하여 자금보관 및 관리업무를 적절히 수행할 수 있는 「은행법」에 따른 은행 등 대통령령으로 정하는 공신력 있는 기관(이하 "예치기관"이라 한다)에 예치 또는 신탁하여야 한다.

② 온라인투자연계금융업자는 제1항에 따라 예치기관에 예치 또는 신탁된 투자자의 투자금등이 투자자의 재산이라는 뜻을 밝혀야 한다.

③ 누구든지 제1항에 따라 예치기관에 예치 또는 신탁된 투자금등을 상계 · 압류(가압류를 포함한다)하지 못하며, 온라인투자연계금융업자는 대통령령으로 정하는 경우 외에는 예치기관에 예치 또는 신탁된 투자금등을 양도하거나 담보로 제

공하여서는 아니 된다.

④ 온라인투자연계금융업자는 등록취소, 해산결의, 파산선고 등 대통령령으로 정하는 사유가 발생한 경우에는 제1항에 따라 예치 또는 신탁된 투자금등이 투자자에게 우선하여 지급될 수 있도록 조치하여야 한다.

⑤ 온라인투자연계금융업자가 제12조제4항 단서에 따라 자기의 계산으로 연계투자 하는 경우에는 해당 자금을 예치기관에 예치 또는 신탁하여야 하고, 온라인투자연계금융업자의 운영자금과 분리하여야 한다.

⑥ 그 밖에 제1항부터 제5항까지의 투자금등의 예치 또는 신탁 등과 관련하여 필요한 사항은 대통령령으로 정한다.

제27조(연계대출채권 등 관리) ① 온라인투자연계금융업자는 연계투자계약의 조건에 따라 연계대출채권의 원리금 상환, 연계대출채권에 대한 담보 등에 대하여 선량한 관리자의 주의로서 이를 관리하여야 한다.

② 온라인투자연계금융업자는 연계대출채권을 그 외의 자산과 구분하고 이를 연계대출 상품별로 구분하여 관리하여야 한다.

③ 온라인투자연계금융업자는 연계대출채권의 관리에 관한 장부를 따로 작성하여야 한다.

④ 온라인투자연계금융업자는 등록취소, 해산결의, 파산선고 등 영업중단 등에 대비하여 원리금 상환 배분 업무에 관한 계획 등 이용자 보호에 관한 것으로서 대통령령으로 정하는 사항을 「변호사법」에 따른 법무법인 등 대통령령으로 정하는 외부기관(이하 "수탁기관"이라 한다)에 위탁하는 등 공정하고 투명한 청산업무 처리절차를 마련하여야 한다.

제28조(연계대출채권의 파산절연 등) ① 온라인투자연계금융업자가 파산하거나 회생절차가 개시되는 경우 온라인투자연계금융업자의 연계대출채권은 온라인투자연계금융업자의 파산재단 또는 회생절차의 관리인이 관리 및 처분권한을 가지는

채무자의 재산을 구성하지 아니한다.

② 온라인투자연계금융업자의 연계대출채권은 강제집행, 「채무자 회생 및 파산에 관한 법률」에 따른 보전처분, 중지명령 또는 포괄적 금지명령의 대상이 되지 아니한다. 다만, 투자자 및 제5항 각 호의 권리를 보유하는 자(이하 "우선변제권자"라 한다)의 우선변제를 위하여 강제집행을 하는 경우에는 그러하지 아니하다.

③ 온라인투자연계금융업자에 대하여 기업구조조정 관리절차가 개시된 경우 온라인투자연계금융업자의 연계대출채권은 관리대상이 되는 재산을 구성하지 아니한다.

④ 투자자는 연계대출채권으로부터 제삼자에 우선하여 변제받을 권리(이하 "우선변제권"이라 한다)를 가진다.

⑤ 다음 각 호의 권리를 보유하는 자는 투자자와 동일한 우선변제권을 가진다.

1. 원리금수취권의 상환 · 유지 및 관리와 연계대출채권의 관리 · 처분 및 집행을 위한 비용채권
2. 수탁기관의 보수채권

⑥ 온라인투자연계금융업자에 대한 회생절차 또는 기업구조조정 관리절차에 따라 채무의 면책 · 조정 · 변경이나 그 밖의 제한이 이루어진 경우에도 우선변제권에는 영향을 미치지 아니한다.

⑦ 온라인투자연계금융업자는 연계대출채권의 상환되지 아니한 잔액이 존속하는 한 연계투자계약에서 특별히 정하는 경우를 제외하고는 연계대출채권을 처분하거나 다른 채무에 대한 담보로 제공해서는 아니 되며, 이를 위반한 처분 또는 담보제공은 우선변제권자에 대해서는 효력이 없다.

제29조(연계대출채권추심) 온라인투자연계금융업자는 연계대출에 관한 권리를 직접 추심하거나, 「신용정보의 이용 및 보호에 관한 법률」 제4조제1항제3호에 따른 채권추심업을 허가받은 자에게 위탁하여 추심할 수 있다.

제30조(신용정보 및 개인정보의 보호) ① 온라인투자연계금융업자, 중앙기록관리기

관 및 온라인투자연계금융협회는 이용자의 개인정보 및 신용정보를 수집 · 처리할 때 「개인정보 보호법」 및 「신용정보의 이용 및 보호에 관한 법률」 등 관련 법령을 준수하여야 한다.

② 온라인투자연계금융업자는 온라인 정보관리 실태를 금융위원회가 정하는 바에 따라 연 1회 이상 점검한 후 그 결과를 3개월 이내에 금융위원회에 보고하고 온라인플랫폼에 게시하여야 한다.

제31조(손해배상책임) ① 온라인투자연계금융업자는 온라인투자연계금융업을 영위하면서 법령 · 약관 · 계약서류(제23조제1항 및 제24조제1항에 따라 이용자에게 교부되는 서류를 말한다)에 위반하는 행위를 하거나 그 업무를 소홀히 하여 이용자에게 손해를 발생시킨 경우에는 그 손해를 배상할 책임이 있다. 다만, 배상의 책임을 질 온라인투자연계금융업자가 상당한 주의를 하였음을 증명한 경우에는 그러하지 아니하다.

② 온라인투자연계금융업자가 제1항에 따른 손해배상책임을 지는 경우로서 관련되는 임원에게도 귀책사유가 있는 경우에는 그 온라인투자연계금융업자와 관련되는 임원이 연대하여 그 손해를 배상할 책임이 있다.

③ 제1항에 따른 손해액의 추정 등에 관한 사항은 대통령령으로 정한다.

④ 온라인투자연계금융업자는 제1항에 따른 책임을 이행하기 위하여 금융위원회가 정하는 기준에 따라 보험 또는 공제에 가입하거나 준비금을 적립하는 등 필요한 조치를 하여야 한다.

제32조(대출한도 및 투자한도) ① 온라인투자연계금융업자는 동일한 차입자에 대하여 자신이 보유하고 있는 총 연계대출채권 잔액의 100분의 10 이내에서 대통령령으로 정하는 한도를 초과하는 연계대출을 할 수 없다. 다만, 다음 각 호의 어느 하나에 해당하는 경우에는 그러하지 아니하다.

1. 온라인투자연계금융업자가 보유하고 있는 총 연계대출채권 잔액 및 시행하

려는 연계대출의 규모가 대통령령으로 정하는 금액 이하인 경우

2. 온라인투자연계금융업자가 국가, 지방자치단체 및 대통령령으로 정하는 공공기관 등이 대통령령으로 정하는 지역개발사업, 사회기반시설사업 등을 할 때 직접 필요한 금액을 연계대출 하는 경우

3. 그 밖에 국민생활 안정 등을 위하여 불가피한 경우로서 대통령령으로 정하는 경우

② 투자자가 온라인투자연계금융업자를 통하여 연계투자를 할 수 있는 금액은 투자자의 투자목적, 재산상황, 투자경험, 연계투자 상품의 종류 및 차입자의 특성 등을 고려하여 대통령령으로 구분하여 정한다. 다만, 법인투자자 및 금융상품에 관한 전문성 구비 여부, 소유자산규모 등에 비추어 투자에 따른 위험감수능력이 있는 투자자로서 대통령령으로 정하는 개인전문투자자(이하 "전문투자자"라 한다)에 대하여는 이를 적용하지 아니한다.

③ 온라인투자연계금융업자는 제1항 및 제2항에 따른 차입자의 연계대출한도와 투자자의 연계투자한도가 준수될 수 있도록 대통령령으로 정하는 필요한 조치를 취하여야 한다.

[시행일 : 2021. 5. 1.] 제32조제2항, 제32조제3항(연계투자한도를 준수하기 위해 필요한 조치를 하는 경우로 한정한다)

제33조(중앙기록관리기관) ① 온라인투자연계금융업자는 차입자로부터 연계대출 신청을 받거나 투자자로부터 연계투자 신청을 받은 경우(원리금수취권에 대한 양도·양수의 신청을 받은 경우를 포함한다)에는 신청의 내용, 이용자에 대한 정보 등 대통령령으로 정하는 자료를 지체 없이 중앙기록관리기관(대통령령으로 정하는 바에 따라 온라인투자연계금융업자로부터 이용자에 대한 정보를 제공받아 관리하는 기관을 말한다. 이하 같다)에 제공하여야 한다.

② 온라인투자연계금융업자는 제32조제3항에 따른 조치를 하기 위하여 필요한 사항을 중앙기록관리기관에 위탁하여야 한다.

③ 중앙기록관리기관은 제1항에 따라 제공받은 자료를 대통령령으로 정하는 방법에 따라 보관 · 관리하여야 한다.

④ 중앙기록관리기관은 제1항에 따라 제공받은 자료를 타인에게 제공하여서는 아니 된다. 다만, 자료의 정보주체인 이용자의 동의를 받은 온라인투자연계금융업자, 해당 투자자 본인 또는 해당 차입자 본인에게 제공하는 경우 및 그 밖에 대통령령으로 정하는 경우에는 이를 제공할 수 있다.

⑤ 중앙기록관리기관에 관하여는 제43조부터 제45조까지의 규정을 준용한다. 이 경우 "온라인투자연계금융업자"는 "중앙기록관리기관"으로 본다.

제34조(원리금수취권의 양도 · 양수) ① 투자자는 보유하고 있는 원리금수취권을 양도할 수 없다. 다만, 다음 각 호의 어느 하나에 해당하는 경우에는 원리금수취권을 양도할 수 있다.

1. 전문투자자에게 양도하는 경우
2. 해당 원리금수취권의 투자 손실가능성 및 낮은 유통 가능성 등을 인지하고 있는 자로서 대통령령으로 정하는 자에게 양도하는 경우

② 투자자가 제1항 각 호 외의 부분 단서에 따라 원리금수취권을 양도하거나 양수하는 경우에는 해당 원리금수취권을 제공한 온라인투자연계금융업자의 중개를 통하여야 한다.

③ 온라인투자연계금융업자는 제1항 및 제2항에 따른 사항이 준수될 수 있도록 대통령령으로 정하는 필요한 조치를 취하여야 한다.

제35조(금융기관 등의 연계투자에 관한 특례) ① 「대부업 등의 등록 및 금융이용자 보호에 관한 법률」 제2조제4호의 여신금융기관과 그 밖에 대통령령으로 정하는 자(온라인투자연계금융업자는 제외한다. 이하 "여신금융기관등"이라 한다)는 연계대출 모집 금액의 100분의 40 이내에서 대통령령으로 정하는 한도를 초과하지 않는 범위 내에서 연계투자를 할 수 있다.

② 온라인투자연계금융업자는 제1항에 따른 여신금융기관등의 연계투자한도가 준수될 수 있도록 대통령령으로 정하는 필요한 조치를 취하여야 한다.

③ 제1항에 따라 연계투자 하는 여신금융기관등은 연계투자를 함에 있어서 그 인가 또는 허가 등을 받은 법령을 준수하여야 한다. 이 경우 여신금융기관등의 연계투자는 그 인가 또는 허가 등을 받은 법령에서 별도로 정하지 않는 경우에 한정하여 차입자에 대한 대출 또는 신용공여로 본다.

④ 제1항에 따른 여신금융기관등이 연계투자 할 수 있는 연계대출의 유형별 한도 등 세부사항과 그 밖에 여신금융기관등의 연계투자에 관하여 필요한 사항은 대통령령으로 정한다.

제36조(문서 등에 대한 특례) 온라인투자연계금융업자는 제13조 및 제14조에서 정한 업무를 수행할 때 다른 법령에도 불구하고 이 법 또는 관련 법령에 따라 제출, 제공, 수령, 보관, 유지, 교부 등을 하여야 하는 문서 또는 서면자료를 「전자문서 및 전자거래 기본법」 제2조제1호에 따른 전자문서의 제출, 제공, 수령, 보관, 유지, 교부 등으로 갈음할 수 있고, 이 법 또는 관련 법령에 따라 자필로 적도록 한 사항은 「전자서명법」 제2조제2호에 따른 전자서명이나 녹취의 방법으로 확인하는 것으로 갈음할 수 있다.

제5장 온라인투자연계금융협회

제37조(온라인투자연계금융협회 설립 등) ① 온라인투자연계금융업의 업무질서를 유지하고, 온라인투자연계금융업의 건전한 발전과 이용자 보호를 위하여 온라인투자연계금융협회(이하 "협회"라 한다)를 설립한다.

② 협회는 법인으로 한다.

③ 협회는 정관으로 정하는 바에 따라 주된 사무소를 두고 필요한 곳에 지회를 둘 수 있다.

④ 협회는 대통령령으로 정하는 바에 따라 주된 사무소의 소재지에서 설립등기를 함으로써 성립한다.

⑤ 이 법에 따른 협회가 아닌 자는 온라인투자연계금융협회 또는 이와 유사한 명칭(대통령령으로 정하는 외국어문자를 포함한다)을 사용하여서는 아니 된다.

제38조(업무) ① 협회는 다음 각 호의 업무를 한다.

1. 이 법 또는 관계 법령을 준수하도록 하기 위한 회원에 대한 지도와 권고
2. 회원 간의 건전한 영업질서 유지 및 이용자 보호를 위한 자율규제업무
3. 온라인투자연계금융업의 이용자 민원의 상담 · 처리
4. 표준약관의 제정 및 개정
5. 온라인투자연계금융업자에 대한 공시기준 마련 및 준수 여부 점검 업무
6. 온라인투자연계금융업자의 정보관리 실태 점검에 관한 업무
7. 그 밖에 협회의 목적을 달성하기 위하여 대통령령으로 정하는 업무

② 협회는 업무에 관한 규정을 제정 · 변경하거나 폐지한 경우에는 지체 없이 금융위원회에 이를 보고하여야 한다.

제39조(정관) ① 협회의 정관에는 다음 각 호의 사항을 기재하여야 한다.

1. 목적
2. 명칭
3. 조직에 관한 사항
4. 사무소에 관한 사항
5. 업무에 관한 사항
6. 회원의 자격 및 권리의무에 관한 사항
7. 회원의 가입, 제명, 그 밖의 제재(회원의 임직원에 대한 제재의 권고를 포함한다)에 관한 사항
8. 회비에 관한 사항

9. 공고의 방법

10. 그 밖에 협회의 운영에 관한 사항으로서 대통령령으로 정하는 사항

② 협회는 정관 중 대통령령으로 정하는 사항을 변경하고자 하는 경우에는 금융위원회의 승인을 받아야 한다.

제40조(가입 등) ① 온라인투자연계금융업자는 협회에 가입하여야 한다.

② 협회는 온라인투자연계금융업자가 협회에 가입하려는 경우에는 정당한 사유 없이 그 가입을 거부하거나 가입에 부당한 조건을 부과하여서는 아니 된다.

③ 협회는 회원에게 정관으로 정하는 바에 따라 회비를 징수할 수 있다.

제41조(협회에 대한 감독 등) 협회에 관하여는 제43조부터 제45조까지의 규정을 준용한다. 이 경우 "온라인투자연계금융업자"는 "협회"로 본다.

제42조(「민법」의 준용) 협회에 대하여 이 법에 특별한 규정이 없으면 「민법」 중 사단법인에 관한 규정을 준용한다.

제6장 감독 및 처분

제43조(감독) ① 금융위원회는 온라인투자연계금융업자가 이 법 또는 이 법에 따른 명령이나 처분을 적절히 준수하는지 여부를 감독하여야 한다.

② 금융위원회는 제1항에 따른 감독을 위하여 필요한 경우에는 온라인투자연계금융업자에 대하여 그 업무 및 재무상태 등에 관한 보고를 하게 할 수 있다.

제44조(검사) ① 「금융위원회의 설치 등에 관한 법률」에 따라 설립된 금융감독원의 원장(이하 "금융감독원장"이라 한다)은 그 소속 직원으로 하여금 온라인투자연계금융업자의 업무와 재산상황을 검사하게 할 수 있다.

② 제1항에 따라 검사를 하는 자는 그 권한을 표시하는 증표를 지니고 이를 관계자에게 내보여야 한다.

③ 금융감독원장은 온라인투자연계금융업자(온라인투자연계금융업자와 계약을 체결하여 온라인투자연계금융업의 전부 또는 일부를 위탁받은 자를 포함한다)에 대하여 검사에 필요한 장부 · 기록문서와 그 밖의 자료의 제출 또는 관계인의 출석 및 의견의 진술을 요구할 수 있다.

④ 금융감독원장은 「주식회사 등의 외부감사에 관한 법률」에 따라 온라인투자연계금융업자가 선임한 외부 감사인에게 그 온라인투자연계금융업자를 감사한 결과 알게 된 경영의 건전성과 관련되는 정보 및 자료의 제출을 요구할 수 있다.

제45조(금융위원회의 조치명령권) 금융위원회는 온라인투자연계금융업자 또는 그 임직원이 별표 각 호의 어느 하나에 해당하는 경우에는 다음 각 호의 어느 하나에 해당하는 조치를 할 수 있다.

1. 위법행위의 시정명령
2. 기관경고
3. 기관주의
4. 임원의 해임권고 · 직무정지
5. 직원의 면직 요구
6. 임직원에 대한 주의 · 경고 · 문책(問責)의 요구
7. 그 밖에 위법행위를 시정하거나 방지하기 위하여 필요한 조치로서 대통령령으로 정하는 조치

제46조(업무보고서의 제출) 온라인투자연계금융업자는 금융위원회가 정하는 바에 따라 업무 및 경영실적에 관한 보고서를 작성하여 금융위원회에 제출하여야 한다.

제47조(온라인투자연계금융업자 등에 대한 자료제출의 요구 등) 금융위원회는 온라

인투자연계금융업자 또는 그의 대주주 및 임직원이 제12조제1항 및 제4항을 위반한 혐의가 있다고 인정되면 온라인투자연계금융업자 또는 그의 대주주 및 임직원에게 필요한 자료의 제출을 요구할 수 있다.

제48조(권한의 위탁) ① 금융위원회는 온라인투자연계금융업자에 대한 감독의 효율성을 높이기 위하여 필요한 경우에는 이 법에 따른 권한의 일부를 대통령령으로 정하는 바에 따라 금융감독원장에게 위탁할 수 있다.

② 금융위원회는 이용자를 보호하기 위하여 필요하다고 인정하면 제1항에 따른 권한 외의 권한의 일부를 대통령령으로 정하는 바에 따라 협회의 장에게 위탁할 수 있다.

제49조(영업정지 및 등록취소 등) ① 금융위원회는 온라인투자연계금융업자가 다음 각 호의 어느 하나에 해당하면 그 온라인투자연계금융업자에게 대통령령으로 정하는 기준에 따라 6개월 이내의 기간을 정하여 그 영업의 전부 또는 일부의 정지를 명할 수 있다.

1. 제11조제1항 · 제2항을 위반하여 수수료 또는 이자를 받은 경우
2. 제11조제4항을 위반하여 수수료의 부과기준을 정할 때 정당한 사유 없이 이용자들을 차별한 경우
3. 제12조의 온라인투자연계금융업 관련 준수사항을 위반한 경우
4. 제13조의 업무 범위를 위반하여 업무를 영위한 경우
5. 제14조제3항에 따른 제한명령 또는 시정명령을 위반한 경우
6. 제15조제1항을 위반하여 업무위탁을 한 경우
7. 제19조를 위반하여 광고를 한 경우
8. 제20조제1항 · 제4항을 위반하여 차입자에 관한 정보를 확인하지 아니하거나 용도 외의 목적으로 사용한 경우
9. 제20조제3항을 위반하여 차입자의 객관적인 변제능력을 초과하는 연계대출

을 실행한 경우

10. 제21조제1항 · 제4항을 위반하여 투자자의 본인 확인을 시행하지 아니하거나, 투자자에 관한 정보를 용도 외의 목적으로 사용한 경우
11. 제22조에 따른 투자자에 대한 정보 제공 관련 의무를 위반한 경우
12. 제23조제1항 · 제4항을 위반하여 투자자에게 계약서류를 교부하지 아니하거나, 연계대출계약 관련 자료를 5년간 보관하지 아니한 경우
13. 제23조제3항을 위반하여 투자금을 지체 없이 반환하지 아니한 경우
14. 제24조제1항 · 제2항에 따른 차입자에 대한 계약서 교부 또는 설명 의무를 위반한 경우
15. 제24조제3항 · 제4항을 위반하여 연계대출계약 관련 자료를 5년간 보관하지 아니하거나, 열람 또는 증명서의 발급을 거부한 경우
16. 제26조제1항 · 제3항을 위반하여 투자금등을 예치기관에 예치 또는 신탁하지 아니하거나, 예치 또는 신탁된 투자금등을 양도 또는 담보로 제공한 경우
17. 제27조에 따른 연계대출채권 등에 관한 관리 의무를 위반한 경우
18. 제34조제3항을 위반하여 필요한 조치를 취하지 아니한 경우
19. 제35조제2항을 위반하여 필요한 조치를 취하지 아니한 경우
20. 제45조(제33조제5항 및 제41조에서 준용하는 경우를 포함한다)에 따른 명령이나 조치를 위반한 경우

② 금융위원회는 온라인투자연계금융업자가 다음 각 호의 어느 하나에 해당하면 그 온라인투자연계금융업자의 등록을 취소할 수 있다. 다만, 제1호에 해당하면 등록을 취소하여야 한다.

1. 거짓 또는 그 밖의 부정한 방법으로 제5조에 따른 등록을 한 경우
2. 제5조제1항의 요건을 충족하지 아니한 경우
3. 제5조제7항에 따른 등록요건의 유지의무를 위반한 경우
4. 온라인투자연계금융업자의 임원이 제6조제1항에 따른 결격사유에 해당하는

경우

5. 6개월 이상 계속하여 영업실적이 없거나 법인의 합병 · 파산 · 폐업 등으로 사실상 영업을 끝낸 경우
6. 제1항에 따른 영업정지 명령을 위반한 경우
7. 제1항에 따라 영업정지 명령을 받고도 그 영업정지 기간 이내에 영업정지 처분 사유를 시정하지 아니하여 동일한 사유로 제1항에 따른 영업정지 처분을 대통령령으로 정하는 횟수 이상 받은 경우

③ 금융위원회는 제2항에 따른 등록취소를 하기 전에 해당 온라인투자연계금융업자에게 청문을 하여야 한다.

제50조(온라인투자연계금융업자에 대한 과징금) ① 금융위원회는 온라인투자연계금융업자가 제32조제1항을 위반한 경우에는 그 온라인투자연계금융업자에 대하여 한도를 초과한 연계대출 금액의 100분의 30을 초과하지 아니하는 범위에서 과징금을 부과할 수 있다.

② 금융위원회는 온라인투자연계금융업자에 대하여 제49조제1항에 따른 영업정지 처분이 이용자에게 심한 불편을 주거나 그 밖에 공익을 해할 우려가 있는 경우에는 영업정지 처분에 갈음하여 5천만원 이하의 과징금을 부과할 수 있다.

③ 금융위원회는 제1항 및 제2항에 따라 과징금을 부과하는 경우에는 다음 각 호의 사항을 고려하여야 한다.

1. 위반행위의 내용 및 정도
2. 위반행위의 기간 및 횟수
3. 위반행위로 인하여 취득한 이익의 규모

④ 과징금의 부과에 관하여 그 밖에 필요한 사항은 대통령령으로 정한다.

제51조(이의신청) ① 제50조에 따른 과징금 부과처분에 불복하는 자는 그 처분을 고지받은 날부터 30일 이내에 그 사유를 갖추어 금융위원회에 이의를 신청할 수 있

다.

② 금융위원회는 제1항에 따른 이의신청에 대하여 30일 이내에 결정을 하여야 한다. 다만, 부득이한 사정으로 그 기간에 결정을 할 수 없는 경우에는 30일의 범위에서 그 기간을 연장할 수 있다.

③ 제2항에 따른 결정에 불복하는 자는 행정심판을 청구할 수 있다.

제52조(과징금의 납부기한 연기 및 분할 납부) ① 금융위원회는 과징금을 부과받은 자(이하 "과징금납부의무자"라 한다)에 대하여 「행정기본법」 제29조 단서에 따라 과징금 납부기한을 연기하거나 과징금을 분할 납부하게 할 수 있으며, 이 경우 필요하다고 인정하면 담보를 제공하게 할 수 있다.

② 과징금납부의무자는 제1항에 따라 과징금의 납부기한을 연기받거나 분할 납부를 하려는 경우에는 그 납부기한의 10일 전까지 금융위원회에 신청하여야 한다.

③ 금융위원회는 제1항에 따라 과징금 납부기한이 연기되거나 분할 납부가 허용된 과징금납부의무자가 다음 각 호의 어느 하나에 해당하게 된 때에는 그 납부기한의 연기 또는 분할 납부 결정을 취소하고 과징금을 일시에 징수할 수 있다.

1. 분할 납부하기로 한 과징금을 그 납부기한까지 내지 아니한 경우
2. 담보 제공 요구에 따르지 아니하거나 제공된 담보의 가치를 훼손하는 행위를 한 경우
3. 강제집행, 경매의 개시, 파산선고, 법인의 해산, 국세 강제징수 또는 지방세 체납처분 등의 사유로 과징금의 전부 또는 나머지를 징수할 수 없다고 인정되는 경우
4. 「행정기본법」 제29조 각 호의 사유가 해소되어 과징금을 한꺼번에 납부할 수 있다고 인정되는 경우
5. 그 밖에 제1호부터 제4호까지에 준하는 사유가 있는 경우

④ 제1항부터 제3항까지에서 규정한 사항 외에 과징금의 납부기한 연기, 분할 납

부 또는 담보 제공 등에 관하여 필요한 사항은 대통령령으로 정한다.
[전문개정 2023. 9. 14.]

제53조(과징금 징수 및 체납처분) ① 금융위원회는 과징금납부의무자가 납부기한까지 과징금을 내지 아니하면 납부기한의 다음 날부터 과징금을 낸 날의 전날까지의 기간에 대하여 대통령령으로 정하는 가산금을 징수할 수 있다.
② 금융위원회는 과징금납부의무자가 납부기한까지 과징금을 내지 아니하면 기간을 정하여 독촉을 하고, 그 지정한 기간 이내에 과징금과 제1항에 따른 가산금을 내지 아니하면 국세 체납처분의 예에 따라 징수할 수 있다.
③ 금융위원회는 제1항 및 제2항에 따른 과징금 및 가산금의 징수 또는 체납처분에 관한 업무를 국세청장에게 위탁할 수 있다.
④ 그 밖에 과징금의 징수에 필요한 사항은 대통령령으로 정한다.

제54조(과오납금의 환급) ① 금융위원회는 과징금납부의무자가 이의신청의 재결 또는 법원의 판결 등의 사유로 과징금 과오납금의 환급을 청구하는 경우에는 지체 없이 환급하여야 하며, 과징금납무의무자의 청구가 없어도 금융위원회가 확인한 과오납금은 환급하여야 한다.
② 금융위원회가 제1항에 따라 과징금을 환급하는 경우에는 과징금을 납부한 날부터 환급한 날까지의 기간에 대하여 대통령령으로 정하는 가산금 이율을 적용하여 환급가산금을 환급받을 자에게 지급하여야 한다.

제7장 벌칙

제55조(벌칙) ① 다음 각 호의 어느 하나에 해당하는 자는 3년 이하의 징역 또는 1억원 이하의 벌금에 처한다.
1. 제4조를 위반하여 등록을 하지 아니하고 온라인투자연계금융업을 영위하는

자

2. 제12조제1항을 위반하여 연계대출을 한 온라인투자연계금융업자와 그로부터 연계대출을 받은 대주주 및 임직원

3. 제28조제7항을 위반하여 연계대출채권을 처분하거나 다른 채무에 대한 담보로 제공한 자

② 다음 각 호의 어느 하나에 해당하는 자는 1년 이하의 징역 또는 3천만원 이하의 벌금에 처한다.

1. 제8조를 위반하여 유사한 상호를 사용한 자

2. 제37조제5항을 위반하여 유사한 명칭을 사용한 자

제56조(양벌규정) 법인의 대표자나 법인 또는 개인의 대리인, 사용인, 그 밖의 종업원이 그 법인 또는 개인의 업무에 관하여 제55조의 위반행위를 하면 그 행위자를 벌하는 외에 그 법인 또는 개인에게도 해당 조문의 벌금형을 과(科)한다. 다만, 법인 또는 개인이 그 위반행위를 방지하기 위하여 해당 업무에 관하여 상당한 주의와 감독을 게을리하지 아니한 경우에는 그러하지 아니한다.

제57조(과태료) ① 다음 각 호의 어느 하나에 해당하는 자에게는 5천만원 이하의 과태료를 부과한다.

1. 제7조제1항을 위반하여 변경등록을 하지 아니한 자

2. 제11조제1항 · 제2항을 위반하여 수수료 또는 이자를 받은 자

3. 제11조제4항을 위반하여 수수료의 부과기준을 정할 때 정당한 사유 없이 이용자들을 차별한 자

4. 제12조제2항부터 제9항까지의 온라인투자연계금융업 관련 준수사항을 위반한 자

5. 제13조의 업무 범위를 위반하여 업무를 영위한 자

6. 제22조제1항 · 제2항에 따른 정보 제공 의무를 위반한 자

7. 제22조제3항을 위반하여 투자자가 이해하였음을 서명 등의 방법으로 확인받지 아니한 자
8. 제22조제4항을 위반하여 중대한 사항을 누락하거나 거짓 또는 왜곡된 정보를 제공한 자
9. 제22조제5항을 위반하여 연체사실과 그 사유를 투자자에게 통지하지 아니하거나 온라인플랫폼에 게시하지 아니한 자
10. 제25조제7항에 따른 변경명령을 이행하지 아니한 자
11. 제26조에 따른 투자금등에 관한 관리 의무를 위반한 자
12. 제27조에 따른 연계대출채권 등에 관한 관리 의무를 위반한 자
13. 제32조제3항을 위반하여 한도 준수에 필요한 조치를 취하지 아니한 자
14. 제34조제1항 · 제2항을 위반하여 원리금수취권을 양도한 자
15. 제34조제3항을 위반하여 필요한 조치를 취하지 아니한 자
16. 제35조제1항을 위반하여 연계투자를 한 자
17. 제35조제2항을 위반하여 필요한 조치를 취하지 아니한 자
18. 제40조제1항을 위반하여 협회에 가입을 하지 아니한 자
19. 제40조제2항을 위반하여 정당한 사유 없이 가입을 거부하거나 가입에 부당한 조건을 부과한 자
20. 제44조(제33조제5항 및 제41조에서 준용하는 경우를 포함한다)에 따른 검사를 거부 · 방해 또는 기피한 자
21. 제44조제3항(제33조제5항 및 제41조에서 준용하는 경우를 포함한다)을 위반하여 자료의 제출 또는 관계인의 출석 및 의견 진술 요구에 따르지 아니한 자

② 다음 각 호의 어느 하나에 해당하는 자에게는 3천만원 이하의 과태료를 부과한다.

1. 제9조제1항 · 제2항을 위반하여 이용자의 이익을 보호하지 아니하거나, 이용자의 이익을 해하면서 자기 또는 제삼자가 이익을 얻도록 하는 자

2. 제10조제1항에 따른 공시 의무를 위반한 자
3. 제11조제3항을 위반하여 수수료의 부과기준을 정하지 아니하거나, 온라인플랫폼에 공시하지 아니한 자
4. 제14조제1항 · 제2항을 위반하여 신고를 하지 아니한 자
5. 제15조제1항을 위반하여 업무위탁을 한 자
6. 제16조제1항을 위반하여 회계처리를 한 자
7. 제17조제1항 · 제2항을 위반하여 내부통제기준을 마련하지 아니하거나, 준법감시인을 선임하지 아니한 자
8. 제17조제2항에 따라 선임된 준법감시인으로서 내부통제기준 준수여부를 점검하지 않거나, 내부통제기준을 위반한 사실을 발견한 경우에도 감사 또는 감사위원회에 보고하지 아니한 자
9. 제18조에 따른 이해상충 관리에 관한 의무를 위반한 자
10. 제19조를 위반하여 광고를 한 자
11. 제20조제1항을 위반하여 차입자에 관한 정보를 확인하지 아니한 자
12. 제20조제3항을 위반하여 차입자의 객관적인 변제능력을 초과하는 연계대출을 실행한 자
13. 제20조제4항을 위반하여 차입자에 관한 정보를 용도 외의 목적으로 사용한 자
14. 제21조제1항을 위반하여 투자자의 본인 확인을 시행하지 아니한 자
15. 제21조제4항을 위반하여 투자자에 관한 정보를 용도 외의 목적으로 사용한 자
16. 제23조제1항에 따른 투자자에 대한 계약서류 교부 의무를 위반한 자
17. 제23조제3항을 위반하여 투자금을 지체 없이 반환하지 아니한 자
18. 제23조제4항을 위반하여 연계투자계약 관련 자료를 5년간 보관하지 아니한 자
19. 제24조제1항에 따른 차입자에 대한 계약서 교부 의무를 위반한 자

20. 제24조제2항에 따른 차입자에 대한 설명 의무를 위반한 자
21. 제24조제3항을 위반하여 연계대출계약 관련 자료를 5년간 보관하지 아니한 자
22. 제24조제4항을 위반하여 정당한 사유 없이 연계대출계약 관련 자료의 열람 또는 증명서의 발급을 거부한 자
23. 제25조제2항을 위반하여 보고, 공시 또는 신고를 하지 아니한 자
24. 제25조제4항을 위반하여 신고를 하지 아니한 자
25. 제30조제2항에 따른 온라인 정보관리 실태 점검 및 보고 의무를 위반한 자
26. 제31조제4항을 위반하여 손해배상책임을 이행하기 위하여 필요한 조치를 하지 아니한 자
27. 제33조제1항을 위반하여 중앙기록관리기관에 이용자에 관한 정보 등을 제공하지 아니한 자
28. 제33조제2항을 위반하여 제32조제3항에 따른 조치에 필요한 사항을 중앙기록관리기관에 위탁하지 아니한 자
29. 제33조제3항 · 제4항을 위반하여 이용자에 대한 자료를 보관 · 관리하지 아니하거나, 타인에게 제공한 자
30. 제43조제2항(제33조제5항 및 제41조에서 준용하는 경우를 포함한다)을 위반하여 보고 요구에 따르지 아니한 자
31. 제46조를 위반하여 보고서를 제출하지 아니하거나 보고를 하지 아니한 자(거짓의 보고서를 제출하거나 거짓으로 보고한 자를 포함한다)
32. 제47조를 위반하여 자료제출 요구에 따르지 아니한 자

③ 제1항 및 제2항의 과태료는 대통령령으로 정하는 바에 따라 금융위원회가 부과 · 징수한다.

금융혁신지원 특별법

(약칭: 금융혁신법)

[시행 2024. 10. 17.] [법률 제20054호, 2024. 1. 16., 타법개정]

금융위원회(금융혁신과) 02-2100-2859

제1장 총칙

제1조(목적) 이 법은 혁신적인 금융서비스의 개발과 발전을 촉진함으로써 금융소비자의 편익을 증대시키고, 금융서비스 관련 일자리 창출을 도모하여 국민경제에 이바지함을 목적으로 한다.

제2조(정의) 이 법에서 사용하는 용어의 뜻은 다음과 같다.

1. "금융관련법령"이란 별표에서 정하는 금융 관계 법률 및 대통령령으로 정하는 법령을 말한다.
2. "금융업"이란 「통계법」 제22조제1항에 따라 통계청장이 고시하는 한국표준산업분류에 따른 금융 및 보험업(「금융지주회사법」 제2조제1항제1호에 따른 금융지주회사가 아닌 지주회사는 제외한다)과 이와 밀접한 관련이 있는 업무로서 대통령령으로 정하는 업무를 말한다.
3. "금융회사등"이란 다음 각 목의 어느 하나에 해당하는 회사를 말한다.
   가. 「은행법」에 따른 인가를 받아 설립된 은행
   나. 「자본시장과 금융투자업에 관한 법률」에 따른 금융투자업자 및 종합금융회사
   다. 「보험업법」에 따른 보험회사, 보험대리점(법인에 한정한다) 및 보험중개사(법인에 한정한다)

라. 「상호저축은행법」에 따른 상호저축은행
마. 「여신전문금융업법」에 따른 여신전문금융회사
바. 「금융지주회사법」에 따른 금융지주회사
사. 「한국산업은행법」에 따른 한국산업은행
아. 「중소기업은행법」에 따른 중소기업은행
자. 「한국수출입은행법」에 따른 한국수출입은행
차. 「농업협동조합법」에 따른 농협은행, 지역농업협동조합, 지역축산업협동조합, 품목조합과 농업협동조합중앙회
카. 「수산업협동조합법」에 따른 수협은행, 수산업협동조합과 수산업협동조합중앙회
타. 「산림조합법」에 따른 산림조합과 산림조합중앙회
파. 「신용협동조합법」에 따른 신용협동조합과 신용협동조합중앙회
하. 「새마을금고법」에 따른 새마을금고와 새마을금고중앙회
거. 「전자금융거래법」에 따른 전자금융업자 및 전자금융보조업자
너. 개별 법률에 따라 설립되어 금융업을 영위하는 공사 및 기금 등 대통령령으로 정하는 기관

4. "혁신금융서비스"란 기존 금융서비스의 제공 내용ㆍ방식ㆍ형태 등과 차별성이 인정되는 금융업 또는 이와 관련된 업무를 수행하는 과정에서 제공되는 서비스를 말한다.
5. "혁신금융사업자"란 제5조에 따라 혁신금융서비스 지정 신청을 한 회사로서 제4조에 따라 금융위원회가 혁신금융서비스로 지정한 금융서비스를 제공하는 회사를 말한다.

제3조(다른 법령과의 관계) ① 이 법은 금융관련법령에 우선하여 적용한다.
② 이 법에 따라 규제 적용의 특례를 인정받는 사항은 이 법에서 정한 사항을 제외하고는 해당 규제의 근거법령(해당 사항에 관하여 특례를 인정하지 아니하는

경우에 적용되는 법령을 말한다)을 따른 것으로 보아 그 법령을 적용한다.

제2장 혁신금융서비스의 지정 등

제4조(혁신금융서비스의 지정) ① 금융위원회는 제13조에 따른 혁신금융심사위원회의 심사와 제5조에 따른 혁신금융서비스 지정 신청과 관련 있는 행정 권한을 가지는 기관(이하 "관련 행정기관"이라 한다)의 동의를 거쳐 2년의 범위 내에서 혁신금융서비스를 지정할 수 있다.

② 제1항에 따라 혁신금융서비스로 지정하는 경우 다음 각 호의 사항을 포함하여야 한다.

1. 해당 혁신금융서비스의 종류, 내용 등 업무 범위에 관한 사항
2. 해당 혁신금융서비스 이용자의 범위 등 업무 대상에 관한 사항
3. 해당 혁신금융서비스의 업무방법에 관한 사항
4. 자료제출, 검사 등 감독에 관한 사항
5. 금융관련법령 중 적용이 배제되는 규정 등 규제 적용의 특례에 관한 사항
6. 혁신금융서비스 지정의 효력기간(이하 "지정기간"이라 한다) 등 그 밖에 금융위원회가 필요하다고 인정하는 사항

③ 금융위원회는 제1항의 지정을 하는 경우 금융소비자 보호, 금융시장 및 금융질서의 안정 등을 위하여 필요한 조건을 붙일 수 있다.

④ 제1항에 따라 혁신금융서비스 지정을 받은 자는 대상 서비스의 변경, 서비스의 추가, 사정의 변경, 그 밖에 정당한 사유가 있는 경우에는 그 사유를 소명하는 서면을 제출함으로써 금융위원회에 제2항 및 제3항에 따른 사항의 변경 또는 취소를 신청할 수 있다. 이 경우 금융위원회는 2개월 이내에 변경 또는 취소 여부를 결정하고, 그 결과를 지체 없이 해당 혁신금융사업자에 서면으로 알려야 한다.

제5조(혁신금융서비스 지정 신청) ① 제4조에 따른 혁신금융서비스 지정을 받기 위

한 신청을 할 수 있는 자는 다음과 같다.

1. 금융회사등
2. 국내에 영업소를 둔 「상법」상의 회사

② 금융위원회는 혁신금융서비스 지정 신청 기간을 금융 서비스별 또는 신청 회차별로 정하여 공고할 수 있으며, 혁신금융서비스 지정 신청을 하려는 자는 해당 공고에서 정한 기간 내에 신청하여야 한다.

③ 혁신금융서비스 지정 신청을 하려는 자는 금융위원회가 정하여 고시하는 신청서 양식에 따라 신청서를 작성하고 관련 증빙자료를 첨부하여 금융위원회에 제출하여야 한다.

④ 금융위원회는 신청서 검토 결과 미비사항이 발견되거나 소명이 부족한 경우 일정한 기간을 정하여 신청자에게 보완을 요구할 수 있으며, 신청자는 이에 응하여야 한다.

⑤ 금융위원회(혁신금융심사위원회를 포함한다)는 관련 행정기관이 있는 경우, 그 신청 내용을 관련 행정기관의 장에게 통보하여야 하며, 관련 행정기관의 장은 해당 신청 내용을 검토하여 그 결과를 30일 이내에 금융위원회에 문서로 회신하여야 한다.

제6조(혁신금융서비스 지정 공고) 금융위원회는 제4조제1항에 따라 혁신금융서비스를 지정하거나 같은 조 제4항에 따라 변경 또는 취소 결정을 내린 경우에는 지체 없이 그 내용을 관보에 게재하거나 인터넷 홈페이지 등을 이용하여 일반인에게 알려야 한다.

제7조(혁신금융서비스 지정 취소) ① 금융위원회는 다음 각 호의 어느 하나에 해당하는 경우에 관련 행정기관의 동의를 거쳐 혁신금융서비스 지정을 취소하거나 시정을 명할 수 있다. 다만, 제1호에 해당하는 경우에는 취소하여야 한다.

1. 거짓이나 그 밖의 부정한 방법으로 제4조에 따른 혁신금융서비스 지정을 받

은 경우

2. 제13조제4항에 따른 심사기준을 충족하지 못하게 되는 경우
3. 혁신금융사업자가 제18조제1항 각 호를 위반한 경우
4. 혁신금융사업자가 이 법 또는 이 법에 의한 명령을 위반한 경우
5. 혁신금융사업자가 이 법에 따른 규제 적용의 특례를 인정받지 않은 규정을 위반한 경우
6. 혁신금융서비스가 금융시장 및 금융질서의 안정 또는 금융소비자의 이익을 현저히 저해하는 경우
7. 혁신금융서비스 목적 달성이 불가능할 경우

② 금융위원회가 제1항에 따라 혁신금융서비스를 지정 취소한 경우에는 제6조를 준용한다.

제8조(혁신금융서비스 지정 철회) ① 혁신금융사업자는 금융위원회에 혁신금융서비스 지정 철회를 요청할 수 있다.

② 금융위원회는 제1항에 따라 혁신금융사업자의 지정 철회 요청이 있는 경우, 제7조에 따라 혁신금융서비스 지정 취소를 할 수 있다. 이 경우 혁신금융사업자는 즉시 혁신금융서비스의 운영을 종료해야 한다.

③ 혁신금융사업자는 제2항에 따라 혁신금융서비스 지정 취소가 되어도 기존에 체결된 계약에 따른 의무를 성실하게 이행하여야 하며, 이행이 불가능한 경우 이용자의 동의를 얻어 계약을 조기에 종료하여야 한다.

제9조(지정기간의 만료) ① 혁신금융사업자는 혁신금융서비스 지정기간이 만료된 경우 혁신금융사업자로서의 지위를 상실한다. 다만, 혁신금융사업자는 지정기간 만료에도 불구하고 금융소비자 보호, 「금융위원회의 설치 등에 관한 법률」 제24조제1항에 따른 금융감독원(이하 "금융감독원"이라 한다) 및 이 법 제29조제1항에 따른 지정 감독기관의 감독 · 검사 등을 위해 필요한 경우에는 그 필요한 범위

내에서 혁신금융사업자로서 의무를 준수하여야 한다.

② 지정기간이 만료된 경우 혁신금융사업자는 즉시 혁신금융서비스의 운영을 종료하여야 한다.

제10조(지정기간의 연장) ① 금융위원회는 혁신금융서비스 지정기간을 연장할 필요가 있는 경우 그 지정기간을 한 차례만 2년 이하의 범위에서 연장할 수 있다. 〈개정 2021. 4. 20.〉

② 제1항에 따라 혁신금융서비스 지정기간을 연장받으려는 혁신금융사업자는 지정기간 만료일 3개월 전까지 연장사유를 소명하는 서면 및 혁신금융서비스 운영 결과를 첨부하여 금융위원회에 신청하여야 한다. 〈신설 2021. 4. 20.〉

③ 제2항에 따른 지정기간의 연장 신청이 있는 경우 혁신금융심사위원회는 지정기간의 만료일 이전에 연장 여부에 관한 심사를 완료하여야 하며, 금융위원회는 혁신금융심사위원회의 심사와 관련 행정기관의 동의를 거쳐 연장 여부를 결정하여 연장 신청을 한 혁신금융사업자에게 서면으로 통보하여야 한다. 〈개정 2021. 4. 20.〉

④ 제3항에 따른 지정기간의 연장 여부는 다음 각 호를 고려하여 심사한다. 〈개정 2021. 4. 20.〉

1. 신청서에 기재된 연장사유가 타당한지 여부
2. 이미 경과된 지정기간 중 해당 혁신금융서비스의 운영 성과
3. 지정기간 연장에 따라 금융시장 및 금융질서의 안정성이나 금융소비자 보호 등에 미칠 영향
4. 그 밖에 혁신금융심사위원회가 필요하다고 인정하는 사항

제10조의2(규제 개선의 요청 등) ① 혁신금융사업자(제10조에 따라 지정기간을 연장받은 자를 포함한다. 이하 이 조에서 같다)는 지정기간 만료일 3개월 전까지 규제 개선의 필요성 및 혁신금융서비스 운영 결과를 서면으로 첨부하여 제4조제2항제

5호에 따라 특례가 인정되는 규제의 개선을 금융위원회와 관련 행정기관의 장에게 요청할 수 있다.

② 금융위원회 또는 관련 행정기관의 장은 제1항에 따른 혁신금융사업자의 요청이 있는 경우에는 지정기간의 만료일 이전에 혁신금융심사위원회의 심사를 거쳐 규제 개선의 필요성을 검토한 후, 금융시장 및 금융질서의 안정성이나 금융소비자 보호에 미치는 영향 등이 입증되어 금융관련법령 정비가 필요하다고 판단한 경우에는 즉시 금융관련법령 정비에 착수하여야 한다.

③ 금융위원회는 관련 행정기관의 장의 검토 결과와 달리 규제의 개선이 필요하다고 인정하는 경우에는 「행정규제기본법」 제17조 · 제17조의2에 따라 같은 법 제23조에 따른 규제개혁위원회(이하 "규제개혁위원회"라 한다)에 규제 정비를 요청하거나 의견을 제출할 수 있으며, 규제개혁위원회는 같은 법 제18조에 따라 심사할 수 있다.

④ 금융위원회 또는 관련 행정기관의 장은 금융관련법령의 정비에 착수하였으나, 정비의 필요성이 없어진 경우 혁신금융심사위원회의 심사를 거쳐 금융관련법령의 정비를 중단할 수 있다.

⑤ 금융위원회 또는 관련 행정기관의 장은 제2항 및 제3항에 따른 금융관련법령 정비의 착수 여부와 제4항에 따른 금융관련법령 정비의 중단 사실을 제1항에 따라 규제의 개선을 요청한 혁신금융사업자에게 통보하여야 한다.

⑥ 제5항에 따라 혁신금융사업자가 금융관련법령의 정비에 착수하였다는 통보를 받은 경우에는 금융관련법령의 정비가 완료되어 시행될 때까지 혁신금융서비스 지정기간이 만료되지 아니한 것으로 본다. 다만, 인 · 허가 등의 근거가 되는 금융관련법령이 정비되어 인 · 허가 등의 절차가 필요한 경우에는 인 · 허가 등을 받을 때까지 혁신금융서비스 지정기간이 만료되지 아니한 것으로 보며, 혁신금융사업자는 지체 없이 인 · 허가 등을 신청하여야 한다.

⑦ 제6항에 따른 기간은 혁신금융서비스 지정기간이 만료된 날부터 6개월을 초과할 수 없다. 다만, 금융위원회 또는 관련 행정기관의 장이 해당 기간 내에 금융

관련법령의 정비를 마칠 수 없다고 판단하는 경우에는 2회에 한정하여 각각 6개월의 범위에서 그 기간을 연장할 수 있다.

⑧ 제1항부터 제7항까지의 규정에 따른 규제 개선의 요청과 금융관련법령 정비 등의 구체적인 절차 · 방법 및 그 밖에 필요한 사항은 금융위원회가 정하여 고시한다.

[본조신설 2021. 4. 20.]

제11조(혁신금융서비스의 중지 및 변경) ① 금융위원회는 혁신금융서비스가 금융소비자의 피해를 야기하거나 금융시장의 불안 또는 금융질서의 문란을 유발하는 등 지정 당시 예상하지 못했던 문제가 발생하는 경우 관련 행정기관의 동의를 거쳐 해당 혁신금융사업자에게 해당 서비스를 중지하도록 명령(이하 "중지명령"이라 한다)하거나 제4조제2항 · 제3항에 따른 기존의 결정 사항을 변경(이하 "변경결정"이라 한다)할 수 있다.

② 제1항에 따른 중지명령을 받은 혁신금융사업자는 1개월 이내에 신속하게 보완책을 마련하여 금융위원회와 협의하여야 하며, 금융위원회는 보완책의 실효성 · 적절성 등에 관한 혁신금융심사위원회의 심사 결과 및 잔여 지정기간 등을 고려하여 서비스의 재개를 허용할 수 있다.

③ 금융위원회가 지정기간 내에 제2항에 따라 서비스의 재개를 허용하지 않는 경우 해당 혁신금융사업자는 지정기간 만료 시에 혁신금융사업자로서의 지위를 상실한다.

④ 제1항의 중지명령에 따른 혁신금융서비스의 중지는 금융소비자가 혁신금융사업자에 대하여 가지는 손해배상청구권의 행사 및 소멸시효 등에 영향을 미치지 아니한다.

⑤ 제1항 및 제2항에 따른 중지명령 및 변경결정, 서비스 재개 허용이 있는 경우 제6조를 준용하며, 변경결정은 혁신금융사업자가 그 통보를 받은 날부터 제4조에 따른 지정의 일부로 간주된다.

제12조(허위 광고 등의 금지) 누구든지 제4조에 따른 혁신금융서비스 지정을 받지 아니하고 그 지정을 받은 것처럼 허위로 광고하거나 그 밖에 소비자의 오인을 야기하는 행위를 하여서는 아니 된다.

제3장 혁신금융심사위원회

제13조(혁신금융심사위원회의 설치 및 구성 등) ① 금융위원회는 제5조에 따른 혁신금융서비스 지정 신청 사항을 심사하기 위하여 혁신금융심사위원회를 둔다.

② 혁신금융심사위원회는 위원장 1명을 포함한 25명 이내의 위원으로 구성하며, 혁신금융심사위원회의 위원장은 금융위원회 위원장이 된다.

③ 혁신금융심사위원회 위원은 금융위원회 소속 공무원 중에서 대통령령으로 정하는 사람과 다음 각 호에 해당하는 사람을 포함하여 금융위원회 위원장이 임명하거나 위촉한다.

1. 혁신금융서비스 지정 심사와 관련된 중앙행정기관의 차관 또는 차관급 공무원으로서 해당 기관의 장이 지명하는 사람
2. 대학교 부교수 이상으로 또는 기술ㆍ금융 관련 연구소에서 7년 이상 근무하였거나 근무하고 있는 사람
3. 기술ㆍ금융 관련 업계에서 임직원으로 7년 이상 근무하였거나 근무하고 있는 사람
4. 법률 분야에 대한 학식과 경험이 있는 사람으로서 7년 이상의 경력이 있는 사람
5. 소비자보호 분야에 대한 학식과 경험이 있는 사람으로서 7년 이상의 경력이 있는 사람
6. 그 밖에 대통령령으로 정하는 사람

④ 혁신금융심사위원회는 다음 각 호의 기준을 고려하여 혁신금융서비스 지정 신청을 심사한다.

1. 해당 금융서비스를 제공하려는 자가 국내 금융시장에서 주된 활동을 하는 것을 목표로 하고 있는지 여부
2. 해당 금융서비스가 기존의 금융서비스와 비교할 때 충분히 혁신적인지 여부
3. 해당 금융서비스의 제공에 따라 금융소비자의 편익이 증대되는지 여부
4. 이 법에 따른 규제 적용의 특례 없이도 금융관련법령에 따라 해당 금융서비스를 제공할 수 있거나, 특례를 적용할 경우 특례가 적용되지 않는 규제를 회피하거나 우회하는 결과를 초래하는지 여부
5. 신청자가 해당 금융서비스를 적절히 영위할 자격과 능력을 갖추었는지 여부
6. 영위하고자 하는 금융서비스의 범위 및 업무방법이 구체적이며 사업계획이 타당하고 건전한지 여부
7. 다음 각 목의 금융소비자 보호 및 위험 관리 방안 등이 충분한지 여부
   가. 이용자의 범위 또는 이용자 수, 건별 거래 금액의 한도, 고객별 거래 횟수 등에 대한 제한 방안
   나. 제20조제1항 및 제2항에 따른 위험 고지 및 동의 수령 방안
   다. 제28조에 따른 분쟁 처리 및 조정 방안
   라. 지정기간 동안 발생할 수 있는 금융소비자 피해 및 위험을 예방하기 위한 방안
   마. 책임보험 가입 등 손해배상책임의 이행을 보장하기 위한 방안
   바. 지정기간 종료 이후 발생할 수 있는 금융소비자 피해 및 위험을 예방하기 위한 방안
   사. 그 밖에 개인정보의 보호 및 처리 등 금융소비자 보호 및 위험 관리 등을 위하여 필요한 사항으로서 금융위원회가 정하여 고시하는 사항
8. 해당 금융서비스로 인하여 금융시장 및 금융질서의 안정성이 현저히 저해될 우려 등이 있는지 여부
9. 해당 금융서비스가 금융관련법령의 목적 달성을 현저히 저해할 우려 등이 있는지 여부

⑤ 혁신금융심사위원회는 혁신금융서비스 지정기간 만료 이후 혁신금융서비스를 지속적으로 제공하기 위하여 필요하다고 인정하는 경우 금융위원회 및 관련 행정기관에 법령의 제 · 개정을 권고할 수 있다.

⑥ 그 밖에 혁신금융심사위원회의 구성 및 운영에 필요한 사항은 대통령령으로 정한다.

제14조(심사기간) ① 심사를 완료하여야 한다. 다만, 같은 조 제4항에 따라 금융위원회가 신청서 등에 대한 보완을 요청한 경우 보완에 소요되는 기간은 해당 심사기간에 산입하지 아니한다.

② 혁신금융심사위원회(금융위원회를 포함한다)는 최대 2회, 최장 60일의 기간 범위 내에서 제1항의 심사기간을 연장할 수 있다.

③ 제1항 및 제2항에 따른 전체 심사기간은 제1항 단서에 따른 보완에 소요되는 기간을 포함하여 90일을 초과할 수 없다. 다만, 혁신금융심사위원회(금융위원회를 포함한다)는 해당 전체 심사기간을 1회에 한하여 30일 이내로 연장할 수 있다.

제15조(의견청취) ① 혁신금융심사위원회는 심사의 공정과 효율성을 기하기 위하여 신청자, 이해관계자, 관련 분야 전문가 등의 의견을 청취할 수 있다. 이 경우 혁신금융심사위원회는 해당 의견 청취를 위하여 토론회나 공청회 등을 개최할 수 있으며, 신청자, 이해관계자, 관련 분야 전문가, 관련 행정기관과 그 권한을 위임받거나 위탁받은 법인 · 단체 또는 그 기관이나 개인 등으로 하여금 심사 기일에 출석하거나 서면으로 의견을 제출하도록 할 수 있다.

② 혁신금융심사위원회는 토론회, 공청회 등을 개최하고자 하는 경우 그 개최일부터 10일 전까지 관련 당사자에게 서면으로 통보하고 인터넷 홈페이지 등을 통해 일반인에게 알려야 한다.

③ 신청자, 이해관계자, 관련 분야 전문가 등은 토론회, 공청회 등에 참석하여 직

접 의견을 제출할 수 있으며, 그로부터 5일 이내에 서면으로 의견을 제출할 수 있다.

④ 혁신금융심사위원회는 제3항에 따라 의견을 제출한 자에게 서면으로 그 결과를 통보하거나 인터넷 홈페이지 등을 통해 알려야 한다.

⑤ 금융위원회는 신청자와 이해관계자를 제외한 관련 분야 전문가 등이 혁신금융심사위원회의 요청에 따라 토론회, 공청회 등에 참석하거나 심사 기일에 출석하거나 서면으로 의견을 제출하는 경우 예산의 범위 내에서 수당, 여비 등 필요 경비를 지급할 수 있다.

제4장 혁신금융사업자에 대한 규제 적용의 특례 등

제16조(혁신금융사업자의 업무범위) 혁신금융사업자는 다음 각 호의 어느 하나에 해당하는 경우 제4조에 따라 지정받은 범위 내에서 해당 혁신금융서비스를 영위할 수 있다.

1. 혁신금융서비스에 적용되는 기준 · 요건 등이 금융관련법령에 없거나 관련 규정을 혁신금융서비스에 적용하는 것이 적합하지 아니한 경우
2. 혁신금융서비스의 허용 여부가 불명확하거나 혁신금융서비스를 영위할 수 있는 근거가 되는 금융관련법령이 없는 경우

제17조(혁신금융사업자에 대한 규제 적용의 특례) ① 혁신금융사업자가 지정기간 내에 영위하는 혁신금융서비스에 대해서는 사업 또는 사업자의 인허가 · 등록 · 신고, 사업자의 지배구조 · 업무범위 · 건전성 · 영업행위 및 사업자에 대한 감독 · 검사와 관련이 있는 금융관련법령의 규정 중 제4조제2항제5호에 따라 특례가 인정되는 규정은 적용하지 아니한다.

② 제1항에도 불구하고 금융위원회는 제4조제2항제5호에 따라 특례를 인정할 경우 금융소비자의 재산, 개인정보 등에 회복할 수 없는 피해가 예상되거나 금융시

장 및 금융질서의 안정성이 현저히 저해될 우려 등이 있는 금융관련법령상 규정에 대하여 특례를 인정할 수 없다.

제18조(혁신금융사업자의 의무) ① 혁신금융사업자는 혁신금융서비스를 영위함에 있어서 다음 각 호의 사항을 준수하여야 한다.

1. 제4조제1항에 따른 지정 및 제4조제4항 · 제11조제1항에 따른 변경결정의 내용
2. 제4조제3항에 따라 금융위원회가 부과한 조건
3. 그 밖에 개인정보의 보호 및 처리 등 금융소비자 보호, 금융시장 및 금융질서의 안정 등에 관한 사항으로서 금융위원회가 정하여 고시하는 사항

② 혁신금융사업자는 다음 각 호의 구분에 따라 혁신금융서비스의 운영 경과보고서를 금융위원회에 제출하여야 한다.

1. 초기보고서: 혁신금융서비스 지정기간으로부터 30일이 경과한 날부터 10일 이내에 제출
2. 중간보고서: 혁신금융서비스 지정기간의 2분의 1이 경과한 날부터 30일 이내에 제출
3. 최종보고서: 혁신금융서비스 지정기간 만료일의 30일 이전까지 제출

③ 제2항에 따른 초기보고서, 중간보고서, 최종보고서에 포함되어야 할 사항은 다음 각 호와 같다.

1. 해당 기간의 혁신금융서비스 이용 건수 및 총 거래액수
2. 해당 기간 혁신금융서비스 이용자의 수 및 특징
3. 해당 기간 혁신금융서비스와 관련하여 발생한 금융사고 또는 이용자로부터의 손해배상청구 등 분쟁 현황
4. 해당 기간 이후의 혁신금융서비스 운영 계획
5. 최종보고서의 경우 제17조제1항에 따라 특례 적용을 받고 있는 규제의 준수 계획

6. 그 밖에 금융위원회가 정하여 고시하는 사항

④ 제10조제1항에 따라 지정기간의 연장이 있는 경우 당초의 지정기간을 기준으로 한 최종보고서는 중간보고서로 대체하며, 연장 결정 시에 달리 정하지 않는 한 그 연장된 기간에 대해서도 제2항에 따른 중간보고서와 최종보고서를 제출하여야 한다.〈개정 2021. 4. 20.〉

⑤ 제10조의2제6항에 따라 지정기간이 만료되지 아니한 혁신금융사업자는 제2항에 따른 중간보고서와 최종보고서를 금융위원회가 정하여 고시하는 기간 내에 제출하여야 한다.〈신설 2021. 4. 20.〉

⑥ 혁신금융사업자는 제1항 각 호에 따른 의무이행 및 혁신금융서비스 운영에 지장이 발생하는 경우 지체 없이 금융위원회에 보고하여야 한다.〈개정 2021. 4. 20.〉

⑦ 혁신금융사업자는 제2항 및 제6항의 보고 결과에 따른 금융위원회의 명령을 적절히 이행하여야 한다.〈개정 2021. 4. 20.〉

제19조(금융소비자 보호 및 위험 관리 방안 마련 · 준수) ① 혁신금융사업자는 제18조제1항 각 호의 내용을 반영하여 금융소비자 보호 및 위험 관리 등을 위한 방안을 마련하고 이를 준수하여야 한다.

② 제1항의 금융소비자 보호 및 위험 관리 등을 위한 방안에는 제13조제4항제7호 각 목의 사항이 포함되어야 한다.

제20조(위험 고지 의무) ① 혁신금융사업자는 지정기간 중 혁신금융서비스를 제공함에 있어 사전에 이용자에게 해당 서비스가 시험운영 중이며 그로 인해 예상하지 못했던 위험이 발생할 수 있음을 고지하여야 한다.

② 혁신금융사업자는 제1항에 따른 위험 고지 후 이용자에게 시험운영하는 서비스를 제공받는 것에 대한 동의를 받아야 한다.

③ 제1항 및 제2항의 조치는 혁신금융사업자가 이용자에 대해 부담하는 법률적

책임에 영향을 미치지 아니한다.

제21조(혁신금융사업자의 인 · 허가 등의 신청 등) ① 혁신금융사업자는 지정기간 만료 이후에 금융관련법령에 따라 해당 혁신금융서비스를 계속해서 영위하기 위하여 지정기간 만료 이전에 금융관련법령에 따른 인 · 허가 등을 신청할 수 있다.

② 제1항에 따라 혁신금융사업자가 인 · 허가 등을 신청하는 경우, 혁신금융심사위원회는 다음 각 호의 요건을 모두 고려하여 해당 인 · 허가 등의 요건 중 일부 또는 전부의 충족 여부에 대한 의견을 금융위원회 및 관련 행정기관에 제시할 수 있다.

1. 혁신금융심사위원회가 제18조에 따라 제출된 보고서에 대한 평가 등을 토대로 혁신금융서비스 지정 목적이 달성되었다고 판단할 것
2. 혁신금융사업자가 혁신금융심사위원회에 지정기간 중에 유예되었던 금융규제를 준수할 수 있음을 입증하는 서면을 제출하였을 것

③ 제1항에 따라 인 · 허가 등을 받은 혁신금융사업자는 해당 금융관련법령에 따라 금융업 등을 영위할 수 있다. 다만, 혁신금융서비스 지정기간 중 체결된 거래에 대해서는 그 이행이 완료될 때까지 이 법을 적용한다.

제22조(혁신금융사업자의 합병 등) ① 이 법에 따라 혁신금융서비스 지정을 받은 혁신금융사업자에게 합병, 전환 등으로 인한 조직 변경이 있는 경우 해당 혁신금융서비스 지정의 효력은 상실된다. 다만, 변경 후 존속하는 사업자의 신청에 따라 금융위원회가 기존 혁신금융서비스 지정에 관한 변경 결정을 한 경우에는 그러하지 아니하다.

② 제1항의 경우에는 제6조 및 제9조를 준용한다.

제5장 금융혁신 지원제도

제23조(배타적 운영권) ① 혁신금융사업자는 제4조제1항에 따른 지정을 거쳐 제21조에 따라 인 · 허가 등을 받은 경우 혁신금융서비스를 배타적으로 운영할 권리(이하 "배타적 운영권"이라 한다)를 가진다.

② 제1항에 따른 배타적 운영권은 인 · 허가 등을 받은 날부터 2년의 범위에서 금융위원회 및 관련 행정기관이 정하는 기한까지 존속한다.

③ 혁신금융사업자는 제2항에 따른 배타적 운영기간 중에 다음 각 호에 해당하는 행위를 하거나 할 우려가 있는 자에 대해 금융위원회 및 관련 행정기관에 배타적 운영권 보호에 관한 조치를 요구할 수 있다.

1. 해당 혁신금융서비스와 내용 · 방식 · 형태 등이 실질적으로 동일한 금융서비스를 제공하는 행위
2. 해당 혁신금융서비스의 명성을 침해하면서 이와 유사한 서비스에 직접 또는 간접적인 방법으로 상업적으로 이용하는 행위

④ 금융위원회 및 관련 행정기관은 혁신금융사업자가 제3항에 따른 요구를 한 경우 배타적 운영권의 보호를 위하여 제3항 각 호에 해당하는 행위를 하거나 할 우려가 있는 자에 대하여 해당 서비스의 시정 또는 중지 명령을 할 수 있다.

제24조(규제 신속 확인) ① 혁신금융서비스를 제공하려는 제5조제1항제1호 또는 제2호에 해당하는 자는 금융위원회에 법령 등(법령, 법령에서 위임한 사항이나 그 시행에 필요한 사항을 정한 행정규칙, 그 밖에 행정기관에 권한을 부여한 모든 규정을 말한다)의 적용 여부 등을 확인(이하 "규제 신속 확인"이라 한다)해 줄 것을 신청할 수 있다.

② 금융위원회는 제1항에 따른 규제 신속 확인 신청에 대해 30일 이내에 회신하여야 한다. 다만, 금융위원회가 신청서 등의 보완을 요청한 경우 보완에 소요되는 기간 및 제3항에 따라 다른 행정기관의 회신에 소요되는 기간은 해당 기간에 산입하지 아니한다.

③ 금융위원회는 제1항에 따른 신청이 다른 행정기관 소관사항인 경우 해당 행정

기관의 장에게 통보하여야 하며, 해당 행정기관의 장은 통보를 받은 날부터 30일 이내에 소관 업무 여부 및 법령 등의 적용 여부를 금융위원회에 회신하여야 한다. 다만, 해당 행정기관이 신청서 등의 보완을 요청한 경우 보완에 소요되는 기간은 해당 기간에 산입하지 아니한다.

④ 회신에 소요되는 총 기간은 제2항에 따라 보완에 소요되는 기간, 제3항에 따라 다른 행정기관의 회신에 소요되는 기간을 포함하여 90일을 초과할 수 없다. 다만, 금융위원회는 해당 기간을 1회에 한하여 30일 이내로 연장할 수 있다.

⑤ 금융위원회와 제3항에 따른 해당 행정기관의 장은 제1항에 따른 신청에 대한 검토 결과 소관 법령 등에 따른 인 · 허가, 등록 또는 신고 등(이하 이 조에서 "인허가등"이라 한다)이 필요하다고 판단할 경우에는 인허가등에 필요한 조건 및 절차 등을 함께 회신하여야 하며, 제1항의 신청자가 그 내용에 따라 인허가등을 신청할 경우 관계 법령에 따라 신속히 처리하여야 한다.

⑥ 제1항부터 제5항까지에서 규정한 사항 및 그 밖에 필요한 사항은 금융위원회가 정하여 고시한다.

제25조(지정대리인에 대한 업무위탁) ① 금융위원회는 혁신금융서비스의 시범 운영을 위하여 금융회사의 업무위탁(금융회사가 인 · 허가 등을 받은 금융업을 영위하기 위하여 제3자의 용역 또는 시설 등을 계속적으로 활용하는 행위를 말한다)을 받아 처리할 수 있는 자(이하 "지정대리인"이라 한다)를 지정할 수 있다.

② 혁신금융서비스를 제공하려는 제5조제1항제1호 또는 제2호에 해당하는 자는 금융위원회에 제1항에 따른 지정대리인 지정 신청을 할 수 있다.

③ 금융위원회는 지정대리인을 지정할 때 다음 각 호의 기준을 고려하여야 한다.

1. 제13조제4항제1호부터 제3호까지의 기준 충족 여부
2. 해당 혁신금융서비스를 업무위탁 이외의 방법으로 수행하는 것이 가능한지 여부
3. 업무위탁을 받아 혁신금융서비스를 시범 운영할 수 있는 준비가 되어 있는지

여부

4. 업무위탁으로 인하여 해당 금융회사의 건전성 또는 신인도를 저해하거나 금융질서의 문란 또는 이용자의 피해 발생이 우려되는지 여부

④ 금융회사는 제1항에 따른 지정대리인에게 혁신금융서비스의 시범 운영을 위해 필요한 범위 내에서 업무위탁을 할 수 있고, 업무위탁 계약을 체결할 경우 그 사실을 금융위원회에 보고하여야 한다. 이 경우 업무위탁 기간은 2년 이내로 한다.

⑤ 금융회사는 제4항에 따른 업무위탁을 체계적으로 관리하기 위하여 업무위탁 운영기준을 마련하고 이를 준수하여야 한다.

⑥ 제1항에 따른 지정대리인 지정 절차, 제4항 전단에 따른 보고 및 제5항에 따른 업무위탁 운영기준과 관련된 사항은 금융위원회가 정하여 고시한다.

제26조(혁신금융서비스에 대한 지원) ① 정부는 혁신금융서비스의 개발과 발전을 촉진하기 위하여 혁신금융서비스 지원기관의 운영ㆍ유지에 필요한 비용의 전부 또는 일부를 출연 또는 보조할 수 있다.

② 제1항에 따른 출연금 또는 보조금의 지급 기준이나 그 밖에 필요한 사항은 대통령령으로 정한다.

③ 국가 또는 지방자치단체는 혁신금융서비스 지원기관의 운영을 위하여 필요할 때에는 국유ㆍ공유재산을 혁신금융서비스 지원기관에 무상으로 대여할 수 있다.

제6장 보칙

제27조(손해배상) ① 혁신금융사업자는 혁신금융서비스의 제공 및 중단 등으로 인하여 이용자에게 손해가 발생한 경우 이를 배상할 책임이 있다. 다만, 혁신금융사업자가 고의 또는 과실이 없음을 입증한 경우에는 그러하지 아니하다.

② 혁신금융사업자는 제1항에 따른 손해배상책임의 이행을 위하여 책임보험에

가입하여야 한다. 다만, 혁신금융사업자가 책임보험에 가입할 수 없는 경우에는 금융위원회와 별도 협의를 거쳐 규제 적용의 특례로 발생할 수 있는 인적 · 물적 손해에 대한 배상방안을 마련하여야 하며, 그 배상방안에는 대통령령에서 정한 배상 방법, 기준 및 절차에 대한 사항을 포함하여야 한다.

제28조(분쟁 처리 및 조정) ① 혁신금융사업자는 대통령령으로 정하는 바에 따라 혁신금융서비스와 관련하여 이용자 및 그 밖의 이해관계자(이하 “이용자등”이라 한다)가 제기하는 정당한 의견이나 불만사항을 반영하고 이용자등이 혁신금융서비스로 인하여 입은 손해를 배상하기 위한 절차를 마련하여야 한다.

② 이용자등이 혁신금융서비스에 관하여 이의가 있을 때에는 제1항에서 정한 절차에 따라 혁신금융사업자에게 손해배상 등 분쟁처리를 요구하거나 금융감독원의 금융분쟁조정위원회에 분쟁조정을 신청할 수 있다.

③ 제1항 및 제2항에 따른 분쟁 처리 및 조정의 신청을 위한 구체적인 절차와 방법은 대통령령으로 정한다.

④ 혁신금융사업자가 이용자와 혁신금융서비스에 대한 계약을 체결하는 때에는 제1항 및 제3항에 따른 절차를 명시하여야 한다.

제29조(감독 및 검사) ① 금융감독원 및 금융관련법령에 따라 감독기관으로 지정된 기관(이하 “지정 감독기관”이라 한다)은 금융위원회 및 관련 행정기관의 지시를 받아 혁신금융사업자, 지정대리인 및 제25조제4항에 따라 지정대리인에 업무위탁을 한 금융회사(이하 “혁신금융사업자등”이라 한다)에 대하여 이 법(제17조제1항에 따른 규제 적용의 특례가 인정되는 금융관련법령 규정을 제외한 금융관련법령상 규정을 포함한다) 또는 이 법에 의한 명령의 준수 여부를 감독한다.

② 금융감독원장 및 지정 감독기관의 장은 제1항에 따른 감독을 위하여 필요한 때에는 혁신금융사업자등으로 하여금 그 업무 및 재산 상황에 관한 보고를 하게 할 수 있다.

③ 금융감독원장 및 지정 감독기관의 장은 혁신금융사업자등의 업무 및 재산 상황을 검사하고, 검사를 위하여 필요하다고 인정할 때에는 혁신금융사업자등에 대하여 업무 및 재산 상황에 관한 자료의 제출, 관계자의 출석 및 의견의 진술을 요구할 수 있다.

④ 제3항에 따라 검사를 하는 사람은 그 권한을 표시하는 증표를 지니고 이를 관계자에게 내보여야 한다.

⑤ 금융감독원장 및 지정 감독기관의 장은 제3항에 따른 검사 결과 제7조에 따른 지정취소 사유가 있거나 제11조에 따른 중지명령 또는 변경결정이 필요하다고 인정되는 경우 금융위원회에 해당 조치를 건의하여야 한다.

⑥ 「금융위원회의 설치 등에 관한 법률」상 검사 대상 기관인 혁신금융사업자등에 대해서는 자료제출 등의 중복을 피하기 위해 필요한 범위 내에서 제3항을 제한적으로 적용할 수 있다.

제30조(면책) 혁신금융심사위원회 위원, 금융위원회와 관련 행정기관 소속 공무원, 금융감독원 및 지정 감독기관 소속 임직원은 이 법에 따른 업무를 고의 또는 중대한 과실 없이 적극적이고 능동적으로 처리한 경우 불이익한 처분을 당하지 아니한다. 다만, 사적 이익을 추구하거나 부당한 청탁을 받아 혁신금융사업자 또는 이해관계가 있는 개인, 기관, 단체에 특혜를 준 경우에는 그러하지 아니하다.

제31조(권한 등의 위탁) 제4조부터 제8조까지, 제10조, 제10조의2, 제11조, 제13조부터 제15조까지, 제18조, 제21조부터 제25조까지 및 제27조에 따른 금융위원회의 권한과 업무는 대통령령으로 정하는 바에 따라 그 일부를 금융감독원장에게 위탁할 수 있다. 〈개정 2021. 4. 20.〉

제32조(벌칙 적용에서 공무원 의제) 혁신금융심사위원회 위원으로서 공무원이 아닌 사람과 금융감독원의 직원은 「형법」이나 그 밖의 법률에 따른 벌칙을 적용할 때

에는 공무원으로 본다.

제7장 벌칙

제33조(벌칙) 제7조제1항제1호에 해당하는 자는 5년 이하의 징역 또는 2억원 이하의 벌금에 처한다.

제34조(양벌규정) 법인의 대표자나 법인의 대리인, 사용인, 그 밖의 종업원이 그 법인의 업무에 관하여 제33조의 위반행위를 한 경우에는 행위자를 벌하는 외에 그 법인에 대하여도 해당 조문의 벌금형을 과한다. 다만, 법인이 그 위반행위를 방지하기 위하여 해당 업무에 관하여 상당한 주의와 감독을 다한 경우에는 그러하지 아니하다.

제35조(과태료) ① 다음 각 호의 어느 하나에 해당하는 자에게는 1억원 이하의 과태료를 부과한다.

1. 제9조제2항을 위반한 자
2. 제11조제1항의 중지명령을 이행하지 아니하거나 변경결정에 따르지 아니하는 자
3. 제12조를 위반한 자
4. 제18조제1항제1호 또는 제2호를 위반한 자
5. 제19조제1항을 위반한 자
6. 제20조제1항 또는 제2항을 위반한 자

② 다음 각 호의 어느 하나에 해당하는 자에게는 1천만원 이하의 과태료를 부과한다.〈개정 2021. 4. 20.〉

1. 제7조제1항 본문의 시정명령을 이행하지 아니한 자
2. 제8조제3항을 위반한 자

3. 제11조제2항에 따른 협의를 하지 아니한 자
4. 제18조제1항제3호를 위반한 자
5. 제18조제2항, 제4항부터 제6항까지의 규정에 따른 보고의무를 이행하지 아니하거나 거짓으로 보고한 자
6. 제18조제7항을 위반한 자
7. 제23조제4항의 시정 또는 중지 명령을 이행하지 아니한 자
8. 제25조제4항 또는 제5항을 위반한 자
9. 제27조제2항을 위반하여 책임보험에 가입하지 아니하거나 배상방안을 마련하지 아니한 자
10. 제28조제1항 또는 제4항을 위반한 자
11. 제29조제3항에 따른 검사를 거부ㆍ방해 또는 기피한 자

③ 제1항부터 제2항까지에 따른 과태료는 대통령령으로 정하는 바에 따라 금융위원회 또는 관련 행정기관이 부과ㆍ징수한다.

부칙 〈제20054호,2024. 1. 16.〉
(개인금융채권의 관리 및 개인금융채무자의 보호에 관한 법률)

제1조(시행일) 이 법은 공포 후 9개월이 경과한 날부터 시행한다.

제2조 부터 제9조까지 생략

제10조 (다른 법률의 개정) ① 생략

② 금융혁신지원 특별법 일부를 다음과 같이 개정한다.

별표 제1호를 제1호의2로 하고, 같은 표에 제1호를 다음과 같이 신설한다.

1. 「개인금융채권의 관리 및 개인금융채무자의 보호에 관한 법률」

인터넷전문은행 설립 및 운영에 관한 특례법

(약칭: 인터넷전문은행법)

[시행 2023. 9. 22.] [법률 제19262호, 2023. 3. 21., 일부개정]

금융위원회(은행과) 02-2100-2986

제1장 총칙

제1조(목적) 이 법은 금융과 정보통신기술이 융합한 인터넷전문은행에 대하여 「은행법」의 특례를 정함으로써 금융혁신과 은행업의 건전한 경쟁을 촉진하고 금융소비자의 편익을 증진하여 금융산업 및 국민경제의 건전한 발전에 이바지함을 목적으로 한다.

제2조(정의) 이 법에서 "인터넷전문은행"이란 은행업을 주로 전자금융거래(「전자금융거래법」 제2조제1호에 따른 거래를 말한다. 이하 같다)의 방법으로 영위하는 은행을 말한다.

제3조(다른 법률과의 관계) ① 인터넷전문은행에 관하여 이 법에 특별한 규정이 있는 경우를 제외하고는 「은행법」에서 정하는 바에 따른다.

② 이 법 및 「은행법」 이외의 다른 법률을 해석 · 적용할 때 이 법에 따른 인터넷전문은행은 「은행법」에 따라 인가를 받아 설립된 은행으로 본다.

제2장 인터넷전문은행의 설립 등

제4조(최저자본금의 특례) ① 인터넷전문은행의 자본금은 「은행법」 제8조제2항제1호

본문에도 불구하고 250억원 이상으로 할 수 있다.

② 인터넷전문은행은 은행업을 영위할 때 제1항에 따른 자본금을 유지하여야 한다.

제5조(비금융주력자의 주식보유한도 특례) ① 비금융주력자는 「은행법」 제16조의2제1항 및 제2항에도 불구하고 인터넷전문은행의 의결권 있는 발행주식 총수의 100분의 34 이내에서 주식을 보유할 수 있다.

② 제1항의 경우 「은행법」 제15조, 제16조, 제16조의4 및 제65조의9를 적용한다. 다만, 「은행법」 제15조제5항에 따른 은행의 주식을 보유할 수 있는 자의 자격 및 주식보유와 관련한 승인의 요건에도 불구하고 「은행법」 제15조제3항 본문에 따른 한도를 초과하여 인터넷전문은행의 주식을 보유할 수 있는 비금융주력자의 자격 및 주식보유와 관련한 승인의 요건은 다음 각 호의 사항을 감안하여 별표로 정한다.

1. 출자능력, 재무상태 및 사회적 신용
2. 경제력 집중에 대한 영향
3. 주주구성계획의 적정성
4. 정보통신업 영위 회사의 자산 비중
5. 금융과 정보통신기술의 융합 촉진 및 서민금융 지원 등을 위한 기여 계획

③ 금융위원회는 제1항에 따라 인터넷전문은행의 주식을 보유하는 자에 대해 「은행법」 제16조의4제1항에 따른 초과보유요건등을 심사하는 경우에는 제2항에 따른 별표의 요건을 심사하여야 한다.

제3장 건전경영의 유지

제6조(인터넷전문은행의 업무범위) 인터넷전문은행은 「은행법」 제27조 및 제27조의2제1항에도 불구하고 법인(「중소기업기본법」 제2조제1항에 따른 중소기업은 제

외한다)에 대한 신용공여를 할 수 없다. 다만, 자산의 유동성과 건전성 관리를 목적으로 하는 다음 각 호의 신용공여 및 「한국은행법」 제55조에 따른 지급준비금의 예치는 할 수 있다. 〈개정 2023. 3. 21.〉

1. 국채의 매입
2. 지방채의 매입
3. 환매조건부채권 매매 거래
4. 콜론(call loan: 초단기 자금 대여)
5. 「독점규제 및 공정거래에 관한 법률」 제31조제1항에 따라 지정된 공시대상기업집단에 속하지 아니한 금융기관에서 발행한 유가증권의 매입

제7조(동일차주 등에 대한 신용공여한도) ① 「은행법」 제35조제1항 본문에도 불구하고 인터넷전문은행은 동일차주(「은행법」 제35조제1항 본문에 따른 동일차주를 말한다. 이하 같다)에 대하여 그 인터넷전문은행의 자기자본의 100분의 20을 초과하는 신용공여를 할 수 없다. 다만, 다음 각 호의 어느 하나에 해당하는 경우로서 대통령령으로 정하는 경우에는 그러하지 아니하다.

1. 국민경제를 위하여 또는 인터넷전문은행의 채권 확보의 실효성을 높이기 위하여 필요한 경우
2. 인터넷전문은행이 추가로 신용공여를 하지 아니하였음에도 불구하고 자기자본의 변동, 동일차주 구성의 변동 등으로 인하여 본문에 따른 한도를 초과하게 되는 경우

② 「은행법」 제35조제3항 본문에도 불구하고 인터넷전문은행은 동일한 개인이나 법인 각각에 대하여 그 인터넷전문은행의 자기자본의 100분의 15를 초과하는 신용공여를 할 수 없다. 다만, 제1항 단서에 해당하는 경우에는 그러하지 아니하다.

③ 인터넷전문은행이 제1항제2호에 따라 제1항 본문 및 제2항 본문에 규정된 한도를 초과하게 되는 경우에는 그 한도가 초과하게 된 날부터 1년 이내에 제1항 본문 및 제2항 본문에 규정된 한도에 맞도록 하여야 한다. 다만, 대통령령으로 정

하는 부득이한 사유에 해당하는 경우에는 금융위원회가 그 기간을 정하여 연장할 수 있다.

제8조(대주주에 대한 신용공여 금지) ① 인터넷전문은행은 「은행법」 제35조의2제1항에도 불구하고 그 인터넷전문은행의 대주주(「은행법」 제35조의2제1항에 따른 대주주를 말한다. 이하 이 조에서 같다)에게 신용공여를 하여서는 아니 된다. 다만, 기업 간 합병 또는 영업의 양수, 동일인 구성의 변동 등에 따라 대주주 아닌 자에 대한 신용공여가 대주주에 대한 신용공여로 되는 경우 및 그 밖에 불가피한 경우로서 대통령령으로 정하는 경우에는 그러하지 아니하다.

② 인터넷전문은행은 제1항에 따른 신용공여 금지를 회피하기 위한 목적으로 다른 은행과 교차하여 신용공여를 하여서는 아니 된다.

③ 인터넷전문은행은 그 인터넷전문은행의 대주주에게 자산을 무상으로 양도하거나 통상의 거래조건에 비추어 그 인터넷전문은행에게 현저하게 불리한 조건으로 거래를 하여서는 아니 된다.

④ 인터넷전문은행이 제1항 단서에 따라 신용공여를 하게 되는 경우에는 그 신용공여를 하게 된 날부터 1년 이내에 이를 해소하여야 한다. 다만, 대통령령으로 정하는 부득이한 사유에 해당하는 경우에는 금융위원회가 그 기간을 정하여 연장할 수 있다.

제9조(대주주가 발행한 지분증권의 취득금지) ① 인터넷전문은행은 「은행법」 제35조의3제1항 본문에도 불구하고 그 인터넷전문은행의 대주주(「은행법」 제35조의3제1항 본문에 따른 대주주를 말한다. 이하 같다)가 발행한 지분증권(「자본시장과 금융투자업에 관한 법률」 제4조제4항에 따른 지분증권을 말한다. 이하 이 조에서 같다)을 취득해서는 아니 된다. 다만, 담보권의 실행 등 권리행사에 필요한 경우 및 그 밖에 불가피한 경우로서 대통령령으로 정하는 경우에는 그러하지 아니하다.

② 인터넷전문은행이 제1항 단서에 따라 대주주가 발행한 지분증권을 취득하게 되는 경우에는 그 지분증권을 취득하게 된 날부터 1년 이내에 해당 지분증권을 처분하여야 한다. 다만, 대통령령으로 정하는 부득이한 사유에 해당하는 경우에는 금융위원회가 그 기간을 정하여 연장할 수 있다.

제10조(대주주의 부당한 영향력 행사의 금지) 인터넷전문은행의 대주주는 그 인터넷전문은행의 이익에 반하여 다음 각 호의 어느 하나에 해당하는 행위를 하여서는 아니 된다.

1. 인터넷전문은행에 대하여 외부에 공개되지 아니한 자료 또는 정보의 제공을 요구하는 행위. 다만, 「금융회사의 지배구조에 관한 법률」 제33조제6항 및 「상법」 제466조에 따른 권리의 행사에 해당하는 경우는 제외한다.
2. 경제적 이익 등 반대급부의 제공을 조건으로 다른 주주와 담합하여 인터넷전문은행의 인사 또는 경영에 부당한 영향력을 행사하는 행위
3. 경쟁사업자의 사업활동과 관련하여 신용공여를 조기 회수하도록 요구하는 등 인터넷전문은행의 경영에 영향력을 행사하는 행위
4. 인터넷전문은행으로 하여금 제8조제1항을 위반하게 하여 인터넷전문은행으로부터 신용공여를 받는 행위
5. 인터넷전문은행으로 하여금 제8조제2항을 위반하게 하여 다른 은행으로부터 신용공여를 받는 행위
6. 인터넷전문은행으로 하여금 제8조제3항을 위반하게 하여 대주주에게 자산의 무상양도 및 거래를 하게 하는 행위
7. 인터넷전문은행으로 하여금 제9조제1항을 위반하게 하여 대주주가 발행한 지분증권을 취득하게 하는 행위

제4장 감독 · 검사

제11조(대주주에 대한 자료 제출 요구) 금융위원회는 인터넷전문은행 또는 그 대주주가 제8조부터 제10조까지를 위반한 혐의가 있다고 인정할 때에는 인터넷전문은행 또는 그 대주주에 대하여 필요한 자료의 제출을 요구할 수 있다.

제12조(대주주에 대한 검사) ① 금융위원회는 인터넷전문은행의 대주주가 제10조를 위반한 혐의가 인정되는 경우 금융감독원장으로 하여금 그 목적에 필요한 최소한의 범위에서 해당 대주주의 업무 및 재산 상황을 검사하게 할 수 있다.

② 제1항에 따른 검사에 관하여는 「은행법」 제48조제2항부터 제4항까지를 준용한다.

제13조(인터넷전문은행에 대한 제재) ① 금융위원회는 인터넷전문은행이 이 법 또는 이 법에 따른 규정 · 명령 또는 지시를 위반하여 인터넷전문은행의 건전한 경영을 해칠 우려가 있다고 인정되는 경우에는 금융감독원장의 건의에 따라 다음 각 호의 어느 하나에 해당하는 조치를 하거나 금융감독원장으로 하여금 해당 위반행위의 중지 및 경고 등 적절한 조치를 하게 할 수 있다.

1. 해당 위반행위에 대한 시정명령
2. 6개월 이내의 영업의 일부정지

② 금융위원회는 인터넷전문은행이 다음 각 호의 어느 하나에 해당하면 그 인터넷전문은행에 대하여 6개월 이내의 기간을 정하여 영업의 전부정지를 명하거나 은행업의 인가를 취소할 수 있다.

1. 제1항제1호에 따른 시정명령을 이행하지 아니한 경우
2. 제1호 외의 경우로서 이 법 또는 이 법에 따른 명령이나 처분을 위반하여 예금자 또는 투자자의 이익을 크게 해칠 우려가 있는 경우

③ 인터넷전문은행은 제2항에 따라 은행업의 인가가 취소된 경우에는 해산한다.

제14조(임직원에 대한 제재) ① 금융위원회는 인터넷전문은행의 임원이 이 법 또는

이 법에 따른 규정 · 명령 또는 지시를 고의로 위반하는 경우에는 금융감독원장의 건의에 따라 해당 임원의 업무집행 정지를 명하거나 주주총회에 그 임원의 해임을 권고할 수 있으며, 금융감독원장으로 하여금 경고 등 적절한 조치를 하게 할 수 있다.

② 금융감독원장은 인터넷전문은행의 직원이 이 법 또는 이 법에 따른 규정 · 명령 또는 지시를 고의로 위반하는 경우에는 면직 · 정직 · 감봉 · 견책 등 적절한 문책처분을 할 것을 해당 인터넷전문은행의 장에게 요구할 수 있다.

제15조(퇴임한 임원 등에 대한 조치 내용의 통보) ① 금융위원회(제14조제1항에 따라 조치를 하거나 같은 조 제2항에 따라 문책처분을 할 것을 요구할 수 있는 금융감독원장을 포함한다)는 인터넷전문은행의 퇴임한 임원 또는 퇴직한 직원이 재임 중이었거나 재직 중이었더라면 제14조제1항 또는 제2항에 해당하는 조치를 받았을 것으로 인정되는 경우에는 그 조치의 내용을 해당 인터넷전문은행의 장에게 통보할 수 있다.

② 제1항에 따른 통보를 받은 인터넷전문은행의 장은 이를 퇴임 · 퇴직한 해당 임직원에게 통보하고, 그 내용을 기록 · 유지하여야 한다.

제5장 보칙

제16조(금융소비자의 보호 및 편의증진) 제2조에도 불구하고 인터넷전문은행은 인터넷전문은행 이용자의 보호 및 편의증진을 위하여 불가피하다고 인정되는 경우 대통령령으로 정하는 방법으로 은행업을 영위할 수 있다. 이 경우 인터넷전문은행은 해당 영업의 내용, 방식, 범위 등을 대통령령으로 정하는 바에 따라 금융위원회에 사전 보고하여야 한다.

제17조(공시에 대한 특례) 인터넷전문은행은 인터넷홈페이지 등을 통하여 전자적 방

법으로 관련 서류를 공시함으로써 다른 법률상의 본점, 지점 또는 영업점에서의 서류 게시 · 비치 또는 열람제공 의무를 갈음할 수 있다.

제18조(문서 등에 대한 특례) 인터넷전문은행은 「은행법」 제27조, 제27조의2 및 제28조에서 정한 업무를 수행할 때 다른 법령에도 불구하고 관련 법령에 따라 제출, 제공 또는 수령하여야 하는 문서 또는 서면자료를 「전자문서 및 전자거래 기본법」 제2조제1호에 따른 전자문서의 제출, 제공 또는 수령으로 갈음할 수 있고, 관련 법령에 따라 자필로 적도록 한 사항은 「전자서명법」 제2조제2호에 따른 전자서명이나 녹취의 방법으로 확인하는 것으로 갈음할 수 있다.

제19조(권한의 위탁) 금융위원회는 이 법에 따른 권한의 일부를 대통령령으로 정하는 바에 따라 금융감독원장에게 위탁할 수 있다.

제6장 과징금의 부과 및 징수

제20조(과징금) 금융위원회는 인터넷전문은행이 제6조, 제7조, 제8조 및 제9조를 위반하거나 대주주가 제10조를 위반한 경우에는 다음 각 호의 구분에 따라 과징금을 부과할 수 있다.

1. 제6조를 위반하여 신용공여를 한 경우: 해당 신용공여액의 100분의 5 이하
2. 제7조제1항 · 제2항에 따른 신용공여한도를 초과한 경우: 초과한 신용공여액의 100분의 30 이하
3. 제8조제1항을 위반하여 신용공여를 한 경우: 해당 신용공여액 이하
4. 제8조제3항을 위반하여 자산을 무상양도하거나 현저하게 불리한 조건으로 거래를 한 경우: 해당 자산의 장부가액 또는 해당 거래액 이하
5. 제9조제1항을 위반하여 대주주가 발행한 지분증권을 취득한 경우: 취득한 지분증권의 장부가액 합계액 이하

6. 대주주가 제10조를 위반함으로써 인터넷전문은행이 제8조제1항을 위반하여 신용공여를 한 경우: 해당 신용공여액 이하
7. 대주주가 제10조를 위반함으로써 인터넷전문은행이 제8조제3항을 위반하여 자산을 무상양도하거나 인터넷전문은행에게 불리한 조건으로 거래를 한 경우: 해당 자산의 장부가액 또는 해당 거래액 이하
8. 대주주가 제10조를 위반함으로써 인터넷전문은행이 제9조제1항을 위반하여 해당 대주주가 발행한 지분증권을 취득한 경우: 취득한 지분증권의 장부가액 합계액 이하

제7장 벌칙

제21조(벌칙) ① 다음 각 호의 어느 하나에 해당하는 자는 10년 이하의 징역 또는 5억원 이하의 벌금에 처한다.

1. 제8조를 위반하여 대주주에게 신용공여를 하거나 대주주와 거래를 한 자 및 그로부터 신용공여를 받거나 그와 거래를 한 대주주
2. 제9조제1항을 위반하여 대주주가 발행한 지분증권을 취득한 자
3. 제10조를 위반한 자

② 제7조제1항 또는 제2항을 위반하여 신용공여를 한 자는 3년 이하의 징역 또는 1억원 이하의 벌금에 처한다.

③ 제6조를 위반하여 법인에 대한 신용공여를 한 자는 1년 이하의 징역 또는 3천만원 이하의 벌금에 처한다.

제22조(양벌규정) 법인의 대표자나 법인 또는 개인의 대리인, 사용인, 그 밖의 종업원이 그 법인 또는 개인의 업무에 관하여 제21조의 어느 하나에 해당하는 위반행위를 하면 그 행위자를 벌하는 외에 그 법인 또는 개인에게도 해당 조문의 벌금형을 과(科)한다. 다만, 법인 또는 개인이 그 위반행위를 방지하기 위하여 해당

업무에 관하여 상당한 주의와 감독을 게을리하지 아니한 경우에는 그러하지 아니하다.

제23조(과태료) ① 다음 각 호의 어느 하나에 해당하는 자에게는 1억원 이하의 과태료를 부과한다.

1. 제11조에 따른 자료 제출 요구에 따르지 아니한 자
2. 제12조제1항에 따른 검사를 거부 · 방해 또는 기피한 자

② 제1항에 따른 과태료는 대통령령으로 정하는 바에 따라 금융위원회가 부과 · 징수한다.

부칙 〈제19262호,2023. 3. 21.〉

이 법은 공포 후 6개월이 경과한 날부터 시행한다.

금융위원회 보도자료 금융감독원

보도시점 2025. 5. 21.(수) 조간 배포 2025. 5. 20.(화) 09:00

'24년 하반기 가상자산사업자 실태조사 결과

1 실태조사 개요

□ 금융정보분석원(원장 박광)은 **국내 가상자산 시장 현황 파악**을 위해 **25개 신고 사업자**에 대한 **'24년 하반기 실태조사를 실시**하였습니다.

< 가상자산사업자 실태조사 개요 >

1 **조사대상** : **25개** 가상자산사업자* (17개 거래소(거래업자), 8개 보관·지갑업자)
2 **조사방법** : 사업자가 작성 · 제출한 값을 기초로 집계
3 **대상기간 및 기준시점** : '24.7.1.~'24.12.31. / '24.12.31.

* '24.12월말 기준, 총 34개 신고 사업자 중 영업종료 사업자 9개 미포함

□ 금번 실태조사를 통해 분석된 **주요 결과**는 다음과 같습니다.

구 분	24년 상반기	24년 하반기	증감(율)
1. 가상자산 거래업자			
일평균 거래규모	6.0조원	**7.3조원**	+1.3조원(+22%)
총영업손익	5,813억원	**7,415억원**	+1,602억원(+28%)
원화예치금	5.0조원	**10.7조원**	+5.7조원(+114%)
2. 가상자산 관련			
시가총액	56.5조원	**107.7조원**	+51.2조원(+91%)
가상자산 종목 수	1,207개	**1,357개**	+150개(+12%)
- 중복상장 제외시	554종	**598종**	+44종(+7.9%)
단독상장 가상자산 종목 수	285개	**287개**	+2개(+0.7%)
가격변동성((최고가-최저가)/최고가)	70%	**68%**	△2%p
3. 이용자 일반			
거래가능 이용자	778만명	**970만명**	+192만명(+25%)
가장 많은 이용 연령대	30대	**30대**	-
1백만원 미만 보유	567만명	**684만명**	+118만명(+21%)

※ ① 실태조사 결과는 사업자가 제출한 자료를 집계·작성한 수량 정보로 국가승인통계가 아닙니다.
② 개별 사업자의 회신값은 영업비밀에 해당될 수 있어 공개할 수 없습니다.

2 '24년 하반기 실태조사 주요 결과

- '24년 상반기 대비 전체 시장의 일평균 거래규모(22%)와 거래가능 이용자(25%), 영업이익(28%)이 증가하였으며, 시가총액(91%), 원화예치금(114%)은 급증
- 반면, 코인마켓의 일평균 거래규모(△81%), 시가총액(△19%), 영업이익(△8%)은 감소
- 가상자산의 외부 이전 금액(30%)은 증가하였으며, 특히 화이트리스트(해외사업자 및 개인지갑)로의 이전 금액(38%) 증가폭이 확대
- 보관 및 지갑 사업자의 이용 고객 수(△99%) 및 총 수탁고(△89%)는 감소

□ **'23년 하반기부터** 시작된 **가상자산 가격상승 및 시장규모 확대 추세**는 **'24년 하반기에 심화**되었습니다. 전기 대비 **거래규모·영업이익·이용자** 등이 **모두 증가**하였으며, **특히 시가총액**과 **예치금이 크게 증가**하였습니다.

* **(일평균 거래규모**('24.下) 7.3조원 ('24.上 6.0조원 대비 +1.3조원, +22%)
(시가총액('24년말)**)** 107.7조원 ('24.6월말 56.5조원 대비 +51.2조원, +91%)
(원화예치금('24년말)**)** 10.7조원 ('24.6월말 5.0조원 대비 +5.7조원, +114%)
(영업이익('24.下)**)** 7,415억원 ('24.上 5,813억원 대비 +1,602억원, +28%)
(거래가능 이용자('24년말)**)** 970만명 ('24.6월말 778만명 대비 +192만명, +25%)

□ 시장 활황세에도 불구 **원화마켓 쏠림 현상**과 일부 코인마켓 사업자 영업 종료 등으로 **코인마켓의 거래규모·시가총액·영업이익**은 **감소**하였습니다.

* **(코인마켓 일평균 거래규모**('24.下)**)** 1.6억원 ('24.上 8.2억원 대비 △6.6억원, △81%)
(코인마켓 시가총액('24년말)**)** 1,179억원 ('24.6월말 1,455억원 대비 △276억원, △19%)
(코인마켓 영업이익('24년말)**)** △126억원 ('24.6월말 △137억원 대비 △11억원, △8%)

□ **가상자산 외부 이전 금액**은 **트래블룰** 적용대상(신고사업자로 건당 100만원 이상 출고)은 소폭 증가, **화이트리스트** 적용대상(해외사업자·개인지갑)은 크게 증가하였습니다.

* **(거래업자의 외부이전(출고)액**('24.下)**)** 96.9조원 ('24.上 74.8조원 대비 +30%)
(트래블룰 적용 금액 비중('24.下)**)** 19.4조원 ('24.上 18.7조원 대비 +4%)
(화이트리스트 적용 금액 비중('24.下)**)** 75.9조원 ('24.上 54.8조원 대비 +38%)

□ **보관·지갑 사업자의 총 수탁고와 이용자 수는** 영업종료 사업자의 증가 일부 수탁고의 기준가격 하락 등의 영향으로 **크게 감소**하였습니다.

* **(보관·지갑업자의 총 수탁고**('24년말)**)** 1.5조원 ('24.6월말 13.8조원 대비 △12.3조원, △89%)
(보관·지갑업자의 KYC 이행 이용자('24년말)**)** 1.3천명 ('24.6월말 19.7만명 대비 △19.6만명, △99%)

[붙임]

2024년 하반기 가상자산사업자 실태조사 결과

< 가상자산사업자 실태조사 개요 >

1 **조사대상** : **25개** 가상자산사업자* (17개 거래소(거래업자), 8개 지갑·보관업자)

2 **조사방법** : 사업자가 작성 • 제출한 값을 기초로 집계

3 **대상 기간 및 기준시점** : '24.7.1. ~ '24.12.31. / '24.12.31.

* 총 34개 신고 사업자(거래업자 22개, 지갑·보관업자 12개) 중 영업종료한 9개社 미포함 (미포함 : 거래업자 5개, 지갑·보관업자 4개)

2025. 5.

금융정보분석원

금 융 감 독 원

목 차

Ⅰ. '24년도 하반기 가상자산 시장

□ **(시장규모)** '24년말 기준, **글로벌 가상자산 시가총액**은 **4,989조원**(코인게코 기준)으로 '24.6월말(3,125조원) 대비 **60% 증가**

ㅇ **국내 시장의 가상자산 시가총액**(가상자산사업자 실태조사 제출자료 기준)은 **107.7조원**('24년말)으로 '24.6월말(56.5조원) 대비 **91% 증가**

□ **(거래규모) 국내 시장의 가상자산 거래규모**는 **1,345조원**('24년 하반기)으로 '24년 상반기(1,087조원) 대비 **24% 증가**

['24.4월 - '24.12월] 국내 가상자산 거래규모 및 시가총액 추이

□ **(시장 동향)** 상반기의 상승 모멘텀이 이어져 비트코인을 중심으로 역사적 신고점을 경신하는 등 강세장 전개

* 비트코인 가격('24년말, 92,666달러): '24.6월말(60,890달러) 대비 52% 상승

ㅇ 미국에서 복수의 비트코인 현물 ETF가 출시('24.1월)됨에 따른 **기관 자금 유입** 본격화 및 **親가상자산 정책**에 대한 **기대감**으로 투자심리가 크게 개선되며 가상자산 가격 상승을 촉진

□ **(규제 동향) 가상자산이용자보호법 시행**('24.7.19)에 따라 가상자산사업자에 대한 최초의 종합적 규율체계가 마련되었으며, 가상자산위원회가 출범하여 향후 정책 방향에 대한 논의 본격화

II. 가상자산 거래업자 영업 현황 (17개사)

※ 신고 거래업자 총 22개사 중 5개는 영업종료

1 거래업자 현황

구분	일평균거래(조원)		평균수수료(%)		영업손익(조원)		원화예치금(조원)		AML평균인력(명)	
	'24.上	'24.下	'24.上	'24.下	'24.上	'24.下	'24.6월말	'24년말	'24.6월말	'24년말
원화마켓	6.0	7.3	0.17	0.17	0.60	0.76	5.0	10.7	21	30
코인마켓	0.001	0.0002	0.13	0.11	△0.01	△0.01	-	-	4	5
계	**6.0**	**7.3**	**0.15**	**0.13**	**0.59**	**0.74**	**5.0**	**10.7**	**10**	**12**

① (일평균 거래금액) 7.3조원 ('24.上 대비 1.3조원↑(+22%))

○ **(금액)** 17개 거래업자의 **일평균 거래금액***은 **7.3조원**으로 '24.上(6.0조원) 대비 **22% 증가**

* 거래금액 = Σ (거래체결 가상자산수 × 해당 가상자산의 체결가)

- 원화마켓은 **7.3조원**으로 '24.上(6.0조원) 대비 **22% 증가**하였으며, 코인마켓은 **1.6억원**으로 '24.上(8.2억원) 대비 **81% 감소**

○ **(월별추이) 원화마켓** 월별 일평균 거래금액은 **10월 이후 급증세**, **코인마켓**은 **6월 이후 급감** 후 보합세

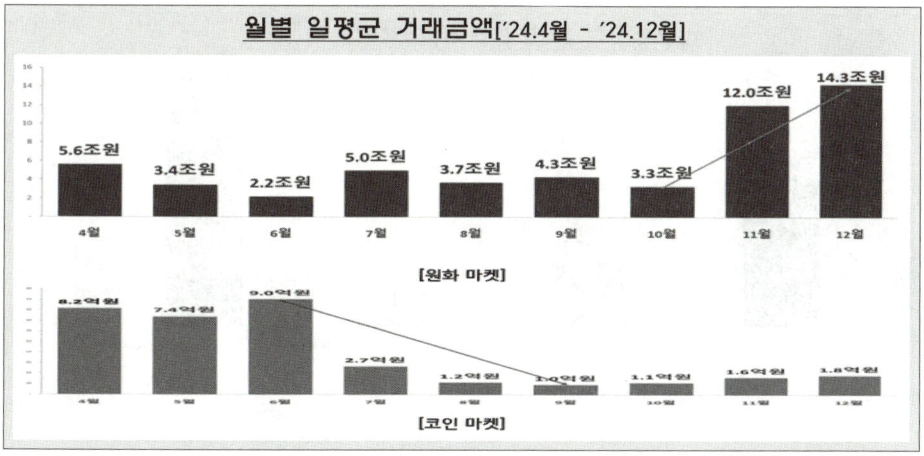

2 [평균 수수료율] 0.13% ['24.上 대비 0.02%p↓]

○ **(평균 수수료율)** 가상자산 **매매 평균 수수료율**은 **0.13%**로 '24.上 대비 0.02%p 감소

- **원화마켓** 평균 수수료율 **0.17%**, **코인마켓** 평균 수수료율 **0.11%**

※ 사업자별 수수료율 : 0% ~ 0.25%
(원화마켓 : 0.05% ~ 0.25%, 코인마켓 : 0% ~ 0.25%)

3 [영업현황] 매출 : 1조 2,160억원 ['24.上 대비 1,614억원↑(+15%)]
손익 : 7,446억원 ['24.上 대비 1,588억원↑(+27%)]

※ 일부 사업자는 가결산 금액 제출, 향후 결산 마감시 수치 변동 가능

○ **(매출액)** **1조 2,160억원**으로 '24.上(1조 546억원) 대비 **1,614억원 증가**(+15%)

- 전체 매출 중 거래 수수료 매출의 비중은 원화마켓 97.2%, 코인마켓 2.6%

○ **(영업손익)** **7,446억원**으로 '24.上(5,859억원) 대비 **1,588억원 증가**(+27%)

- **원화마켓**은 **7,572억원**('24.上 5,995억원, +26%), **코인마켓**은 **△126억원**('24.上 △137억원, +8%)

○ **(재무 건전성)** **자본비율**은 **36.5%**로 '24.6월말(48.5%) 대비 12.0%P하락

※ 자본비율 = 자기자본 / 총자산

['24.上 - 24.下] 분기별 영업손익 추이

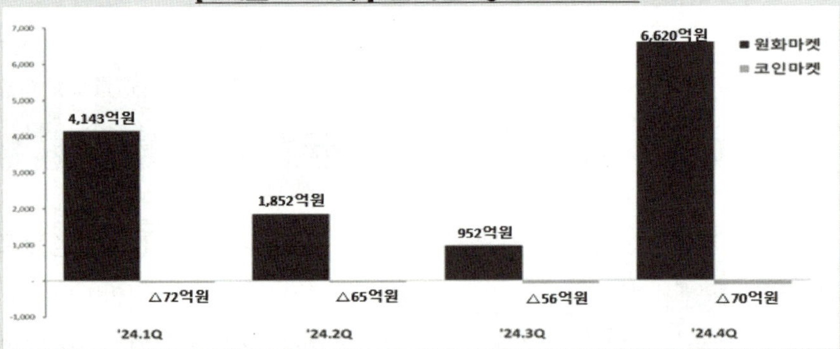

4 [원화예치금] 10.7조원 ['24.6월말 대비 5.7조원↑(+114%)]

○ **(원화예치금) 대기성 거래자금**인 이용자 원화예치금은 **10.7조원**으로 '24.6월말 대비 **5.7조원 증가**(+114%)

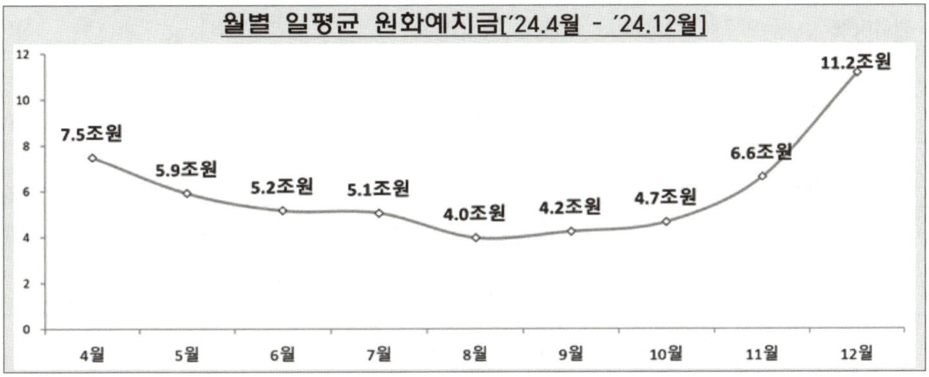

5 [인력] 총 인 원 : 1,862명 ['24.6월말 대비 280명↑(+18%)]
AML인원 : 207명 ['24.6월말 대비 65명↑(+46%)]

○ **(거래업자 종사자수) 총 1,862명**으로 '24.6월말 대비 **280명 증가**(+18%)

- 평균 인원은 원화마켓 **319명**('24.6월말 대비 +33명), 코인마켓 **22명**(+6명)

○ **(자금세탁방지(AML) 업무 관련 인원) 총 207명**으로 '24.6월말 대비 **65명 증가**(+46%)

- 평균 인원은 원화마켓 **30명**('24.6월말 대비 +9명), 코인마켓 **5명**(+1명)

※ 전체 임직원 대비 **AML 인력 비율은 11%**('24.6월말 대비 +2%p)이고 AML 인력의 **타업무 겸직률은 32%**(+14%p)이며 **AML 업무 경력은 5.5년***

* 원화마켓은 5.4년('24.6월말 대비 +11%), 코인마켓은 5.6년(△10%)

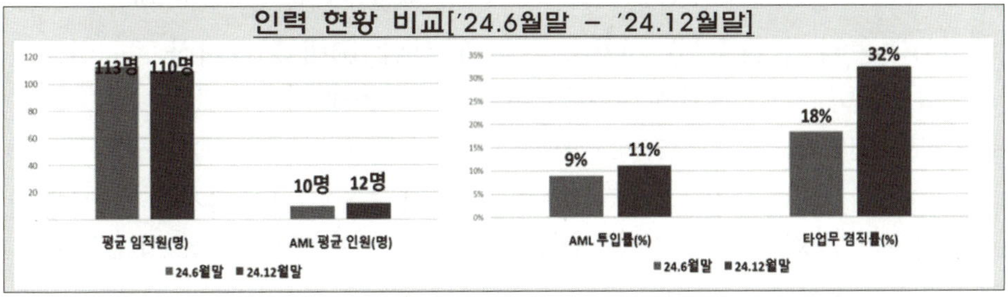

2 가상자산 현황

구분	가상자산수(개)		시가총액(조원)		단독상장 가상자산(개)		가격변동률(%)	
	'24.6월말	'24년말	'24.6월말	'24년말	'24.6월말	'24년말	'24.上	'24.下
원화마켓	977	1,119	56.4	107.6	199	198	70	69
코인마켓	230	238	0.15	0.12	86	89	59	53
계	**1,207**	**1,357**	**56.5**	**107.7**	**285**	**287**	**70**	**68**

① [가상자산] 유통 가상자산(단순합산) : 1,357개 ('24.6월말 대비 150개↑[+12%])
(중복제외) : 598종 ('24.6월말 대비 44종↑[+ 8%])

○ **(단순 합산시)** '24년말 국내에서 거래되는 가상자산은 **1,357개**(중복포함)로 '24.6월말(1,207개) 대비 **150개 증가***('24.6월말 대비 +12%)

* 사업자별 가상자산 취급수 : 최소 0개 ~ 최대 332개

- 원화마켓 거래업자는 평균 **224개**('24.6월말 대비 +28개), 코인마켓 거래업자는 평균 **20개**('24.6월말 대비 △6개) 취급

○ **(중복 제외시)** 사업자 간 중복상장을 제외한 **국내 유통 가상자산 종목 수**는 **598종**으로 '24.6월말(554종) 대비 **44종 증가**(+8%)

② [시가총액] 107.7조원 ('24.6월말 대비 51.2조원↑[+91%])

○ **(국내 가상자산 시가총액*) 107.7조원**으로 '24.6월말 56.5조원 대비 **91% 증가**

* Σ (사업자별 보유 가상자산 수량 X 해당 가상자산의 시장가격)

- 원화마켓 **107.6조원**(99.9%), 코인마켓 **0.12조원**(0.1%)

※ ('24.6월말) 원화마켓 56.4조원(99.7%), 코인마켓 0.15조원(0.3%)

○ **(시가총액 상위자산) 시가총액 국내 상위 10대 가상자산** 중, 글로벌 상위 10대 가상자산에 포함된 가상자산은 **6개***('24.6월말과 동일) **(참고2)**

* 비트코인(BTC), 이더리움(ETH), 리플(XRP), 솔라나(SOL), 도지코인(DOGE), 에이다(ADA)

- 상기 6개 종목을 포함한 글로벌 상위 **10대 가상자산**의 **시가총액 비중**이 71%*에 달하는 등 **글로벌 상위자산에 대한 선호 기조 지속**

* 글로벌 상위 10대 가상자산 국내 시가총액 / 국내 가상자산 시가총액

③ [단독상장 가상자산] 287종 ('24.6월말 대비 2종↑(+0.7%))

※ 국내 사업자 1곳에서만 거래되는 가상자산

○ **(개수)** 국내 유통 가상자산 종 中 **단독상장 가상자산은 287종**으로 '24.6월말(285종) 대비 **2종 증가**('24.6월말 대비 +0.7%)

- 단독상장 가상자산 중 **국내向 가상자산***은 **97종(34%)**으로 추정되며 '24.6월말 대비 **5종 감소(△5%)**

* 한국인이 발행한 가상자산 또는 국내 사업자에서 주로 거래(80% 이상)되는 가상자산

○ **(시가총액) 단독상장 가상자산**의 국내 시가총액은 **2.0조원**('24.6월말 1.6조원 대비 **21% 증가**)으로, 전체 시가총액(107.7조원)의 **2%**를 차지

- 단독상장 가상자산 중 **국내산 가상자산** 시장가치는 **0.39조원**(△15%)

- **코인마켓** 시가총액(0.12조원) 중 **단독상장 가상자산**(0.09조원) 비중은 **75%**로 여전히 **높음***('24.6월말 대비 +22%p)

* 코인마켓 시가총액 상위 10대 가상자산 중 8종은 단독상장 가상자산

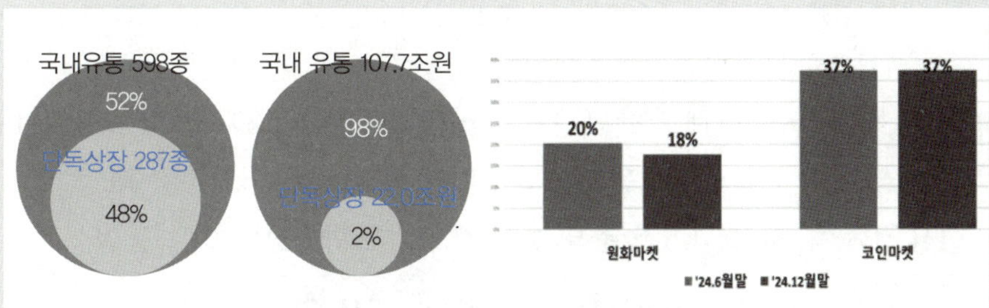

[가상자산 수] [시장가치] [단독상장 가상자산 평균 취급비율]

○ **(금액별) 단독상장 가상자산** 중 **34%**(98종)는 시가총액 **1억원 이하 소규모**

※ **급격한 가격변동, 유동성 부족** 등 **시장 위험**에 유의할 필요

<시가총액별 단독상장 가상자산(개수 및 비율)>

구분	1억원 이하	1~10억원 이하	10~50억원 이하	50~100억원 이하	100억원 초과
원화마켓	38개 (19%)	57개 (29%)	43개 (22%)	23개 (12%)	37개 (19%)
코인마켓	60개 (67%)	17개 (19%)	5개 (6%)	4개 (4%)	3개 (3%)
합 계	98개 (34%)	74개 (26%)	48개 (17%)	27개 (9%)	40개 (14%)

4 (거래지원(상장)) 신규 127건 / 중단 31건 / 유의 65건

(단위: 건)

구분	신규거래지원(상장)		거래중단(상장폐지)		유의종목 지정	
	'24.上	'24.下	'24.上	'24.下	'24.上	'24.下
원화마켓	155	115	46	18	46	29
코인마켓	2	12	21	13	19	36
합 계	157	127	67	31	65	65

○ **(신규 거래지원(상장))** 127건(중복 포함)으로 '24.上(157건) 대비 **19% 감소**

- 원화마켓 **신규 거래지원은 115건**(△26%), 코인마켓은 **12건**(+500%)

○ **(거래중단(상장폐지))** 31건(중복 포함)으로 '24.上(67건) 대비 **54% 감소**

- 원화마켓 거래중단은 **18건**(△61%), 코인마켓은 **13건**(△38%)

※ 거래중단 사유*는 **프로젝트 위험(65%), 기타(16%), 기술 위험(10%), 투자자 보호 위험(6%), 시장 위험(3%)** 順

* **프로젝트 위험:** 사업 지속성, 발행재단 관련 등 / **시장 위험:** 유동성 부족, 가격 급락 등 / **기술 위험:** 보안 문제 / **투자자 보호 위험:** 법규 위반, 정보 불충분 / **기타:** 영업중단 등

※ ('24.上) 프로젝트 위험(52%) > 시장 위험(24%) > 기술 위험(13%) > 투자자 보호 위험(6%) > 기타(5%)

- 중복제거한 **거래중단**된 **가상자산 29종 중 52%는 단독상장**(15종)

※ 중단사유 : 프로젝트 위험(11종), 기술 위험(3종), 기타(1종) 順

○ **(유의종목 지정)** 65건(중복 포함)으로, '24년 상반기와 동일

가상자산 거래중단(건) 주요 원인

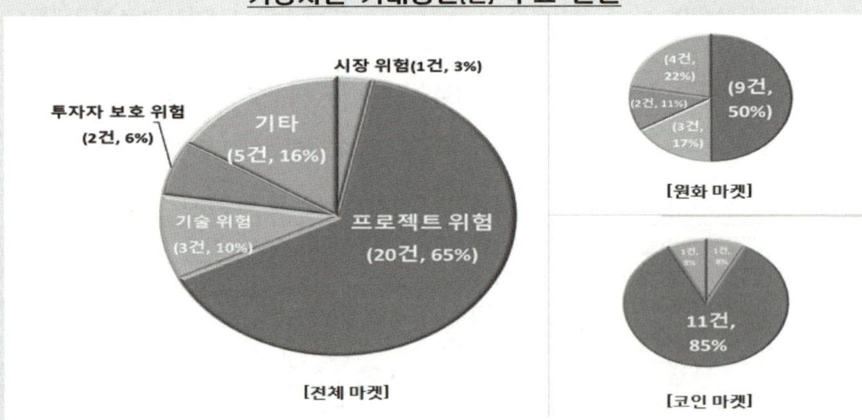

⑤ [가격 변동성: MDD*] 68% ('24.上 대비 2%p↓)**

* MDD(Max Draw Down) : 최고점 대비 가격하락률[(최고가 − 최저가)/최고가]
** 평균 MDD는 종목별 MDD를 단순 평균하여 산출

○ **(변동폭) 가격 변동폭**은 **68%**로 '24.上(70%) 대비 2%p 감소

○ **(시장별) 원화마켓 평균 가격 변동폭**은 **69%**, **코인마켓**은 **53%**

* 사업자별 평균 MDD : 최소 0% ~ 최대 84%

※ **단독상장 가상자산**의 가격 변동폭은 **70%**

○ **(평가)** 同 기간 **주식 시장*** 대비 가격 변동폭이 큼

* 코스피 지수 MDD 18.5%, 코스닥 지수 MDD 27.4%

⑥ (트래블룰) 거래업자의 신고사업자 가상자산 이전 비중 20% (금액 기준) ('24.上 대비 △7%p)

* **트래블룰** : 가상자산사업자가 다른 가상자산사업자에게 1백만원 이상 상당의 가상자산을 이전하는 경우 **송·수신인 정보를 제공**하는 제도 ('22.3.25일 시행)

➡ 현행법상 **국내 신고된 사업자간 이전**에 대해서만 트래블룰이 적용되며, **해외사업자 또는 개인지갑** 등에 대한 외부 이전은 송수신인이 동일하고 본인인증 등을 거쳐 지갑주소 등을 **자율적으로 사전 등록**한 경우에 한해 가능 (→ 화이트리스트)

○ **(국내 신고사업자 간 이전)** 거래업자의 가상자산 **외부 이전(출고) 금액***은 **총 96.9조원**('24.上 74.8조원, **+30%**)이며, 이중 **트래블룰**(신고사업자에 100만원 이상 이전)이 적용된 금액은 **19.4조원(20%)**('24.上 18.7조원, **+4%**)

* 외부 이전 **금액**: 원화마켓 96.9조원(99.97%), 코인마켓 0.03조원(0.03%)

- **건수 기준***으로는 **747만건**('24.上 601만건, **+24%**)이며, 이중 **트래블룰** 적용 건수는 **58만건(8%)**('24.上 54만건, **+8%**)

* 외부 이전 **건수**: 원화마켓 747만건(99.94%), 코인마켓 0.4만건(0.06%)

○ **(해외사업자 · 개인지갑 이전) 사전 등록(화이트리스트)**된 해외사업자 또는 개인지갑 주소로 건당 100만원 이상 이전(출고)된 규모는 **총 75.9조원**('24.上 대비 +21.1조원, **+38%**)

- **차익거래** 등을 위해 **가상자산을 해외로 이전**하는 것으로 추정

ㅇ **(소액이전)** 건당 100만원 미만 **외부 출고 금액은 1.6조원**으로 전체 출고금액 대비 **2% 수준**이나, **이용자수** 기준으로는 **67% 수준**

<국내 거래업자의 대상별 출고 현황>

구분		건당 100만원 미만 외부 출고	건당 100만원 이상 외부 출고				외부출고 합계
			신고사업자	해외사업자	개인지갑	합계	
			트래블룰	화이트리스트			
총 출고 금액(조원)	'24.上	1.3 (2%)	18.7 (25%)	52.3 (70%)	2.5 (3%)	73.5 (98%)	74.8 (100%)
	'24.下	**1.6 (2%)**	**19.4 (20%)**	**73.2 (75%)**	**2.7 (3%)**	**95.3 (98%)**	**96.9 (100%)**
총 출고 건수(만건)	'24.上	347 (58%)	54 (9%)	187 (31%)	13 (2%)	254 (42%)	601 (100%)
	'24.下	**430 (58%)**	**58 (8%)**	**248 (33%)**	**11 (1%)**	**317 (42%)**	**747 (100%)**
출고 이용자수(만명)	'24.上	75.2 (72%)	6.9 (7%)	20.3 (19%)	2.4 (2%)	29.6 (28%)	104.8 (100%)
	'24.下	**61.7 (67%)**	**6.2 (7%)**	**22.6 (24%)**	**1.6 (2%)**	**30.4 (33%)**	**92.1 (100%)**

※ **출고 건수**가 많을수록 **총 출고 금액**이 증가

<출고 건수 범위 별 1인당 출고금액>

구분	건당 100만원 미만	건당 100만원 이상						
		1건	1건 초과 ~ 3건 이하	3건 ~ 5건	5건 ~ 10건	10건 ~ 50건	50건 ~ 100건	100건 초과
이용자 수(만명)	61.7 (67%)	10.8 (13%)	7.9 (9%)	3.4 (4%)	3.4 (4%)	2.5 (3%)	0.17 (0.2%)	0.16 (0.2%)
인당 출고 금액(백만원)		9.8	25.8	46.9	88.2	335.0	2,555.0	48,074.9

III. 가상자산 거래업자 이용 현황

1 이용자 현황

구분	등록 계정수(개)		실제 이용자수(명)	
	'24.6월말	'24년말	'24.6월말	'24년말
원화마켓	19,418,185	19,826,437	7,753,946	9,674,055
코인마켓	194,547	189,952	27,027	29,720
계	19,612,732	20,016,389	7,780,973	9,703,775

※ 사업자별 등록 계정, 이용자수 단순 합산(중복 포함, 휴면계정 제외)

① [등록 계정수] 2,002만개 ['24.6월말 대비 40만개↑(+2%)]

○ **(계정수) 거래업자에 등록된 계정수**(중복, 多계정 포함) **2,002만개** ('24.6월말 대비 40만개↑, +2%)

○ **(시장별)** 원화마켓 계정수 **1,983만개**('24.6월말 대비 41만개↑, +2%), 코인마켓 계정수 **19만개**(4.6천개↓, △2%)

② [실제 이용자수] 970만명 ['24.6월말 대비 192만명↑(+25%)]

○ **(이용자수) 고객확인의무**를 완료한 **거래가능 개인·법인 이용자**는 **970만명**(중복 포함)으로 '24.6월말 대비 **192만명 증가**(+25%)

- **개인 970만명**('24.6월말 대비 192만명↑, +25%)이 절대다수(99.99%)이며, **법인 171개사**('24.6월말 대비 10개사↑, +6%)는 0.01% 미만

- 원화마켓 **967만명**('24.6월말 대비 192만명↑, +25%), 코인마켓 **3.0만명** (2.7천명↑, +10%)

2 개인 이용자 세부 현황 ※ 대상 : KYC를 이행한 개인고객 970만명

1 [연령별] 가장 많은 이용 연령대 : 30대 남성 ['24.上 동일]

○ **30대**(29%) > **40대**(27%) > 20대 이하(19%) > 50대(18%) > 60대 이상(7%)

* ('23.下) 30대(29%) > 40대(28%) > 20대 이하(19%) > 50대(18%) > 60대(6%)

<연령대별 가상자산 개인 이용자 규모>

구분	20대 이하	30대	40대	50대	60대 이상	합계
남 성	136만명	192만명	182만명	107만명	36만명	653만명
여 성	46만명	88만명	86만명	69만명	28만명	317만명
합 계 (비중)	182만명 (18.8%)	280만명 (28.8%)	268만명 (27.6%)	176만명 (18.1%)	64만명 (6.6%)	970만명 (100%)

○ **대다수 이용자**(637만명, 66%)는 **50만원 미만** 보유

○ 반면, **1천만원 이상** 자산 보유자 비중은 **12%**(121만명)로 '24.6월말 대비 **2%p 증가**했으며, **1억원 이상** 보유자 비중은 **2.3%**(22만명)

<연령대별 보유자산 규모>

구분	보유 없음	50만원 미만	50만~ 1백만원	1백만~ 5백만원	5백만~ 1천만원	1천만~ 1억원	1억~ 10억원	10억원 이상
20대 이하	21만명 (11.4%)	**125만명 (68.6%)**	7만명 (3.8%)	16만명 (8.5%)	5만명 (2.9%)	8만명 (4.4%)	0.7만명 (0.4%)	0.02만명 (0.01%)
30대	18만명 (6.6%)	**172만명 (61.6%)**	14만명 (4.9%)	33만명 (11.9%)	13만명 (4.6%)	25만명 (9.0%)	4.0만명 (1.4%)	0.15만명 (0.05%)
40대	19만명 (7.1%)	**147만명 (55.0%)**	14만명 (5.2%)	35만명 (13.1%)	14만명 (5.4%)	31만명 (11.6%)	6.7만명 (2.5%)	0.31만명 (0.1%)
50대	15만명 (8.4%)	**84만명 (47.7%)**	10만명 (5.4%)	25만명 (14.2%)	11만명 (6.1%)	25만명 (14.2%)	6.7만명 (3.8%)	0.34만명 (0.2%)
60대 이상	6만명 (9.4%)	**30만명 (45.7%)**	3만명 (5.3%)	9만명 (13.7%)	4만명 (6.1%)	10만명 (14.8%)	3.0만명 (4.7%)	0.2만명 (0.3%)
전체	**79만명 (8.2%)**	**558만명 (57.4%)**	**48만명 (4.9%)**	**118만명 (12.1%)**	**47만명 (4.9%)**	**99만명 (10.2%)**	**21.1만명 (2.2%)**	**1.02만명 (0.1%)**
'24.上	77만명 (9.9%)	447만명 (57.4%)	43만명 (5.5%)	97만명 (12.5%)	36만명 (4.7%)	68만명 (8.7%)	10.1만명 (1.3%)	3.5천명 (0.03%)

Ⅳ. 가상자산 지갑 및 보관 사업자 현황 (8개사)

※ 신고 지갑·보관사업자 총 12개사 중 4개는 영업종료

1 [이용규모] 총 수탁고* : 1.5조원 ('24.6월말 대비 12.3조원↓(△89%))

* 수탁고 산정 : ∑ (가상자산별 수량 × 해당 가상자산의 일별 종가)

총 수탁고 추이 ['24.4월 - '24.12월, 월말기준]

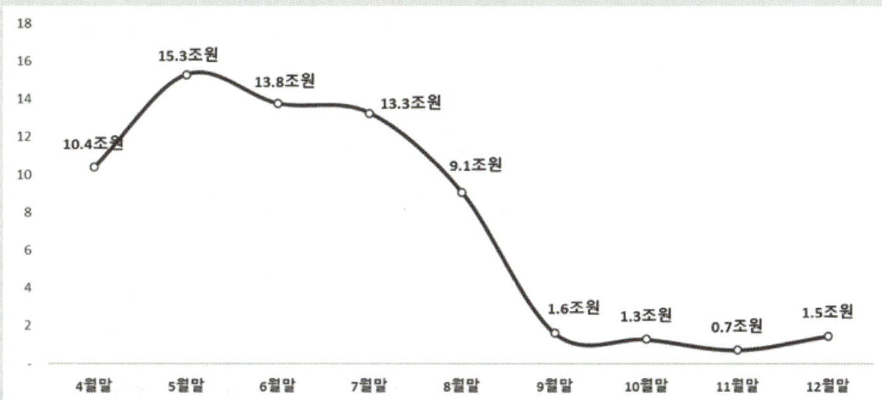

○ **(이용자별) 법인 1.5조원**('24.6월말 대비 △9.4조원, △86%), **개인 1.1억원** (△134억원, △99%)

○ **(서비스별) 보관서비스(커스터디) 1.5조원**('24.6월말 대비 △12.2조원, △89%), **지갑서비스 1.1억원**(△709억원, △99%)이며, **기타서비스 수탁고**(스테이킹 등) **11.4억원**(+3.7억, +48%)

2 [영업현황] 매 출 : 97억원 ('24.上 대비 35억원↑(+56%)) 영업손익 : △32억원 ('24.上 대비 14억원↑(+31%))

○ **(매출액) 97억원**으로 '24.上(62억원) 대비 **35억원 증가**(+56%)

○ **(영업손익)** △32**억원**으로 '24.上(△46억원) 대비 **14억원 증가**(+31%)

3 [인력] 총 인 원 : 179명 ('24.6월말 대비 62명↑(+53%))
AML 인원 : 21명 ('24.6월말 대비 5명↑(+31%))

○ **(임직원수) 총 179명**으로 '24.6월말(117명) 대비 **62명 증가**(+53%)

○ **(자금세탁방지(AML) 업무 관련 인원) 총 21명**으로 '24.6월말(16명) 대비 **5명 증가**(+31%)

- 해당 인력들의 평균 AML 업무 경력은 **4.8년**으로 **거래업자 평균 경력(5.5년)** 대비 낮은 수준

4 [이용현황] 법인 : 113개사 ('24.6월말 대비 18개사↓(△14%))
개인 : 1,169명 ('24.6월말 대비 20만명↓(△99%)) ※ KYC 이행 기준

○ **(법인)** 법인(113개사)의 평균 보유금액은 **130억원**이며, **56**개사(50%)는 가상자산 잔고가 "0"

- 가상자산 발행재단 등 **가상자산 관련 법인 39개사**가 **법인 수탁고의 93%(1.4조원)** 보유

○ **(개인)** 개인(1,169명)의 평균 보유금액은 **9.4만원**

- **40대**(45%) > **30대**(25%) > 50대(23%) > 60대이상(5%) > 20대이하(2%) 順

5 [가상자산] 취급 가상자산 : 209개 ('24.6월말 대비 12개↓(△6%))
중복 제외 : 185종 ('24.6월말 대비 16종↑(+9%))

○ **(단순 합산시) 취급 가상자산**은 **209개**(중복 포함)로 '24.6월말(221개) 대비 **12개 감소**('24.6월말 대비 △6%)

○ **(중복 제외시)** 중복을 제외한 **취급 가상자산 종목**은 **185종**으로 '24.6월말(169종) 대비 **16종 증가**('24.6월말 대비 +9%)

참고1 국내 가상자산 시장 비교 ('21.下 ~ '24.下)

국내 가상자산 시가총액

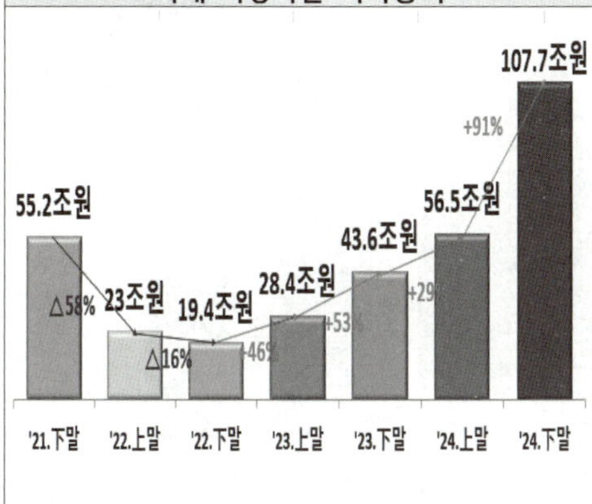

단독상장 가상자산 시가총액

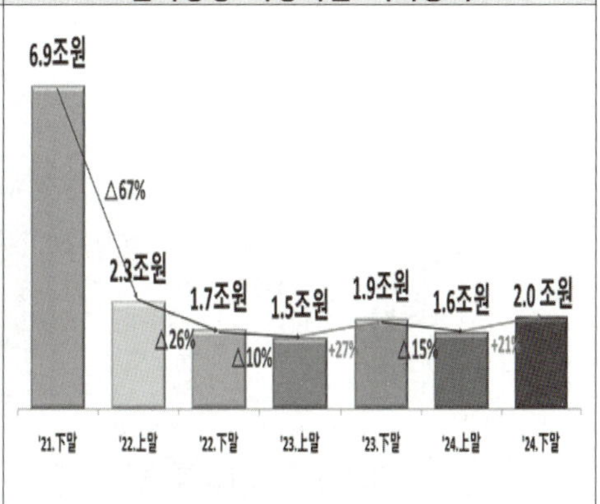

일평균 거래금액

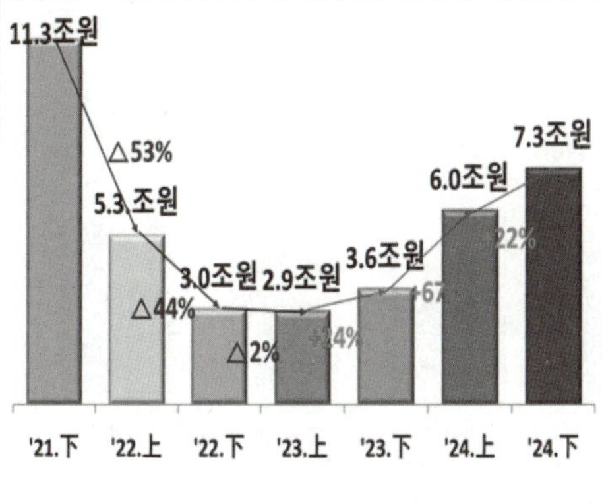

총 영업손익

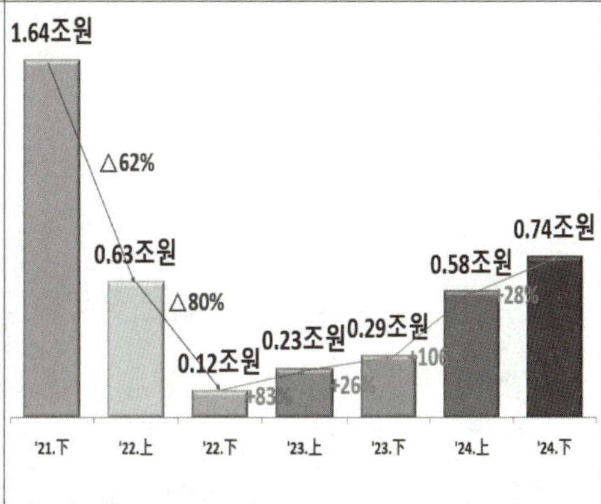

원화예치금

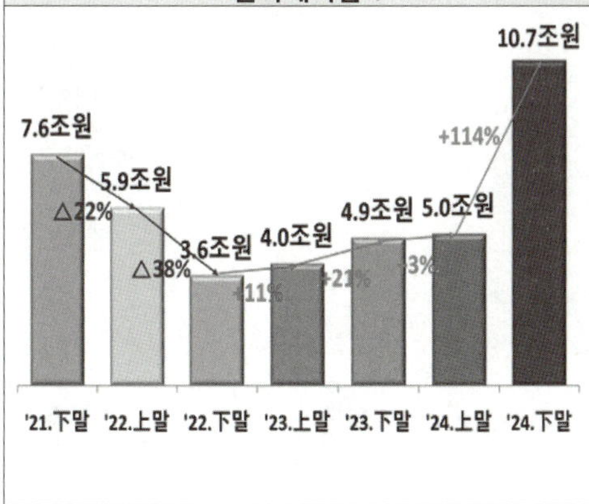

자금세탁방지(AML) 인력 (사업자 평균)

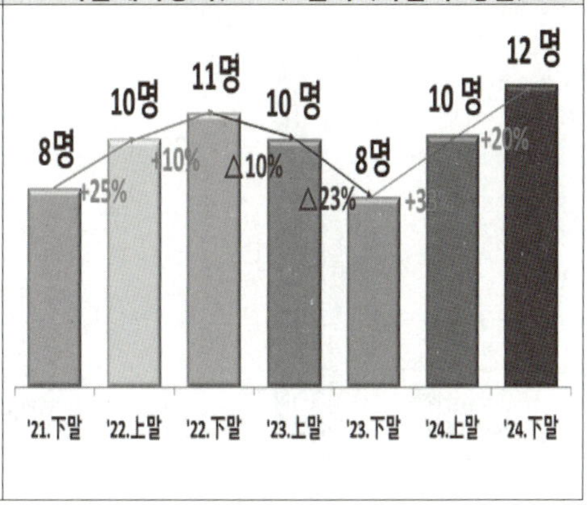

국내 유통 가상자산 수 (중복 제거)

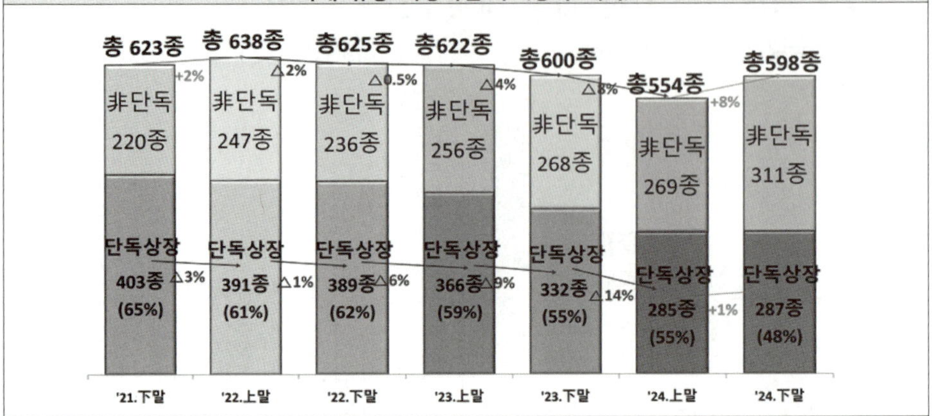

국내 이용자 현황 (등록 계정수(개) = 명목 이용자(명) + 실제 이용자수(명))

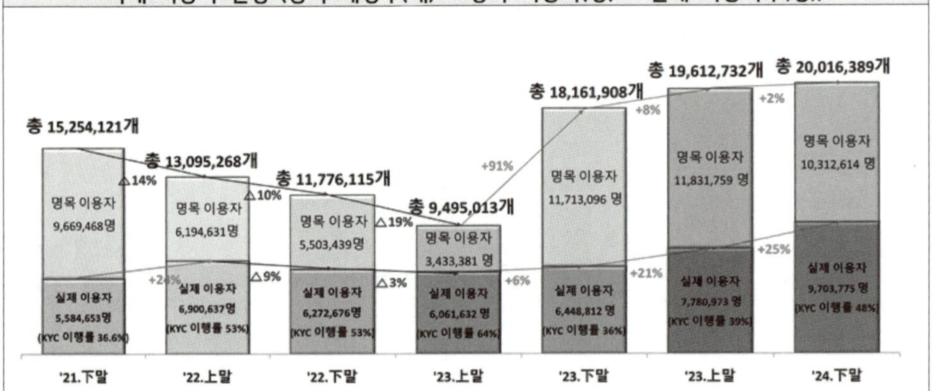

※ '23년 말에 **등록 계정수가 급증**한 것은 '23.9월 **개인정보보호법 개정**(휴면계정 분류기준 자율화)으로

보유금액별 이용자 수 (실제 이용자, 개인 기준)

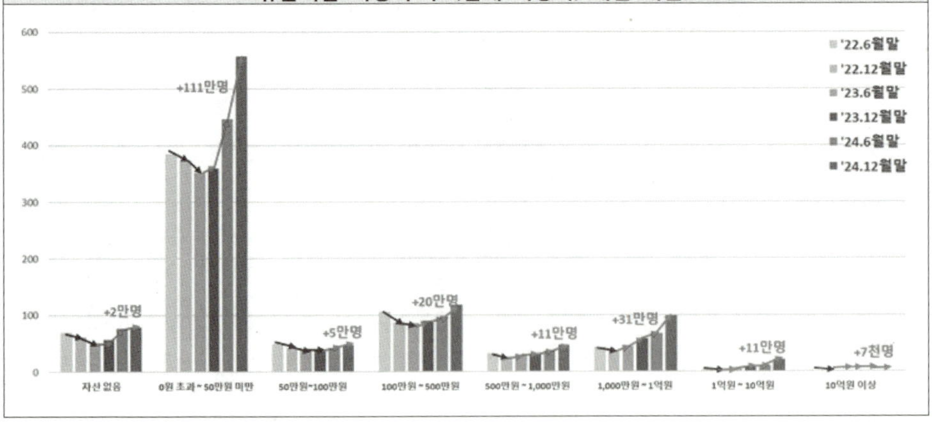

참고2 국내외 가상자산 시가총액 상위 10개 비교

□ 글로벌 상위 10개 및 국내 상위 10개

(단위 : 조원)

구분	글로벌 상위 10개 종목*			국내 상위 10개 종목**		
	종목명	시가총액	비중	종목명	시가총액	비중
1	BTC	2,695	54.0%	BTC	32.82	29.7%
2	ETH	595	11.9%	XRP	25.58	23.1%
3	USDT	204	4.1%	ETH	10.02	9.1%
4	XRP	173	3.5%	DOGE	4.79	4.3%
5	BNB	151	3.0%	SOL	2.55	2.3%
6	SOL	134	2.7%	ADA	1.73	1.6%
7	DOGE	68	1.4%	ETC	1.71	1.5%
8	USDC	64	1.3%	SHIB	1.52	1.4%
9	ADA	45	0.9%	XLM	1.30	1.2%
10	TRX	32	0.6%	BCH	0.86	0.8%

* '24.12.31. 코인게코 기준 (글로벌 총 시가총액 4,989조원 추정)
** '24.12.31. 사업자 실태조사 결과 기준 (국내 총 시가총액 107.7조원)

□ 원화마켓 상위 10개 및 코인마켓 상위 10개

(단위 : 조원)

구분	글로벌 상위 10개 종목			원화마켓 상위 10개 종목			코인마켓 상위 10개 종목*		
	종목명	시가총액	비중	종목명	시가총액	비중	종목명	시가총액	비중
1	BTC	2,695	54.0%	BTC	32.82	29.7%	S**	0.031	28.7%
2	ETH	595	11.9%	XRP	25.58	23.1%	L**	0.012	11.1%
3	USDT	204	4.1%	ETH	10.02	9.1%	Q**	0.009	8.7%
4	XRP	173	3.5%	DOGE	4.79	4.3%	L**	0.009	8.4%
5	BNB	151	3.0%	SOL	2.55	2.3%	C**	0.007	6.6%
6	SOL	134	2.7%	ADA	1.73	1.6%	M**	0.006	5.9%
7	DOGE	68	1.4%	ETC	1.71	1.5%	D**	0.006	5.5%
8	USDC	64	1.3%	SHIB	1.52	1.4%	B**	0.005	5.0%
9	ADA	45	0.9%	XLM	1.30	1.2%	H**	0.004	4.2%
10	TRX	32	0.6%	BCH	0.86	0.8%	A**	0.004	3.7%

* 네번째 L**과 여덟 번째 B** 종목을 제외한 8개 종목은 단독상장 가상자산

참고문헌

- 삼정KPMG, '2021 핀테크 동향 보고서', 2022.
- 삼정KPMG, '공룡들의 전쟁터가 된 금융산업', 2021.
- Institute of Financial Services Zug(IFZ), 'IFZ FinTech Study', 2024.
- 소프트웨어정책연구소, '블록체인 사업을 위한 기업 간 협력 확대', 2019.
- 정보통신기획평가원, '최근 생체인식 산업 동향과 시사점', 2021.
- 금융위원회, '크라우드펀딩 발전방안', 2020.
- 자본시장연구원, '국내 로보어드바이저 현황과 성과 분석', 2021.
- 자본시장연구원, '해외 인터넷 전문은행 현황 및 시사점', 2019.
- 하나금융경영연구소, '주요국 스몰 뱅킹 라이센스 도입 현황과 시사점', 2019.
- 삼성증권, '글로벌 핀테크', 2020.
- 코스콤, '온투법 시행과 온투업 사업전략', 2021.
- 코스콤, '새로운 핀테크 · 빅테크기업 금융서비스, 금융기관의 대응 전략은 무엇인가?, 2019.
- 금융위원회, 금융 분야 마이데이터 산업 도입방안, 2018
- 금융위원회, 국내 온라인투자연계금융업법 제정, 2020
- 자본시장연구원, 국내 로보어드바이저 도입 현황과 시사점, 2019
- 자본시장연구원, 국내외 인슈어테크 시장 현황 및 시사점, 2019
- 자본시장연구원, 해외 인터넷 전문은행 현황 및 시사점, 2019
- 한국은행, 2018년 금융정보화 추진 현황, 2018
- 한국은행, '2024년 상반기 전자지급서비스 이용 현황', 2024
- CB Insights, Fintech Trends to Watch, 2022
- KPMG Global, Pulse of Fintech, 2018
- 삼정KPMG, '글로벌 핀테크 투자 2023년 동향 분석과 전망', 2024
- 한국금융연구원, '일본 인터넷전문은행의 발전과 시사점', 2024

저자 소개

김종현

학력 성균관대학교 경영전문대학원 경영학박사
한국과학기술원(KAIST) 테크노경영대학원 경영정보학석사
서강대학교 경영학과 경영학사

경력 (현) 한국투자파트너스 싱가포르법인장
(전) 성균관대학교 경영대학 경영학과 초빙교수
(전) 건국대학교 정보통신대학원 금융IT학과 겸임교수
(전) 국립싱가폴대학(NUS) 컴퓨팅스쿨 Research Fellow
(전) 한국금융연수원 겸임교수

저서 새로운 업의 발견(삼성경제연구소)
히든마켓(웅진리더스북)
주요 기업의 위기극복 성공사례 공저(FKI미디어)

이메일 synclare@daum.net

F I N T E C H 4.0

핀테크 4.0

핀테크 혁명과 금융의 미래

초판 1쇄 2015년 8월 31일
9판 1쇄 2025년 8월 26일
저자 김종현
발행인 이준수
발행처 한국금융연수원 출판미디어사업부
주소 03053 서울특별시 종로구 삼청로 118
전화 02)3700-1500
팩스 02)3700-1530
홈페이지 www.kbi.or.kr
등록 1990년 4월 20일(제1-1040호)
정가 19,000원
ISBN 978-89-287-8279-6 13320

※ 본 도서는 한국금융연수원의 허가 없이 무단 전재 또는 복사를 금하며, 적발시 저작권법에 의하여 민 · 형사상의 책임 및 징역 · 벌금 등의 불이익을 당할 수 있습니다.
※ 도서의 오류내용(오탈자 등)을 제보해주시어 채택되신 분께는 소정의 상품을 보내드리오니 독자 여러분들의 많은 참여 바랍니다. (상세정보는 www.kbi.or.kr 참조)
※ 본 도서의 내용은 한국금융연수원의 견해와 다를 수 있습니다.

한국금융연수원 자격검정시험 안내

•「국가공인자격」은 자격기본법에서 정한 기준과 절차에 따라 국가가 공인한 자격으로 신용분석사, 여신심사역, 국제금융역, 자산관리사(FP), 신용위험분석사(CRA), 외환전문역 I종, 외환전문역 II종 등 7개의 자격이 있습니다.

•「자체인증자격」은 우리 원이 인정, 수여하는 자격으로 공개시험형 자체자격인 프라이빗 뱅커(CPB), 은행텔러, 영업점 컴플라이언스 오피서(은행)(보험)(증권), KBI 금융DT 테스트, 자금세탁방지 업무능력 검정시험 등 7개 자격이 있습니다.

구분	자 격 명 (공인/등록번호)	응시료	자격소개
국가공인자격	신용분석사 (제2024-1호) (2008-0438)	전과목 : 66,000원 1부 : 28,000원 2부 : 39,000원	금융회사의 여신관련 부서에서 기업에 대한 회계 및 비회계자료 분석을 통하여 종합적인 신용상황을 판단하고 신용등급을 결정하는 등 기업신용 평가업무를 담당하는 금융전문가
	여신심사역 (제2024-2호) (2008-0439)	전과목 : 66,000원 1부 : 28,000원 2부 : 39,000원	금융회사의 여신심사 담당자로서 경제상황과 기업의 재무, 비재무상태 등을 분석, 파악하여 적정한 대출심사 의견서 작성, 대출이율 및 대출기간 결정 등 대출실행 여부를 판단하고 자금의 효율적 운용, 대손 방지를 위한 제반조치, 여신의 법률적 검토, 사후관리업무 등 여신업무와 관련한 종합적인 업무를 수행하는 금융전문가
	국제금융역 (제2021-1호) (2008-0440)	전과목 : 66,000원 1부 : 33,000원 2부 : 33,000원	금융회사의 국제금융 관련 부서에서 국제금융시장의 동향파악, 분석 및 예측 등을 통하여 외화자금의 효율적 조달과 운용업무를 담당하고 이에 따른 리스크관리 등 국제금융 관련 업무를 수행하는 금융전문가
	신용위험분석사(CRA) (제2023-2호) (2008-0442)	1차 : 77,000원 2차 : 88,000원	금융회사 및 기업신용평가기관 등에서 개인과 기업에 대한 신용상태를 조사평가하고 신용위험을 측정 · 관리하는 여신전문가
	자산관리사(FP) (제2020-1호) (2008-0441)	전과목 : 55,000원 1부 : 28,000원 2부 : 28,000원	금융회사 영업부서의 PB(Private Banking) 팀에서 고객의 수입과 지출, 자산 및 부채현황, 가족상황 등 고객에 대한 각종 자료를 수집, 분석하여 고객이 원하는 Life Plan 상의 재무목표를 달성할 수 있도록 종합적인 자산설계에 대한 상담과 실행을 지원하는 금융전문가
	외환전문역 I종 (제2020-1호) (2008-0436)	전과목 : 55,000원	금융회사의 외환업무 중 외국환 거래 법규 및 외환거래실무를 이해하고 고객의 외화 자산에 노출되는 각종 외환 리스크를 최소화시키는 등 주로 개인 외환과 관련된 직무를 담당
	외환전문역II종 (제2020-1호) (2008-0436)	전과목 : 55,000원	금융회사의 외환업무 중 수출입업무 및 이와 관련된 국제무역규칙을 이해하고 외환과 관련된 여신 업무를 수행하는 등 주로 기업 외환과 관련된 직무를 담당
자체인증자격	은행텔러 (2008-0437)	전과목 : 55,000원	창구에서 일어나는 제반업무에 대해 신속하고 친절한 업무수행과 정확한 업무처리로 고객에게 도움을 주고 상담을 통해 문제해결을 하도록 도와주는 금융전문가
	영업점 컴플라이언스 오피서(은행) (2010-0118) (보험, 증권) (2013-0702,0703)	전과목 : 각 44,000원	금융회사의 영업점에서 준법관련 법규와 감독기관의 감독규정이 정한 내용과 취지를 충분히 이해하고 업무 수행과정에서 이를 준수하며, 영업점에서 발생 가능한 금융사고 및 민원사항이 발생하지 않도록 사전적 예방 차원에서 그 준수사항의 이행을 점검하는 금융전문가(은행, 보험, 증권 분야별로 자격이 구분됨)
	프라이빗뱅커 (CPB) (2018-004091)	1차 : 110,000원 2차 : 342,000원 (실무교육)	개인고액자산가의 자산 및 수익증대를 실현하기 위해 금융분야 전반에 걸쳐 종합적인 금융상담과 실행을 지원할 수 있는 최고급 수준의 금융자산설계전문가
	KBI 금융DT 테스트 (2021-001872)	전과목 : 44,000원	금융인 및 예비금융인을 대상으로 디지털금융 전반에 대한 기본지식과 업무활용능력 등 금융DT 관련 기본역량 평가
	자금세탁방지 업무능력 검정시험 (2023-004792)	전과목 : 66,000원	금융시스템을 이용한 자금세탁행위와 공중협박자금조달행위를 적발 및 예방할 수 있는 전문적인 업무역량 평가

소비자 알림사항

•상기 "프라이빗뱅커(CPB)", "영업점컴플라이언스 오피서(은행)(보험)(증권)", "KBI 금융DT 테스트", "은행텔러", "자금세탁방지 업무능력 검정시험" 자격은 자격기본법 규정에 따라 등록한 민간자격으로, 국가로부터 인정받은 공인자격이 아닙니다.

•민간자격 등록 및 공인 제도에 대한 상세내용은 민간자격정보서비스 (www.pqi.or.kr)의 '민간자격 소개'란을 참고하여 주십시오.

기타

•응시료 환불 규정 : 접수기간 중 100%, 접수기간 종료 후 시험일 5일전 18시까지 50% 환불/이후 환불 불가

•자격 공인번호는 재공인시점에 따라 변경될 수 있으며, 응시료, 환불규정 등은 응시 시점에 따라 변경될 수 있으니 자격시험 응시 전 반드시 한국금융연수원 홈페이지에서 응시하고자 하는 자격시험에 관한 최신 정보를 확인하시기 바랍니다. 자격시험에 관한 자세한 사항은 한국금융연수원 홈페이지를 참조하시기 바랍니다.

•주소 : 서울특별시 종로구 삼청로 118 / TEL : 02-3700-1500 / 홈페이지 : www.kbi.or.kr